U0649519

普通高等教育“十一五”国家级规划教材
面 向 2 1 世 纪 课 程 教 材

全国高等学校法学专业必修课、选修课系列教材

新犯罪学

（第四版）

New Criminology

主 编 王 牧
撰稿人（以撰写章节先后为序）
王 牧 吴宗宪 赵宝成 于国旦

高等教育出版社·北京

内容提要

与传统犯罪学教材不同，本书以犯罪存在为前提，共分四个部分。绪论部分论述了犯罪学的概念与相邻学科的关系、研究方法和历史发展。犯罪现象发生论部分简要论述了关于犯罪发生的各种理论学说、机制和一般原理；论述了生物学理论、心理学理论和社会学理论等；从个人、环境、情境方面阐述了犯罪发生机制；论述了群体犯罪现象发生的一般原理。犯罪现象存在论部分论述了犯罪现象存在的概念和根据；论述了犯罪现象存在的具体形态，即犯罪量、犯罪质、犯罪现象的结构与分布、犯罪人与犯罪被害人的特征、犯罪危害量、犯罪动态与犯罪史；论述了犯罪现象的基本类型。犯罪现象对策论部分论述了犯罪对策的概念；论述了刑事惩罚对策和社会预防对策；论述了少年司法制度和我国的社会治安综合治理。

图书在版编目（CIP）数据

新犯罪学／王牧主编．--4版．--北京：高等教育出版社，2022.7（2024.8重印）

ISBN 978-7-04-058765-4

Ⅰ.①新… Ⅱ.①王… Ⅲ.①犯罪学-高等学校-教材 Ⅳ.①D917

中国版本图书馆CIP数据核字（2022）第103575号

Xin Fanzui Xue

策划编辑 肖 文　　责任编辑 姜 洁 肖 文　　封面设计 杨立新　　版式设计 马 云

插图绘制 于 博　　责任校对 刘 莉　　责任印制 沈心怡

出版发行 高等教育出版社
社　　址 北京市西城区德外大街4号
邮政编码 100120
印　　刷 河北环京美印刷有限公司
开　　本 787mm×1092mm 1/16
印　　张 20.5
字　　数 490千字
购书热线 010-58581118
咨询电话 400-810-0598

网　　址 http://www.hep.edu.cn
http://www.hep.com.cn
网上订购 http://www.hepmall.com.cn
http://www.hepmall.com
http://www.hepmall.cn
版　　次 2005年5月第1版
2022年7月第4版
印　　次 2024年8月第5次印刷
定　　价 51.00元

物 料 号 58765-00

作者简介

王牧，1967年毕业于吉林大学法律系，1978年开始在吉林大学任教。1984—1986年在国外留学，1992年晋升为教授，1993年享受国务院政府特殊津贴待遇，1994年被聘为博士生导师。曾任吉林大学法学院院长、中国政法大学刑事司法学院院长，兼任中国法学会犯罪学研究会会长、亚洲犯罪学会副主席，现任中国法学会犯罪学会名誉会长，2003年获美国犯罪学会国际犯罪学分会授予的“国际杰出学者”奖。现为中国政法大学刑事司法学院教授、博导。代表性作品有《犯罪学》《犯罪研究——学科·事实·规范》等。

吴宗宪，北京师范大学刑事法律科学研究院教授、犯罪与矫正研究所所长，北京师范大学法学院学术委员会主任，法学博士、博士生导师，中国犯罪学学会副会长，中国预防青少年犯罪研究会副会长。曾获“中央国家机关优秀青年”称号，享受国务院政府特殊津贴，系“首批新世纪百千万人才工程国家级人选”，入选2007年度教育部“新世纪优秀人才支持计划”。个人专著有《西方犯罪学史》《西方犯罪学》《国外罪犯心理矫治》《当代西方监狱学》《罪犯改造论》《犯罪心理学总论》《犯罪心理学分论》等；主编、参与撰写多部犯罪学、法律心理学、刑事执行法学著作；主持翻译《犯罪学名著译丛》和多部英文专著。

赵宝成，中国政法大学教授，中国犯罪学会常务理事，主要从事犯罪学、监狱学及刑法学研究和教学。代表性作品有《犯罪问题与公共政策——制度犯罪学初论》《犯罪学》《犯罪学教程》《云南少数民族罪犯研究》《监狱学》《监狱学概论》等；发表《犯罪问题是一个公共政策问题》《追问刑法精神》《犯罪学与刑法学的关系》等论文多篇。

于国旦，中国政法大学刑事司法学院教授，法学博士，主要从事犯罪学研究和教学。中国犯罪学研究会理事，中国预防青少年犯罪研究会理事，中国刑事执行法学研究会理事。代表性作品有《少年司法制度的理论与实务》《少年司法的核心概念与制度构建》等；发表《论少年司法制度的基本理念》《保护处分及其在我国的适用》《论少年司法制度》等论文多篇。

第四版前言

本书第三版问世已经五年多,受到广大读者的欢迎和好评。这期间,广大理论研究者和有关实务部门,在党的十八大、十九大以来中央的重要精神和习近平法治思想指导下,贯彻中央和政法工作的重大部署,在与犯罪作斗争中取得了很多新成就,犯罪学理论研究也有了很多新进展。鉴于犯罪学理论和实践的发展,有必要对本书再次进行修订。

近年来,国家在与黑社会性质的有组织犯罪、网络犯罪等作斗争的实践中取得了许多重要成果,理论上也逐渐成熟。本次修订,在第十章“犯罪现象的基本类型”中新增加了“有组织犯罪”和“网络犯罪”两节。国家历来重视保护未成年人,不断修订和颁布有关法律法规,为此,在第四编“犯罪现象对策论”中增设了“少年司法制度”一章。在第四编“犯罪现象对策论”中,对“刑事政策”的概念和内容作了较大修改,把“刑事政策”恢复为“犯罪对策”,把“刑事惩罚政策”恢复为“刑事惩罚对策”。最早“刑事政策”是日本学者从原西方语言(criminal policy 或 kriminal politik)翻译过来的。在我国的语境下,“刑事政策”很容易被误解为只是用刑罚惩罚犯罪的对策。过去,由于我国长时间使用“刑事政策”,影响较大,所以本书前三版均未进行改动。本次修订实际是恢复“对策”的原意。为保持概念的统一性,“犯罪的社会预防政策”相应地恢复为“社会预防对策”。

本次修订还增补了一些内容:第六章第三节“犯因性环境因素”增补了“自然环境因素”的内容;第九章第六节“犯罪动态与犯罪史”增补了“21 世纪初以来的犯罪变化”和“法定犯时代到来”的内容;第九章“犯罪现象存在的形态”和第十章“犯罪现象的基本类型”两章补充了刑事立案和刑事发案率统计数据;第十三章第一节“犯罪的一般社会预防”改为“一般社会预防”,重新撰写了关于加强社会主义文化建设的内容,着重强调传承和弘扬优秀传统文化、文化自信和树立社会主义核心价值观对于预防犯罪的重大意义。对于正文中出现的影响较大的某些外国学者,在每章第一次出现时,增加了姓名原文;对已故的犯罪学学者增补了生卒年份;原来的汉语译名中只有姓氏的,补全了汉译名字。此外,本次修订对个别概念或注释作了修正或重新撰写。本次修订还以二维码的形式增加了拓展阅读资料。

本书修订之后,缺点仍在所难免,诚挚希望广大读者继续对本书提出宝贵意见。

作者分工如下:

王牧:第一、七、八、十一章,第二章第一、二节,第四章第一节,第十章第一、五、六节,第十一章第一节。

吴宗宪:第三、六、十二章,第二章第三、四节,第四章第二节,第十章第四、九、十二节。

赵宝成:第四章第三节,第九章,第十章第二、三、七、八节,第十三章,第十五章。

于国旦:第五、十四章,第十章第十、十一节。

作　者

2022 年 1 月

第三版前言

《新犯罪学》第二版受到了广大读者的普遍好评。但出版至今已有四年时间，这期间，犯罪学有了新的发展，对一些问题的研究取得了新的成果，因而有必要对本书进行再次修订。

本次修订，作者对以下内容作了调整：将第二版第五章“犯罪概念”的内容进行了较大删节、压缩，作为一节移至第一章，以便对犯罪学的概念做出更好的阐释；在“个体犯罪行为发生的机制”一章中，增加了“犯因性制度因素”的内容，从而对犯罪的个人因素有了更为全面的论述；删除了犯罪类型中的“政治犯罪”一节；考虑到“少年犯罪的预防和惩罚”与“犯罪的综合治理”一章的整体内容不很协调，将这部分内容予以删除。本次修订还对若干文字表述、表达疏漏做出了修正。另外，为了节约篇幅，顺应网络时代的阅读需要，我们还通过二维码的方式对相关的拓展性资源进行链接，方便读者阅读。略有遗憾的是，由于资料收集上的限制，书中有些应当更新的数据没有如愿更新。好在，教材中的数据主要是用来说明原理的，只要不影响对原理的理解，数据也就起到了应有的作用了。

我们诚挚希望广大读者继续对本书提出宝贵意见。

作　者

2015 年 10 月 18 日

第二版前言

《新犯罪学》初版于2005年5月,受到了国内许多高校的好评,同时被国内不少法学院校用作本科生及研究生教材。为更好地适应教学需要,借再版之机,作者对本书作了如下修订:精选内容,压缩全书篇幅,删除了“犯罪现象的基本规律”一章(原书第11章);重撰“犯罪发生的理论学说”一章(原书第6章);调整了部分章节的结构和顺序(如第8章和第13章);适当增删了相关知识和信息资料,更新或增补了各章参考文献及思考题。

各章撰稿人分工如下:

王牧:第一、五、八、九、十二章,第二章第一、二节,第四章第一节,第十一章第一、二、六、七节及小结。

吴宗宪:第二章第三、四节及小结,第三、七、十三章,第四章第二节,第十一章第五、十、十一节。

赵宝成:第四章第三节,第十章,第十一章第三、四、八、九节,第十三、十四章。

于国旦:第六章。

欢迎广大读者提出修改意见,以使本书“更上一层楼”。

作　者

2009年10月18日

目 录

第一篇 绪 论

第二篇 犯罪现象发生论

第三篇　犯罪现象存在论

第四篇　犯罪现象对策论

第一篇

绪　论

第一章　犯罪学的概念

犯罪学概念极为复杂。犯罪学既可以从人类学角度进行研究,也可以从生物学角度进行研究;既可以从心理学角度进行研究,也可以从社会学角度进行研究;不同的研究角度会形成不同的学科概念,从而使犯罪学具有不同的地位和属性。在犯罪学理论中,犯罪学的概念本身极不统一,不同的犯罪学研究者有自己对犯罪学概念的不同理解。因而,对犯罪学概念的研究是必要的,也是重要的。通过对犯罪学概念的研究,我们可以大体上了解犯罪学的基础理论及其发展方向。

第一节　作为一门科学的犯罪学的复杂性

要了解犯罪学的概念,首先要了解已有犯罪学理论研究中关于犯罪学的概念及其复杂性。与其他人文社会科学不同的是,在已有的犯罪学理论研究中,关于犯罪学的概念显现出异常的复杂性。犯罪学作为一门科学,其概念还没有统一的定论。

一、定义犯罪学概念的困难

给犯罪概念下定义决定着犯罪学的学科地位和性质。犯罪涉及人的行为,关于什么是犯罪,从哪个角度、在哪个范围内研究犯罪,人们的认识却是多种多样的,因此,出现了不同的犯罪学的概念。甚至,时至今日,对于作为一门科学的犯罪学,到底是属于人文社会科学还是属于自然科学①都还存在争论。对犯罪学概念的探讨关乎犯罪学的最基本的理论,而且几乎涉及整个犯罪学的基本理论。

二、关于犯罪学概念的各种不同观点

因为对犯罪学学科研究对象——犯罪本身的性质和产生存在不同的理解,所以对犯罪学概念的理解也存在各不相同的观点,几乎每一位犯罪学家都有自己的犯罪学概念。迄今为止,世界上存在各种不同的犯罪学概念体系,鉴于这种情况,犯罪学家在评述犯罪学概念体系时,经常对犯罪学概念体系进行概括和划分。例如,有的犯罪学家从犯罪学研究范围上把犯罪学概念体系划分为五种类型:②(1)不承认犯罪学是一门独立的学科,认为犯罪学的研究内容可以包括在刑法学之中;(2)认为犯罪学是一门从广义上解释犯罪现象的科学,包括对犯罪现象原因、与犯罪作斗争、犯罪对策问题、刑罚以及刑法的研究;(3)认为犯罪学是最广义上犯罪科学中关于犯罪现象和犯罪原因的科学,与犯罪侦查学、刑法学和犯罪对策学并列;(4)认为犯罪学就是对犯罪人本人及对其所采取的措施的研究;(5)狭义地认为犯罪学就是一门关于犯罪现象和犯罪原因的科学。犯罪学的这种特殊发展表明了犯罪学研究对象的特殊性和复杂性,表明了犯罪学学科还不成熟,存在很大的发展空间。

---

① 认为犯罪根源于人的生理因素,犯罪学就属于自然科学;认为犯罪根源于社会,犯罪学则属于人文社会科学。

② [波兰]布·霍维斯特:《犯罪学的基本问题》,冯树梁、刘兆琪、曹妙慧译,国际文化出版公司 1989 年版,第 17—21 页。

犯罪学的某种异常发展，使其在某些方面走向了自己的反面，一定程度地影响了它的学术威信和发展。但是，这毕竟不是主流现象，并没有动摇它的科学价值。作为一门科学，犯罪学正在各种不同见解的争论中迅速发展，它的科学光辉不但没有被掩盖和泯灭，反而在与犯罪作斗争的实践中射出越来越多的光彩，[①]显示了人类理性不断战胜情感的艰难过程。

第二节　确定犯罪学研究对象的意义、方法和根据

一、犯罪学研究对象本身是一个需要确定的问题

某种意义上说，已确定了的学科研究对象决定学科的概念，定义学科的概念就是明确学科的研究对象。所以，在学科理论中，一般都是以研究对象来定义学科的概念。如果研究对象是明确的，那么，定义学科的概念也就比较容易了。如果研究对象并不是明确的，它本身又是需要加以确定的，问题就比较复杂了，犯罪学就是如此。由于多种原因，犯罪学所研究的对象——"犯罪"的概念并不是明确的，而是一个需要专门加以确定的概念。因此，定义犯罪学的概念是一个比较复杂的问题。不能简单地以现成的犯罪概念，如刑法学的犯罪概念，作为犯罪学的犯罪概念。换言之，不能把刑法学的犯罪概念作为犯罪学的研究对象。

二、确定犯罪学研究对象的意义

正确确定犯罪学的研究对象，对犯罪学的发展具有决定性的意义。因为，犯罪学研究对象的确定，在一定意义上决定着犯罪学的理论方法、发展方向乃至整个理论体系。例如，如果把犯罪作为个人行为来研究，以"犯罪是个人行为"作为犯罪学的研究对象，那么，就会认为犯罪在本质上是个人现象，在产生原因的探讨上，就会从个人身心中去寻找犯罪根源，从而迷失正确的科学方向，只能以理论观点来阐释犯罪的产生，无法建立科学的理论体系。犯罪生物学理论就是在这条道路上发展的。对犯罪学来说，犯罪社会学说本来是一种发展空间比较大的学说，但是，一些犯罪社会学理论没有得到很大的发展，因为其理论根基是建立在"犯罪是个人行为"的命题上，作为学科体系的犯罪学理论没有得到应有的发展，也与此有很大的关系。前面所论述的犯罪学的复杂性，其实主要是来自对犯罪学研究对象的不同界定上。

对犯罪学来说，确定犯罪学的研究对象更有特殊的意义。犯罪学是研究犯罪的科学，犯罪学的研究对象是"犯罪"。所以，确定犯罪学研究对象就是对犯罪学所研究的"犯罪"这个范畴进行定义，确定犯罪学所研究的"犯罪"是什么，包括哪些内容。换言之，确定犯罪学研究对象就是解决犯罪学应当研究"什么"、研究"哪些"的问题。

三、学科任务是确定犯罪学研究对象的根据

学科任务是确定犯罪学研究对象的根据，犯罪学应当研究什么以及研究的内容是由犯罪学的学科任务决定的。

社会需要是学科产生的动力。学科产生后，满足社会需要就成为学科所承担的社会义务，构成学科的直接任务，即我们所说的学科任务。学科任务就是社会赋予学科的社会历史

---

① 参见王牧：《犯罪学》，吉林大学出版社 1992 年版，第 11—12 页。

使命。满足社会需要的学科任务从根本上决定着学科的发展,它不仅决定学科的基本理论框架,而且决定该学科在学科群中的地位及作用,是学科及其理论的根据,是确定和评价整个学科理论的根本标准。[①] 学科任务是学科研究对象的上位概念,决定着学科的概念、研究对象、方法等这些最基础的东西。南斯拉夫一位犯罪学家曾经给犯罪学下过一个具有方法论意义的定义,他说:“犯罪学是为了预防和控制犯罪而把犯罪作为社会现象进行思辨和实证研究的科学。犯罪学的定义应包括三个方面的内容,即对象、方法和作用(作用指目的和任务)……这个定义所具有的特征是指出了犯罪学的实质要素和构成部分,即犯罪学的对象、方法和作用。这种分析的意义在于突出了在其他学科中也提到的、犯罪学的基本问题,这些就是:一研究什么,二怎样研究,三为什么要研究。”[②]不论这个定义是否严密、充分,它向我们提示的犯罪学定义所包含的三个要素,无疑具有正确的指导意义,这就是:定义学科概念不仅要有对象、方法,还要有学科“作用”。这里的学科“作用”是就已经存在的学科的任务和目的而言的。这种学科产生后的学科“作用”是由当初促使学科产生的动力——社会需要而演变成的,在学科产生之初,它表现为作为社会需要的任务和目的。社会需要促使了学科的形成,而学科形成后,这种最初的社会需要作为学科的历史使命被学科作为任务和目的而承担下来,成为现存学科的客观作用。在论述学科产生时,表现学科作用的是社会需要。社会需要是学科产生的根本动因或称首要条件。没有社会需要,学科就不可能产生。学科任务(学科目的是从另外角度而言的)在学科的三个要素中居于根本地位,它决定着学科的对象和方法。因此,确定学科对象和方法的根据是学科任务。

第三节　犯罪学的犯罪概念

一、犯罪概念概述

犯罪是评价事实,而由于评价主体价值的多元性使犯罪具有相对性,犯罪不存在一般评价标准,因此无法给犯罪概念下一个一般的定义。犯罪形式定义的产生就与这种情况有关。实际上,法律条文对犯罪的规定反映着立法者和法律研究者对犯罪概念的理解和价值观,而这些都是具体的,不是抽象的。[③] 在法律和法学中寻找犯罪的一般概念是行不通的。无论是把“社会危害”“侵害法益”,还是把“违反统治阶级的统治秩序”作为犯罪概念的本质属性而认为犯罪具有一般概念,都是不妥当的。即使“违反统治阶级的统治秩序”的犯罪定义,也不能算作是犯罪的一般概念,因为,统治阶级的统治秩序也是具体的,不同所有制国家的统治秩显然是不同的。法律上的犯罪概念是以具体国家为单元的,[④]不同国家的刑法有不同的犯罪概念,在不同国家之间寻找犯罪的一般概念是不可能成功的。这里所谓“犯罪不存在一般概念”的命题是就世界的“一般”而言的。严格地说,没有绝对的“一般”,“一般”也有相对性。在一定的范围内还可以有范围内的“一般”。如果具体到每个国家的具体的刑法中,刑

① 参见王牧:《学科建设与犯罪学的完善》,《法学研究》1998 年第 5 期。

② Vukasin Pesic, *Kriminologija*, Titograd, 1981, Str. 17.

③ 参见王牧:《犯罪学》,吉林大学出版社 1992 年版,第 5 页。

④ 即使是国际条约规定的有关犯罪条文,也只能通过国内法认可后才能在具体国家具有意义。

法学家常常把刑法总则中的犯罪定义[①]称为犯罪的一般定义，而把分则中的犯罪定义称为具体的犯罪定义。这是一定范围之内的一种具体之中的"一般"。

拓展阅读

犯罪概念：刑法之内与刑法之外

所以，犯罪概念是多元的，不是单一的，是运用多学科作出的。

犯罪是个多学科的概念。犯罪概念中被运用最多、影响最大的莫过于犯罪的法律概念，因此，人们常常把犯罪的法律概念视为犯罪的唯一概念，这是不全面的。由于犯罪是评价事实，不同研究主体有不同的评价根据和方式，会评价出不同领域、不同类型的犯罪概念。犯罪不只是法律和法学概念，而是个多学科的概念，不同学科、不同领域都有各自的犯罪概念。人们经常在不同领域使用含义不同的犯罪概念，如在阶级、法律、神学、宗教、社会、道德等领域使用的犯罪概念。马克思主义经典作家在他们的著作中就是在多种意义上使用犯罪概念的，有时在阶级、法律意义上使用，有时在社会学意义上使用。在阶级、法律意义上使用犯罪概念时，认为这种犯罪是历史现象，有产生，有消亡。而在社会学意义上使用犯罪概念时，认为这种"犯罪"在原始社会就存在。他们还认为剥削是最大的犯罪；毛泽东曾经说过浪费是极大的犯罪，[②]这都是在社会学意义上使用的犯罪概念。了解犯罪是个多学科的概念对法学研究者来说是很必要的，因为这种观念在指出了犯罪不只是法律和法学的概念的同时，也指出了犯罪问题、犯罪对策、犯罪研究等有关犯罪的理论和实践，都不只是法律的，而是多学科的、多种的。

二、犯罪学犯罪概念的定义：内涵与外延

犯罪概念是犯罪学的基本范畴，是犯罪学的研究对象，定义犯罪概念不仅涉及犯罪学研究对象的内容和范围，而且更重要的是涉及学科任务是否能够实现。定义犯罪学的犯罪概念，必须从实现犯罪学学科任务上来考虑，学科任务决定研究对象——犯罪的概念。所以，我国台湾地区学者称犯罪学的犯罪概念为犯罪的功能性概念，指出：犯罪的功能性概念系指以"严重的社会侵害性"（包括侵害国家法益、社会法益和个人法益）去划分何者才是犯罪的一种判断依据，并以此概念来说明犯罪学研究犯罪的基本范畴及客观标准（研究哪些犯罪行为对犯罪学而言，有其功能价值存在）。其具体包括：绝大部分法定犯罪行为；待犯罪化的犯罪行为；准犯罪行为；待除罪化的犯罪行为。[③] 为了实现犯罪学预防控制犯罪的目的，犯罪学必须研究上述各种行为，如果犯罪学只研究法定犯罪行为而不研究准犯罪行为、待犯罪化行为，就会影响犯罪学的科学性，因为准犯罪行为和待犯罪化行为都是法定犯罪的前奏，很多就是法定犯罪的原因。再则，对于犯罪预防和控制来说，法定犯罪发生前的准犯罪行为和待犯罪化行为本身，正是犯罪学要研究和预防控制的重点，如果不研究这些行为，犯罪学就不能很好地实现预防和控制犯罪的学科任务。

犯罪概念的外延是指犯罪所隶属的范围，与犯罪概念内涵一样，也反映犯罪的本质和基本属性。为了研究的需要，从定义外延看，可以把犯罪确定在"个人行为"范围内，也可以确定在"社会现象"范围内。"犯罪是个人行为"和"犯罪是社会现象"这两个命题虽然有密切

① 为了行文方便，这里有时用"概念"，有时用"定义"，在不同角度论述一个问题，请注意区别。

② 参见本书第七章第三节"犯罪原因论中的基本范畴"。

③ 参见黄富源等：《犯罪学概论》，"中央警察大学出版社"2002年版，第6—7页。

联系,即个人行为是社会现象的构成要素,社会现象是由个人行为所构成,但社会现象不是个人行为的简单相加。两个命题性质截然不同,因而会带来截然不同的研究过程和结果。德国著名犯罪学家施奈德说,在进行要求有科学水平的理论型和经验型犯罪学调查和讨论之前,为调查和讨论奠定基础而澄清当时设定的犯罪行为和犯罪现象概念是有益的。[①]

从方法论上看,犯罪定义要有范畴的功能,要成为继续认识犯罪的科学工具,从而使继续认识活动成为可能并有发展空间,使其所得出的结论能对客观实际具有意义,有利于实现学科任务。把犯罪概念外延确定在什么范围,就是把犯罪放在什么背景和关系中来认识。这既涉及犯罪的性质,也涉及犯罪的来源和产生,直接决定学科任务的实现。犯罪是个人行为还是社会现象,对犯罪学来说具有根本性的意义,决定着对犯罪的理论思维模式,不同的命题包含不同的判断、认识,包含着构筑犯罪学学科理论体系的不同的理论逻辑起点,规定着研究犯罪现象的基本理论格局和研究方法,从根本上影响、支配、限制着研究犯罪问题的角度和思路。

实现学科任务是确定犯罪概念外延的标准。从认识论上,可以把犯罪定义为个人生物的、心理的现象,也可以定义为社会现象;从方法论上,可以把犯罪定义为个人行为,也可以定义为社会现象。概言之,犯罪学既可以把犯罪作为"个体自然行为"研究,也可以作为"群体社会现象"研究。这里面临着选择,而选择的标准就是学科任务的实现。

如果以"犯罪是个人行为"命题作为犯罪学的理论逻辑起点,把犯罪学研究范围限定在个人行为之中,把研究方向引导到从个人的角度去观察和思考犯罪问题,那么,所看到的就只会是犯罪人个人应当受到刑罚处罚的特殊性的地方,就会到个体生理、心理上去寻找犯罪产生的原因,看不到犯罪与社会的关系,难以找到有效、可行的预防犯罪的方法和措施。这样,犯罪的社会预防对策就很难提到议程上来,刑事惩罚就会成为唯一的结论,从而背离或缺少犯罪学研究应有的理论认识和研究方法,学科任务就无法实现,学科发展就会受到严重限制。犯罪人类学派、犯罪生物学派和绝大部分犯罪心理学派理论就是把犯罪定义为"个体行为"的,所以尽管这些学说有自己的独特意义,但是始终不可能在它们中的任何一门学科基础上建立起成熟的犯罪学。这样的研究,只能产生犯罪人类学说、犯罪生物学说、犯罪心理学说、临床犯罪学说等单一的、从某一个角度研究犯罪的成果,而不可能产生综合的能够从宏观上整体阐释犯罪现象的犯罪学科学。

犯罪学犯罪概念的外延应当是社会现象。犯罪概念的外延应当确定在犯罪是"社会现象"的范围上。从方法论上看,如果把犯罪看作群体社会现象,以此命题作为犯罪学的理论逻辑起点,把犯罪确定在"社会现象"范围,在社会背景下认识犯罪的来源、产生和变化规律,就可以清楚地看到犯罪与社会的关系,即犯罪根源于社会,又危害社会,预防和减少犯罪的主要措施也存在于社会,预防犯罪的重点在社会方面而不在个人方面,从而找到有效、可行的预防犯罪的方法和措施,得出对社会有实际意义的结论,建立起有发展前途的学科。这样的犯罪学研究过程和结论具有更大的理论意义和社会实际意义。犯罪学只有以"犯罪是社会现象"这个揭示犯罪本质和来源的命题作为犯罪概念的外延,才能实现自己的学科任务,并使学科得到充分发展。

从认识论上看,这样确定犯罪概念的外延也符合定义犯罪概念的科学性。在外延上把

① 参见[德]汉斯·约阿希姆·施奈德:《犯罪学》,吴鑫涛、马君玉译,中国人民公安大学出版社、国际文化出版公司1990年版,第73页。

犯罪定义为“社会现象”，不仅科学地揭示了犯罪的本质，也科学地反映了犯罪的来源。从形式上看，犯罪以个体行为表现出来，社会管理者也把犯罪作为个体行为来处理。但从本质属性上看，犯罪不是个人行为而是社会现象。犯罪是在一定的社会关系中实施，并在一定的社会关系中加以评定的。犯罪是一种评价事实。社会关系是评价犯罪行为的标准。犯罪从一开始就不是个人行为，而是在一定的社会关系中实施和受到评定的行为。如果离开一定的社会关系，任何行为都无法被评定是否为犯罪。不以一定社会关系为参照系，对行为性质就无法作出任何评价；改变社会关系，对行为就可能作出另外的评价；同样形式的行为，在不同的社会关系中可能会被作截然不同的评价。这充分说明犯罪不是纯粹的个人行为，更不是生物现象。要科学地认识犯罪，必须把犯罪放到社会背景下，研究犯罪与社会的关系。只有这样才能揭示出犯罪的本质以及犯罪与社会的本来关系。基于这种认识，犯罪学不应当把犯罪概念外延确定为“个人行为”，而应确定为“社会现象”。准确地说，犯罪学中的犯罪概念的外延，不只是“个人行为”，同时更是“社会现象”。所以，作为犯罪学研究对象的犯罪是对社会历史进步具有一定危害的社会现象。

第四节 犯罪学的概念

一、犯罪学的学科任务及犯罪学概念的定义

犯罪学诞生于犯罪增加而传统刑法制度和刑法理论（即古典刑法理论）无能为力的历史背景下。“19 世纪后期，随着资本主义的发展，社会各种矛盾日益激化，导致各种犯罪尤其是累犯急剧增加，古典学派的刑法理论在犯罪对策上显得无能为力，按照传统的对应于一定犯罪科处一定刑罚的罪刑均衡原则，已解决不了累犯增加等新问题。”[①]犯罪学是应社会预防和减少犯罪的客观需要而产生的。因此，从社会上有效预防和减少犯罪就成为犯罪学的直接任务，即学科任务。犯罪学的产生背景也表明了犯罪学的最高价值追求是犯罪现象实际减少的社会效益。这与刑法学的价值追求是不同的。

为了实现犯罪学的学科任务，寻找有效的犯罪对策，犯罪学就必须从社会的角度研究犯罪现象的产生和发展变化规律。因此，犯罪学就要从社会犯罪现象的现状出发（而不是像刑法学那样从法律对犯罪的规定出发），通过对社会上犯罪事实的实际调查（而不是像刑法学那样从刑罚的运用而对理论的需要出发），采取实证和思辨的方法（而不是像刑法学那样采用法律的逻辑分析和解释的方法），研究群体（或整体）犯罪现象产生、存在和发展变化的规律（而不是像刑法学那样研究个体犯罪行为的法律构成条件），从而确定多方面的、有效的犯罪对策（而不只是法律的惩罚对策），因此犯罪学属于人文社会科学（而不像刑法学那样属于法学）。这样，对犯罪学可以作出以下定义：犯罪学是为了预防和减少犯罪现象的发生，以实证和思辨的方法研究作为社会现象的犯罪现象的产生、存在和发展变化规律的社会科学。

拓展阅读

犯罪学是研究犯罪现象规律的普通社会科学

① 马克昌等主编：《刑法学全书》，上海科学技术文献出版社 1993 年版，第 590 页。

二、犯罪学的学科特点

第一，犯罪学所研究的犯罪不是个体犯罪行为，而是群体犯罪现象。这是犯罪学概念的核心问题。因为，把犯罪作为个体行为的研究，就会从个别的、具体的犯罪行为事实来观察犯罪现象，这样就会迷失犯罪学研究的正确方向，就像一位到了森林里的人只见树木而不见森林一样，看不到犯罪现象的本质，更无法把握犯罪现象产生、存在和发展变化的规律。个体犯罪行为反映的是犯罪现象的表象，而群体犯罪现象才真正反映犯罪现象的本质。

第二，犯罪学的价值追求是犯罪现象的预防和实际减少。这与刑法学是不同的，刑法学（主要指古典刑法学）围绕刑罚的正确适用研究具体的犯罪行为，目的是依法准确适用刑法和刑罚，最高价值追求是公正。

第三，犯罪学的研究方法主要是实证的，附以思辨的方法，这一点与法学的研究方法是完全不同的。

第四，犯罪学不应当只把犯罪产生原因作为犯罪学的核心甚至全部研究内容。传统的犯罪学，无论是哪种类型的犯罪学，都把犯罪产生的原因作为犯罪学的核心内容。这实际上是错误的。只研究犯罪产生原因，而不研究犯罪现象存在和发展变化规律的犯罪学，其逻辑前提是不承认犯罪现象的客观存在，是人类在追求消极现象消除和减少过程中的一种并不完全理性的表现。其实，如果从客观存在的角度看，犯罪现象与经济现象、政治现象是完全一样的，是伴随人类长期存在的现象。作为消极现象的犯罪现象，尽管人类千方百计地去打击和消除它，但是，在一定时期内，人类的这个愿望是永远也不会实现的。减少犯罪是可能的、应该的，消除犯罪是办不到的。所以，犯罪学就应当像经济学研究经济现象那样去研究犯罪现象，核心不是只研究现象的产生，而是现象存在和发展的变化规律，现象的产生只是反映现象本质和表现现象存在的部分内容。

第五节　犯罪学的学科性质、学科地位和理论体系

一、犯罪学的学科性质

从学科性质上看，犯罪学应当属于普通的社会科学。犯罪是人的一种行为，作为具体的犯罪行为，它不仅与社会现象有关，与人的生物、生理、心理等现象也有联系。从犯罪的产生看，社会因素、生物因素、心理因素等都可以诱发犯罪，因此，对犯罪现象可以从多角度进行研究。但是，在犯罪学中，必须首先把犯罪现象作为社会现象来研究，这既是客观事实，又是方法论的需要。因为，犯罪根源于社会，本质上又危害社会。从根源上看，犯罪的产生和犯罪的本质都是社会的。在诱发犯罪发生的各种因素中，无论是心理因素还是生物因素，都最终通过社会因素而发生作用，或者其本身就起源于社会。从本质上看，犯罪是有害的事物而不是有益的事物；[①]犯罪本质上危害的是社会，而不是个人。因此，犯罪不是生物现象，也不是心理现象，更不是个人现象，犯罪在本质上是社会现象。从方法论上看，虽然可以把犯罪现象作为生物现象或心理现象来研究，但是，只有把犯罪作为社会现象来研究，才更有利于

① 见本书第一章第三节“犯罪学的犯罪概念”部分。

实现犯罪学的学科任务。不管过去对犯罪学的学科属性存在多少不同的观点，只有把犯罪学定位于社会科学，才符合犯罪学学科的实际，才符合实现犯罪学学科任务的要求。犯罪学的概念，应当根据犯罪学学科任务来确定。

二、犯罪学的学科地位

从学科地位上看，犯罪学处于一级学科的地位。按照我国已经形成和目前通行的学科制度，犯罪学的理论框架和逻辑内容决定了它处于一级学科的地位。学科地位的确定不是人为的，更不是一种任意性的安排，而实际是一种科学评价。所以，学科地位的定位应当符合学科间的理论逻辑关系，而最终取决于学科所承担的社会任务和学科研究对象所处的社会地位。学科的社会任务决定着学科的地位。这种地位既是学科在学科群中的地位，也是学科在社会生活中的地位，即社会地位。

为了有效地减少和控制犯罪现象，犯罪学把犯罪作为整体的社会现象，对其进行宏观的、规律性的研究。犯罪学属于探讨社会现象规律的社会科学。在这一点上，它与经济学、政治学等学科是相同的。从社会生活角度看犯罪，犯罪现象像经济现象和政治现象一样，不仅同样属于影响国家政治、经济乃至文化生活的重大事物，而且也同样属于无法消除的现象。[①]犯罪现象的这种社会地位决定了犯罪学的理论框架和逻辑内容应当属于一级学科。

犯罪学应当成为一级学科还不等于实际上已经成为一级学科。犯罪学要在实际上成为一级学科，它自身还要具备一定的条件，其中学科本身的发展水平是首要的条件。对一个学科来说，即使它客观上处于一级学科的地位，如果它本身的发展水平不够，那么，它在事实上还不能成为一级学科。学科本身的发展水平是学科达到应有地位的内在条件。犯罪学产生以后，经过一百多年的发展，已经形成了一个以犯罪学为核心的学科群，具备了一级学科的条件和资格。犯罪学不仅有许多二级学科，例如犯罪社会学、犯罪心理学、犯罪人类学、犯罪生物学、犯罪统计学、犯罪地理学、犯罪环境学、犯罪对策学（刑事政策学）等，而且还存在一个支撑犯罪学学科存在和发展的基础理论学科群，这就是与之相近的政治学、经济学、法学、社会学、人类学、心理学、统计学等，这些学科奠定着犯罪学的理论基础。任何一个学科，如果没有二级学科形成的学科群的支持，没有相近的学科群作为理论基础的支撑，那么这个学科就不可能成为一级学科。

但是，我国目前实际上把犯罪学作为刑法学之下的辅助学科对待[②]。把犯罪学作为刑法学的一个研究方向，不仅会影响犯罪学的发展，也不利于刑法学的发展。这种情况的出现有各种原因，其中历史上的原因影响较大。在犯罪学刚刚诞生的时候，面对既有的刑法学的学科强势，犯罪学否认刑法学学科的独立地位，认为犯罪学可以包括刑法学；而刑法学则不承认犯罪学，认为刑法学可以包括犯罪学。于是，产生了两个学科互相否定的争论。争论的结果是各自不得不承认对方独立学科地位的客观存在。但主要表现为刑法学对犯罪学的偏见，即刑法学虽然承认了犯罪学的独立学科地位，而对犯罪学的地位却认为是在刑法学之下。其实，这种偏见有其深层的原因。人们对犯罪学不像对经济学和政治学那样重视，也不像对刑法学那样重视，因为人们用对犯罪现象的否定性评价代替了对犯罪现象理性认识的

---

① 这里不是指阶级法律意义上的犯罪，而是指社会学意义上的“犯罪”，即越轨行为。

② 我国对辅助学科的理解有不同观点。有的从刑法学出发，把对刑法学的宏观上的指导作用也看作是“辅助”。这种看法是客观的，但是用“辅助”一词显然不恰当。

需求，用犯罪现象不该存在的期待代替了犯罪现象的客观存在。刑罚是对付犯罪的唯一的、最好的办法成为人们普遍的认识，因此人们往往拒绝和排斥除刑罚以外的一切应对犯罪现象的对策和方法，其中当然包括对犯罪现象的理性活动。然而，越是被情感统治的地方就越是需要理性去占领。有效的犯罪对策只能来源于对犯罪的理性认识。犯罪学与刑法学（即犯罪法学）的关系相当于经济学与经济法学的关系。把犯罪学放在刑法学之下对待，颠倒了理论本来的逻辑关系。

三、犯罪学的理论体系

新犯罪学的理论体系是以犯罪现象的存在为核心，研究犯罪现象的产生、本质、存在形态、发展变化规律和对策。犯罪现象的存在是过去犯罪学不研究或很少研究的问题，人类目前对犯罪现象的存在规律的认识还相当有限。本书的探讨只是一个开端，有待犯罪学研究者的共同努力，去发掘和发现。

【本章小结】

犯罪学是研究犯罪的科学，而关于什么是犯罪，特别是关于什么是犯罪学所要研究的犯罪是一个复杂的问题，各种学科都可以研究，因此引起犯罪学概念的混乱。所以犯罪学就不能像其他学科那样，以研究对象本身来确定学科的概念。为了正确地确定犯罪学的研究对象，就必须在研究对象的上位概念即学科任务上来确定犯罪学的研究对象，这样，作为社会现象的群体犯罪现象就应当成为犯罪学的研究对象。犯罪学不能以个体犯罪行为作为研究对象。犯罪学就是为了预防和减少犯罪现象的发生，以实证和思辨的方法研究作为社会现象的犯罪现象的产生、存在和发展变化规律的社会科学，在理论逻辑上处于一级学科的地位。

【本章思考题】

1. 如何定义作为犯罪学研究对象的犯罪概念？
2. 把犯罪学中犯罪概念的外延确定为犯罪现象的意义是什么？
3. 如何确定犯罪学的研究对象？
4. 什么是犯罪学？其学科性质和地位如何？

【本章参考文献】

1. ［意］加罗法洛：《犯罪学》，耿伟、王新译，中国大百科全书出版社 1996 年版。
2. ［德］汉斯·约阿希姆·施奈德：《犯罪学》，吴鑫涛、马君玉译，中国人民公安大学出版社、国际文化出版公司 1990 年版。
3. ［俄］阿·伊·道尔戈娃：《犯罪学》，赵可等译，群众出版社 2000 年版。
4. ［意］恩里科·菲利：《犯罪社会学》，郭建安译，中国人民公安大学出版社 2004 年版。
5. 王牧：《学科建设与犯罪学的完善》，《法学研究》1998 年第 5 期。
6. 王牧：《根基性的错误：对犯罪学理论前提的质疑》，《中国法学》2002 年第 5 期。
7. 王牧：《论犯罪学的学科定位及属性》，《中国大学教学》2004 年第 8 期。

第二章　犯罪学与相邻学科的关系

研究犯罪学与相邻学科的关系，是进一步明确犯罪学概念的需要，实际上是在概念的外延方面认识概念。第一章主要是解决犯罪学概念的内涵和外延问题，本章则主要是从犯罪学与相邻学科的联系和区别方面进一步明确犯罪学的概念。前者是从内部认识犯罪学，而后者是从外部认识犯罪学。

第一节　犯罪学与刑法学的关系

在研究犯罪学与相邻学科的关系中，犯罪学与刑法学的关系当是首要的，尤其是在我国的刑法学教科书大多把刑法学定义为研究犯罪和刑罚的科学的情况下，就显得更为重要。因为，在两个学科似乎都把犯罪作为自己研究对象的情况下，明确两个学科间的区别和联系就显得特别必要。

一、犯罪学与刑法学的联系

犯罪学与刑法学由它们的目的、研究对象紧紧地联系起来。防止和减少犯罪是这两个学科的共同目的。犯罪是犯罪学的研究对象，刑法学也不能说根本不研究犯罪。但是，两者却是以不同的方法、在不同的方向上各自发展着。

这里所说的两个学科的共同目的，是从终极意义上说的，实际上两个学科的直接目的是有区别的。探讨犯罪产生原因，寻找有效的犯罪对策，以防止和减少犯罪，这是犯罪学的直接目的。刑法学集中研究一定国家的现行的刑法规范，[①]分析犯罪的法定构成条件，以便正确地适用法律规定的刑罚。注释刑法学的直接目的是刑法的准确适用，刑法学是在准确适用刑法惩罚犯罪的前提下来防止和减少犯罪。离开准确适用刑法惩罚犯罪的需求，就不会有刑法学产生。

二、犯罪学与刑法学的区别

作为法学的分支，刑法学是研究法律的，是研究犯罪法（刑法）的，是研究刑法中关于犯罪和刑罚的法律。准确地说，刑法学是研究犯罪和刑罚的法律的科学。刑法学主要研究关于犯罪和刑罚的法律理论，而不是研究犯罪和刑罚这两个现象本身。刑法学对犯罪的研究仅限于犯罪的法律构成条件，目的是准确适用刑罚。只有犯罪学才是研究犯罪现象本身的。如果非要说它们都是研究犯罪的，那么，只能说刑法学是在规范层面上研究犯罪，而犯罪学则在事实层面上研究犯罪。前者是研究法律的法学，后者是研究事物规律的科学。[②]

---

① 就注释刑法学来说，只要是研究刑法分则，就必然是国别刑法学。实际上学者所研究的大多是国别刑法学。例如，我国目前翻译出版的几部外国刑法学，如《英国刑法导论》《德国刑法教科书》《法国刑法总论精义》《意大利刑法学原理》等，都冠以国别。科学地看，凡是专门研究我国刑法分则内容的著作，都应当冠以“中国”二字，如“中国刑法学”。

② 西方有学者把法学（注释法学）排除在社会科学之外，认为法学的研究对象是法规而不是客观事物本身。参见[美]华勒斯坦等：《开放社会科学》，刘锋译，生活·读书·新知三联书店 1997 年版，第 30 页。

拓展阅读

犯罪学与刑法学的科际界限

刑法学是研究刑法的科学，所以，犯罪学与刑法学的关系，主要表现为犯罪学与刑法的关系。

犯罪学与刑法的关系是十分紧密的。德国刑法学家们的以下描述，准确而形象地表述了二者的关系：没有犯罪学的刑法是个瞎子，没有刑法的犯罪学是无边无际的犯罪学。①犯罪学可以为刑法指明方向，而刑法为犯罪学框定了研究的有效范围。

刑法对犯罪学的发展具有重要意义。

首先，刑法为犯罪学提供了研究犯罪概念的逻辑点。犯罪概念是犯罪学的基本范畴，如何定义犯罪概念，涉及犯罪学的基本理论。虽然不能说犯罪学“只能采用法律上的犯罪概念”，也就是说，犯罪学不能完全依赖刑法规定的犯罪概念，但是，为犯罪学提供研究犯罪概念逻辑点的却“始终是刑法”。② 犯罪是一个多学科的概念，可以有多种定义，而且，具有最为突出的价值色彩。因此，没有一定的逻辑点，对犯罪问题的任何讨论都无法进行。犯罪学中的犯罪概念，即使是从社会学的角度定义，也要以犯罪的法律概念为逻辑出发点进行说明。如果没有刑法提供的犯罪概念作为逻辑点和参照系，那么，就无法阐述和分清人的各种行为的性质，就无法确定犯罪学的研究对象。

其次，不管犯罪学如何定义自己的犯罪概念，法律所定义的犯罪始终是犯罪学所研究的基本的和主要的对象。因此，通过刑法在实践中的运用，在侦查、起诉和审判中查明的犯罪事实和犯罪产生的原因和条件，对犯罪学的原因论具有方向性和经验性的意义。犯罪学应当利用司法实践中所获得的关于犯罪原因、犯罪人等的资料，分析和研究犯罪动机的形成，考察刑事立法对犯罪和刑罚规定的社会效果，为刑事立法和刑法学的发展提供有意义的建议。

最后，刑法和刑法学为犯罪学中的犯罪对策提供了最充分、最明确的刑事法律对策理论及其实践。犯罪学对犯罪对策的追求是全方位的，刑事法律对策是其重要的对策之一。在这方面，刑法和刑法学所提供的理论和实践是必不可少的。

犯罪学对刑法学的作用是巨大的。法国刑法学家指出：“尤其应当强调的是，犯罪学的发展对丰富刑法的内容所产生的影响。面对犯罪学经过长期研究所得到的结果，法学家仅仅付之一笑的时代已经过去。所有的科学，在开始时总要受到某种天真的迫不急待的情绪的催促，并且会遇到同时代人的怀疑……社会科学也逃脱不了这一规则（经济学家对此是有所了解的），犯罪学就是其中之一。但是，犯罪学的成果已是有目共睹，人们再也不可能拒绝承认其对法律的影响。”③犯罪学对刑法和刑法学（即犯罪法学），就像经济学对经济法学一样，具有宏观的指导作用。犯罪学对刑法立法、司法和执行都具有全面的影响。刑法学中的实证学派实际就是用犯罪学的理论观察和研究刑法而产生的、不同于传统的古典刑法学的新理论，推动了现代刑法制度的建立。在近代（应为现代）刑法史中，许多犯罪对策的重大进

① 参见［德］汉斯·海因里希·耶赛克、托马斯·魏根特：《德国刑法教科书》，徐久生译，中国法制出版社 2001 年版，第 53 页。

② 参见［法］卡斯东·斯特法尼等：《法国刑法总论精义》，罗结珍译，中国政法大学出版社 1998 年版，第 55 页。

③ ［法］卡斯东·斯特法尼等：《法国刑法总论精义》，罗结珍译，中国政法大学出版社 1998 年版，第 55 页。

步均要归功于犯罪学,少年刑法、限制自由刑的适用、对罚金刑的改革、缓刑和假释、缓刑帮助、保留刑罚的警告、矫正及保安处分和刑罚执行的改革等,在很大程度上均是建立在犯罪学研究工作的基础之上的。[①]

在犯罪学与刑法学的关系中,曾经出现过互相否定的一段历史。与犯罪学相比,刑法学是个较古老的学科。在犯罪学刚刚诞生不久的时候,古典刑法学派曾否定犯罪学作为独立学科存在的必要性,把犯罪学包括在广义的刑法学之中;而有的犯罪学家曾否定刑法学的独立性,认为刑法学只是犯罪学的一部分。这种争论虽然早已结束,两个学科都各自独立地发展着,但是,作为争论所留下的历史遗迹却依然以一定的影响而存在着:在犯罪学把刑法学包括在自己学科之中的不当认识影响下,把刑法学中的问题当作犯罪学的问题,如在犯罪学界至今有人认为贝卡里亚是犯罪学的奠基者;在犯罪学理论中也存在古典学派与实证学派的争论。其实,贝卡里亚及其《论犯罪与刑罚》奠定了近代刑法学的理论基础;犯罪学理论中根本就不存在古典学派,两个学派的争论是刑法学理论中的两个学派之争。[②] 而影响比较大的就是刑法学轻视犯罪学,至今仍然把犯罪学作为刑法学的辅助学科。两个学科的独立地位是不容否定的,也无法互相替代。因此,两个学科应当相互合作,协调发展。

第二节 犯罪学与犯罪对策学的关系

一、犯罪对策学是个独立的学科

犯罪对策学的概念产生于欧洲。[③]在那里,犯罪学与犯罪对策学是两个有密切联系的不同学科。犯罪对策学是研究犯罪现象对策的理论体系。最初,广义犯罪学曾把它作为自己学科的一个方面的内容。后来不久,由于这方面理论的重要性凸显,犯罪对策学迅速发展,特别是由于坚持狭义犯罪学的学者主张它应当是犯罪学之外的性质不同的学科,犯罪对策学成为一个很发达的学科。因为,欧洲坚持狭义犯罪学的学者大多认为犯罪学只应当研究犯罪原因,而不研究犯罪对策,认为犯罪对策属于社会对策学的内容。在犯罪学不研究犯罪对策的情况下,犯罪对策很快就发展为一门独立的学科。所以,在欧洲,犯罪对策学与犯罪学是两个各自独立的学科。在亚洲则有所不同。一些国家和地区的学者把犯罪学译为刑事政策学。例如,我国台湾地区学者林纪东的"刑事政策学"实际是"犯罪学"。在日本,"犯罪学""刑事学""刑事政策学"基本上被作为同义语,相关学者认为它们并无严格区别。"刑事学"最早是牧野英一从法文的"刑事(犯罪)科学"译来的,以后日本学者把"犯罪学"也译成"刑事学"。这可能与西文的"犯罪"可以译成"刑事"有关。日本学界在这几个用语使用上是最为混乱的,如果不加分析,将不同用语按照日语硬译过来,就会造成理解上的混乱。

二、犯罪对策与犯罪对策学

犯罪对策和犯罪对策学是两个问题,作为学科,犯罪对策学与犯罪学具有逻辑上的内在

---

① 参见[德]汉斯·海因里希·耶赛克、托马斯·魏根特:《德国刑法教科书》,徐久生译,中国法制出版社 2001 年版,第 61 页。[法]卡斯东·斯特法尼等:《法国刑法总论精义》,罗结珍译,中国政法大学出版社 1998 年版,第 55—57 页。[法]乔治·比卡:《犯罪学的思考与展望》,王立宪、徐德瑛译,中国人民公安大学出版社 1992 年版,第 2 页。《不列颠百科全书》(国际中文版)(第 5 卷),中国大百科全书出版社 1999 年版,第 16 页。

② 参见王牧:《犯罪学与刑法学的科际界限》,《中国法学》2004 年第 1 期。

③ 详见本书"犯罪对策概述"部分。

联系。犯罪对策学确实可以成为一个独立的学科，但是，作为对策学，它的理论前提是犯罪现象产生的原因，因此，犯罪学属于犯罪对策学的前提学科，犯罪对策学则属于犯罪原因学的目的学科。研究犯罪学的目的是预防和减少犯罪现象。①

第三节　犯罪学与社会学的关系

一、社会学概述

社会学(sociology)是对于人类社会和社会互动进行系统、客观研究的一门学科。② 社会学的历史渊源，可以追溯到18世纪以前的欧洲。到19世纪时，对人类社会的分析研究进一步发展，并且深受生物学说和进化论的影响。1838年，法国学者奥古斯特·孔德(Auguste Comte，1798—1857)创造了"社会学"(sociologie)这个词，用来概括对人类社会现象进行探讨的学科，孔德也被看成社会学的创始人。1892年，美国芝加哥大学创办了世界上第一个社会学系。现代社会学主要研究社会组织与个体(包括文化、社会及其结构、社会互动、社会化、群体与组织、社会问题等)、社会不平等(包括社会分层与多种形式的社会不平等)、社会设置(包括家庭、教育、宗教、政府等)、社会环境与社会变迁等内容。

二、社会学与犯罪学的联系

社会学与犯罪学的联系主要表现在下列方面：

(一) 历史渊源类似

社会学和犯罪学产生于大致相同的历史时期。作为一门学科的社会学，是在19世纪后半期形成的。作为一门学科的犯罪学，也是在这一时期形成的。同时，社会学与犯罪学早期研究的内容相似。早期的社会学重视对社会现象的道德分析，研究活动受到生物学说与进化论的影响；早期的犯罪学研究中，也表现出同样的特点。可以说，社会学和犯罪学都是在大致相同的思想与社会背景下产生的。

(二) 研究内容交叉

社会学与犯罪学在研究内容方面，相互有交叉。

首先，社会学和犯罪学有很多共同的研究主题，如犯罪、越轨行为、社会控制等，这两门学科的研究成果，相互促进各自的发展。

其次，犯罪学利用社会学的许多学说和观点来研究犯罪问题。例如，利用文化、社会互动、社会化等内容解释犯罪原因，利用社会控制等原理来探讨犯罪预防与控制问题。当代一些国家和地区的犯罪学研究，特别是北美地区的犯罪学研究，已经表现出明显的社会学化倾向。

再次，许多研究者的研究领域有交叉。许多社会学家同时是犯罪学家，特别是在当代的北美国家中，许多著名的社会学家同时也是著名的犯罪学家。埃德温·萨瑟兰(Edwin H. Sutherland，1883—1950)就是一个典型例子，他是著名的社会学家，曾担任过美国社会学协会主席，同时是最著名的当代犯罪学家之一。

最后，社会学和犯罪学的训练内容有交叉。在社会学专业学生的训练中，犯罪问题的研

---

① 参见本书"犯罪对策概述"部分。

② 参见[美]戴维·波普诺：《社会学》(第十版)，李强等译，中国人民大学出版社1999年版，第3页。

究是一项重要的内容。同样,在犯罪学专业学生的训练中,社会学也是一项重要的内容。

(三)研究方法重叠

当代的犯罪学研究大量使用了社会学的研究方法。社会学和犯罪学研究往往遵循共同的方法论原则。

三、社会学与犯罪学的区别

社会学与犯罪学之间的区别主要表现为:

首先,研究的重点不同。在社会学中,犯罪问题仅仅是它研究的一个方面,社会学把犯罪当作一种社会问题加以研究;在犯罪学中,犯罪问题是它研究的主要方面,犯罪学的整个研究都是以犯罪问题为核心进行的。

其次,研究的角度不同。社会学仅仅利用自己的概念和学说,从宏观的角度探讨犯罪问题。犯罪学不仅利用社会学的概念和学说探讨犯罪问题,也利用人类学、心理学、生物学、生理学、经济学等很多学科的概念和学说探讨犯罪问题。同时,犯罪学不仅对犯罪问题进行宏观的研究,也对犯罪问题进行微观研究。

最后,研究的深度不同。社会学仅仅对犯罪问题进行一般性的研究;犯罪学对犯罪问题进行多角度、全方位的研究。因此,犯罪学对犯罪问题的研究深度,远远超过了社会学对犯罪问题的研究深度。

第四节　犯罪学与心理学的关系

一、心理学概述

心理学(psychology)是研究人和动物心理活动和行为表现的一门学科。[①] 人们对心理问题的探索有一个漫长的过去,但是,心理学只有一个短暂的历史。尽管人们对心理问题的探索可以追溯到古代社会,古希腊哲学家和中国古代的思想家们都探讨过人的心理问题,但是,作为一门学科的心理学,则是在19世纪初期产生的。1816年,德国哲学家和教育家赫尔巴特(Johann Friedrich Herbart,1776—1841)出版了世界上第一本心理学教科书。1879年,德国心理学家冯特在莱比锡建立了世界上第一个心理学实验室,心理学由此脱离哲学而成为独立的学科。因此,这一年通常被作为现代心理学诞生的年代。

现代心理学从很多的方面研究人的心理活动和行为表现,从而形成了不同的心理学分支学科。生理心理学从生理学的水平研究各种心理现象;认知心理学研究记忆、思维和问题解决等人类的认知过程;发展心理学研究人从出生到老年的不同时期的心理特点和规律;社会心理学研究个体和群体在社会互动中的社会心理和社会行为的发生变化规律;理论心理学或者普通心理学研究最基本的心理问题,特别是正常人心理活动的一般规律和心理学的基本原理,包括心理本质和心理现象(心理过程、心理状态和个性心理等)。此外,在应用心理学的理论和方法研究社会生活的不同领域的过程中,形成了多种应用心理学分支学科,如教育心理学、医学心理学、法律心理学、工业心理学等。

二、心理学与犯罪学的联系

心理学与犯罪学的联系主要表现在下列方面:

---

① 《中国大百科全书·心理学》,中国大百科全书出版社1991年版,第1页。

（一）研究内容有一定交叉

首先，心理学与犯罪学的研究都涉及犯罪问题。在心理学的分支学科——法律心理学中，有一门专门研究犯罪问题的心理学分支学科——犯罪心理学。此外，法律心理学的其他一些分支科学，如审判心理学、矫正心理学等，也研究犯罪问题。[①]这些研究的成果，丰富了心理学的内容。

其次，犯罪学利用心理学的许多概念和学说，探讨犯罪问题，特别是探讨微观的犯罪问题，包括犯罪心理和犯罪行为等问题。

再次，许多研究者的研究领域有交叉。许多心理学家也是犯罪学家。例如，汉斯·艾森克（Hans J. Eysenck，1916—1997）不仅是著名的心理学家，对心理学的许多领域都进行了卓有成效的研究，而且涉足犯罪研究领域，出版了《犯罪与人格》《犯罪的原因与治疗》等著作，在犯罪研究领域也取得了引人注目的成就。

最后，心理学和犯罪学的训练内容有一定交叉。在心理学专业学生的训练中，往往有法律与犯罪心理学方面的课程；[②]同样，在犯罪学专业学生的训练中，也有心理学概论、法律心理学之类的课程。

（二）研究方法有一定重叠

当代的犯罪学研究大量使用心理学的研究方法。心理学和犯罪学研究往往遵循一些共同的方法论原则。

三、心理学与犯罪学的区别

心理学和犯罪学之间的区别主要表现为：

首先，研究的重点不同。在心理学中，犯罪问题仅仅是它研究的一个很小的方面，犯罪问题仅仅是心理学的一个应用研究领域——法律心理学中探讨的内容之一；在犯罪学中，犯罪问题是它研究的主要方面，犯罪学的整个研究都是以犯罪问题为核心进行的。

其次，研究的角度不同。心理学仅仅利用心理学自身的概念和学说探讨犯罪问题；犯罪学不仅利用心理学的概念和学说探讨犯罪问题，也利用社会学、人类学、生物学、生理学、经济学等很多学科的概念和学说探讨犯罪问题。

最后，研究的深度不同。心理学仅仅对犯罪问题的心理方面进行研究；犯罪学对犯罪问题进行多角度、全方位的研究。因此，犯罪学对犯罪问题的研究深度，远远超过了心理学对犯罪问题的研究深度。以犯罪原因为例，心理学仅仅研究犯罪产生的心理原因，而犯罪学不仅研究犯罪产生的心理原因，还要研究犯罪产生的文化、社会、经济、生理等方面的原因。

【本章小结】

虽然犯罪学和刑法学都研究犯罪问题，但是，它们研究的角度不一样。犯罪学是真正研究犯罪的学科，它研究犯罪产生原因，寻找有效的犯罪对策；而刑法学则是研究关于犯罪和刑罚的法律规定的学科。

刑事政策学是研究犯罪现象对策的理论体系。在欧洲和亚洲，由于人们对犯罪学的理

① 参见吴宗宪主编：《法律心理学大词典》，警官教育出版社1994年版，第152—158页。

② 参见吴宗宪：《当代美英法律心理学研究概况》，《心理学报》1991年第2期。Helmut Kury、吴宗宪：《欧洲大陆法律心理学述评》，《心理学报》1996年第1期。

解的差异,对这两个学科之间的关系也有不同的看法。

社会学是对人类社会和社会互动进行系统、客观研究的一门学科,它与犯罪学既有联系又有区别。

心理学是研究人和动物心理活动和行为表现的一门学科,它与犯罪学也是既有联系又有区别的。

【本章思考题】

1. 犯罪学和刑法学对于犯罪问题的研究有什么不同?
2. 如何理解犯罪学与刑事政策学的关系?
3. 如何理解社会学与犯罪学的关系?
4. 分析心理学与犯罪学的关系。

【本章参考文献】

1. [美]华勒斯坦等:《开放社会科学》,刘锋译,生活·读书·新知三联书店1997年版。

2. [德]汉斯·海因里希·耶赛克、托马斯·魏根特:《德国刑法教科书》,徐久生译,中国法制出版社2001年版。

3. [法]卡斯东·斯特法尼等:《法国刑法总论精义》,罗结珍译,中国政法大学出版社1998年版。

4. [法]乔治·比卡:《犯罪学的思考与展望》,王立宪、徐德瑛译,中国人民公安大学出版社1992年版。

5. [美]戴维·波普诺:《社会学》(第十版),李强等译,中国人民大学出版社1999年版,第1章。

6. 吴宗宪:《犯罪心理学总论》,商务印书馆2018年版,第1章。

7. 王牧:《犯罪学与刑法学的科际界限》,《中国法学》2004年第1期。

第三章　犯罪学的研究方法

中国古代思想家孔子曾经说过一句著名的话："工欲善其事，必先利其器。"[①]意思是说，一名工匠要想做好工作，首先必须有精良的工具。对于从事犯罪学研究的人来说，了解和掌握科学的犯罪学研究方法，犹如工匠准备精良的工具，是做好犯罪学研究的基本条件之一。本章论述犯罪学中的研究方法及其相关问题。

第一节　概　　述

一、犯罪学研究方法的概念及其价值

(一) 犯罪学研究方法的概念

犯罪学研究方法就是从事犯罪学研究的思维方式、行为方式以及程序和原则的总称。由此可以看出，犯罪学研究方法包括下列方面的内容：

首先，包括犯罪学研究的思维方式。犯罪学研究是一项需要智慧、充分体现研究者的主动性和创造性的活动。要卓有成效地进行犯罪学研究，就必须进行大量的思考活动，这样，就要涉及研究者的思维方式。特别是研究设计等方面的工作，与研究者思维方式的关系更加密切。

其次，包括犯罪学研究的行为方式。现代的犯罪学研究，并不仅仅是一种坐在书房中进行的纯思辨活动，犯罪学家们也不是脱离社会现实的空想家。现代的犯罪学研究，密切关注社会中的犯罪现象及其相关方面；犯罪学研究者不仅要通过文献了解犯罪现象，而且要通过多种调查等活动准确深入地了解犯罪现象，甚至还要积极干预和影响犯罪现象。在从事这些活动时，都要涉及研究者的具体行动，需要研究者用恰当的行为方式从事相关的研究活动。

再次，包括犯罪学研究的一些研究程序。研究程序是从事研究工作的先后顺序。犯罪现象是一种具有内在规律性的客观现象，对于犯罪现象的研究活动，也必须根据一定的先后顺序进行。作为一名犯罪学研究者，在从事研究活动之前，必须明确自己应该先做什么，后做什么。如果不遵守研究程序，就难以保证研究活动的科学性、合理性。

最后，包括犯罪学研究的一些指导原则。在犯罪学研究中，不仅要利用具体的研究方法开展研究活动，而且，为了保证这些研究活动的顺利进行，研究者在从事具体研究活动时，还必须自觉地接受一些原则的指导。这些具有指导意义的原则，构成了通常所说的"方法论"。

(二) 犯罪学研究方法的价值

对于犯罪学研究来说，犯罪学的研究方法具有重要的价值，发挥着重要的作用。

1. 从事犯罪学研究的必要条件

掌握科学的犯罪学研究方法，是从事犯罪学研究的必要条件。对于研究者来说，熟悉和

---

① 《论语·卫灵公》。

了解犯罪学研究方法，是他们科学地从事犯罪学研究的基本条件之一。只有真正掌握和恰当应用犯罪学研究方法，才能从事犯罪学研究。许多犯罪学研究水平不高的重要原因，就是研究者不能熟练地应用犯罪学研究方法，研究活动属于“业余性”活动，而不具有“专业性”的特点。

2. 科学研究犯罪问题的基本保证

真正的犯罪学研究，应当是一种科学的活动；而犯罪学的研究方法，可以保证犯罪学研究的科学性。科学的研究，是需要遵循一整套研究程序、原则和方式等规则的研究。遵循这些规则，是保证研究活动科学性的重要措施。在犯罪学研究中，人们要想获得对犯罪现象的科学认识，都要自觉应用犯罪学的研究方法。

3. 犯罪学发展的重要条件

科学发展的历史表明，任何一门科学要获得突飞猛进的发展和进步，都有赖于研究方法的突破和创新。对于犯罪学来说，同样如此。例如，在犯罪学研究历史上，意大利犯罪学家龙勃罗梭对于观察、测量、统计、解剖等方法的应用，导致实证主义学派的创立。[①]在以后的犯罪学研究中，犯罪学的重大发展，仍然有赖于研究方法的突破和创新。因此，对于犯罪学研究方法本身的探讨，也应当成为犯罪学研究的重要内容。

二、犯罪学研究方法的主要特点

（一）犯罪学研究方法的层次性

犯罪学研究方法实际上包括三个层次：

1. 哲学方法论

哲学方法论是指导犯罪学研究的一般性思想体系。哲学方法论是对几乎所有的学科都具有指导意义的理论观点和指导原则等。在中国犯罪学研究中，最重要的哲学方法论是辩证唯物主义和历史唯物主义。除此之外，还应当包括客观性原则、伦理与价值方面的原则等。

2. 一般方法论

一般方法论是指对若干相关学科的研究都具有指导意义的理论观点和原则。一般方法论的典型代表，就是系统论的思想。此外，还应当包括其他一些对犯罪学及相关学科的研究活动都有指导意义的原则。

3. 具体研究方法

具体研究方法是指在从事犯罪学研究活动中使用的专门方法和技术。从犯罪学研究来看，犯罪学研究的具体方法很多，大体上可以分为资料收集方法、资料分析方法和成果表述方法等类型。

这三个层次的研究方法之间具有密切的联系。哲学方法论具有最高指导性，是从事犯罪学研究的基本指导思想。从一定程度上来看，一般方法论是哲学方法论的进一步发展和具体化，它低于哲学方法论，但是又指导着对具体研究方法的使用，因而在犯罪学研究中起着中介和桥梁作用。在应用具体研究方法从事犯罪学研究的过程中，应当自觉地以哲学方法论和一般方法论为指导。当然，这里所说的“指导”，是指要在研究中贯彻这些方法论的精

① 参见吴宗宪：《西方犯罪学史》（第二版）（第二卷），中国人民公安大学出版社2010年版，第394—409页。

神，而不是照搬这些方法论的原则，不是以这些方法论的原则为大前提，机械地进行演绎式"研究"。

（二）犯罪学研究方法的吸收性

犯罪学研究方法的吸收性是指在犯罪学中使用的很多研究方法来源于相关学科的特性。如同很多其他的社会科学一样，犯罪学也是在吸收和借鉴其他相关学科的理论观点和研究方法的基础上发展起来的。在犯罪学的前科学阶段，大量的犯罪学思想，是通过利用简单的观察方法、丰富的思辨方法、原始的调查方法等产生的。随着犯罪研究的发展，从数学、物理学、化学、人类学、医学、精神病学等相关学科中引入了统计学方法、医学观察和解剖方法、人体测量方法、现场观察方法、实验方法、归纳方法、心理学方法等。后来，随着科学的进一步发展，在犯罪学研究中又引入了更加复杂的统计方法、更加精细的生理学研究方法（例如，在遗传与犯罪关系研究中使用的很多方法，在脑电图异常与犯罪研究中使用的方法）、利用计算机进行研究的方法等。

（三）犯罪学研究方法的发展性

犯罪学研究方法的发展性是指犯罪学研究方法不断发展的特性。

从犯罪学研究的历史发展来看，可以从犯罪学研究方法的发展轨迹中区分出三类清晰可辨的研究方法类型：

1. 思辨方法

思辨方法是依靠直觉、洞察和逻辑推理来获取知识的方法。[①]思辨方法是在现代犯罪学产生之前进行的犯罪研究中普遍使用的方法。早期的犯罪研究者，如切萨雷·贝卡里亚（Cesare Beccaria，1738—1794）和杰里米·边沁（Jeremy Bentham，1748—1832）等所使用的研究方法，就具有明显的思辨特点。可以说，古典犯罪学学派的学者们使用的主要研究方法，就是思辨方法。

2. 实证方法

实证方法是重视经验材料而排斥纯先验的或者形而上学的思辨的研究方法。实证方法是以法国社会学家孔德创立的实证主义哲学为基础发展起来的。在犯罪学中，早期自觉地、系统地使用实证方法进行研究的重要代表人物，是意大利犯罪学家切萨雷·龙勃罗梭（Cesare Lombroso，1835—1909）和其同时代的犯罪学家恩里科·菲利（Enrico Ferri，1856—1929）、巴伦·拉斐尔·加罗法洛（Baron Raffaele Garofalo，1852—1934）等人，他们创立了实证主义学派。[②]在今天，虽然作为一个学派的实证主义犯罪学已经衰落，但是，作为一套科学研究方法的实证主义，在犯罪学研究中继续存在，构成了犯罪学研究中的"当代实证主义"。当代实证主义是指一套在进行犯罪学研究和提出犯罪学理论中都要遵守的程序规则、研究方法或技术。[③] 从这种意义上讲，犯罪学中的实证方法不仅没有衰落，而且日益兴旺和发展，成为当代犯罪学研究中的主流研究方法或者主要研究方法，是占主导地位的犯罪学——主流犯罪学（mainstream criminology）研究中使用的基本研究方法。

---

① 参见袁方主编：《社会研究方法教程》，北京大学出版社1997年版，第10页。

② 参见吴宗宪：《西方犯罪学史》（第二版）（第二卷），中国人民公安大学出版社2010年版，第305—307页。

③ 参见吴宗宪：《论西方犯罪学中的当代实证主义》，载陈兴良主编：《刑事法评论》（第6卷），中国政法大学出版社2000年版，第580页。

3. 批判方法

批判方法是指对传统犯罪学研究中被忽略或者认为正常的现象进行否定性分析和评价的研究方法。在犯罪学研究中，批判方法的大量应用，与20世纪70年代“批判犯罪学”(critical criminology)的兴起密切相关。批判犯罪学家们对主流犯罪学中忽视的一些内容进行了研究，对已有的犯罪学理论以及法律秩序和刑事司法系统的不公正性等，进行了否定性分析和评价。在使用批判方法进行犯罪学研究的过程中，往往使用辩证思维和分析方法。

第二节　犯罪学研究的方法论原则

一、唯物辩证法和唯物史观原则

唯物辩证法和唯物史观是马克思主义哲学的组成部分，是关于自然、社会和人类思维运动和发展的最一般规律的科学。唯物辩证法和唯物史观原则，就是指在犯罪学研究中要以唯物辩证法和唯物史观的基本原理和观点为指导的方法论原则。

唯物辩证法和唯物史观的内容很多，在犯罪学研究中，特别应当重视以下列原则为指导：

（一）普遍联系观

普遍联系观认为，世界上的事物和现象之间存在着普遍联系。根据这种观点研究犯罪时，应当认识到，犯罪不是一种孤立的现象，犯罪与社会中的其他现象之间存在着相互联系。而且，这种联系具有复杂多样性的特点，既有直接的联系，也有间接的联系；既有必然的联系，也有偶然的联系；等等。因此，在研究犯罪原因、犯罪对策等很多问题时，都要认识到联系的普遍性和多样性，考虑多种因素的不同作用，认识到“犯罪处于同其他现象和过程的相互影响、相互依赖的关系之中”。①

（二）客观规律观

客观规律观认为，规律是事物运动过程中本身所固有的本质联系和必然趋势；规律是客观存在的，是不以人的意志为转移的。根据这种观点从事犯罪学研究时，应该认识到，犯罪现象是一种客观存在，它有自身的客观规律。因此，不能把犯罪现象看成是没有任何客观规律的社会现象，要承认犯罪现象中包含的客观规律，要实事求是地研究这些规律，从而科学地认识犯罪现象。同时，在治理犯罪方面，也要尊重犯罪现象中存在的客观规律，根据这些规律制定犯罪对策，而不能采取违背犯罪自身规律的方法和措施来解决犯罪问题。

（三）动态发展观

动态发展观认为，世界上的事物和现象处在不断发展变化之中。根据这种观点，事物和现象的动态发展是绝对的，静止不动是相对的。在犯罪学研究中也应当认识到，犯罪现象及其相关因素处在不断变化之中，不能把犯罪现象及其相关因素看成是静止僵化的现象。同时，也要看到犯罪现象在不同发展阶段上的相对稳定性。

（四）质量互变观

质量互变观认为，任何事物都具有质和量这两种规定性，事物的发展包括质变和量变。

① ［俄］阿·伊·道尔戈娃：《犯罪学》，赵可等译，群众出版社2000年版，第34页。

根据这种观点，在犯罪学研究中，首先要从质和量两个方面认识犯罪现象。犯罪现象既有质的规定性，又有量的规定性，因此，对于犯罪现象的研究，也要使用两类不同的方法：质的研究方法（定性研究）和量的研究方法（定量研究）。只有将两种方法有机结合起来，才能准确地认识犯罪现象。其次，在认识犯罪现象的变化时，也要注意质量互变的关系。在衡量犯罪的严重性、确定犯罪的性质、认识犯罪的原因等方面，要注意有关成分的数量变化、性质变化及其相互关系。

（五）存在决定意识观

存在决定意识观认为，无论是个人意识，还是社会群体意识，都是由社会存在决定的，是社会物质生活条件的一种反映。根据这种观点，在犯罪学研究中，应当认识到，犯罪是人的意识的一种表现，犯罪同样是由社会的物质生活条件决定的。犯罪的数量、形式和内部结构等，都深受特定社会的物质生活条件的影响。因此，不能离开特定社会的物质生活条件研究犯罪现象。同时，也要看到意识的相对独立性，认识到社会物质生活条件对犯罪的决定作用是以人为中介的，在同样的社会物质条件下是否产生犯罪，在很大程度上取决于个人或者群体的自身条件；社会物质生活条件不可能机械地、直接地引起犯罪。

（六）社会基本矛盾观

社会基本矛盾观认为，生产力和生产关系之间的矛盾、经济基础和上层建筑之间的矛盾，是普遍存在的，是社会发展的根本动力。根据这种观点，在犯罪学研究中，要重视对社会基本矛盾与犯罪之间的关系的研究，认识到不仅犯罪现象的产生和变化深受社会基本矛盾的影响，而且对犯罪的反应——控制犯罪的对策与活动，也深受社会基本矛盾的影响。

二、系统论原则

系统论是指按照事物本身的系统性把研究对象作为具有一定组织、结构和功能的整体对待的理论。系统论是现代科学发展的重要成就，其基本思想已经在很多学科中加以应用，成为很多学科共有的方法论。系统论原则就是指按照系统论的观点从事犯罪学研究的方法论原则。在犯罪学研究中，要特别注意下列系统论原则的指导意义：

（一）整体性原则

整体性原则是指用系统的整体的观点看待事物的原则。

系统是指相互作用和相互联系的要素结合而成的、具有特定功能的统一的整体。[①]根据整体性原则，在犯罪学研究中，要树立整体性、层次性的观点。任何犯罪现象都是由不同要素构成的一个整体，而且，犯罪现象中的不同要素又构成不同的子系统，犯罪现象也可以说是由不同的子系统构成的一个整体。同时，犯罪现象也是更大的社会系统中的一个子系统，是社会这个整体的组成部分之一，构成社会的其他子系统对犯罪现象发生多种不同的影响。因此，不能割裂地、局部地看待犯罪现象，必须避免"只见树木、不见森林"的倾向，避免仅仅关注犯罪现象的某一方面而忽略犯罪现象整体的做法，要看到犯罪现象内部的各个子系统对整个犯罪现象的影响作用，看到犯罪现象外部的其他因素对犯罪现象的作用。

（二）互动性原则

互动性原则是指犯罪现象内的不同子系统以及犯罪现象与其他社会子系统之间存在着

① 参见沈小峰、王德胜：《自然辩证法范畴论》，北京师范大学出版社1986年版，第74页。

相互作用的原则。

根据系统论的观点，在不同系统以及同一系统的不同子系统之间，不断发生着物质和能量的交换，不断进行着各种形式和强度的相互作用。犯罪现象是否产生，犯罪现象的不同形式和危害性等方面的差别，都与不同系统之间的相互作用密切相关。犯罪人在决定是否实施犯罪的过程中，要不断地对各种信息进行判断，然后作出有利于自己的决定。同样，在实施犯罪行为的过程中，也充满了信息和能量的交换，犯罪人对犯罪过程中发生的各种信息作出反馈，根据情境因素调整自己的行为方式。可以说，任何犯罪都是犯罪人与环境交互作用的产物。社会中犯罪现象的消长，也与相关因素的变化密切相关。犯罪现象是一种充满了互动性的社会现象。这种互动性不仅包括犯罪现象内部各个子系统之间的互动，也包括犯罪现象与其他社会现象之间的互动。

（三）动态性原则

动态性原则是指犯罪现象及其相关因素处在不断变化之中的原则。

从系统论来看，实施犯罪行为的主体——犯罪人，是一个根据周围环境的变化而不断进行自我调节的自组织系统。犯罪人不仅根据自己的认识和动机主动地进行一定的犯罪及相关行为，而且能够在进行这类行为的过程中，对自身进行认识，对自己的动机进行调节，从而改变犯罪的动机、目标、手段等。

同时，与个人发生相互作用的周围环境，也处在不断的变化之中。在社会科学中，特别是在心理学中，环境通常是指存在于个人心理之外并对心理的形成发生影响的全部条件。[①]环境既包括在个人身体之外存在的客观现实，也包括身体内部的运动与变化。其中，影响心理的体外环境，根据性质与作用，可以分为自然环境与社会环境；社会环境可以继续按照不同的标准进行分类。对于个人及其犯罪行为来说，发生影响的往往是社会环境，而社会环境则处于不断的变化之中，这种变化对于个人及其犯罪行为有着普遍的影响。例如，在社会环境中，社会控制水平的提高，可能会削弱个人进行犯罪行为的动机，从而会减少犯罪行为的发生。相反，社会控制系统的破坏和社会控制水平的下降，有可能增强个人进行犯罪行为的动机，从而增加社会中犯罪行为的数量。

在犯罪学研究中，不仅要看到犯罪现象与相关因素的相互作用，更要看到犯罪人及其周围环境的不断变化，认识到这些变化对于犯罪现象发生的不同性质的作用。

三、思辨与实证相结合的原则

思辨与实证相结合的原则是指在犯罪学研究中要坚持将思辨方法与实证方法有机结合的方法论原则。

思辨方法是依靠直觉、洞察和逻辑推理来获取知识的方法。直觉就是直观感觉和直接观察型认识，是指不经过复杂智力操作的逻辑过程而直接迅速地认知事物的思维活动。洞察也称为顿悟，是指通过长时间的苦思冥想而忽然获得认识的思维方法。逻辑推理则是指依靠一些先验原则或者公理推导出各种认识的思维方法。思辨方法的显著特点，就是过分关注个人的直观感觉和已经存在的学说观点，更多地利用逻辑推理（演绎）来获得具体的认识，因此，思辨方法往往存在脱离现实情况、不重视实际调查的弊端。

① 参见朱智贤主编：《心理学大词典》，北京师范大学出版社1989年版，第272页。

在犯罪学研究中,思辨方法曾经是主要研究方法,古典学派所使用的研究方法主要是思辨方法。古典犯罪学家们主要依靠过去的书本知识和研究者的逻辑推理来研究犯罪问题。

与思辨方法不同,实证方法则重视经验资料的获取和对经验资料的归纳,强调从对经验资料的调查和归纳中获得结论。在这里,经验资料不仅包括数据资料,也包括案例资料等反映客观现实的其他多种类型的材料。为了获取准确可靠的经验材料,研究者既要重视经验材料的来源,也要讲究获取经验材料的方法。在具体的研究方法方面,特别重视各种形式的观察。观察是一种有意识的认识活动。实证主义的创立者孔德认为"观察由于想象",实证主义者把观察看成是获得"事实"的首要方法。同时,实证主义者也重视实验、比较等方法。在犯罪学历史上,实证主义学派大量使用观察、实验、比较、测量、统计等方法认识犯罪现象,丰富和发展了犯罪学研究方法。

但是,应当看到,思辨方法与实证方法并不是截然对立的。实际上,在当代犯罪学研究中,成功的犯罪学研究,往往是思辨方法与实证方法有机结合的产物。一方面,通过思辨方法,犯罪学研究者分析已有的理论观点,整理自己的思路,提出自己的研究假设和研究方案。另一方面,通过实证方法,犯罪学研究者获取可靠的事实材料,验证自己的研究假设,从而提出有事实根据的理论观点。

从当代犯罪学研究的情况来看,实证方法的应用主要表现在下列方面:(1)从犯罪人与非犯罪人的比较中探讨犯罪原因;(2)经验犯罪学与理论犯罪学的联合;(3)重视数据资料;(4)重新重视基本的相关因素,如犯罪人的体质、性别、年龄、智力、人格(包括人格障碍)、家庭(包括破裂家庭)、学校、社区、社会阶级、劳动力市场、大众传播媒介(特别是电视)、文化、种族、酒精与毒品、刑罚等;(5)理论研究中的折中化和多学科化;(6)重视应用研究,包括对刑事司法、犯罪对策、评估、验证等方面的研究。①

四、定性与定量相结合的原则

定性与定量相结合的原则是指在犯罪学研究中要综合应用定性研究方法和定量研究方法开展研究活动的方法论原则。

定性研究方法通常是指对观察资料进行归纳、分类和比较的研究方法。②这类研究方法不涉及对研究对象进行数量方面的统计分析和比较,而主要侧重于进行性质方面的探讨和研究。典型的定性研究方法包括实地调查方法、文献研究方法、案例分析法、资料分类方法、事实归纳方法、不涉及数据资料的事实比较方法等。

定量研究方法通常是指着重探讨研究对象的数量特征的研究方法。这类研究方法重视对犯罪现象及其不同侧面进行数量统计和数学分析,试图从数量方面更加准确地把握研究对象。典型的定量研究方法包括统计方法、实验方法、测量方法、问卷调查方法、数据比较方法等。

定性研究方法和定量研究方法都有其长处和局限性。一般来说,定性研究方法的优点

① 参见吴宗宪:《论西方犯罪学中的当代实证主义》,陈兴良主编:《刑事法评论》(第6卷),中国政法大学出版社2000年版,第583—603页。

② 有的学者认为,在中国社会科学界,对于"定性研究"方法的理解比较宽泛和含糊,几乎把所有非定量的研究方法都纳入定性研究的范畴。因此,其主张使用"质的研究"方法这样的术语,认为"质的研究"是对英文中 qualitative research 这个术语的更恰当的译名。参见陈向明:《质的研究方法与社会科学研究》,教育科学出版社2000年版,第22—24页。

包括:(1)能够比较深入、比较全面地认识研究对象,有助于探讨事物的本质特征;(2)能够用来研究内在的心理问题和其他社会互动过程;(3)能够用来研究十分复杂的犯罪现象和犯罪问题。定性研究方法的局限性主要是:(1)对研究对象的认识不够精确;(2)研究结论的基础不够广泛,往往根据典型的或者少量的个案资料得出结论;(3)研究过程和研究结论具有明显的主观性,即因人而异,所以,对研究者自身素质的依赖性大;(4)研究结论缺乏客观性,难以进行重复检验。

相比较而言,定量研究方法的优点包括:(1)能够对研究对象进行更加准确的认识;(2)能够推进理论的抽象化和概括性,促进对现象之间关系的精确分析;(3)能够对大量的对象进行研究。定量研究方法的局限性包括:(1)不能对事物进行深入、广泛的研究,甚至有些人认为,这类方法只能用来研究一些表面的、肤浅的现象,而无法探讨事物的本质特征;(2)容易忽略研究对象深层次的动机等心理因素和具体的社会过程;(3)很难用来研究十分复杂的社会现象、社会关系或者十分独特的对象。

由于定性研究方法和定量研究方法都有其优点和局限性,因此,在犯罪学研究中要贯彻定性研究与定量研究相结合的原则。首先,要明确两类方法之间的关系,即定性研究方法是定量研究方法的基础,而定量研究方法是定性研究方法的精确化。其次,要在研究中恰当地将两类方法结合使用。在研究的设计与规划、研究方向的确定、研究对象的选择、对研究资料的解释、研究结论的提出等方面,要更多地依靠定性研究方法;在对研究对象的精确认识、研究资料的收集、对不同事物或者现象之间数量关系的认识等方面,要更多地依靠定量研究方法。最后,要克服过分偏向某一类方法的不恰当做法。在犯罪学研究中,过分依赖定性研究方法是不恰当的。例如,在当代犯罪学研究中,批判犯罪学的研究就因为缺乏数据资料的支持而受到犯罪学家们的批评。但是,过分强调定量研究方法,无限夸大定量研究方法重要性的倾向,也是不对的。毕竟,犯罪学研究的是复杂的社会现象,这类现象的很多方面是难以用数量来表示的;仅仅靠抽象的数据资料,是不可能全面、准确地反映复杂多变的社会生活的。在犯罪学研究中,美国犯罪学家欧内斯特·胡顿(Earnest Hooton,1887—1954)就曾经因为过分依赖不可靠的数据资料而受到批评。胡顿所选择的"犯罪人样本和非犯罪人样本都不具有代表性,从这些原始样本中获得的原始数据也是不可靠的和缺乏代表性的,因而就缺乏进一步分析的坚实基础,对这种不适当的样本的任何分析、研究,都难以获得科学的结论"①。

五、理论与实践相结合的原则

理论与实践相结合的原则是指在犯罪学研究中要将理论研究与理论成果的实际应用密切结合的方法论原则。

一方面,在犯罪学研究中,必须十分重视理论方面的探索与研究。作为一门学科,犯罪学必须有自己的一套理论学说和概念体系,这既是犯罪学作为一门学科存在的标志,也是犯罪学研究继续发展和影响社会生活的基础。如果没有一套独特的理论学说和概念体系,就缺乏犯罪学学科存在的基础。发展和完善犯罪学学科的重要方面,就是要进一步加强犯罪学理论的研究,提出符合实际情况的理论观点。而且,犯罪学学科对社会生活的影响作用,

① 吴宗宪:《西方犯罪学史》(第二版)(第二卷),中国人民公安大学出版社2010年版,第532—533页。

也要通过犯罪学理论的指导作用发挥出来。

另一方面,犯罪学是一门理论与应用兼顾的学科。与完全致力于发展抽象理论的一些学科不同,犯罪学既要发展自己的理论学说,又要重视利用它们阐明和解决社会生活中的犯罪问题,使犯罪学理论研究对社会生活产生实际的影响作用。只有这样,犯罪学才能持久地存在和发展。

因此,在犯罪学研究中,要十分重视理论和实践的结合,在努力发展犯罪学理论的同时,要关注、研究、阐明和干预社会中的犯罪现象。

六、生物性与社会性相统一的原则

生物性与社会性相统一的原则是指在犯罪学研究中要重视犯罪人的生物属性和社会属性的方法论原则。

任何犯罪行为都是由犯罪人实施的,而犯罪人则是生物属性和社会属性的统一体。从生物属性来看,犯罪人的生理需要和生理素质等对他们的犯罪心理和犯罪行为有不同程度的影响。生理需要即"生物本能",是指个人最原始的基本需要,包括对食物、水、空气、睡眠、性和其他生理机能的需要。追求对这些需要的满足,是许多人进行犯罪行为的重要动力。生理素质是指个人与生俱来的某些解剖生理特性和器质性病变,包括神经系统的特点、各种器官的特点以及生理疾病和身体残疾等。生理素质对于犯罪人的认识活动和犯罪行为的实施有着重要的影响作用。

从社会属性来看,犯罪人的社会需要和社会关系等对他们的犯罪心理和犯罪行为发挥着重要的影响作用。社会需要是指反映社会要求的个人需要。当个人认识到社会要求的必要性,并且在社会要求转化为个人自身的欲望时,社会要求就转化成为个人的社会需要。社会需要是社会化的产物。常见的社会需要包括对交往、社会活动、友谊、理解、尊重、成就、学习、美、归属、创造等的需要。追求社会需要的满足,是包括犯罪行为在内的大量社会行为的重要动力。社会关系是人们在社会生活和相互交往过程中形成的关系。从静态来看,社会关系表现为社会结构,表明了不同的个人和群体在社会中的位置;从动态来看,社会关系表现为社会互动过程,如亲密、友谊、支配、合作、竞争、冲突等。社会关系具体表现为家庭关系、邻里关系、朋友关系、师生关系、工作关系等。社会关系对于犯罪行为的产生和实施等,有着重要的制约作用。

根据生物性与社会性相统一的原则,在犯罪学研究中要注意下列方面:

首先,明确任何犯罪人都具有生物性和社会性,他们的犯罪行为是在生物属性和社会属性的共同影响下产生的。因此,无论是研究宏观的犯罪现象,还是研究具体的犯罪行为,都要关注犯罪人的生物性和社会性两个方面;单纯研究某一方面,是不可能全面阐明犯罪问题的。

其次,总的来看,社会属性对于犯罪行为的影响要大于生物属性对于犯罪行为的影响。虽然任何犯罪人都是生物属性和社会属性的统一体,但是,在社会生活中,就一般情况来讲,社会属性对于犯罪行为的影响似乎更大一些。

最后,在具体的犯罪行为中,生物属性和社会属性所起的作用是不同的。对于一些犯罪行为来说,在它们的产生与实施过程中,社会属性所起的作用可能更大一些;在另一些犯罪行为中,生物属性所起的作用可能更大一些。因此,在研究某个人的犯罪行为的原因等问题时,应当具体情况具体分析,不能笼统地认为社会属性的作用都是最主要的。

七、价值中立原则

价值中立原则(principle of value free),又称为“价值无涉原则”,是指在犯罪学研究中,要强调客观性,避免让个人的主观价值影响研究活动的方法论原则。

根据价值中立原则,在从事犯罪学研究的过程中,研究者应当从客观的态度出发,对研究对象进行实事求是的分析和研究,而不能用自己的价值标准和道德观念评价研究对象,不能用“有色眼镜”看待所研究的对象。一位犯罪学研究者在家庭生活等非学术研究的场合中,可以表明自己的价值观、政治态度和道德倾向,用它们评判生活中的事物和现象。但是,当他们从事犯罪学研究时,必须放弃自己的价值观、道德倾向和政治信念,严格保持中立的态度,对研究对象进行客观的探讨。价值中立原则意味着,在研究活动中,犯罪学研究者要避免受到个人偏见、个人态度等主观因素的影响,无论是研究对象的选择、研究方法的确定,还是对研究对象的访谈、研究助手的聘请,都要避免受到研究者个人的主观因素的影响。

在犯罪学研究中,只有贯彻价值中立的原则,才能保证研究活动的客观性,才能保证研究结果的科学性。

八、伦理性原则

伦理性原则是指在犯罪学研究中要使研究活动符合道德标准的方法论原则。

在犯罪学研究中,尽管研究者个人的道德倾向不能影响犯罪学研究活动的进行,但是,犯罪学研究活动必须符合公认的社会道德准则和犯罪学家的职业道德准则。

从社会道德准则来看,犯罪学研究活动必须符合下列特征:

第一,犯罪学研究活动的无害性。犯罪学研究的终极目的之一,就是最大限度地减少犯罪现象及其社会危害性,因此,犯罪学研究活动本身必须是无社会危害性的。犯罪学家不能为了从事犯罪学研究而进行危害社会的行为。例如,犯罪学家不能为了观察犯罪行为的规律和特征而让别人进行真正的犯罪活动;不能为了体验犯罪时的心理特征而自己进行犯罪行为。

第二,犯罪学研究活动的最小干扰性。在进行犯罪学研究时,要最大限度地减少对研究对象的干扰和侵害。这意味着,要使用对研究对象没有危害或者危害极小的方法收集资料;如果确有必要使研究对象遭受一定的干扰或痛苦的话,必须尽可能缩短工作时间,使研究对象少受干扰或痛苦;尽可能减少调查同一个研究对象的次数;不能为了使自己对研究对象的干扰或损害合理化,而有意无意地贬低研究对象,将研究对象说成是“坏的”,而将自己的研究说成是“好的”;等等。①

犯罪学研究是一项职业活动,因此,在从事这类活动时,还应该遵守一些这个行业的从业人员必须遵守的职业道德准则。在这方面,犯罪学家弗兰克·哈根(Frank E. Hagan)提出,职业犯罪学家在研究工作中应当遵守下列伦理准则:(1)避免使用有可能伤害研究对象的研究方法;(2)信守与研究对象之间的约定,互相尊重;(3)在进行研究和报告研究结果时,要保持客观性和职业诚实性;(4)要对研究对象保守秘密和个人隐私。②

可以把这些准则看成是犯罪学研究者们应当普遍遵守的职业道德准则。

① 参见吴宗宪:《西方犯罪学》(第二版),法律出版社2006年版,第27页。

② See Frank E. Hagan, *Research Methods in Criminal Justice and Criminology*, Macmillan, 1993, pp. 31-32.

第三节　犯罪学研究的具体方法

一、犯罪学研究过程与研究方法

应当按照一定程序和利用一定方法进行科学的犯罪学研究活动。研究是使用标准化、系统化的程序寻求知识的活动。犯罪学研究过程就是按照一定的程序和利用一定方法进行的犯罪学研究活动。其中,犯罪学研究的程序,表明了进行犯罪学研究的先后顺序;犯罪学研究的方法,则表明了进行犯罪学研究的具体方式。

从犯罪学研究的理论和实践来看,犯罪学研究要遵循一定程序,经历不同阶段,并且在不同的阶段使用不同的方法。一般来说,完整的犯罪学研究过程应当包括先后相继的四个阶段或者步骤,在每一个阶段可以使用不同的具体研究方法。

(一) 研究准备阶段

研究准备阶段是指确定研究课题、选择研究类型和进行研究设计的阶段。这个阶段是从事犯罪学研究的第一个阶段,这个阶段工作的质量和成效,对于犯罪学研究的水平有重要的影响作用。

1. 确定研究课题

确定研究课题是研究者选择和决定进行研究的具体问题的活动。要进行犯罪学研究,首先必须明确究竟要研究什么,这就涉及研究课题的确定。研究课题的确定,可以为整个犯罪学研究活动指明方向、确立目标,从而指导后续的犯罪学研究活动的进行。

在确定研究课题的过程中,要注意下列几个方面的内容:

(1) 理论意义。研究者在确定研究课题时,要考虑所要研究的课题在犯罪学发展中的理论意义,尽量选择一些有重要理论意义的课题进行研究。例如,重要的基础理论性课题,别人很少关注、从而能够填补“空白”的理论课题,预示着犯罪学发展方面的前沿性理论课题,存在着争论的疑难理论问题,很多人都在研究的“热点”理论问题等。

(2) 应用价值。如果要进行应用性研究,则应该注意所研究课题的应用价值,也就是这类课题在满足社会现实需要、解决社会中的犯罪问题方面的价值。应用性研究必须密切结合社会实践的需要,有助于阐明和解决社会中存在的犯罪问题,对于预防和控制犯罪具有重要的价值。

(3) 迫切程度。在确定犯罪学研究课题时,要尽可能地选择那些能够满足社会的迫切需要,有助于解决社会面临的紧迫问题的课题。

(4) 研究条件。在选择和确定研究课题时,还必须考虑有关的研究条件,包括主观条件和客观条件。对于研究者来说,研究条件的具备情况,往往表明了研究活动的可行性的大小:如果具备多方面的条件,那么,研究活动就容易进行;如果不具备所需要的条件,那么,研究活动就缺乏可行性,就难以进行有关的研究活动。研究者本人的主观条件,主要包括个人的学识、能力、经验、兴趣、精力、实践、研究条件等。研究活动的客观条件,主要包括研究经费是否充裕、资料收集难易程度、调查对象的协作情况、研究合作者的情况、研究设备的情况等。研究者应当综合考虑现存的主客观条件,确定研究条件较好、具有较大可行性的课题进行研究。

在确定研究课题方面,主要使用文献调查法(通过阅读相关文献发现研究课题)、专家咨询法(通过向有关专家请教而确定研究课题)、小组讨论法(通过与志趣相投的人员一起讨论的方法确定研究课题)、观察法(通过多种形式的观察发现研究课题)等。

2. 提出研究假设

在犯罪学研究中,不仅要确定研究课题,还要将研究课题加以提炼和具体化,将其转化为研究假设,然后才能开展下一步的研究工作。从一定意义上来说,科学研究就是一种提出假设并收集资料去证实假设的过程。

研究假设是根据已有信息提出的假定性判断。假设是对研究课题的进一步细化,它将研究课题转化为一种操作性很强的命题,指明了研究课题的可能结果,从而为进一步的研究提出了基础。研究者在确定了一个犯罪学研究课题之后,必须将这个研究课题转化为研究假设,才能开展进一步的研究工作。例如,研究者确定研究"城市犯罪问题"这个课题之后,还要提出一些具体的研究假设,包括"目前的城市犯罪问题很严重""城市犯罪问题与社会变迁有关""城市犯罪问题对社会和经济发展有消极作用"等。

假设的主要特点是:第一,假设不同于主观臆测,它是有一定的根据的。良好的假设都是在一定的基础之上提出的,这类基础包括已有的理论观点、个人的知识经验、所观察到的事实情况等。第二,假设具有一定的推测性质。假设是对可能结果的一种推断,如果在研究中得到证实,那么,假设就会变为知识或者理论。

可以把研究假设划分为不同的类型。例如,根据假设内容的性质,可以把假设分为3类:(1)预测性假设。这是对犯罪现象的未来变化提出的推测性判断,如"随着经济的发展,犯罪的数量可能会不断增加""城市化过程可能会引起暴力犯罪的增加"等。(2)相关性假设。这是对犯罪与其他现象之间相互联系的性质、方向、密切程度等作出的推测性判断,如"犯罪可能与年龄有关""犯罪可能与学历有关"等。(3)因果性假设。这是指对犯罪现象的因果关系提出的推测性判断,如"自我控制差是很多人犯罪的原因""破裂家庭是少年犯罪的重要因素"等。

一个较好的研究假设,应当具备这样几个特点:一是以明确的概念为基础;二是假设可以被检验;三是对假设的使用范围要有界定;四是与一般理论有关联性。此外,假设应当是简明扼要、通俗易懂的。

研究假设的提出,一般使用这样一些方法:一是日常观察;二是直觉或者灵感;三是对实地调查资料的分析和归纳;四是从现有理论中进行演绎等。

3. 确定研究内容

研究内容是指研究对象的属性和特征。

确定研究课题仅仅指出了犯罪学研究的方向和目标,还必须将研究内容具体化,明确究竟要探讨研究对象的哪些属性和特征,才能开始进行研究工作。这是因为,犯罪学的研究对象具有很多的属性和特征,一项研究不可能探讨研究对象的所有属性和特征,而只能根据研究假设,探讨其中的一部分属性和特征。因此,研究者一般都要根据研究课题和研究假设的要求,进一步明确所要研究的范围,确定主要想了解的项目或者指标。这种将研究假设转换为可以检验的具体项目或者指标的过程,称为"操作化"。

将研究假设操作化或者具体化的过程,必然涉及变量的概念。犯罪学理论是由一系列概念构成的,如"犯罪""犯罪结构"等。为了更加准确地进行犯罪学研究,就必须将一般性的概念转化为具体的、可以测量的概念,这样的概念就是变量(variable)。变量就是具体的可以进行测量的概念。变量表明了研究对象的不同状态或者属性,这些状态或者属性是不断变化着的。因此,变量也是可以有很多变化的量。由于研究对象的不同,一些变量是按照程度或者数量而变化着的,可以用数字表示,如犯罪率、犯罪人数量;另一些变量是按照类别来变动的,如性别(或者是男性,或者是女性)。犯罪学研究中所涉及的一切项目、指标、条件、因素等,都可以看成是变量。

变量有不同的种类。在犯罪学研究中,通常把变量分为三种类型:

(1) 自变量(independent variable)。它是指能够影响其他变量发生变化的变量。这类变量尽管可以促使其他变量发生变化,但是,它本身又不受其他变量的影响。换言之,自变量是可以用来对研究对象进行解释的变量。

(2) 因变量(dependent variable)。这是指受其他变量的影响而发生变化的变量。换言之,因变量就是研究者想要解释的变量。在因果关系中,原因就是自变量,结果就是因变量。

(3) 中介变量(intervening variable, mediator)。这是指介于自变量和因变量之间并对因变量产生作用的变量。

4. 选择研究类型

在确定研究内容之后,就要进行研究设计,以便用科学的程序和方法开展研究工作。研究设计是指为了科学地收集数据和研究问题而确定研究思路和制定研究计划的过程。研究设计主要包括两方面的内容:选择研究类型和确定研究方法。

在犯罪学研究中,存在多种不同类型的研究。在研究准备阶段,应当根据研究思路并结合有关情况,确定自己所要进行的研究的类型。

可以根据不同的标准,将犯罪学研究划分为不同的类型:

(1) 应用研究和理论研究。这是以研究性质为标准划分出来的不同研究类型。应用研究(applied research)是指为了探讨和解决实际问题而进行的研究。例如,预防某些类型的犯罪的研究、控制犯罪危害性的研究等。这类研究的结果,可以促进对实际犯罪问题的解决。理论研究(theoretical research)又称为"纯粹研究"(pure research),是指为了发现科学知识而进行的研究。[①]例如,探讨犯罪现象变化规律的研究,阐明犯罪现象本质的研究,解释犯罪现象原因的研究等。这类研究的结果,可以推动犯罪学理论的发展,促进犯罪学学科的建设。不过,应用研究和理论研究的划分是相对的。在实际的犯罪学研究中,这两类研究往往有一定的重叠,即应用研究中包含理论研究的成分,应用研究要以理论思考为指导;理论研究也要以应用研究为基础,在进行理论思考时要考虑应用研究中发现的结果。

(2) 第一手研究和第二手研究。这是以研究对象的特点为标准划分出来的不同研究类型。第一手研究(primary research)是指以直接调查研究对象为特征的研究;第二手研究(secondary research)有时候也称为"第二手分析",这是指对别人收集的现有资料进行新的评价的研究。[②]在犯罪学研究中,通常进行的大部分研究,都属于第一手研究,因此,第一手研究是比较典型的犯罪学研究。第二手研究则是较晚才发展起来的研究类型,这类研究的主要目的之一,就是重新解释以前的研究者所收集的原始资料,这类研究具有验证以前的研究

① See Frank E. Hagan, *Introduction to Criminology: Theories, Methods and Criminal Behavior*, 4th ed., Nelson-Hall Publishers, 1998, p. 24.

② Frank Schmalleger, *Criminology Today*, 3rd ed. update, Pearson/Prentice Hall, 2004, p. 87.

的性质。在犯罪学研究中,传统上进行的大多数研究,都是第一手研究。不过,第二手研究也不少,这类研究包括对一些研究者或者研究小组收集的资料重新进行分析和解释,例如,美国著名犯罪学家谢尔登·格卢克(Sheldon Glueck,1896—1980)和埃利诺·格卢克(Eleanor Glueck,1898—1972)曾经研究了500名少年犯罪人和500名非犯罪少年,仔细收集了这些研究对象的各种资料,在1950年出版了著名的《揭开少年犯罪之谜》[①]一书。20多年之后,犯罪学家约翰·劳布(John Laub)和罗伯特·桑普森(Robert Sampson)分别于1988年、1991年发表文章,对格卢克夫妇收集的资料重新分析和解释[②],他们的第二手研究引起了犯罪学界的广泛关注。此外,第二手研究也包括对统计资料、新闻报道、政府档案等进行的分析研究。

(3)描述性研究、解释性研究和探索性研究。这是以研究目的为标准划分出来的不同研究类型。描述性研究是指为了系统了解某一社会现象的状况与发展过程而进行的研究。例如,为了准确了解犯罪现象的现状和变化规律而进行的犯罪学研究。这类研究解决"是什么"的问题。解释性研究是指为了对社会现象作出普遍的因果解释而进行的研究。例如,为了揭示犯罪现象的发生原因而进行的犯罪学研究。这类研究解决"为什么"的问题。探索性研究是指为了对某一问题进行初步了解而进行的研究。例如,对于某种新型的犯罪进行的初步研究。这类研究既可以是一种独立的犯罪学研究,也可以是为了进一步的深入研究而进行的准备性研究,在这种意义上,可以把探索性研究称为"先导研究"。

(4)横剖研究和纵向研究。这是以研究时间为标准划分出来的不同研究类型。横剖研究(cross-sectional study)又称为"横断研究",是指在某一时间对研究对象的不同方面进行的研究。进行这种研究时,可以了解一定时空范围内研究对象的基本状况与特征。例如,选定在某一时间和地区进行的犯罪调查,可以了解这一时空范围内犯罪的数量、类型、犯罪人的特征等多方面的信息。这种方法的优点是能够迅速了解大范围内的很多情况,缺点是无法了解研究对象的发展变化情况。纵向研究(longitudinal study)又称为"纵贯研究",是指在不同时间点上多次对研究对象进行观察和资料收集等工作的研究。纵向研究通常是在一个较长的时期内对同一研究对象进行若干次调查,以便了解其发展状况。这类研究的最大优点是可以了解研究对象的发展变化过程,主要缺点是研究对象不易控制。纵向研究具体分为趋势研究(trend study,对研究对象随时间推移而发生的变化进行的研究)、同期群研究(cohort study,对同一时期同一类型的研究对象随时间推移而发生的变化进行的研究)和追踪研究(follow-up study,对同一批研究对象随时间推移而发生的变化进行的研究)等具体类型。

从一定意义上讲,也可以把上述研究类型看成是不同的研究方法。

犯罪学研究人员应该根据研究课题的特点和其他有关的情况,选择合适的研究类型,开展相应的犯罪学研究。

5. 确定研究方法

在准备阶段所说的"确定研究方法",主要是指选择收集资料的方法。研究者要根据研究内容、所有收集的资料的类型、所要收集的资料的数量、所要收集的资料的特点以及其他

---

① Sheldon & Eleanor Glueck, *Unraveling Juvenile Delinquency*, Harvard University Press, 1950.

② See Larry J. Siegel, *Criminology*: *Theories*, *Patterns and Typologies*, 5th ed., West Publishing Company, 1995, p. 276.

方面的考虑和条件，确定用什么样的方法研究收集资料。例如，统计方法、实地调查方法、文献研究方法、普遍调查方法、抽样调查方法、个案调查方法，等等。

（二）资料收集阶段

在这个阶段，犯罪学研究者要根据前面已经进行的准备工作，利用所选择的资料收集方法，进行资料收集工作。

资料收集工作包括不同的内容。首先，要利用特定的方法，收集原始的资料。例如，利用访谈法了解犯罪人和其他有关人员的情况，利用心理量表对研究对象进行测量，查阅历史档案，对犯罪高发社区进行观察等。其次，要对原始资料进行初步整理。这类工作涉及统计等方法的使用。

在犯罪学研究中，资料收集是一项基础性的工作，要根据所收集的材料的不同，使用多种方法。这个阶段的工作对于下一步的研究工作，有重大的影响。如果收集资料的方法不科学，调查对象的确定不科学，抽样不合理，即使辛辛苦苦收集到一些资料，也是徒劳无益的，因为在不准确的资料基础上无法得出科学的研究结论。因此，在犯罪学研究中，要充分重视资料收集工作的科学性。

（三）资料分析阶段

在这个阶段，要对已经获得的资料进行汇总和分析，提出理论解释，检验所提出的研究假设是否正确。同时，也要研究资料中显示出的新特点、新问题，提出原来没有预见到的新观点、新假设，为进一步的研究提供参考和课题。

（四）成果表述阶段

犯罪学研究过程的最后阶段，就是研究成果表述阶段。研究者要撰写出符合学术规范的研究报告或者论著，用准确的语言、恰当的方式表述自己的研究成果，使更多的人了解研究活动及其结果，从而发挥犯罪学研究的社会功能。

二、资料收集方法

在犯罪学领域中，资料收集方法主要有：①

（一）调查研究法

调查研究法是指借助问卷等工具收集多人的资料的研究方法。调查研究的具体方法包括问卷法（通过让研究对象填写预先设计的问卷收集资料的方法）、电话访谈法（通过打电话了解调查对象的情况的方法）、访谈法（通过与研究对象当面交谈收集资料的方法）、邮寄调查法（通过向研究对象发送信件、传真、电子邮件等收集资料的方法）、测验法（通过使用量表等方法收集研究对象的资料的方法）。在犯罪学研究中，调查研究方法用于研究对犯罪的恐惧感，对警察、刑事法律、监狱、犯罪控制政策等的态度，未报告的犯罪的数量等。

（二）个案研究法

个案研究法是指通过对单个犯罪人或者某种犯罪现象进行全面而深入的调查以便收集资料和了解规律的研究方法。在使用这种方法时，所选择的研究对象往往具有典型性。例如，某个臭名昭著的犯罪人或犯罪组织、某个监狱、某个犯罪案件等，值得研究人员花费很大

① 关于一些收集资料的犯罪学研究方法的详细内容和优缺点，可以参见吴宗宪：《犯罪学研究方法述评》，《青少年犯罪研究》1993 年第 10—11 期。

精力进行深入研究,而研究的结果又可以适用于类似的犯罪现象。

如果以犯罪人为个案研究的对象,那么,在个案研究中经常使用下列两种方法:

1. 生活史研究法

生活史研究法是指深入调查和研究个人的整个生活经历的研究方法。使用这种方法时,要广泛收集个人的历史资料,包括早年的社会化经历、遇到过的重大生活事件等,全面了解个人的发展生长历史。犯罪学家威廉·希利(William Healy,1869—1963)、萨瑟兰等曾经应用这种方法进行了杰出的犯罪学研究。

2. 家谱法

家谱法是指通过了解犯罪人的几代亲属的情况以便确定某些因素与犯罪的关系的研究方法。家谱法曾经被很多人应用于研究遗传与犯罪的关系,例如,美国心理学家理查德·路易·达格代尔(Richard Louis Dugdale,1841—1883)在19世纪末曾进行了著名的"朱克家族"(the Jukes)研究。这种研究法的适用对象往往是所谓的"犯罪家族",即犯罪人数量特别多的家族。

(三)观察法

观察法是指研究人员通过自己的感官或者借助工具收集资料的研究方法。科学的观察具有下列特点:第一,有一定研究目的或者研究方向;第二,预先有一定的理论准备和较系统的观察计划;第三,有较系统的观察或者测量纪录;第四,观测结果可以被重复验证;第五,观察者受过一定的专业训练。①

在犯罪学研究中,大量地使用这种方法了解与犯罪人和犯罪有关的因素。观察法主要有:

1. 直接观察法

直接观察法是指研究人员直接通过自己的感官了解研究对象的研究方法。例如,观察犯罪人的生理特征、性格特点等。这种方法具有很大的主观性和个别差异性,在早期应用得较多。例如,意大利自然哲学家贾姆巴迪斯塔·德拉·波尔塔(Giambattista della Porta,1535—1615)的观相术研究,19世纪的颅相学研究和20世纪上半期的一些犯罪生物学研究,都使用了这种方法。目前,研究人员使用一些经过改进的直接观察法进行犯罪学研究,如现场观察、参与观察等。

2. 现场观察法

现场观察法是指在社会生活事件发生的现场进行观察的研究方法。这种观察是在社会生活的自然状态下进行的,观察者不对观察的场所和对象进行任何控制,而仅仅以局外人的身份和态度关注现场的情况。例如,研究冒充顾客在商店行窃的研究人员,在商店的某个隐蔽处观察顾客的行为;研究机动车违章情况的研究者,在容易发生这类事件的地段进行观察。

3. 参与观察法

参与观察法是指研究人员置身于研究对象的环境与活动中进行观察的研究方法。

参与观察实际上有两类:

(1)研究人员作为观察者进行的参与观察。在犯罪学研究中使用这类观察法进行研究

---

① 参见袁方主编:《社会研究方法教程》,北京大学出版社1997年版,第334页。

的一个典型是怀特(William Whyte,1914—2000)在20世纪40年代对美国波士顿一个贫民社区“街角社会”的研究。[①]

(2)研究人员作为完全参与者进行的参与观察。在犯罪学研究中,有一些使用这类方法进行研究的著名例子。例如,美国犯罪学家、监狱改革家托马斯·莫特·奥斯本(Thomas Mott Osborne,1859—1926)对监狱中犯人生活的调查。1913年10月,奥斯本用汤姆·布朗的假名,装成犯人进入奥本监狱,和其他犯人生活在一起,对犯人的生活和待遇进行了一个星期的考察。他的真实身份只有监狱长一个人知道。从监狱出来之后,他将自己的观察结果和感受写成了一本著名的书《监狱围墙之内》(1914年),开始了他的监狱改革活动。[②]在中国,犯罪学家严景耀(1905—1976)曾经在20世纪30年代到北平第一监狱当志愿“犯人”,对犯人进行参与观察。[③]

(四)自我报告法

自我报告法是指使用匿名或者记名问卷了解人们在过去一段时间中发生的有关情况的研究方法。

自我报告法通常是在缺乏官方纪录的情况下,或者是为了验证官方纪录的准确性,由研究人员组织收集资料时使用的研究方法。使用这种方法收集资料时,要求研究对象回忆自己在过去一段时间内的经历,将有关情况如实填写在由研究人员编制的问卷上,然后通过处理问卷,就可以获得需要的资料。应用这种方法研究得最多的问题是少年犯罪和青年犯罪,特别是比较轻微的少年犯罪行为。例如,美国犯罪学家特拉维斯·赫希(Travis Hirschi,1935—2017)的社会控制理论,就是在分析自我报告式问卷调查资料的基础上提出的。由于自我报告问卷是由研究对象自愿填写的,因此,即使使用匿名问卷,也难以调查到严重的犯罪行为。此外,自我报告法也大量应用于研究犯罪被害情况、犯罪心理问题等。

(五)实验研究法

实验研究法是指通过控制情境和变量研究社会现象的研究方法。在使用实验研究法时,研究者通过控制实验现场的环境条件和其他变量,研究社会行为和社会现象的变化,从而确立不同变量之间的相互关系。在犯罪学研究中,对于实验研究法的使用,有一定的限制,即一些研究对象无法进行实验。例如,研究人员不能为了进行研究而进行犯罪行为。但是,可以通过巧妙的设计,进行某些实验研究。

在犯罪学研究中使用的实验研究法,主要包括两种方法:

1. 模拟实验法

模拟实验法是指在人工模拟情境中观察人们的行为反应以便了解行为相关因素的研究方法。例如,犯罪学家设置具有不同特征的实验情境,让大学生分别扮演不同类型的犯罪人和被害人,报告他们犯罪时考虑的相关因素和被害体验。

2. 现场实验法

现场实验法是指在实际的社会情境中通过控制一定变量来研究这类变量的作用的研究

---

① 以这次观察研究为基础写成的著作,就是著名的《街角社会——一个意大利人贫民区的社会结构》一书,由黄育馥翻译的中译本,1994年由商务印书馆出版。

② Hermann Mannheim, *Comparative Criminology: A Text Book*, Volume one, Rutledge & Kegan Paul, 1965, p. 193.

③ 参见严景耀:《中国的犯罪问题与社会变迁的关系》,吴桢译,北京大学出版社1986年版,第3页。

方法。例如，在社区预防犯罪研究中，为了研究某种方法是否具有预防犯罪的效果，可以选择一些在多方面相类似的青少年，随机地将他们分为两组，对一组采用这种方法，对另一组不采用这种方法；经过一定时间之后，考察两组青少年的犯罪情况，从而确定这种方法是否有预防犯罪的效果。在监狱研究中，要了解某种方法对罪犯是否具有改造作用，也可以采用这种研究方法。

由于犯罪现象的特殊性（即它的社会危害性），在犯罪学研究中使用实验法时，必须注意两方面的问题：一是不允许诱导参加实验的人进行犯罪行为；二是实验本身不应当损害其他人的合法权益和感情，实验不能对社会产生危害。

三、资料分析方法

（一）文献分析法

文献分析法是指对现有资料进行再次分析以获取新的结果的研究方法。

文献分析法的基本特点是，对别人收集的现有资料进行新的分析和研究，从而发现新的研究结果或者得出新的研究结论。文献是包含具有研究价值的信息的各类资料。文献研究法是一类比较典型的“第二手研究”方法。

可以根据不同的标准对文献进行分类。根据文献的产生主体，可以将文献分为三类：一是个人文献，这是由个人产生的文献，包括日记、自传、书信、回忆录等；二是官方文献，这是由政府机构和有关组织产生的文献，包括政府部门和有关组织的活动记录、工作报告、统计资料、公文函件等；三是大众传播媒介，这是由大众传播机构制作的资料，主要是指报刊、电视、电影等资料。

根据文献的产生特点，可以将文献分为两类：一是原始文献，这是由亲身经历某一事件的人产生的资料，包括所写的文字资料、所录的音像资料等；二是二次文献，或者称为“第二手文献”，这是利用原始文献产生的新的文献资料，如对历史文献进行整理后形成的资料汇编等。

从不同的角度出发，可以区分出三种不同的文献分析法：

1. 二次分析法

二次分析法是指对其他人为别的目的而收集和分析过的资料进行再次分析的研究方法。这种方法通常从两个方面使用：一是从不同角度进行分析。例如，现有的一批资料是研究人员为了研究犯罪与家庭经济状况的关系而收集的，现在，可以利用这些资料研究犯罪与家庭教育方式的关系等问题；二是利用新的方法和技术进行分析。

2. 内容分析法

内容分析法是指对文献资料的内容进行客观、系统和定量分析的研究方法。例如，可以分析现有的文献中使用的词语、不同词语的出现频率、不同词语所体现的语义强度等，从而了解现有文献的主要内容；通过对监狱中罪犯所写的有关资料的分析，了解其中所使用的词语及其频率和强度，从而了解罪犯的人格、感情等方面的特征和其他相关因素；通过研究某一时期犯罪学研究文章题目中使用的词汇，了解这个时期犯罪学研究的重点等内容。

3. 统计资料分析法

统计资料分析法是指利用现存的各种统计资料进行犯罪学研究的方法。对现存的统计学资料进行再次分析，是进行犯罪学研究的重要方法。例如，通过分析犯罪统计资料，可以了解犯罪率、犯罪结构、犯罪动态变化等问题；通过分析刑事司法资料，可以了解刑事司法的动向、不同刑罚或者非刑罚措施的使用、刑事司法人员的特征、刑事司法机构的特点等情况。

（二）定量分析方法

定量分析方法（quantitative analysis method）是指对所收集的资料进行量的分析的研究方法。定量分析方法主要揭示研究对象的数量特征。常见的定量分析方法包括：

1. 统计分析法

统计分析法是指利用数理统计学方法对数据资料进行整理和分析的研究方法。

统计分析法是资料分析中最重要和应用最广泛的定量分析方法。在犯罪学调查研究中收集到大量的数据资料时，就需要使用统计分析法处理和分析这些资料，从中得出研究结论。统计分析方法主要用来对一个变量的特征进行描述，也用来对两个变量之间的关系（相关关系、因果关系等）进行分析。

一般来说，在犯罪学研究中，常用的统计分析法主要有两类：

（1）描述统计。这是指通过对资料的整理、分类和简化而描述数据全貌的统计分析方法。这种方法的步骤包括：数据的初步整理，数据集中趋势和离散趋势的分析，对相关关系的分析等。通过使用这种方法，可以表明研究对象的某些性质，为进一步的分析提供基础。

（2）推论统计。这是指通过对局部数据的分析推论出符合全局的结论的统计分析方法。在使用这种方法时，通过对一组统计数据的计算分析，推论这组数据所代表的总体特征。推论统计一般包括总体参数（反映总体特征的数量）的估计和假设检验两个方面的内容。

此外，还可能会使用方差分析、协方差分析等统计分析方法。

在进行统计分析时，要在定性分析的指导下，认真整理和分析数据，选择正确的统计方法，防止对统计的“滥用”。

2. 多元分析法

多元分析法又称为“多变量分析法”，这是指通过分析多种变量之间的关系研究复杂现象的统计学研究方法。

犯罪学中所研究的对象，往往是很复杂的。这些研究对象的产生和变化，很少是某一种变量引起的；在很多情况下，它们的产生和变化是由多种变量引起的。因此，为了准确地了解多种变量之间的相互关系，就需要进行多元统计分析。多元分析的具体方法包括多元回归分析、因素分析、主成分分析、聚类分析、社会网络分析等。

由于多元统计分析十分复杂，现在通常要借助计算机进行，即通过编制计算机软件进行分析。目前常用的计算机统计分析软件主要有两种：社会科学统计软件包和统计分析系统。

上面仅仅介绍了定量分析方法的一些基本常识。对这类方法的详细论述，已经形成了一个专门的学科——犯罪统计学（criminal statistics）。近年来，在犯罪学研究中越来越多地使用像 SPSS 一类的计算机化统计软件进行数据处理，以提升定量研究的水平。

> **拓展阅读**
>
> 犯罪学研究中常用的计算机化统计软件

（三）定性分析方法

定性分析方法（qualitative analysis method）又称为“逻辑分析方法”，是指对所收集的资料进行质的分析的研究方法。在犯罪学研究中，对于通过使用很多方法收集的资料，不仅可以利用统计学方法进行定量分析，也可以利用多种逻辑方法进行定性分析。在一项具体的研究中，往往是将定性分析方法和定量分析方法结合起来使用的。

定性分析方法的主要特点是:第一,定性分析往往是对描述性资料进行的。描述性资料包括文字论述、图片以及描述性的数据资料等。第二,定性分析侧重于揭示研究对象的"意义"。在研究中收集到的资料,往往数量巨大而且可能杂乱无章。因此,要通过定性分析发现这些资料中包含的意义,如作用、特点、规律等。第三,定性分析更多地使用归纳方法进行分析,即从所研究的多种现象中发现具有共性的东西。第四,定性分析不仅重视对结果和产品的分析,更重视对过程和相互关系的分析。在进行定性分析时,不仅要探讨已经存在或者发生的犯罪和其他现象,更要注意探讨它们产生和变化的过程,了解导致它们产生和影响它们变化的因素。

基本的定性分析方法主要有:

1. 比较法

比较法是指根据一定标准确定研究对象之间的异同和相互关系,从而发现其普遍性和特殊性的方法。在犯罪学研究中经常使用的比较方法有两种:

(1) 纵向比较法。这是指比较同一研究对象在不同时期的具体特点的研究方法。例如,对不同历史时期犯罪数量、犯罪结构、犯罪人构成特征的比较,对不同历史时期犯罪原因的比较,对不同历史时期犯罪控制措施的比较等。通过这些比较,可以发现共同起作用的规律性因素等。

(2) 横向比较法。这是指比较同一时期存在的不同现象的研究方法。例如,比较在某一个时期内不同地区的犯罪状况等特点,从而了解犯罪的原因等方面的规律。

2. 归纳法

归纳法是指从大量的具体事实资料中概括出一般性结论的研究方法。

在犯罪学研究中,通过使用多种方法进行的研究活动,可能会收集到大量的事实资料,包括案例资料、观点论述、统计数据等事实资料,这些资料反映了不同的研究对象的情况,或者反映了研究对象的不同方面的情况。为了获得一般性的结论,就需要对这些事实资料进行归纳。例如,在研究盗窃犯罪人的过程中,研究者通过访谈的方法,收集到了一个个盗窃犯罪人的具体材料,这些材料内容丰富,其中既反映了每个犯罪人的不同特点,也包含了所有盗窃犯罪人共同具有的特点。因此,为了发现这些共同特点,就需要对这些具体材料进行归纳。

归纳法有不同的类型。根据归纳的前提是否完全,可以将其分为完全归纳法和不完全归纳法;不完全归纳法又分为简单枚举法和科学归纳法。在犯罪学研究中,可以根据研究对象和目的不同,恰当选择使用归纳方法。

此外,还可以使用分析与综合法、抽象与具体法等,对所收集的资料进行定性分析。

(四) 资料解释方法

在犯罪学研究中,对于所收集到的资料进行解释,也是一项十分重要的工作。几乎所有的犯罪学研究都要涉及对研究资料的解释,这是根据研究资料获得研究结论的基本过程。

对犯罪学研究资料的解释,在很大程度上是对变量之间不同关系的确定和解释。根据变量之间关系的性质,可以把变量之间的关系分为三种类型:

一是相关关系。这是指变量之间相互影响的关系。不同变量之间的相关关系,可以从方向和强弱两个方面衡量。从方向上来看,可以区分出三种相关:如果一种变量的增加伴随着另一种变量的增加,那么,这两种变量之间就存在正相关;如果一种变量的增加伴随着另一种变量的减少,那么,这两种变量之间就存在负相关;如果一种变量的变化并不伴随另一种变量的变化,那么,这两种变量之间就存在零相关(也就是不相关)。从强弱上来看,可以用相关系数表示,相关系数通常用字母 r 表示。相关系数在-1 到+1 之间变化:相关系数为+1 时,表示完全正相关;相关系数为-1 时,表示完全负相关;相关系数为 0 时,表示零相关。但是,这三种情况在研究中是很少见的。在相关系数为正数时,数值越大,表示相关程度越高。

二是因果关系。这是指一个变量的变化引起了另一个变量的变化的关系。在社会科学中,由于社会现象的复杂性,要确定两种变量之间的因果关系,是十分复杂而困难的。在犯罪学研究中也是如此。人们所研究的与犯罪有关系的很多因素与犯罪之间,往往存在着相关关系,而很难确定它们之间是否有因果关系。确定变量之间存在相关关系,可以为确定它们之间是否存在因果关系提供线索。但是,即使两个变量之间有强的相关性,也不能一概地认为它们之间存在因果关系。

三是虚无关系。这是指变量之间不存在相互影响的关系。这种相关关系相当于上述的"零相关"。这种关系表明,变量之间不存在共变关系。

四、成果表述方法

在完成犯罪学研究之后,需要用一定的格式将研究过程与研究结果表述出来,让其他人了解已经进行的研究工作。因此,犯罪学研究的最后一个阶段,就是撰写研究论著(研究报告、研究著作、论文等)。为了写好犯罪学研究报告和论文,需要注意犯罪学研究论著的撰写方法。

虽然国内犯罪学界没有一个公认的写作格式,但根据犯罪学研究的特点及有关学科研究报告和论文的写法,可以认为,其内容和结构一般应当包括下列方面:

(一)标题与作者情况

标题是对研究报告内容的高度概括。一个好的标题,应该具有概括准确(准确反映报告的主要内容)、用词规范、简明扼要、醒目易懂等特点。

在标题下面,应当有作者的姓名和其他相关信息,包括学术职称、单位和通信地址等信息。在一些情况下,可以用脚注的形式反映作者的其他相关信息。

如果研究工作得到了有关机构和人员的帮助,作者需要表示感谢的,也可以用脚注的形式体现出来。

上述两种脚注一般不加编号,而用星号(*)等标注。

(二)摘要

研究报告的摘要,也称为"内容提要",这部分文字概括地反映研究的主要内容,包括研究对象、研究方法和研究结果等。这部分内容应当简明洗练,一般不超过 300 字。

在摘要下面,是关键词,即本研究涉及的最主要的几个概念或者术语。

在一些情况下,还需要将"摘要"和"关键词"翻译为英文。

(三)导言

导言又称为"引言""前言""序言",这部分的内容主要包括三方面:第一,介绍所研究的问题,使读者对本研究的性质、背景、主要内容等有一个基本的了解。第二,文献综述,即回顾文献中对相关研究的论述,对以往的研究进行简要述评,指出以往研究的主要成果和存在的问题。第三,介绍本研究的假设,明确本研究的自变量和因变量。

(四)研究方法

在这一部分,主要包括下列内容:

第一，论述研究方法和介绍研究设计。例如，研究中使用的资料收集方法和测量工具，所使用的计算机软件，研究的程序等。

第二，介绍研究对象的有关情况。例如，如果研究对象是犯罪人的话，要介绍犯罪人的个人情况；如果研究对象是某个地区的犯罪情况的话，要介绍该地区的犯罪及人口、社会经济和地理特征等。

第三，研究时间和研究者的情况。介绍进行研究活动的具体时间；研究者的有关情况，包括参与研究的有关人员和机构的具体情况等。

（五）研究结果与讨论

研究结果部分包括在研究过程中观察到的情况、所收集到的数据资料、对这些数据资料进行统计分析的结果。

讨论部分包括对本研究中发现的情况和收集的资料的分析和解释。

在比较短的论文或者研究报告中，研究结果和讨论往往结合在一起，作为“结果与讨论”一个部分。

（六）结论

结论是研究报告正文的最后一部分。在这个部分，概括论述本研究中得出的结论。结论应当具有两个方面的特点：一是客观性。这意味着，要客观介绍在研究中发现的情况、问题和获得的数据等资料。二是概括性。这意味着，要准确概括本研究中发现的结果（内部效度）；要注意本研究的结果可以推广适用的范围（外部效度），防止出现“以偏概全”等问题。

（七）参考文献与附录

研究报告的最后部分是参考文献和附录。在参考文献部分，要根据一定的格式列举在该研究中主要参考和引用的文献。如果是中文文献，通常按照作者姓名的汉语拼音顺序排列文献；如果是外文文献，通常按照作者姓氏的英文字母顺序排列文献；如果是同一作者的多种文献，一般按照出版（发表）时间先后顺序排列。目前，我国学术界缺乏权威性的、统一的文献书写格式，一般而言，应当包括编著者姓名、篇名或者书名、出版单位、出版时间等。

如果在研究报告中还需要介绍其他信息，如有关数据、研究中应用的问卷、图片等，可以“附录”的方式，将不便在正文中介绍的内容放在这一部分加以介绍。

上述内容仅供参考。在实际写作中，要根据研究论著的类型（调查研究报告、理论研究文章、学位论文、报刊征文、专题著作等），有所取舍，有所侧重，有所变通。

此外，在犯罪学成果的表述中，必须重视注释工作。注释就是用来解释某些内容或者注明资料来源的文字。注释通常包括两类：一是解释性注释，即对正文中出现的名词作进一步说明的注释。二是资料性注释，即标明所引用资料的来源或者出处的注释。在规范的犯罪学研究论著中，凡是引用别人的观点、数据等资料时，必须用脚注或者尾注的方式标明，这是一项起码的学术规范。关于资料性注释的格式，可以参见一些重要学术刊物的注释体例。中国法学会法学期刊研究会 2019 年 11 月发布了《法学引注手册》，在统一法学文献的引注格式方面作

拓展阅读

《法学引注手册》

拓展阅读

《中国社会科学》关于引文注释的规定

出了努力,在撰写中文犯罪学论著时可以参考其中的内容。

【本章小结】

犯罪学研究方法是从事犯罪学研究的思维方式、行为方式以及程序和原则的总和。它在犯罪学研究中具有重要的价值,恰当地使用这些方法是提高犯罪学研究质量的重要保障。犯罪学方法具有层次性、吸收性和发展性的特点。

在犯罪学研究中,要遵循一系列方法论原则,包括唯物辩证法和唯物史观原则、系统论原则、思辨与实证相结合的原则、定性与定量相结合的原则、理论与实践相结合的原则、生物性与社会性相统一的原则、价值中立原则和伦理性原则。

犯罪学研究有一个过程。这个过程通常包括研究准备、资料收集、资料分析和成果表述阶段。

在研究过程的不同阶段,要使用不同的具体研究方法。在资料收集阶段,主要使用调查研究、个案研究、观察、自我报告、实验研究等方法。在资料分析阶段,主要使用文献分析、定量研究、定性分析等方法。不过,这种划分是相对的,实际上,由于研究角度等的差别,这些具体方法可以灵活使用。

完整的犯罪学研究报告和论文,应当有一定的格式。只有遵循这样的格式,才能较好地表述犯罪学研究的成果。

【本章思考题】

1. 你认为犯罪学研究方法有什么价值?
2. 如何理解犯罪学研究方法的发展性?
3. 论犯罪学研究方法论的某一个原则。
4. 如何进行犯罪学研究的准备工作?
5. 如何在犯罪学研究中收集资料?
6. 如何分析犯罪学研究资料?
7. 选择一种犯罪学研究论著,分析在成果表述方面的利弊。

【本章参考文献】

1. 白建军:《法律实证研究方法》(第二版),北京大学出版社 2014 年版。

2. 袁方主编:《社会研究方法教程》,北京大学出版社 1997 年版。

3. 陈向明:《质的研究方法与社会科学研究》,教育科学出版社 2000 年版。

4. 吴宗宪:《西方犯罪学》(第二版),法律出版社 2006 年版,第一章第二节。

5. [美]Frank E. Hagan:《犯罪行为研究方法》(第七版),刘萃侠、罗震雷、黄婧译,中国轻工业出版社 2009 年版。

6. [俄]阿·伊·道尔戈娃:《犯罪学》,赵可等译,群众出版社 2000 年版,第 2 章。

7. [苏联]B·K 兹维尔布利、H·Φ 库兹涅佐娃、Γ·M 明科夫斯基主编:《犯罪学》,曾庆敏等译,群众出版社 1986 年版,第二章。

8. Ronet Bachman & Russell K. Schutt, *Practice of Research in Criminology and Criminal Justice*, 7th ed., Sage, 2020.

第四章　犯罪学的历史发展

了解学科的历史，和了解学说的历史一样，可以用最简短的时间，从宏观到微观了解学科的全部学术内容和发展概况。犯罪学从产生到现在，已经一百多年，作为一个学科从萌芽到逐渐成熟，经过了艰难的历程。本章研究犯罪学的历史发展过程，从中可以了解到犯罪学从形成到逐渐成熟的过程，以及在这个过程中产生的各种学说和观点，从而概括地掌握犯罪学理论的全貌，在比较、鉴别各种理论的同时，丰富犯罪学的知识，引发学习的兴趣，引起对犯罪学各种理论的独立思考。

第一节　犯罪学的产生

一、犯罪学的产生涉及犯罪学的概念

一般说来，事物的产生是事实问题，不涉及理论。但是，犯罪学不同。在犯罪学产生问题上有很多不同的观点。这些不同的观点表面看来是事实问题，而实际上涉及理论问题，就是涉及犯罪学的概念。犯罪学的产生与犯罪学的概念密切相连，具有一致性，有什么样的犯罪学概念，就有与之相一致的犯罪学的产生情况。由于学者们对犯罪学的概念有不同认识，因而自然就对犯罪学的产生问题有各种不同的观点。不同的犯罪学概念对应不同的犯罪学产生观点。有关犯罪学的产生，概括起来大致有四种观点。

第一，认为犯罪学包括刑法学。这种观点认为犯罪学作为一门社会科学产生于18世纪晚期，以贝卡里亚1764年发表的《论犯罪与刑罚》作为犯罪学产生的标志。[①] 在这种犯罪学概念下，自然就把刑法学的产生视为犯罪学的产生，并进而把刑法学的问题视为犯罪学的问题。菲利就持这样的观点。有犯罪学家指出："众所周知，菲利还曾表示过把刑法学和犯罪学合并的思想，强调刑法学必须依赖于犯罪学的真理。"[②]菲利说："首先需要把违法行为作为'一种人的个性（心理）的活动和征兆'来加以研究，然后才能从法律的观点进行观察和解决。所以，《犯罪社会学》包括刑法学。"[③]从反映菲利一生的实证主义思想的著作《刑法原理》的内容中也可以看出，他认为刑法学是刑法学与犯罪学的合一。[④] 菲利的代表作《犯罪社会学》实际上包括在我们今天看来的刑法学和犯罪社会学在内的犯罪学。正是由于菲利把刑法学问题当作犯罪学问题的影响，使得犯罪学产生于贝卡里亚的观点至今在犯罪学界还有很权威的地位。《简明不列颠百科全书》就认为"犯罪学起源于18世纪晚期……出现了所谓犯罪学派，其主要代表人物有意大利的贝卡里亚、英国的罗米利、霍华德及边沁……到

---

① 参见吴宗宪：《西方犯罪学史》（第二版）（第一卷），中国人民公安大学出版社2010年版，第19页。

② Milan Milutinovic, *Kriminologija*, Beograd, 1985, Str. 7.

③ 转引自前引 Milan Milutinovic, Str. 7. 注解22。

④ 参见吴宗宪：《西方犯罪学史》（第二版）（第二卷），中国人民公安大学出版社2010年版，第417页。

19 世纪下半叶产生了实证主义犯罪学派。"[①]在这种观点影响下，国内外许多学者都采纳了这种观点。[②]

第二，认为犯罪学是运用实证方法在刑法之外研究犯罪人的科学。这种观点认为犯罪学产生于 19 世纪晚期，以龙勃罗梭 1876 年发表的《犯罪人论》作为犯罪学产生的标志。国内外也都有部分学者持这种观点。[③] 这是各种教科书在论述犯罪学产生时经常采用的观点。

以上是关于犯罪学产生的两种常见的观点，而以下这两种观点是不常见的，然而，却是很有学术价值的观点。

第三，认为犯罪学是运用社会学的方法把犯罪作为社会现象进行研究的社会科学。这种犯罪学概念认为犯罪学的产生与犯罪统计有关，认为犯罪学起源于犯罪统计分析，欧洲在 18 到 19 世纪所进行的犯罪统计分析标志着犯罪学的产生，把这期间的犯罪统计作为犯罪学的起源。南斯拉夫一位犯罪学家指出：[④]一些人认为第一位犯罪学家是贝卡里亚，犯罪学作为科学是从他那时开始的。犯罪学的第二个开端是与一百年后的龙勃罗梭的影响相关。皮纳泰尔[⑤]认为 1885 年的第一次犯罪人类学会议的举行意味着犯罪学的开端。本书认为，犯罪学开端于在一般社会现象的统计分析范围的作为社会群体现象的第一次的犯罪统计分析，如在 18、19 世纪跨越两个世纪的法国进行的第一次人口调查。而后来，因为这些调查叫"道德统计"，统计者停止了关于违法犯罪行为（自杀、私生子、犯罪等）的各种资料的收集。犯罪学的两个创始人对这些资料进行了犯罪学性质的分析，这两个人就是法国人格雷和比利时人凯特勒。前者把自己的研究成果于 1833 年发表在《犯罪道德统计》评论上；后者于 1835 年发表了《犯罪道德统计》一书。

关于这期间欧洲所进行的犯罪统计，美国激进犯罪学家理查德·昆尼也有论述。他指出：[⑥]19 世纪初叶和中叶，欧洲大陆国家的一些学者云集一处并对犯罪统计进行了分析。犯罪统计的先驱之一，德国的亚历山大·冯·奥廷根在其《道德统计学》一书中，对犯罪的测算统计予以相当的注意。在比利时，统计学家们，如阿道夫·哥特勒[⑦]，通过犯罪统计对犯罪的反映来研究犯罪的社会本质。巴黎的司法统计负责人格雷利用生态分布图对法国一些地区侵犯人身和财产的犯罪率进行了分析研究。当时欧洲的许多著作家们，也都把犯罪当作社会环境的作用之一来加以解释说明。意大利一些社会主义者也积极地把犯罪作为一种社会现象来进行考察。还有两家杂志对犯罪的社会学方面的研究给予支持。大约在 1830—1860 年间，英国人大量地研究了犯罪与地理分布的关系。

---

① 参见《简明不列颠百科全书》（第 3 卷）：中国大百科全书出版社 1985 年版，第 12 页。

② 参见康树华：《犯罪学——历史·现状·未来》，群众出版社 1998 年版，第 221 页；周密主编：《犯罪学教程》，中央广播电视大学出版社 1990 年版，第 3 页；储槐植等：《犯罪学》，法律出版社 1997 年版，第 18 页以下；白建军：《犯罪学原理》，现代出版社 1992 年版，第 15 页。

③ 参见康树华主编：《犯罪学通论》，北京大学出版社 1992 年版，第 53 页；刘灿璞：《犯罪学》，上海人民出版社 1989 年版，第 28 页；邵名正主编：《犯罪学》，群众出版社 1987 年版，第 1 页；宋浩波等：《犯罪学》，中国人民公安大学出版社 1997 年版，第 26 页；王牧：《犯罪学》，吉林大学出版社 1992 年版，第 74 页；[美]唐·C. 吉本斯：《现代犯罪学》，宋建强编译，《国外法学》1988 年第 2 期。

④ 参见 *Zeljko Horvatic. Elementarna Kriminologija*, Skolska KnjigaZagreb, 1981, str. 43.

⑤ 让·皮纳泰尔（Jean Pinatel）是法国现代犯罪学家。

⑥ 参见[美]理查德·昆尼等：《新犯罪学》，陈兴良等译，中国国际广播出版社 1988 年版，第 38 页。

⑦ 即凯特勒（Adolphe Jacques Quetelet, 1796—1874），比利时数学家、天文学家，早期犯罪研究者。对他的名字有不同的汉语译名：凯特尔、科特勒、奎特利特、凯特莱等。

可见，这期间欧洲的犯罪社会学方面的研究已经有相当规模和深度。犯罪的社会调查和统计，从研究方法到研究内容都为犯罪学的产生奠定了科学的基础。把犯罪学的产生与犯罪的社会调查和统计联系起来具有深刻的理论意义，只有对犯罪进行社会学的研究，才有可能使犯罪学成为真正的社会科学。

第四种观点认为犯罪学是以实证的方法对犯罪进行群体和个体研究相结合的社会科学。美国著名女犯罪学家路易丝·谢利称奎特利特（即凯特勒）和龙勃罗梭的著作创立了犯罪学的理论。龙勃罗梭集中研究的是个别（具体）罪犯的特征。奎特利特则认为，犯罪学的中心任务是对社会上存在的犯罪现象及其分布作出解释，他很自然地把社会因素摆在了头等重要的位置。[①] 把犯罪人研究和犯罪的社会学研究相结合作为犯罪学创立的标志，这种观点已经具有较为明确的学科意识，所以更具有科学性。

二、对上述观点的简单评价

用犯罪学的概念代替刑法学，认为犯罪学包括刑法学的观点是不合适的。因为，虽然犯罪学理论对刑法学确实具有宏观指导意义，而且，刑法学所研究的刑罚作为犯罪学所研究的犯罪对策之一，从逻辑上看确实可以被犯罪学所涵盖，但是，用以社会现象为研究对象的犯罪学去代替以刑法为研究对象的刑法学是不可能的，也是不科学的。何况，在犯罪学产生之前，刑法学就已经存在很长时间了，独立的研究对象和独立的法学研究方法是任何其他学科都不能替代的。所以，以犯罪学代替刑法学，把刑法学的问题视为犯罪学的问题，把刑法学的产生视为犯罪学的产生，既是不实际的，也是不科学的，那样做只能损害犯罪学的学科地位。

南斯拉夫一位教授对犯罪学在其产生之初，犯罪学与刑法学互相否定这段历史有过清晰和恰当的评述，他认为，西方犯罪学形成以前，古典学派在刑法上占统治地位的时期，刑法学是犯罪领域唯一的一门科学。[②]它把犯罪只作为法律现象进行研究。当时是尽可能地扩张法律的构造和刑法学。从历史和社会角度研究犯罪被认为是不科学的，所以，从犯罪学的角度研究犯罪遭到了刑法学理论家们的反对。当犯罪学形成的时候，犯罪学家曾把犯罪学看得高于刑法学。菲利曾反对刑法学的独立学科地位，主张犯罪学包容刑法学。自然，犯罪学家们的这种极端的观点遭到了刑法学家们的反对。尽管刑法学家与犯罪学家的这场争论已经成为过去，但是，他们的分歧还远远没有结束。当犯罪学已经用自己的实践和理论证实了它的价值时，刑法学家仍然坚持刑法学对犯罪学的主导地位。那些长于法律教条的刑法学家把犯罪看作是个人现象那样来对待犯罪学。按照这种观点，犯罪学的科学成果要为刑法学和刑法学的实际运用服务。与此相反，犯罪学家则坚持，随着犯罪学的发展，刑法学将失去自身的意义，最终被犯罪学所取代。也就是说，在犯罪学产生之前，刑法学已经存在，而且是被作为犯罪领域的唯一学科看待的。犯罪学不同于刑法学，刑法学只从法律的角度研究犯罪（严格地说是从犯罪的角度研究法律），而犯罪学则是从社会、历史的角度去研究犯罪，因而遭到刑法学的反对。为了生存，犯罪学产生之初不得不采取了极端的态度，即否定刑法学的学科独立性。历史上所谓的古典学派和实证学派的论争，实质上在深层表现和反映了

---

① 参见［美］路易丝·谢利：《犯罪与现代化——工业化与城市化对犯罪的影响》，何秉松译，群众出版社1986年版，第13页。

② 参见 Vukasin Pesic, *Kriminologija*, Titograd, 1981, Str 28-29.

两个学科的论争。

本书认为,犯罪学产生于龙勃罗梭1876年发表《犯罪人论》的观点,具有一定的可取之处。从对犯罪学学科的产生和发展来看,龙勃罗梭的《犯罪人论》至少有两大贡献:一是在方法论上贡献了实证主义的研究方法和在法律之外研究犯罪的理论方向;二是在犯罪的研究对象上贡献了从犯罪人角度对犯罪原因进行研究的内容。在龙勃罗梭之前,虽然犯罪统计在一定程度和意义上表明和提出了犯罪研究的社会学的内容和方法,但是,作为一个独立的学科,犯罪统计无论从广度上还是从深度上看还仅仅是个开端,至多只能算作是犯罪研究的社会学内容和方法的一些尝试。因为,就整体上看,这种研究的影响还是很有限的,不仅在事实上没有改变犯罪的法律研究的垄断局面,而且在观念上也没有引起大的动摇和变化。而龙勃罗梭的《犯罪人论》,突破了刑法学对犯罪的单一的法学研究方法,突出了对犯罪人进行犯罪原因的研究,特别是冲破了刑法学只在法律之内研究法律的局限性,从而打破了刑法学垄断犯罪研究的局面,明确了从法律之外研究犯罪的理论研究方向,这就在理论方法、方向和内容上为在法学之外创建有关犯罪研究的新的、独立学科——犯罪学奠定了充分的基础。

在刑法学垄断犯罪研究的情况下,没有明确的不同于刑法学的研究内容和方法,真正研究犯罪现象的犯罪学是不可能产生的。刑法学(古典)在追求刑事惩罚运用的法制原则时,关注的是犯罪行为和法律规范的逻辑原则,理论着眼点必然是犯罪行为而不是犯罪人,理论方法必然是对法律规范的逻辑说明和阐释。与刑法学不同,为了预防和减少犯罪,龙勃罗梭在探索犯罪产生原因的过程中,以实证的研究方法对犯罪人进行研究,这就为犯罪学提供了最基本的研究内容和最基础的研究方法。更为重要的是,龙勃罗梭的理论动机完全不同于刑法学。刑法学是为了准确定罪量刑而研究犯罪法律的,而龙勃罗梭则是为了预防和减少犯罪而真正对犯罪本身进行研究的。也就是说,直到龙勃罗梭为止,才打破了刑法学对犯罪研究的垄断地位,开始了在法律之外的、对犯罪现象本身的真正研究,也就是犯罪学的研究。还应当注意到的是,龙勃罗梭的犯罪研究基本上是针对当时刑法学界的犯罪研究而进行的,所以,他的理论研究对动摇刑法学垄断犯罪研究起到了至关重要的作用。总之,龙勃罗梭历史性地打破了刑法学对犯罪研究的垄断局面,从而摆脱了刑法学单一地为了刑罚的运用而研究犯罪的简单动机,开创了为直接预防和减少犯罪而对犯罪进行理论研究的新方向。

然而,龙勃罗梭的犯罪人理论本身所具有的局限性,注定了它在理论内容上无法成为科学犯罪学的理论生长点,是犯罪学理论研究的"死胡同"。①因为,任何关于犯罪的个体化的理论都不能满足社会对犯罪学理论的需求,更不能建立起具有足够理论抽象、理论范畴和理论体系的科学的犯罪学。科学犯罪学理论体系的确立,仅有犯罪人类学的研究是不够的,还必须有在龙勃罗梭的理论之上的犯罪的社会学研究。作为犯罪学学科产生标志的应当是稍后出现的加罗法洛的《犯罪学》。因为,从学科的角度看,龙勃罗梭的《犯罪人论》既没有体现学科意识,更不具备学科的理论框架,只是犯罪学的部分理论内容,所以,龙勃罗梭的《犯罪人论》不能作为犯罪学学科产生的标志,而只能作为犯罪学理论产生的标志。

认为犯罪学是运用社会学的方法把犯罪作为社会现象进行研究的社会科学,此观点具

① 参见[德]汉斯·约阿希姆·施奈德:《犯罪学》,吴鑫涛、马君玉译,中国人民公安大学出版社、国际文化出版公司1990年版,第114页。

有很强的科学性，而且，还蕴含着犯罪学作为学科的产生是一个过程的思想，它没有把犯罪统计看作是犯罪学已经正式产生的标志，而仅仅看作是犯罪学产生的一个开端。

犯罪统计仅仅是犯罪学的萌芽，还不能说犯罪学已经正式产生。然而，犯罪统计却具有划时代的意义。在犯罪统计出现之前，人类社会对犯罪的研究仅仅存在于刑法学之中，从刑法学上研究犯罪的法律规定，不仅被视为对犯罪的研究，而且被视为对犯罪的全部研究，刑法学在事实和观念两个方面上[①]垄断着犯罪研究，产生了刑罚是犯罪唯一对策的结论和认识，阻碍了犯罪学的产生。而当人们对犯罪研究的视角从法律上转移到社会(学)上的时候，就对犯罪有了一种峰回路转的认识:发现犯罪与社会的紧密联系，发现犯罪法律研究的局限性，发现犯罪研究的社会学内容和方法。这种认识从认识论和方法论两个方面为科学犯罪学的产生奠定了正确的基础。而犯罪统计不仅在观念上开始了打破刑法学垄断犯罪研究的局面，而且指出了犯罪学理论研究的正确方向。但是，犯罪统计与龙勃罗梭的犯罪人研究不同，犯罪统计没有涉及犯罪的法律问题，因此没能够从根本上动摇刑法学对犯罪的垄断局面，这样，就只能为犯罪学的产生开辟基点，提供基地，而不能够使犯罪学完全产生。

我们认为，犯罪学是凯特勒的犯罪统计和龙勃罗梭的理论共同创建的。龙勃罗梭理论所提供的犯罪实证研究方法与凯特勒提供的犯罪社会学的研究内容和理论方向的结合，产生了科学的犯罪学。

三、犯罪学的产生和发展

学科的形成不可能一蹴而就，需要一个过程。犯罪学从形成到正式诞生也有一个过程。如果说19世纪初、中期的犯罪统计形成了犯罪学作为学科的理论生长点，那么，到19世纪后期龙勃罗梭“发现犯罪人”(不同于刑法学的犯罪行为)，并确立了犯罪研究的实证研究方法(不同于刑法学的法律逻辑研究方法)，在客观上就出现了一个在研究对象和方法上与刑法学完全不同的学科的基本理论框架。犯罪学作为一个新的研究犯罪的学科，在对古典刑法学理论和犯罪对策的批判中，表现为刑法学中的实证学派，在与古典学派的论争中孕育、成长而诞生。只不过是当时这个新学科被命名为犯罪人类学而不是后来的犯罪学。菲利曾明确指出:只是从《犯罪人论》第一版(1876年)开始，犯罪人类学才自称为一门独立的科学……《犯罪人论》的出版建立了一个运用不同方法和具有在古典刑法中所不能发现的科学促进作用的新学科。[②] 所以说，龙勃罗梭发表《犯罪人论》可以看作是不同于刑法学的犯罪学已经产生。但是，准确地说，最初，龙勃罗梭并没有明确的、像后来那样的犯罪学的学科意识，他要建立的是“犯罪人类学”，强调犯罪研究的人类学方法;而菲利的犯罪学学科意识也不清晰，他要建立的是“犯罪社会学”，强调犯罪研究的社会学方法。到1885年加罗法洛出版以“犯罪学”命名的著作，其内容虽然与后来的犯罪学相差很远，但是，该著作作为明确的标志，具有明显的学科意识，表明了“犯罪学”作为学科正式登上了学科舞台。

犯罪学作为一门科学产生以后，主要是在犯罪人类学、犯罪生物学、犯罪心理学和犯罪社会学等方向上发展着，但是，犯罪学整体的发展却很缓慢，至今犯罪学仍然不能算作是一个很成熟的学科。其主要表现为:理论体系不严整，理论内容不严密，缺少必要的概念、范

① 实际上犯罪统计仅仅是在观念上打破了刑法学垄断犯罪研究的局面，事实上，在犯罪学产生以前并没有真正意义上的对犯罪本身所进行的科学研究。

② 参见[意]恩里科·菲利:《犯罪社会学》，郭建安译，中国人民公安大学出版社1990年版，第6—7页。

畴,理论抽象不够等。[①]影响犯罪学学科成熟的因素有很多,从理论上看主要原因有:学科建设意识不强,过分的实证研究,学科任务不明确,研究对象确定不当,寻找犯罪原因的方向存在错误,不接受犯罪必然存在的结论等。[②]

犯罪学产生以来,影响犯罪学学科发展的最大问题是犯罪学存在理论前提上的错误。作为综合的社会科学,犯罪学只把犯罪原因作为自己的研究核心,使得犯罪学在科学的道路上仅仅迈出了“半步”。[③] 只研究犯罪产生原因的犯罪学,是以犯罪现象并不存在为前提的,而这种认识是错误的。因为,任何社会,在一定的时期内,犯罪的存在都是必然的。科学的犯罪学应当是以犯罪的存在为前提来研究犯罪现象。所以,今后犯罪学的发展前景应当是把犯罪作为社会群体现象,研究犯罪现象产生、存在和发展变化规律,就像政治学研究政治现象、经济学研究经济现象那样来研究犯罪现象。只有这样,犯罪学才能够成为真正的社会科学,才能更好地完成社会赋予它的历史使命。

第二节　西方犯罪学简史

一、概述

“犯罪学”一词是在西方国家的文献中首先出现的。根据荷兰著名的马克思主义犯罪学家威廉·邦格(Willem Bonger,1876—1940)的研究,“犯罪学”(法文 criminologie)一词最早是由法国人类学家和医生保罗·托皮纳德(Paul Topinard,1830—1911)在1879年出版的《人类学》一书中首先使用的。不过,第一本以“犯罪学”为名的著作,是意大利犯罪学家加罗法洛在1885年出版的《犯罪学》。英文中的“犯罪学”(criminology)一词,最早是在1890年出现的。[④]

西方犯罪学发展的历史大体上可以分为下列五个阶段。[⑤]

二、18世纪中期以前的犯罪学思想

在18世纪中期以前,西方国家没有现代意义上的犯罪学研究,但是,有一些可以称之为“犯罪学思想”的论述。在古希腊和古罗马,一些早期的思想家们有片断的、包含犯罪学思想的论述。例如,古希腊思想家柏拉图(Plato,公元前427—公元前347)认为,犯罪受人的本性和环境的影响。另一位古希腊思想家亚里士多德(Aristotle,公元前384—公元前322)认为,生活条件和邪恶本性都对犯罪的产生起着一定的作用。古罗马的政治活动家马尔库斯·图利乌斯·西塞罗(Marcus Tullius Cicero,公元前106—公元前43)认为,犯罪是由个人的心理原因造成的。

在中世纪时,一些神学家根据神学观点探讨了犯罪问题。例如,基督教思想家奥古斯丁(Saint Augustine,354—430)和托马斯·阿奎那(Thomas Aquinas,1224—1274)都坚持“原罪

①② 参见王牧:《学科建设与犯罪学的完善》,《法学研究》1998年第5期。

③ 参见王牧:《根基性的错误:对犯罪学理论前提的质疑》,《中国法学》2002年第5期。

④ 吴宗宪:《西方犯罪学史》(第二版)(第一卷),中国人民公安大学出版社2010年版,第12页。

⑤ 也有人持不同的观点。例如,德国出生的英国犯罪学家赫尔曼·曼海姆将犯罪学的发展分为前科学阶段、准科学阶段和科学阶段(参见 Hermann Mannheim, *Comparative Criminology: A Text Book*,1965, pp. 84-96)。美国犯罪学家理查德·昆尼等人将犯罪学划分为五个阶段。参见[美]里查德·昆尼等:《新犯罪学》,陈兴良等译,中国国际广播出版社1988年版,第33页。

说”,认为人类的祖先在伊甸园中违背上帝的意志,偷吃了“禁果”,犯下了“原罪”(original sin,即最初的犯罪),受到了上帝的惩罚。人类就是作为罪人而出生的。同时,在中世纪时,也流行“魔鬼学说”,认为犯罪是魔鬼附体的产物,是在邪恶灵魂的驱使下产生的邪恶行为。

不过,在中世纪时,一些早期的思想家也从世俗的眼光探讨了犯罪问题。例如,英国早期的思想家托马斯·莫尔(Thomas More, 1478—1535)认为,犯罪的原因在于社会本身,犯罪是对社会状况的一种反映。意大利空想社会主义者托马斯·康帕内拉(Tommaso Campanella, 1568—1639)认为,私有制是一切恶习的根源,是所有犯罪的根本原因。

17世纪时,英国著名的政治哲学家托马斯·霍布斯(Thomas Hobbes, 1588—1679)对于犯罪和刑罚问题进行了深入的探讨。他认为,人们生来就具有自私自利、残暴好斗的本性;这种邪恶的本性和认识、理解方面的缺陷,就是犯罪的原因。霍布斯也论述了一些刑罚方面的观点。霍布斯的“性恶论”思想对于以后的犯罪学研究产生了深远的影响。

18世纪早期和中期,法国的一些启蒙思想家也对犯罪与刑罚问题进行了多方面的探讨。例如,查理·路易·孟德斯鸠(Charles-Louis de Montesquieu, 1689—1755)对于刑罚问题、犯罪类型和犯罪原因有较多的论述。又如,伏尔泰(Voltaire, 1694—1778)对于封建刑罚制度进行了尖锐的批判。再如,让·雅克·卢梭(Jean Jacques Rousseau,1712—1778)对于犯罪原因和刑罚问题也有一些论述。

三、18世纪中后期的犯罪学萌芽

18世纪中期以后,西方犯罪学思想的发展进程加快。意大利的贝卡里亚和英国的边沁、塞缪尔·罗米利(Samuel Romilly, 1757—1818)、约翰·霍华德(John Howard, 1726—1790)以及德国的安塞姆·冯·费尔巴哈(Anselm von Feuerbach, 1775—1833)等人,都对犯罪问题进行了较多的探讨。其中,有的文献把贝卡里亚称为“犯罪学之父”(father of criminology)[①]。他们探讨的犯罪学方面的内容,主要集中在以下三个方面:[②]

(一)犯罪原因

在犯罪原因问题上,他们从三个方面进行解释:(1)性恶论。认为人的本性是自私、邪恶的,犯罪就是人的邪恶本性的体现。(2)意志自由论。认为任何人都有同样的自由意志,都可以作出自己的选择。犯罪就是个人进行自由选择的结果。(3)功利主义或者享乐主义。认为人们之所以选择犯罪行为,就是为了趋利避害,获得享乐。

(二)刑罚学说

在刑罚问题上,他们主要探讨了下列问题:(1)刑罚根据。国家或者政府之所以对犯罪人处以刑罚,是以“社会契约”为根据的;社会契约赋予国家使用刑罚手段维持社会和平的权利。(2)刑罚的标准。在判处刑罚时,要以客观表现出来的犯罪行为为标准。(3)刑罚的作用。判处刑罚是为了抵消因犯罪而获得的利益或者快乐,从而起到预防犯罪的作用。

(三)刑事立法问题

这些学者们也对刑事立法进行了一定的探讨。例如,认为刑事立法应当简明扼要,应当公布于众,应当明确规定犯罪和刑罚等。这些学者的观点对于近代刑事司法制度的形成以及监狱制度的改革等,都产生了重要的影响。

---

① Dennis C. Benamati et al., *Criminal Justice Information: How to Find It, How to Use It*, The Oryx Press, 1988, p. 2.

② 参见吴宗宪:《西方犯罪学史》(第二版)(第一卷),中国人民公安大学出版社2010年版,第102—103页。

四、19世纪的犯罪学研究

19世纪是犯罪学最终产生和继续发展的重要历史时期。在这个时期,作为学科的犯罪学正式形成。其中,意大利犯罪学家龙勃罗梭的研究对于现代犯罪学的诞生起了关键性的作用,许多文献把他称为"犯罪学之父"(father of criminology)[①②③]或者"现代犯罪学之父"(father of modern criminology)[④]、"生物实证主义学派的创建之父"(the founding father of the biological positivist school)[⑤]、"意大利学派之父"(father of the Italian School)[⑥]等。

(一)19世纪的社会犯罪学研究

19世纪时,把犯罪作为一种社会现象进行的社会犯罪学研究,大体上可以划分为三个方面:

1. 统计学派的研究

犯罪学历史上的统计学派是对19世纪发展起来的、以统计学方法研究犯罪现象的一些研究和学者的合称。统计学派的主要代表人物是法国统计学家安德烈·米歇尔·格雷(André Michel Guerry,1802—1866)和比利时天文学家、统计学家阿道夫·凯特勒(Adolphe Quetelet,1796—1874)。这个学派的学者们把犯罪看成是一种社会现象,用统计方法研究犯罪与各种社会环境因素的关系。他们的研究主要集中在两个方面:(1)社会经济条件的变化与犯罪波动的关系;(2)犯罪方式(类型)和犯罪的地区分布。由于他们研究了不同地区的犯罪,并且在犯罪研究中使用地图表示不同地区的犯罪状况,因此,又被称为"地理学派"或者"制图学派"。统计学派对社会生态环境与犯罪关系的研究,被看成是20世纪上半期大规模的犯罪生态学研究的先驱。

2. 马克思主义犯罪学研究

19世纪时,杰出的思想家卡尔·马克思(Karl Marx,1818—1883)、弗雷德里希·恩格斯(Friedrich Engels,1820—1895)及其追随者们,也对犯罪问题进行了一定的研究,建立了马克思主义的犯罪学研究传统。

19世纪马克思主义犯罪学研究的内容,主要集中在两个领域:(1)犯罪原因论。认为资本主义的物质生活条件和资本主义制度本身,是犯罪的根源。资本主义社会通过多种途径引起犯罪行为。例如,通过贫富分化、道德堕落、失业、社会秩序的解体、人性的扭曲等,引起犯罪的产生。(2)刑罚问题。对于刑罚的性质和特点等问题,进行了一定的探讨。

3. 迪尔凯姆的犯罪学研究

埃米尔·迪尔凯姆(Émile Durkheim,1858—1917)是19世纪后期法国著名的社会学家,他对犯罪学的许多方面都进行了卓有成效的研究。他的论述对于后来的犯罪学研究产生了

---

① See Gresham M. Sykes, *Criminology*, Harcourt Brace Jovanovich Inc., 1978, p. 12.

② See Frank E. Hagan, *Introduction to Criminology: Theories, Methods and Criminal Behavior*, 4th ed., Nelson-Hall Publishers, 1998, p. 115.

③ See Larry J. Siegel, *Criminology: Theories, Patterns and Typologies*, 8th ed., Wadsworth, 2004, p. 7.

④ Stephen Schafer, *Theories in Criminology: Past and Present Philosophies of the Crime Problem*, Random House, 1969, p. 123.

⑤ Ian Taylor, Paul Walton & Jack Young, *The New Criminology: For a Social Theory of Deviance*, Rutledge & Kegan Paul., 1973, p. 41.

⑥ Hermann Mannheim (ed.), *Pioneers in Criminology*, 2nd ed., Patterson Smith, 1972, p. 241.

重大的影响。

迪尔凯姆的犯罪学研究主要集中在三个方面:

一是犯罪正常论。他认为,犯罪是社会中存在的正常的现象,而不是病态现象。在任何社会中,都不可避免地存在着犯罪现象。

二是犯罪功能论。认为犯罪在社会中发挥着重要的功能,包括推动法律的发展,促进社会的进步,加强社会团结,明确道德界限,降低社会紧张等。

三是失范与犯罪学说。迪尔凯姆提出了"失范"(anomie)的概念,认为这是社会不能调整人们正确认识自己的需要并用恰当方式满足自己需要的状态。根据迪尔凯姆的观点,犯罪就是在缺乏合适的社会规范调整的状态下,即在失范状态下,个人欲望或者需要无限膨胀并且使用不恰当方式加以满足的产物。此外,迪尔凯姆还对越轨者的类型和刑罚问题进行了仔细的研究,提出了独特的观点。

(二) 实证方法的犯罪学研究

19 世纪后期和 20 世纪初期,意大利犯罪学家们使用实证主义方法进行了大量的犯罪学研究。其中的主要代表人物是三位意大利学者:切萨雷·龙勃罗梭、恩里科·菲利和巴伦·拉斐尔·加罗法洛。由于这三位学者在犯罪学历史上的重要地位和作用,他们也被称为"犯罪学三圣"(holy three of criminology)。[①] 此外,利用实证主义方法进行犯罪学研究的还有其他一些人,如英国的查尔斯·巴克曼·格林(Charles Buckman Goring,1870—1919)、美国的欧内斯特·胡顿等。

这些学者的犯罪学研究,主要集中在三个方面:

1. 犯罪研究

他们排斥犯罪的法律定义,而用"自然犯罪"之类的概念来代替,给犯罪赋予新的定义。同时,在犯罪研究中,实证主义学者们把研究的重点从犯罪的法律表现——犯罪行为,转向对犯罪人本身的研究,把犯罪看成是人的生理和心理特征的一种表现。

在犯罪类型学方面,这些学者们不仅研究了犯罪行为的不同类型,而且更多地研究了犯罪人的类型。龙勃罗梭、菲利和加罗法洛都提出了自己的犯罪人分类学说。此外,在犯罪研究的方法论方面,引入决定论原则和实证主义的方法,在研究中用归纳方法代替演绎方法,推动了犯罪学研究方法的革命性发展。这些方面的努力和实践,就使得犯罪学研究摆脱了思辨和猜想,进入了科学研究的时代。

2. 犯罪原因

在犯罪原因方面,他们用决定论代替自由意志学说。他们认为,犯罪并不是犯罪人自由选择的产物,而是受其他因素决定的;决定犯罪的这些因素,是可以用实证主义的科学方法进行研究的。在具体的犯罪原因论述中,龙勃罗梭特别强调遗传因素的决定作用,认为隔代遗传在犯罪产生中起着极其重要的作用。菲利提出了犯罪原因"三元论",认为犯罪是由人类学因素、自然因素和社会因素决定的。

3. 犯罪对策

在犯罪对策方面,这些学者们强调要根据犯罪人的特点采取相应的科学方法。首先,要

---

① 参见吴宗宪:《西方犯罪学史》(第二版)(第二卷),中国人民公安大学出版社 2010 年版,第 306 页。

根据犯罪人的具体情况，采取个别化的处置措施，包括医疗措施和刑罚措施（特别是不定期刑）等。其次，强调积极的犯罪预防而不是消极的刑罚惩罚。

（三）犯罪社会学学派

犯罪社会学学派是指对19世纪后期20世纪初期从事犯罪社会学研究的犯罪学者及其学说的称呼。这个学派在人员组成上更加松散，在学术观点上更不统一，在存续时间上更不明确。一般来说，这个学派的主要代表人物是意大利的菲利（他先是研究犯罪人类学，后来很快转向犯罪社会学）、德国的弗兰茨·冯·李斯特（Franz von Liszt，1851—1919）和法国的加布里埃尔·塔尔德（Gabriel Tarde，1843—1904）。

菲利不仅撰写出第一本《犯罪社会学》（1884年），开创了一个新的犯罪学研究领域，而且也重视犯罪的社会原因，努力促进科学方法在犯罪学研究中的应用。弗兰茨·冯·李斯特既是一位著名的刑法学家，也是一位具有开拓精神的犯罪学研究者，他对犯罪原因、犯罪类型和犯罪对策等问题都进行了大量的研究，促进了刑事政策学的形成和发展。加布里埃尔·塔尔德对于犯罪的社会心理原因、犯罪发生的规律和刑事司法改革等问题，都进行了很多研究，这些研究对20世纪的犯罪学研究产生了重要影响。

五、20世纪上半期的犯罪学研究

进入20世纪以后，西方犯罪学的研究在多个方向展开，呈现出一种齐头并进、全面发展的格局。但是，由于受第二次世界大战的影响，许多欧洲的犯罪学家流亡到美国，导致美国犯罪学的繁荣和发展，使犯罪学研究的中心从欧洲转到美国。同时，在这个时期，也成立了一些国际性的犯罪学研究组织，它们对西方犯罪学的发展产生了重要的促进作用。

（一）犯罪生物学研究

由龙勃罗梭大力推动的犯罪人类学研究，经过格林和胡顿的发展和传播，到20世纪上半期时，逐渐演变为犯罪生物学研究。犯罪生物学研究主要在德国和其他欧洲国家进行。

犯罪生物学研究主要在两个方向进行：

1. 遗传生物学与犯罪研究

现代犯罪遗传生物学研究认为，犯罪人的犯罪与其人格等个人素质密切相关，而个人素质又深受直接或者间接的遗传负因的影响。一些遗传负因，如父母和祖父母等的精神疾病、智力低下、性格异常、酒精中毒、异常的染色体、犯罪恶习等，对犯罪人的个人素质的形成起着巨大的作用，从而使个人在遗传负因的作用下形成不良的或者反社会的人格，并且由此导致犯罪行为。

2. 体质生物学与犯罪研究

这方面的研究主要探讨犯罪人自身的身体素质与犯罪的关系，特别是内分泌异常、体型、中枢神经系统机能异常和神经系统的特点等与犯罪的关系。

（二）犯罪心理学研究

从心理学方面研究犯罪的尝试，很早就已经开始。1897年，奥地利学者汉斯·格罗斯（Hans Gross，1847—1915）的《犯罪心理学》一书的出版，标志着现代犯罪学的诞生。[①]进入20世纪以后，犯罪心理学的研究继续发展，成为20世纪上半期犯罪学研究的一个重要方向。

① 参见吴宗宪：《西方犯罪学史》（第二版）（第三卷），中国人民公安大学出版社2010年版，第774页。

现代犯罪心理学研究，可以划分为四个主要的方向：其一，精神分析学理论。这是指根据奥地利心理学家西格蒙德·弗洛伊德创立的精神分析学说进行的犯罪研究。其二，精神病学理论。这是指应用精神病学的观点和方法解释犯罪问题的研究领域。其三，正常个性心理学理论。这是指对精神正常的个体犯罪人进行的心理学研究。其四，社会心理学理论。这是指一组以强调犯罪人之间以及犯罪人与环境之间的相互作用为特色的犯罪心理学理论。

（三）现代犯罪社会学研究

在西方犯罪学中，现代社会学理论是指在20世纪运用社会学理论和方法研究犯罪问题中提出的理论和观点的总称。20世纪初期，随着西方犯罪学研究的中心从欧洲逐渐转移到北美地区，对犯罪进行的社会学研究逐渐成为犯罪学研究中居支配地位的研究方向和领域。可以说，20世纪70年代以前的西方主流犯罪学理论，基本上都是社会学的犯罪理论。

在现代犯罪社会学的研究中，涌现了很多的犯罪学理论和学说。按照一般的观点，这类理论和学说大体上可以划分为三种类型：其一，社会结构理论，即利用社会结构的特点来解释犯罪的发生；其二，社会过程理论，即利用社会化过程中的特点来解释犯罪的发生；其三，社会冲突理论，即利用社会中的冲突现象来解释犯罪的发生。

从西方犯罪学理论的发展来看，20世纪前期和中期是现代犯罪社会学理论的发展最为活跃的时期，许多犯罪社会学理论都是在这一时期产生和发展的。

（四）国际性犯罪学研究组织的建立

在西方犯罪学的发展过程中，20世纪前半期成立的一些国际性犯罪学研究组织，对于犯罪学研究的深入发展和实际应用，发挥了重要的作用。这些研究组织主要是：

1. 国际犯罪学协会

国际犯罪学协会（International Society of Criminology）是旨在促进犯罪学研究和犯罪学研究成果应用的国际性学术组织。这个组织于1937年在意大利首都罗马成立，目前总部设在法国首都巴黎。这个组织通过举办国际犯罪学大会（除了第二次世界大战期间中断之外，每5年举办一次）、举办犯罪学培训班（自1952年起每年都举办）、召开专门的犯罪学会议、出版犯罪学刊物①、发展犯罪学研究机构②、颁发犯罪学奖项③、进行犯罪问题咨询（该协会是联合国的咨询机构之一）等方式，推动国际社会犯罪学研究与应用的发展。

2. 国际社会防卫协会

国际社会防卫协会（International Society of Social Defense, Société Internationale de Défense Sociale, SIDS）是一个旨在宣传社会防卫思想和研讨预防犯罪策略的国际性学术组织。这个组织的前身是1945年在意大利的热那亚建立的社会防卫研究中心（Center of Studies on Social Defense），1949年正式成立。目前总部设在法国的巴黎。这个组织通过举办国际性大会、出版《国际社会防卫协会通讯》（Bulletin de la Société Internationale de Défense

---

① 国际犯罪学协会出版两种期刊：《国际犯罪学年刊》（International Annuals of Criminology）和《犯罪学文献精选》（Selected Documentation on Criminology）。

② 国际犯罪学协会目前有两个研究中心：1969年在加拿大蒙特利尔大学建立的国际比较犯罪学中心（International Center for Comparative Criminology）；1975年在意大利热那亚大学建立的国际临床犯罪学中心（International Center of Clinical Criminology）。

③ 国际犯罪学协会颁发丹尼斯·卡罗尔奖（Denis Carroll）、埃米尔·迪尔凯姆奖（Emile Durkheim）和埃提那·德·格里夫奖（Etienne de Greeff）。

Sociale)、提供犯罪问题咨询(该协会是联合国的咨询机构之一)等方式,推动犯罪学的研究与应用。

3. 美国犯罪学协会

美国犯罪学协会(American Society of Criminology)是西方国家中有重要影响的犯罪学学术团体。该协会于1941年12月在美国加利福尼亚州的伯克利成立,总部设在俄亥俄州立大学犯罪学研究中心。该协会成员除了美国犯罪学研究者之外,还有大量来自加拿大、欧洲、大洋洲和世界其他地区的犯罪学研究者。该协会通过组织研讨会、出版刊物①、颁发奖项②、提供咨询等方式,促进犯罪学研究和应用。

六、20世纪后期的犯罪学研究

进入20世纪后期以来,西方犯罪学研究继续发展,突出地表现出下列特点:

(一)犯罪学研究多样化发展

由于美国犯罪学界社会学传统的影响,从社会学角度研究犯罪问题的趋势继续发展,构成了所谓的"主流犯罪学理论"。不过,在20世纪后半期,犯罪社会学研究的一个重要特点,是冲突社会学、批判犯罪学、激进犯罪学理论观点的发展更加引人注目,新的学说和观点不断出现,在理论观点的创新方面,这类犯罪社会学理论似乎超过了比较保守的主流犯罪社会学理论。而且,这类犯罪学理论在发展中,不仅重视理论观点的创新,而且也吸收主流犯罪学研究的一些方法,如重视经验性调查等,力图摆脱抽象空洞的缺陷。

(二)整合性研究的趋势日益明显

在20世纪后半期,与整个科学研究中的综合性趋势相适应,在西方犯罪学研究中,也出现了多种学科的理论和方法相结合、将不同理论观点结合起来说明犯罪问题的显著趋势。

1. 多学科结合研究趋势的不断发展

在西方犯罪学的发展历史中,大体上经历了不分学科的综合性研究(19世纪中期以前)、学科分化的专门性研究(19世纪中期到20世纪中期)、再到多学科结合的综合性研究(20世纪中期以后)这样一个过程。大约从20世纪中期开始,在西方的犯罪学研究中,逐渐出现了将哲学、社会学、心理学、生理学、统计学等学科的理论和方法结合起来,对犯罪问题进行整体性研究的趋势。甚至在犯罪学论著的名称中,也体现了这样的特点。例如,美国犯罪学家雷·杰弗利(C. Ray Jeffery,1921—2007)出版了《犯罪学:多学科整合型探讨》一书③,利用生物学、心理学、社会学、法学、经济学、政治学等学科的理论和方法,对犯罪进行了全面

---

① 该协会出版《犯罪学动态》(Developments of Criminology,双月刊)、《犯罪学》(Criminology,季刊)和《会员指南》(Member Guidebook)等。

② 该协会颁发410多种奖项,其中比较重要的奖项包括:(1)埃德温·萨瑟兰奖(Edwin H. Sutherland Award),奖励对犯罪学作出杰出贡献的北美犯罪学家;(2)塞林—格卢克奖(Sellin-Glueck Award),奖励对犯罪学作出杰出贡献的世界其他地区的犯罪学家;(3)奥古斯特·沃尔默奖(August Vollmer Award),奖励对犯罪学应用作出杰出贡献的人员;(4)赫伯特·布洛克奖(Herbert Bloch Award),奖励对该协会和对犯罪学的职业兴趣作出杰出贡献的人员;(5)鲁斯·肖恩尔·卡万青年学者奖(Ruth Shonle Cavan Young Scholar Award),奖励年轻的杰出犯罪学研究者;(6)迈克尔·欣德朗杰出图书奖(Michael J. Hindelang Outstanding Book Award),奖励在前三年中出版的对犯罪学研究作出了杰出贡献的一本书;(7)主席司法杰出贡献奖(President's Award for Distinguished Contributions to Justice),奖励在刑事司法中作出突出贡献的人士。此外,该协会的国际犯罪学分会(Division of International Criminology)还向外国犯罪学家颁发杰出国际犯罪学者奖(Distinguished International Scholar Award),我国犯罪学家郭翔(1995年)和王牧(2003年)先后获得这一奖项。

③ 本书英文名称为Criminology: An Interdisciplinary Approach,其副标题也可以翻译为"科际整合的探讨"。

的探讨。

2. 不同理论整合的趋势方兴未艾

犯罪学中的整合性研究不仅表现在不同学科之间的融合,也表现在不同的犯罪学理论之间的相互整合。在这些不同的犯罪学理论中,有些是属于不同学科类型的理论,有些则是属于同一种学科类型内的不同理论。随着研究的深入,犯罪学研究者们认识到,犯罪是一种综合性的现象,对犯罪的研究也必须使用综合性的方法和理论来进行。因此,一些犯罪学研究者将不同的犯罪学理论整合到一起,吸取不同理论的长处,形成一种新的犯罪学理论。从西方犯罪学教科书中,可以看到在20世纪后期提出的很多整合型理论。例如,迈克尔·戈特弗里德森(Michael R. Gottfredson)和特拉维斯·赫希·提出的犯罪的一般理论[①]、德尔伯特·埃利奥特(Delbert Elliott)等人提出的整合理论等。

(三) 实证调查不断涌现

20世纪中期以后西方犯罪学发展的一个重要特点,就是很重视对犯罪的实证调查。犯罪学家们试图通过大规模或者长期的调查,用确切的数据资料验证他们的理论假设。这类调查既有地区性的调查,也有全国性的调查。例如,美国犯罪学家马文·沃尔夫冈(Marvin Wolfgang,1924—1998)等人组织的"同生群中的少年犯罪"调查,对在美国费城的两个同生群进行了调查,分别于1972年和1983年发表了调查结果。[②]英国犯罪学家唐纳德·韦斯特(Donald West)和戴维·法林顿(David P. Farrington)等人组织的剑桥少年犯罪人发展研究,对一组研究对象进行了长期的追踪研究。[③]至于全国性的犯罪调查和犯罪被害调查,在许多西方国家都组织过,并且仍然在继续进行这样的调查。

第三节 我国犯罪学的诞生与发展[④]

犯罪学的学科史与犯罪学思想史,既相互联系又相互区别。本节侧重介绍我国犯罪学的学科史,即犯罪学作为一门学科在我国诞生、发展的历史进程。考虑思维脉络的完整性,也对我国犯罪学思想史稍作交代。

一、我国古代的犯罪学思想

我国有着五千年的灿烂文明史,有文字可考的历史也近四千年。我国古代犯罪学思想可谓源远流长,它主要孕育于中国哲学,包容于中国哲学的人生论(主要是人性论)以及伦理思想当中,关于罪的讨论往往与人性善恶论纠缠在一起。尽管在更早期的宗教禁忌观念中可能多少蕴含一些关于罪的思想的萌芽,但较为明晰的中国古代犯罪学思想,则形成于中国文化成熟以后(中国文化至周代已达成熟),具体说是形成于春秋末期。我国古代的圣哲先贤们对罪与刑问题开始作较多思考,大约是从被孔子称为"礼崩乐坏""邪说暴行"不断发生

---

① 具体内容参见[美]迈克尔·戈特弗里德森、[美]特拉维斯·赫希:《犯罪的一般理论》,吴宗宪、苏明月译,中国人民公安大学出版社2009年版。

② 具体内容参见吴宗宪:《西方犯罪学》(第二版),法律出版社2006年版,第494—496页。

③ 具体内容参见吴宗宪:《西方犯罪学》(第二版),法律出版社2006年版,第491—493页。

④ 这里介绍我国的犯罪学研究与进展情况,限于资料,我国港、澳、台地区的犯罪学研究情况从略。

的春秋末期开始的，这些思考，可见于两千多年前先秦诸子百家的著述典籍之中。[①]

然而，按照中国哲学史发展的正常进程，在中国传统哲学和传统文化背景下很难自然地产生科学犯罪学。这一点与在中国传统哲学和传统文化背景下自然科学很难获得发展的道理是一样的。就整个犯罪学史来说，科学犯罪学在19世纪末诞生于欧洲（具体说是意大利），在20世纪繁荣于美国。20世纪20年代以前，犯罪学的研究中心在意大利、法国等欧洲大陆国家；20世纪20年代以后，犯罪学的研究中心则转移至美国。中国犯罪学诞生于20世纪20年代，是步西方犯罪学之后而起的，其历史要短于西方犯罪学历史约半个世纪之久。如果没有19世纪中后期以及20世纪初的西学[②]东渐，我国犯罪学的诞生至少要更迟一些。

二、20世纪中期以前的我国犯罪学

我国犯罪学的历史，是从介绍和引进西方犯罪学开始起步的。

20世纪二三十年代，我国出版了第一批西方犯罪学译著，龙勃罗梭的《犯罪及其原因和矫治》（刘麟生翻译，1922年商务印书馆出版，书名为《郎勃罗梭氏犯罪学》）、菲利的《实证派犯罪学》（许桂庭译，商务印书馆印行）以及德国、美国、日本等国的一些犯罪学著作被翻译成中文出版。

随后，我国出现了一个短暂的犯罪学研究活跃期。当时，在国民党统治区内公立、私立大学的法学院、法律系先后开设了犯罪学课程，出版了第一批由中国学者撰写的犯罪学专著和教材，如许鹏飞的《犯罪学大纲》（1923年）、李剑华的《犯罪学》（1932年）和《犯罪社会学》（1935年）、鲍如为的《犯罪学概论》（1933年）、赵琛的《少年犯罪之刑事政策》。上述著作或教材大多是以西方犯罪学著作为蓝本撰写的。

尤为难能可贵的是，这一时期我国的一些学者还对中国社会的犯罪问题作了较为扎实的实证研究，其中最值得一提的是严景耀先生。1927年他在燕京大学主修社会学期间，利用暑假进入北京京师第一监狱与囚犯同吃同住同劳动，对犯人进行访谈式调查，并根据调查资料写成了《北京犯罪之社会分析》《中国监狱问题》等多篇论文。1928年毕业留校任教后，又曾率学生对中国20个城市的犯罪情况进行调查，收集整理了300多个案例，并从12个省的监狱抄编了统计资料。1934年他在美国芝加哥大学攻读博士学位期间，根据上述调查资料用英文撰写了博士论文《中国的犯罪问题与社会变迁的关系》。可惜的是，这本著作迟迟没能在国内出版，而是一直馆藏于芝加哥大学图书馆和珍藏在严景耀先生的夫人雷洁琼手中，直至1986年才由吴桢译成中文在北京大学出版社出版。抗日战争全面爆发后，中国的教育事业凋零，犯罪学研究也受到冷落，很少再有犯罪学著作问世。不过，在国民党的一些军事院校依然开设了犯罪学课程，并编写了一些教材。国民党占据台湾以后，犯罪学研究传统在台湾地区被延续下来并有所复兴。

三、新中国犯罪学的成长和发展

新中国成立以后，直至20世纪70年代末，我国的犯罪学研究出现了长达三十余年的停滞。在这三十余年中，我国的法学研究和法学教育全面照搬了苏联的模式。在苏联，犯罪学研究曾经受到禁止，直至20世纪60年代才得以恢复。受此影响，在我国，直至20世纪70年

① 关于中国古代犯罪学思想，可参见俞荣根著《道统与法统》（法律出版社，1999年版）一书中所载《孔子关于犯罪预防及其社会控制思想》和《荀子的综合型犯罪预防学说》两篇文章。

② 西学，是清末人们对西方自然科学和社会、政治学说的总的称谓。

代末，犯罪学一直被斥为资产阶级的学问而受到排斥和禁止。在长达三十余年的时间内，我国没有成立一个研究犯罪问题的专门机构，没有一所大学开设犯罪学课程。关于犯罪本质及其根源问题只是在刑法学以及刑事政策学中兼有论及，而当时的刑法学和刑事政策学研究带有浓重的意识形态色彩，私有制和阶级斗争成为对犯罪根源和原因的唯一解释，阶级斗争论成为我国关于犯罪原因的支配性理论，我国的犯罪根源被简单地归结于阶级斗争和境外敌对势力的渗透以及资产阶级腐朽生活方式的影响。

党的十一届三中全会召开以后，思想获得解放，科学包括刑事法律科学迎来了自己的春天，新中国犯罪学也迎来了诞生的历史性机遇。这种历史性机遇，除了指思想获得解放、科学（学术）禁区逐渐被打破之外，还指在社会转型过程中出现的一些新的社会问题，如青少年犯罪明显增多问题，产生了开展犯罪学研究的现实需要。

新中国犯罪学研究是在20世纪70年代末、80年代初从研究青少年犯罪开始起步的；在青少年犯罪研究中，犯罪心理学研究又先行了一步。对于青少年犯罪研究的展开，党中央以及党和国家的相关部门起了重要的推动和引导作用。20世纪70年代末、80年代初，我国青少年犯罪急剧增多，占犯罪总数的70%以上。这引起了党中央以及全社会的高度关注。1979年6月，中宣部、教育部、原文化部、公安部、原国家劳动总局、全国总工会、共青团中央、全国妇联等八家单位联合向党中央提出《关于提请全党重视解决青少年犯罪问题的报告》。同年8月，中共中央批转了这一报告，并在批转通知中明确要求，“从现在起，全党都要重视解决青少年犯罪问题”。1981年9月，中国社会科学院青少年研究所、共青团中央、公安部、司法部、教育部、最高人民法院、最高人民检察院等单位在青岛联合召开了全国研究青少年犯罪问题科学规划会议，要求动员组织各方面力量尽快改变我国青少年犯罪研究状况。会议制定并通过了新中国第一个全国性的青少年犯罪问题研究规划。1982年，中国青少年犯罪研究会成立，这是我国青少年犯罪学诞生的一个重要标志。该学会主办了《青少年犯罪研究》杂志，组织编写了《青少年犯罪研究年鉴》。在青少年犯罪研究的基础上，以一般犯罪现象为研究对象的犯罪学学科也在我国逐渐形成。在这个时期，中国政法大学、西南政法学院、华东政法学院、西北政法学院等政法院校以及北京大学法律系等，陆续成立了犯罪学或青少年犯罪学、犯罪心理学等专门的教学或研究机构，开设了犯罪学以及青少年犯罪学、犯罪心理学等课程，并撰写和出版了新中国第一批犯罪学教材和著作。

1992年4月，中国犯罪学研究会（后改称“中国犯罪学学会”，下称“中国犯罪学学会”）成立。第一任会长是康树华教授，第二任会长是王牧教授，第三任会长是胡卫列教授，黄河教授是第四任即现任会长。学会下设预防犯罪专业委员会、犯罪社会学专业委员会、罪犯矫正专业委员会、犯罪被害人专业委员会等若干个专业委员会。该学会目前为国家一级学会。中国犯罪学学会成立，表明犯罪学在我国已经成为一门显学，其独立的学科地位已经为学术界所共认。自此，我国犯罪学研究进入发展期。在大学中，犯罪学教学和研究进一步受到重视，不仅有更多的大学开设犯罪学课程，而且在北京大学、中国人民大学、吉林大学、武汉大学、中国政法大学、西南政法学院、华东政法学院以及中国人民公安大学等大学开始招收和培养犯罪学方向的硕士研究生，在北京大学、吉林大学、武汉大学、中国政法大学等大学还开始招收和培养犯罪学方向的博士研究生。犯罪学研究的视野进一步拓宽，除了原有的犯罪学、犯罪心理学、青少年犯罪学等学科或学科分支以外，还陆续出现了被害人学、犯罪经济学、比较犯罪学、西方犯罪学等新的研究领域或学科分支。有更多的犯罪学教材和专著出版，还有大量的犯罪学学术论文发表。

目前，我国犯罪学已经取得独立的学科地位，并且正处于发展之中。但是，我国犯罪学的形成和发展之路并不十分顺畅，甚至可以说一直在规范法学的夹缝中艰难地生存和发展。我国犯罪学在发展过程中存在以下几个需要解决和克服的问题：第一，犯罪学的学科价值尚没能受到应有的重视，在人们的观念中，犯罪学的学科地位远不能与刑法学、民法学等规范法学学科相提并论，甚至至今还有一些人认为犯罪学属于刑法学的辅助学科或分支学科。第二，对犯罪现象进行扎实的实证研究成果还不够多。第三，犯罪学研究的本土化不够，同时缺乏中国犯罪学理论范式的构建，人们更多的是搬用西方犯罪学理论来解释中国犯罪现象。第四，研究经费缺乏，研究队伍薄弱。

值得欣慰的是，20世纪末以来，我国有为数不多的学者对经典马克思主义犯罪学思想进行了初步研究，但相关研究成果可谓凤毛麟角，这一研究领域尚有待于进一步开掘和拓展。李光灿、吕世伦主编的《马克思、恩格斯法律思想史》[①]一书，零散地介绍了马克思、恩格斯有关法律、犯罪以及刑罚的思想。邱国梁的《马克思主义犯罪学》[②]一书则从犯罪本质论、犯罪与经济、犯罪与人性、犯罪与社会主义、原始社会与犯罪以及犯罪的行为论、法律论和刑罚论等方面较为系统地梳理了经典马克思主义犯罪学思想。需要注意的是，西方马克思主义犯罪学亦即激进或批判犯罪学理论，与这里所说的经典马克思主义犯罪学思想不可等量齐观。

最近，我国还有学者创设了“制度犯罪学”(institutional criminology)概念并勾勒了其基本理论框架。制度犯罪学的任务是对公共政策进行犯罪学分析，准确地说，就是对作为制度的公共政策与犯罪问题之间的相关性进行分析。公共政策与犯罪问题之间的相关性是制度犯罪学关注的基本对象，所关涉的具体问题是：政府在解决犯罪问题中的作为如何以及如何作为？在解决犯罪问题过程中政府应当做什么(should to do)、能够做什么(can do)、打算或不打算做什么(choose to do or not to do)、已经做了什么(have done)等。制度犯罪学概念及其理论框架能否成立尚可讨论，但其所表达的“犯罪问题是一个公共政策问题，应该通过公共政策来化解”和“犯罪学是一门具有决策价值的学科”的基本观点，当能成立，具有一定的理论价值和实践意义。[③]

还值得注意的是，自20世纪中期以来，我国犯罪学研究逐渐出现了一种重视实证研究的倾向，并陆续出现了一批实证研究成果。由过去“安乐椅”式的单纯的思辨式研究走向运用科学方法进行的实证研究，可谓我国犯罪学发展史上的一个不小的进步。但是，也须警惕犯罪学研究掉入过分“技术化”的陷阱，失却犯罪学的人文社会科学光彩而成为对自然科学十足的“奴性模仿”[④]。缺乏犯罪学基础理论指引的所谓犯

① 本书由法律出版社于2001年出版。

② 本书由上海社会科学院出版社于1998年出版。

③ 参见赵宝成：《犯罪问题与公共政策：制度犯罪学初论》，中国检察出版社2012年版，第58页。

④ 英国的弗里德里希·A. 哈耶克在其《科学的反革命：理性滥用之研究》(冯克利译，译林出版社出版)一书中批判了那种社会科学研究中的“唯科学主义”和对自然科学十足的“奴性模仿”。

罪学“实证研究”，可能只是一种犯罪调查统计数据的简单堆积，或曰盲人摸象。犯罪现象的经验材料本身不会说话，它需要解释，解释需要理论作指引。犯罪现象的经验材料需要在理论指引下梳理和解释；对经验材料的梳理和解释又可以起到证明和修正、塑造理论的作用。犯罪学就是这样，基础理论探索和实证研究不可偏废。就我国犯罪学研究现状来看，基本理论研究和实证研究两方面都还贫乏，不仅可靠的实证研究不足，基础理论研究实则更为贫乏。从某种程度上说，制约我国犯罪学进一步发展的，首先是基础理论“瓶颈”，其次才是实证研究的稀缺。加强犯罪学基础理论研究，深刻认识犯罪现象的本质及一般规律，努力构建适合于解释我国犯罪现象的中国犯罪学理论，并在其指引下积极开展实证研究，方为我国犯罪学未来发展的正途。从这个角度看，我国犯罪学需要展开犯罪哲学和犯罪史学方面的研究。

【本章小结】

犯罪学从产生到现在，已经有一百多年的历史，作为一个学科从萌芽到逐渐成熟，经过了艰难的历程。

关于犯罪学诞生的过程和标志，人们有不同的看法。本书认为，犯罪学的产生有一个过程，凯特勒等人的犯罪统计学研究和龙勃罗梭等人进行的实证犯罪学研究，促成了犯罪学的诞生。意大利犯罪学家加罗法洛的《犯罪学》(1885)一书，可以作为犯罪学学科产生的标志。此后，犯罪学研究在西方国家得到长足发展。受第二次世界大战的影响，犯罪学研究的中心从欧洲转到美国。

中国犯罪学研究始于20世纪20年代，最初译介国外的犯罪学论著，后结合中国的情况撰写犯罪学书籍。从20世纪70年代后期开始，新中国的犯罪学研究得到恢复和发展。不过，我国犯罪学的进一步发展，还需要解决一些问题，当然，也需警惕堕入单纯思辨或者过分“技术化”的陷阱。

【本章思考题】

1. 简论犯罪学的产生。
2. 分析实证学派的犯罪学研究及其利弊。
3. 简述20世纪后半期西方犯罪学研究的特点。
4. 谈谈当代中国犯罪学研究的现状。

【本章参考文献】

1. 吴宗宪:《西方犯罪学史》(第二版)，中国人民公安大学出版社2010年版。

2. ［德］汉斯·约阿希姆·施奈德:《犯罪学》，吴鑫涛、马君玉译，中国人民公安大学出版社、国际文化出版公司1990年版。

3. ［美］约翰·列维斯·齐林:《犯罪学及刑罚学》，查良鉴译，木子勘校，中国政法大学出版社2003年版。

第二篇

犯罪现象发生论

第五章　犯罪发生的理论学说

犯罪有着漫长的历史。伴随着犯罪的发展变化，人们很早就开始了对这一问题的思考和研究。但是，18世纪以前，尽管人们提出了许多关于犯罪的看法和观点，却没有对整体的犯罪现象进行集中、系统的研究，也没有形成体系性的犯罪学理论。以认识、预防犯罪为目的，主要用实证方法研究犯罪问题的犯罪学的产生是19世纪中后期以后的事情。此后，许多学者对犯罪问题展开了系统研究。其中，研究最多的是关于犯罪的发生、发展、变化的原因，从而形成了犯罪生物学理论、犯罪心理学理论、犯罪社会学理论、批判犯罪学理论等各种理论学说。本章对此作一介绍。虽然古典学派的理论从根本上看属于刑法学，但是由于其犯罪原因理论在现代刑事司法制度中具有重要意义，而且现代的一些犯罪原因理论是在其基础上发展而来的，本章一并作一介绍。

第一节　古典学派的犯罪原因理论及其现代发展

一、古典学派关于犯罪原因的基本理论

18世纪开始于欧洲的启蒙运动促成了古典学派的产生，以自由主义、人道主义与理性主义为基础，古典学派的代表人物贝卡里亚、边沁、费尔巴哈等人提出了关于犯罪原因及其预防的学说。

古典学派认为，人具有自由意志，可以自由地基于快乐痛苦的计算决定自己的行为，可以自由地选择实施犯罪行为或者合法行为。在古典学派的学者们看来，犯罪是具有理性的人在经过计算实施犯罪行为能够得到的快乐与由此而带来的痛苦之后，基于自己的意志而选择或决定行为的结果。因为犯罪行为与守法行为相比较，犯罪行为的收益更大，因此，古典学派试图从人的自由意志中寻求犯罪产生的原因。

由于犯罪是理性人自由选择的结果，古典学派认为，只要预先告知其超过犯罪所得利益的惩罚的痛苦，就可以使个人因为害怕社会对该行为的惩罚反应而抑制犯罪的意志，从而阻遏犯罪的发生。而且，这种惩罚性的反应越迅速、严厉、确定，就越能阻遏犯罪的发生。这样，犯罪预防的有效方式就是运用及时、足够的惩罚阻止犯罪人作出犯罪的选择。

古典学派的基本理论构成了现代刑事司法制度的基础，促成了罪刑法定原则、罪刑相当原则等现代刑法基本原则的产生。但是，认为犯罪是理性人基于自由意志选择的结果，并以惩罚给予犯罪人心理上的强制来阻止犯罪的发生却没有取得控制犯罪的良好效果。人们很快发现，单靠这种措施并不能防止犯罪。特别是在19世纪末期，随着资本主义的发展，城市化的加快，大量人口流入城市，而经济和社会政策的缺乏导致失业人口增多，使得犯罪出现了迅速发展的势头。这就促使人们开始对古典学派的犯罪原因理论进行批判，并从其他方面对犯罪原因展开研究。

二、新古典学派的主要理论

伴随着19世纪末西方国家的犯罪浪潮，古典学派逐渐衰落，取而代之的是犯罪实证学

派，但是，这并不意味着古典学派退出了历史舞台。20 世纪 70 年代，一些犯罪学者对古典学派犯罪是犯罪人的理性选择，是利益与损害衡量的结果的思想进行了重新思考，并且有了新的发展，这些学者被称为新古典学派。在这些学者的理论中，引人注目的是理性选择理论和日常活动理论。另外，犯罪经济学理论也与古典学派的思想相关。

（一）理性选择理论

理性选择理论（rational choice theory）是美国犯罪学家罗纳德·克拉克（Ronald Clarke）与德里克·克尼斯（Derek Cornish）在 20 世纪 80 年代前期提出和发展起来的。由于该理论突出在特定的情境下所提供给潜在的犯罪人的犯罪机会，因此又被称为机会理论。

该理论认为，在一个特定的机会下，总是有人会实施犯罪行为，而所有的犯罪都是有目的的，其实施在于使犯罪人获得利益。在通常情况下，犯罪人会考虑实施犯罪行为能够获得的预期收益，接近目标的容易程度以及被发现和抓获的可能性。在对犯罪成本与犯罪收益进行比较的基础上，犯罪人会作出是否犯罪的选择，因此，在这种理论看来，犯罪人作出犯罪的决定是一个理性的选择过程。

理性选择理论是古典学派犯罪原因理论的发展。但两者在目标上不同，后者重在强调刑罚的阻吓作用，而前者的目标则在于考虑在特定的情境中，潜在的犯罪人如何衡量收益和成本，以对这种情境作出改变，使预计的犯罪提高风险，降低预期的收益，使潜在的犯罪人不去实施犯罪行为。

（二）日常活动理论

日常活动理论（routine activities theory）是美国犯罪学家科恩（Lawrence Cohen）和菲尔逊（Marcus Felson）于 1978 年提出的，其核心观点为具有理性计算能力的潜在犯罪人的犯罪行为是对机会的回应，而这样的机会和人们生活于其中的日常活动系统性有密切联系。这种理论认为，犯罪的发生与三种要素相关：其一，合适的犯罪标的；其二，有能力的监控者不在场；其三，有动机的犯罪人在场。如果三者能够在同时同地聚合，则犯罪很有可能发生（见图 5-1）。在这种理论看来，对于犯罪人而言，犯罪是一种最有利时机下的最有利选择，是一种理性选择的结果，因此，这种理论是古典学派理性选择理论的延伸。

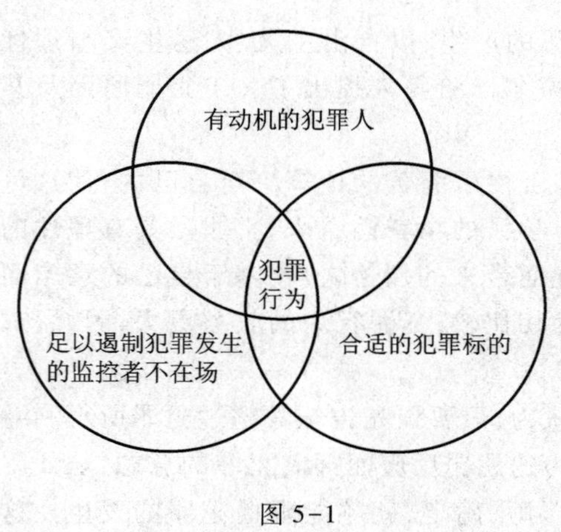

图 5-1

（三）犯罪经济学理论

20 世纪 60 年代以后，有学者运用经济学的方法研究犯罪问题，形成了犯罪经济学理论。犯罪经济学理论的基本观点是，犯罪行为的选择就像经济活动中的选择一样，以个人对行为的成本和收益的分析为基础，是一种有目的、故意和自觉的行为，犯罪是犯罪人在权衡犯罪行为可能带来的利益和可能招致的损失后选择的行为。例如，美国经济学者贝克（Gary S. Becker）提出预期收益的公式为：预期收益 EU（expected utility）等于犯罪成功的可能性 $P(s)$（possibility of success）乘以预期从犯罪行为中得到的利益 G（gains）减去犯罪失败的

可能性 $P(f)$（possibility of failure）乘以失败后就会随之遭受的损失 L（losses），即 $EU = P(S) \times G - P(f) \times L$。①

第二节　犯罪生物学理论

犯罪生物学是研究犯罪人的体格、生物特征怎样与犯罪发生联系的学问。早期的犯罪生物学理论强调犯罪人的身体缺陷对犯罪的决定性作用，认为犯罪人由于具有某种身体缺陷，从而陷入犯罪。其中，用人类学的方法研究犯罪，龙勃罗梭提出的天生犯罪人理论是其代表。本来，犯罪人类学理论可以说是犯罪生物学理论的一个部分，但是，现代的犯罪生物学理论，只是认为犯罪人的生物学特征与犯罪行为之间具有联系，强调的是一种提高了的可能性，而不是决定性。同时，现代的犯罪生物学也重视生理特征与社会环境的相互作用。因此，严格地说，现代的犯罪生物学理论应该称为犯罪生物社会学，与犯罪人类学有所不同。不过，为了论述的方便，本节将犯罪人类学理论列入犯罪生物学理论之中。

一、早期的犯罪生物学理论

（一）龙勃罗梭的犯罪人类学理论

在犯罪人类学产生之前，有人探讨了犯罪人的头部和脸部特征与犯罪的联系，认为邪恶者必然有异于常人的身体构造。人相学从人的脸部特征来寻求犯罪的原因，颅相学则认为人的头部特征与人的行为有着联系，可以根据头盖骨是否反常来了解人能否实施犯罪。而到19世纪80年代，产生于意大利的犯罪人类学理论，开始运用人类学的理论和实证方法对犯罪人进行研究，试图从犯罪人身上寻找犯罪产生的原因，用犯罪人的异常的体质特征说明犯罪产生的原因，其创立者和代表人物是龙勃罗梭。在龙勃罗梭之后，还有一些人也按照龙勃罗梭开创的研究路线，进行了一些犯罪人类学研究。

龙勃罗梭是意大利精神病学家和犯罪学家。他开创了用实证方法研究犯罪问题的先河。与龙勃罗梭同时代的学者恩里科·菲利和拉斐尔·加罗法洛继续运用实证方法研究犯罪问题，以这些学者为代表的犯罪学研究被称为"犯罪人类学派"或者"意大利实证学派"。②由于龙勃罗梭对犯罪学的诞生和发展所作出的杰出贡献，许多西方犯罪学家称之为"犯罪学之父""现代犯罪学之父""生物实证主义学派的创建之父"等。③

龙勃罗梭于1876年出版的代表性著作《犯罪人：人类学、法理学和精神病学的思考》（简称《犯罪人论》），论述了他的犯罪人类学理论。这部著作后来不断修订再版，到1896—1897年出版第五版时，变成了三卷本的巨著。

龙勃罗梭的犯罪人类学理论，其理论基础是犯罪的产生与犯罪人的身体及其解剖学的特征有关，他的犯罪学理论以此为基础而展开。

龙勃罗梭年轻时曾做过军医，后来曾在监狱中担任医生。在军队中，他经常遇到一些身

① 参见许福生：《刑事政策学》，中国民主法制出版社2006年版，第120页。

② 虽然有的犯罪学著作将菲利、加罗法洛与龙勃罗梭一起称为犯罪人类学派，但在菲利和加罗法洛的犯罪学研究中，更多的是运用社会学的方法研究犯罪问题，犯罪人类学的内容很少。因此，犯罪人类学学派的理论，实际上主要是指龙勃罗梭本人的学说。

③ 参见吴宗宪：《西方犯罪学史》（第二版）（第二卷），中国人民公安大学出版社2010年版，第340—341页。

体感觉迟钝的有纹身的犯罪人,积累了一些经验和感性认识。在担任狱医的时候,他对大量的犯罪人进行了人类学的测量和外貌考察,发现犯罪人和其他善良的人们有明显的身体差异。1870 年 11 月,龙勃罗梭在对一名江洋大盗维莱拉(Vilella)进行尸体解剖时,在这名犯罪人的颅骨中发现了一个明显的凹陷,他称为“中央枕骨窝”。在维莱拉的大脑中,龙勃罗梭还发现中央枕骨窝附近的小脑蚓部肥大(发育过度),这两种特征是众所周知的低等灵长目动物,如类人猿的特征,在低劣的人种中都很少见,这说明维莱拉是在龙勃罗梭生活的那个时代出生的原始野蛮人。受这一事实的启发,龙勃罗梭提出了天生犯罪人理论,认为犯罪人是出生在文明时代的野蛮人,他们的生物特征决定了他们从出生时起就具有原始野蛮人的心理与行为特征,这种行为必然不符合文明社会中的传统、习惯和社会规范,必定构成犯罪。因此,犯罪人是一种自出生时起就具有犯罪性的人,他们的犯罪性是与生俱来的,是由他们的异常的生物特征决定的,犯罪人是生来就会犯罪的人。

龙勃罗梭对犯罪人的特征进行了归纳,如头部较小,头盖骨较厚,袋状面颊,下颚后缩,大耳朵,异常齿列,鹰钩鼻,手臂过长,皱纹多,等等,这些特征被称为退化的痕迹。他得出的结论是,犯罪人是类似原始人的人,实际上是处在人的水平之下的生物,是天生就会犯罪的人,决定犯罪人生来就具有犯罪性的那种生物异常,是通过隔代遗传产生的。隔代遗传是指倒退到原始人或者低于人类的人的一种返祖现象。但龙勃罗梭同时认为,除了天生犯罪人以外,还有其他类型的犯罪人,他划分为:精神异常的犯罪人、习惯性犯罪人、激情犯罪人和偶发性犯罪人。

天生犯罪人理论是龙勃罗梭最重要、最有影响的犯罪学理论,这一理论刚一发表,就引起了激烈的争论。后来,在接受批评、社会调查和社会经验的影响下,龙勃罗梭对最初的观点进行了修正。在后期的论著中,龙勃罗梭认为,除了犯罪人的人类学特征外,自然因素对犯罪的产生也具有一定的作用,像不同的气温、月份、季节、炎热的年份、地势构造、疟疾发病率、甲状腺发病地区、死亡率以及种族、性别、年龄、遗传因素等,都对犯罪的产生有影响作用。他还认为,社会因素对于犯罪的产生是有作用的。例如文明程度、人口过剩、新闻媒介、生活状况、酗酒、吸烟、教育、经济条件、宗教、家庭出身以及交往、战争、模仿、监狱生活、移民、职业等社会因素,都与犯罪有联系。但从整体上看,龙勃罗梭的基本思想在本质上并没有改变。

龙勃罗梭的天生犯罪人理论产生了巨大影响。其后,有很多人继续用人类学的方法进行犯罪问题的研究,其中,英国犯罪学家格林和美国犯罪学家胡顿的研究最为有名。

(二)格林的犯罪人类学研究

英国精神病学家和犯罪学家查尔斯·巴克曼·格林(Charles Buckman Goring)在众多的医生和统计学者的支持下,通过对英国 3 000 名男性累犯的 37 种生理特征和 6 种心理特征进行测定,发现龙勃罗梭的犯罪人具有固有的身体特征的学说不能成立,并提出了自己的遗传低劣理论(theory of hereditary inferiority)。

格林认为,犯罪人与正常人在性质上是类似的。从先天遗传来看,所有正常的人在精神和道德上都是一样的。人们之所以犯罪,在一定程度上取决于个人的素质因素和环境因素的作用。格林假设,在所有人中都可能存在一种特性——“犯罪素质”(criminal diathesis),这种素质倾向在一些人中是相当强有力的,从而导致他们进行犯罪。

格林通过大量的身体、心理测量和其他调查活动,获得了有关犯罪人个人特征的重要结论。在犯罪人的身体特征方面，发现除了诈骗犯之外，犯罪人的身高和体重都比一般人低劣；不同类型的犯罪人之间没有明显的身体特征方面的差异。这些差异是一种普遍的遗传性低劣(a general inferiority of hereditary nature)的标志。格林的研究还发现犯罪人也有不同的心理特征。格林认为，犯罪人之间的任何心理差异，都完全取决于他们在一般智力方面的差异。因此，他测量了犯罪人的一般智力，发现犯罪人的智力与一般社会的正常人的智力差别很大。习惯性犯罪人中有智力缺陷者的数量，要多于初犯。

(三) 胡顿的犯罪人类学研究

继格林之后，美国哈佛大学人类学家和犯罪学家欧内斯特·艾伯特·胡顿(Earnest Albert Hooton)是最重要的犯罪人类学研究者。

为了证明龙勃罗梭犯罪人类学理论的真实性，从1926年夏天开始，胡顿主持进行了长达12年的哈佛研究，先后对17 077人(其中的3 203人是普通市民)进行了人体测量，在此基础上提出了自己的犯罪人类学理论。

胡顿的研究发现，犯罪人与守法的市民之间有重要的差异。在所测量的33个项目的指数中，有19个项目和指数(57.58%)表明犯罪人与市民之间有明显差异。犯罪人无论在体态、眼睛、嘴唇、脖子等方面都异于常人。“几乎在所有的测量项目上，犯罪人都比市民低劣”。因此，犯罪人是身体组织较为劣势的一种，从而支持了龙勃罗梭的理论。但是，胡顿在支持先天犯罪人的同时，也注意到社会环境的影响，他的结论是生物学意义上的退化和社会环境都是犯罪的原因，但生物学的原因是最重要的原因。[①]

二、现代的犯罪生物学理论

现代的犯罪生物学理论主要是对20世纪初期以后产生的有关犯罪人的生物学特征与犯罪关系的理论学说的统称。许多犯罪学者对犯罪人的生物学特征进行了研究，形成了一系列犯罪生物学理论。

(一) 遗传生物学与犯罪研究

现代犯罪遗传生物学研究认为，犯罪与遗传密切相关。这方面的研究主要有孪生子研究、犯罪家族研究、养子女研究以及染色体研究等。

1. 孪生子研究

孪生子(twins，又译为“双生子”)是指母亲一胎所生的孩子。在通常情况下，一胎所生的孩子往往是两个，所以，孪生子又称为“双生子”。孪生子可以分为两类：(1)同卵孪生子(identical twins)，又称为“单卵孪生子”(monozygotics，MZ)，他们是由一个受孕的卵子分裂而成的，两个孪生子被认为具有相同的遗传素质。(2)异卵孪生子(fraternal twins)，又称为“双卵孪生子”(dizygotics，DZ)，他们是两个卵子和两个精子分别同时受孕的结果，两个孪生子在遗传素质方面具有较大的差异，他们之间的关系与一般的兄弟姐妹之间的关系相同。因此，人们假定：如果同卵孪生子之间在行为方面表现出较多的相似性和较高的一致率(孪生子中行为相似者的数量与孪生子总数的比率)的话，那么，就证明遗传对人类行为具有很大的影响作用。

根据上述原理，许多人进行了孪生子与犯罪关系的研究。其中最著名的是由德国精神

① 参见许春金：《犯罪学》，三民书局1991年版，第190页。

病学家约翰内斯·朗格(Johannes Lange)进行的调查和研究。

在朗格所调查的30对孪生子中,13对是同卵孪生子,17对是异卵孪生子。研究发现,在13对成年男性同卵孪生子中,双方都有监禁记录的有10对,他们的犯罪一致率为77%;在另外的3对中,只有一方与法律发生了冲突。在作为对照组的17对男性成年异卵孪生子中,双方都有监禁记录的仅有2对,他们的犯罪一致率为12%;在其他的15对中,只有一方曾经与法律发生过冲突。同时,朗格也发现,同卵孪生子双方在犯罪种类、犯罪次数、犯罪方式、在监狱中的表现等方面,也有惊人的一致性。因此,朗格从这些研究中得出了这样的结论,即"在目前的社会条件下,遗传在制造犯罪人方面起着最重要的作用;遗传肯定起着比许多已经准确承认(的作用)都要大得多的作用。"不过,朗格也指出,遗传本身并不是犯罪的唯一的原因,必须承认一定数量的环境影响。

2. 犯罪家族研究

犯罪家族研究的前提假设为,犯罪是具有遗传性的。例如,美国社会学家和犯罪学家理查德·路易·达格代尔(Richard Louis Dugdale)对"朱克家族"(Jukes)的研究发现,在所调查的这个家族的540人中,出现了大量的犯罪人、卖淫者、性病患者等。达格代尔认为,遗传缺陷和恶劣的环境,是犯罪产生的重要因素。

20世纪初期继达格代尔的"朱克家族"研究之后最著名、影响最广泛的犯罪家族研究是由美国心理学家亨利·戈达德(Henry Herbert Goddard)发展起来的低能与犯罪关系的研究,这一研究是根据他对卡利卡克(Kallikak)家族的调查提出的。他的调查发现,一个名叫马丁·卡利卡克的士兵和一个"低能的"酒吧女郎发生性行为之后繁衍的后代中,有大量的低能者、犯罪人、酒鬼、癫痫病人等。后来,马丁·卡利卡克又与一名出生于良好家庭的正常妇女结婚后生育的子女中,涌现了大量的优秀公民。因此,戈达德对犯罪的遗传性提出了疑问,使他得出了犯罪人是在后天制造的,而不是生来就有的结论。他进一步指出,制造犯罪人的最好材料,就是低能。在戈达德看来,每个低能者都是一个潜在的犯罪人。他是否会真正成为一个犯罪人,取决于两个条件:(1) 他的气质;(2) 他周围的环境。如果他是一个安静的、黏液质的人,冲动性非常弱,他就可能不会因为冲动而犯错误。如果他是一个神经质的人,容易兴奋和冲动,那么,他肯定会进行犯罪行为。但是,无论他的气质如何,只要他处于不良的环境之中,就有可能变成一个犯罪人。他甚至提出,龙勃罗梭的犯罪人类型,也可能是低能者。

3. 养子女研究

一些人研究了养子女的犯罪行为与生父母的犯罪行为的关系,发现遗传因素在犯罪中起一定作用。养子女研究的基本假设是如果行为是遗传的结果,则被领养者与其亲生父母行为的相似性将大于其领养父母行为的相似性。苏珊辛格的研究表明,14.4%具有反社会人格的被领养者,他们亲生父母或亲戚也犯有与该项疾病有关的精神异常。但是在无反社会人格倾向的对照组中,这一比例仅为6.7%。这说明遗传对人类行为具有重大影响。[①]

4. 染色体研究

自20世纪60年代以来,有学者研究了染色体异常与犯罪行为之间的联系,特别是其中

① 参见许春金:《犯罪学》,三民书局1991年版,第204页。

的 XYY 性染色体异常与犯罪行为的关系。正常人的每个细胞中含有 23 对染色体,其中 22 对是常染色体,第 23 对是性染色体,性染色体决定人的第一和第二性特征。在正常的女性中,性染色体的大小相似,形状相同,表现为 XX;不过,在正常男性的性染色体中,一个性染色体略小一些,并且有不同的形状,表现为 XY。当受孕时,各包含 23 对染色体的一个卵子和一个精子结合构成一个单独的细胞,然后发展成为胚胎。在受孕之前,正常的细胞不断发生分裂,因此,精子或卵子就有可能包含一个以上的性染色体,从而使所形成的胚胎中,就可能有多余的性染色体,产生各种性染色体异常现象。

从 20 世纪 50 年代后期开始的性染色体异常与犯罪关系的生物学研究,在 20 世纪 60 年代后期达到了高潮。一些研究发现:(1) 多余的 Y 性染色体大大增加了个人的攻击性,使个人容易进行暴力性犯罪行为;(2) XYY 性染色体异常者身材普遍比一般男性高大而强壮,因此,也把这种性染色体异常的男性称为"超男性"(supermale,又译为"超雄");(3) XYY 男性在精神病院和监禁机构中的出现率似乎高于一般人。不过,这方面的研究中也发现了很多不一致的结论。[①]

(二) 体质生物学与犯罪研究

现代体质生物学认为犯罪人自身的身体素质与犯罪有关,这方面的研究主要有体型、内分泌异常、中枢神经系统机能异常和自主神经系统的特点等与犯罪的关系。

1. 体型与犯罪

体型是指身体的外形特征的体格类型。德国精神病学家恩斯特·克雷奇默(Ernst Kretschmer)对体型与犯罪的联系进行了研究,发现不同体型的人有不同的人格和气质特点,他认为人的体型与性格及精神病倾向有很大联系。

克雷奇默区分出了三种典型体型:瘦长型或无力型、健壮型或运动员型以及肥胖型。他将人的气质分为循环型、分裂型和黏液型。瘦长型或无力型的人往往表现出精神分裂型人格和气质,健壮型或运动员型与黏液型性格及癫痫病有密切联系,而肥胖型的人则与循环型性格与躁郁病有密切联系。克雷奇默认为,总的来看,犯罪人呈现出与一般人同样的体型分布,但是,犯罪人中具有肥胖型体型的人,略少于一般人口中肥胖型体型的人所占的比例,而瘦长型和健壮型的人较多。瘦长型人从年轻时便开始犯罪,为早发型犯罪人;而肥胖型人的初犯在 40 至 50 岁时才达到高峰,属晚发型犯罪人。另外,克雷奇默还发现,发育异常者的累犯率较高。

克雷奇默之后,美国心理学家和犯罪学家威廉·赫伯特·谢尔登,哈佛大学的犯罪学家谢尔登·格卢克和埃利诺·格卢克夫妇等其他学者也进行了类似的研究。

2. 内分泌异常与犯罪

20 世纪 20 年代和 30 年代,一些研究者用人类腺体的内分泌异常来解释犯罪行为的产生,把内分泌异常看成是犯罪的重要因素。

早期的研究认为,脑组织异常与激素失调和犯罪行为的产生有联系。不同的个人之所以进行犯罪行为,有时可能是由于激素失调,有时又可能是由于脑组织异常。20 世纪中期以后,有关内分泌腺功能异常与犯罪的研究,主要在以下方面进行:

① 参见吴宗宪:《西方犯罪学》(第二版),法律出版社 2006 年版,第 200—202 页。

(1) 月经与犯罪。医学特别是精神病学的研究表明,女性的月经分泌对其心理和行为都有明显的影响。1931 年,弗兰克将妇女月经前发生的精神障碍命名为"经前紧张症"(premenstrual tension),认为这种综合征的主要表现是难以形容的紧张和情绪容易激动。此后,医学文献中大量使用"经前紧张症"或"经前综合征"(premenstrual syndrome)的术语。许多人研究了妇女在经前和月经期间的犯罪行为,一般都得出了妇女在经前和月经期间犯罪行为增多的结论,并且把这种犯罪行为的增多主要归因于经前及月经期间内分泌失调的影响。研究发现,在经前及月经期间,由于妇女激素的分泌失去平衡,往往引起情绪波动,使妇女容易激动、容易嫉妒等,这些因素与其他因素相结合,就可能引起多种犯罪和不良行为。一些学者根据这种情况推测,少女月经初潮、妇女怀孕及生育前后、老年妇女在绝经期,都会产生类似的激素分泌失调,因而也有可能出现较多的犯罪及其他行为障碍。①

(2) 睾酮与犯罪。睾酮(testosterone)是性激素中雄激素的一种。性激素(sex hormone,旧译"性荷尔蒙")是由性腺(睾丸、卵巢和胎盘等)分泌的、能够影响生物体的性特征和性功能的一类活性物质(激素),分为雄激素和雌激素两类,其中雄激素的主要作用是引起性冲动和性行为,刺激雄性的性器官和第二性征的发育。它使男人比女人更有进取心,性欲更加旺盛。

在性激素与犯罪关系的研究中,一些人探讨了主要的雄激素——睾酮与犯罪的关系,并且普遍认为,睾酮的分泌情况与人的敌意、攻击行为和暴力犯罪有密切关系。多数人的研究发现:首先,具有某些暴力行为如强奸、杀人等历史的研究对象,表现出较高的睾酮水平;其次,这些人往往具有长时间的、明显的暴力行为历史。不过,在这些研究中,所报告的睾酮的波动,都比较一致地局限在正常的范围内,在所测试的暴力犯罪人和正常人中都是这样。

睾酮与犯罪关系研究产生的实践意义之一,就是启发人们使用抗雄性激素药物减少具有反社会倾向者的异常性行为。20 世纪 70 年代和 80 年代,人们进行了大量类似的尝试,一般都获得了令人满意的效果。②

3. 中枢神经系统机能异常与犯罪

人的神经是对体内或外部环境的变化作出反应的组织,这些组织按照复杂的结构联系在一起,称为神经系统。人的神经系统可以分为两部分:(1) 中枢神经系统,它由脑和脊髓组成;(2) 周围神经系统,它由脑和脊髓以外的神经组织(脑神经和脊神经)组成。神经系统是人体主要的机能调节系统,全面调节着人体内部各个器官的活动以及各种生理过程,其中中枢神经系统的机能对人的心理与行为的作用尤其重要。自 20 世纪特别是 20 世纪中期以来,一些研究者探讨了中枢神经系统机能异常与犯罪的关系问题,这方面的探讨主要在三个方面进行:

(1) 脑电图异常与犯罪。自 20 世纪 40 年代以来进行的大量研究表明,脑电图所显示的异常的脑电波,与人的异常行为(包括犯罪行为)有关。这些研究一般都发现,25% ~50% 的犯罪人有脑电图异常;而对非犯罪人的研究一般发现,仅有 5% ~20% 的人有脑电图异常;对于习惯性暴力犯罪人而言,这种差异甚至更大。这些研究中的大多数发现,犯罪人具有过

① 参见吴宗宪:《西方犯罪学》(第二版),法律出版社 2006 年版,第 206—207 页。

② 参见吴宗宪:《西方犯罪学》(第二版),法律出版社 2006 年版,第 207—208 页。

多的慢脑波活动(slow brain wave activity)。当然,其他人也发现了过多的快脑波活动。由于慢脑波活动是少年儿童的特征,因此,一些研究者推测,少年犯罪人和犯罪人都有大脑发展缓慢的特征。

(2) 癫痫与犯罪。癫痫(epilepsy)是一种发作性的短暂的大脑功能失调。研究表明,癫痫的病因是各种原因引起的阵发性脑神经细胞过度兴奋,表现为突然发生的精神、意识、感觉或运动障碍,可以反复发作。由于癫痫发作伴发精神障碍时,常会引起无法控制的暴力行为,因此,人们往往把癫痫与犯罪联系起来,把癫痫看成是犯罪的重要原因。但是,癫痫与犯罪的关系还没有得到最终阐明。

(3) 脑损伤与犯罪。脑损伤是指大脑组织的溃变和结构失常。脑损伤的原因复杂,既有物理因素的作用,也有化学因素或药物的作用。一些研究表明,脑损伤是犯罪的促成因素之一。脑损伤可能引起不良行为和犯罪行为的途径是:第一,脑损伤增加了对酒精效力的感受性;第二,削弱了认知和社会技能;第三,引起头痛和易激惹性(irritability),这两种状态又会增加暴力行为发作的可能性;第四,损害大脑的额叶和颞叶,增加焦虑、愤怒和敌意。

4. 自主神经系统与犯罪

自主神经系统(autonomic nervous system)是控制内脏活动而不受意识支配的神经系统,又称植物神经系统或内脏神经系统。自20世纪60年代以来,德国出生的英国心理学家汉斯·于尔根·艾森克(Hans Jürgen Eysenck)发展了一种自主神经系统—条件反射理论,用来解释犯罪行为产生的原因。其基本观点认为,个人是否犯罪,取决于他们的良心;良心是个人在社会化过程中通过接受奖励和惩罚而形成的条件反射的一种结果。由于自主神经系统结构的不同,个人通过接受奖励和惩罚而形成条件反射的能力也不同。因此,所形成的良心也不同,结果有的人犯罪,有的人不犯罪。由此可见,个人是否犯罪,取决于他们的自主神经系统结构和条件反射状况。

根据他的研究,对于外倾性格的人来说,他们的自主神经系统具有较高水平的抑制特征和较低水平的兴奋特征。他们对外界的刺激比较迟钝,刺激作用进入大脑皮层的水平较低,因而不断体验到"刺激饥饿"倾向,总想追求外界刺激,在追求刺激的过程中,容易进行社会所禁止的违法犯罪活动。同时,由于外倾性格的人对惩罚和痛苦不敏感,在进行犯罪行为之前预见到可能会遭受惩罚时,较少体验到焦虑,使良心对他们的犯罪行为的控制作用很弱,他们容易受外界引诱的作用而进行犯罪行为。所以,外倾性格的人不容易受惩罚的制约而被社会化,他们中进行犯罪行为的比率很高。

第三节　犯罪心理学理论

犯罪心理学理论是主要研究犯罪的心理方面或者犯罪心理(criminal minds)的一组理论。这些理论尤其重视研究人格、道德发展、学习、智力、精神疾病等与犯罪行为的关系。

一、精神分析理论

精神分析理论是用奥地利心理学家西格蒙德·弗洛伊德(Sigmund Freud)创立的精神分析学说进行犯罪研究的过程中发展起来的犯罪理论。这种理论认为,人的本能与欲望是人的行为的基本动力,是一切精神表现的根源。如果这些本能得不到满足,则会导致个性的改变和精神疾病,从而引起犯罪的发生。

弗洛伊德认为,人的意识分为意识和潜意识。意识是人能够直接感知到的心理部分。潜意识是人无法直接感知到的部分,它包括个人的原始冲动和本能欲望以及出生后产生的各种欲望。这种欲望是按照快乐原则行事,而不管活动是否符合要求,如婴儿就是这样活动的。随着年龄的增长,本能的欲望会随着各种生活习惯、道德、习俗、法律等逐渐习得而受到压抑,但是并不消失,而是进入了潜意识之中,通过梦、精神疾病、过失等形式表现出来,并通过寻求机会,不自觉地追求满足。当这些欲望无法得到满足时,就会导致个性心理的变化。弗洛伊德认为,违法犯罪行为与这种变化有关。

弗洛伊德将人格的结构分为三个部分:第一是"本我",即潜在的我,受快乐原则的支配;第二是"自我",受现实原则支配,它能帮助本我得到欲望的满足;第三是"超我",超我是人格的道德方面,受至善原则支配。弗洛伊德认为,这三个部分应当保持平衡,一旦失去超我的控制,自我就会处于放任状态,为了满足原始的本能和欲望,其实现方式可能超出道德和法律容忍的限度,从而造成犯罪。

二、挫折—攻击理论

这种理论是由美国心理学家索尔·罗森茨韦克在20世纪30年代最先提出的。挫折—攻击理论的基本观点是,挫折容易引起攻击欲望和攻击行为,从而会导致大量犯罪,特别是暴力性犯罪行为的产生。

挫折是当个体进行有目的活动而遭到障碍或干扰,致使其动机不能获得满足时的情绪状态。索尔·罗森茨韦克认为,人在遭受挫折的情况下会有三种不同的反应:一是外罚性反应。这种情况下,个人将挫折的原因归于外界,将激怒情绪和攻击行为指向外界,对外部的人或物实施语言或身体的攻击。这种反应往往引起暴力性犯罪。二是内罚性反应。这种情况下,个人从自己身上寻找挫折的原因,将愤怒情绪向自己发泄,对自己进行谴责、虐待。这种反应往往导致个人产生不同程度的内疚感,会受到良心的谴责,极端情况下,个人会产生抑郁状态,甚至自杀。三是无罚反应。即个人产生挫折后,没有惩罚性反应,将挫折局限于最低限度或者完全忽略它。

索尔·罗森茨韦克之后,美国耶鲁大学心理学家约翰·多拉德(John Dollard)等人进一步发展了这一理论。他们指出,虽然挫折在很多情况下都能引起攻击反应,但挫折与攻击之间并没有必然的联系,攻击只是个人在遭受挫折时的反应形式之一,而并非唯一的表现形式。[①]

三、精神病学理论

犯罪的精神病学理论,是指用精神病学的观点和方法解释犯罪原因的一组理论。这组理论认为,精神障碍与犯罪具有联系。精神障碍,是指由于精神机能中存在障碍,不能适当地控制自己和适应社会的状态,包括精神病、精神薄弱和精神病态。

一些学者对不同类型的精神病人及其危害行为进行了研究,结果发现,一些精神疾病与犯罪有关系。例如,精神分裂症与犯罪的关系密切。这种精神病人由于丰富的妄想等因素的影响,很容易进行暴力性犯罪行为。

人们的研究也发现,反社会型人格障碍或者无情型人格障碍、精神病态(psychopathy)与

---

① 参见吴宗宪:《西方犯罪学》(第二版),法律出版社2006年版,第288—289页。

犯罪的关系尤其密切。这类人格障碍者是一种不合群的、攻击性的和有高度冲动性的人,他们的一些心理特征,使他们很容易反复地进行犯罪行为。

美国精神病学家威廉·麦科德和琼·麦科德曾发表《精神病态者:犯罪心理论》(1964年)等论著,认为这类人具有下列特征:一是不合群性。他们缺乏准则观念,不知道应当严格遵守社会准则,因此其行为往往与社会发生冲突,阻碍了个人的发展。二是受无法控制的欲望的驱使,经常似乎愿意为了追求暂时的刺激而牺牲一切。三是高度的冲动性,往往因为一时心血来潮而进行冒险行动。四是攻击性。没有学会用社会认可的方式处理所遭到的挫折,对挫折的典型反应是愤怒的攻击行为。五是缺乏罪恶感。他们会进行任何令人震惊的行为,但是极少有悔恨心理,也很少表现出焦虑、忧虑或内心冲突。六是缺乏爱。他们只爱自己,不爱别人。上述这些特征,导致这类人不断进行犯罪行为,造成监禁机构中这类人所占的比例很大。

四、学习理论

英国心理学家戈登·特拉斯勒在其《对犯罪性的解释》(1962年)一书中,提出了一种犯罪的学习理论。其基本观点为,犯罪行为是通过条件反射作用学会的,幼年时期不恰当的教养活动往往使个人形成不正确的条件反射联系,使个人为了追求快乐和避免痛苦而进行犯罪行为。

五、个性心理学理论

在犯罪学中,个性心理学理论是指对精神正常的个别犯罪人进行心理学研究的一类理论。

(一)道德发展理论

道德发展理论认为,个人之所以犯罪,是由其道德发展水平低造成的。由于道德发展水平低,对社会道德规范的理解有偏差,对个人行为的道德控制力较差,因而会进行违反道德准则和法律的违法犯罪行为。美国现代心理学家、哈佛大学心理学教授劳伦斯·科尔伯格(Lawrence Kohlberg)等人发展了这种理论。

(二)人际成熟水平理论

人际成熟水平理论(interpersonal maturity level theory,简称I-level)是用人际关系方面的成熟水平来解释犯罪(特别是少年犯罪)的产生原因,并根据不同人际成熟水平来对犯罪人进行分类和矫治的一种理论。这种理论的基本观点认为,犯罪行为是由人际关系方面的成熟水平低造成的;要根据犯罪人的人际成熟水平对他们进行不同的矫治。这种理论最初是由沙利文、M. Q. 格兰特和J. D. 格兰特在1957年提出来的。

(三)人格成熟理论

人格成熟理论的基本观点认为,犯罪是由于不成熟的人格引起的;具有不成熟的人格的人,容易进行危害社会的违法犯罪行为。这种理论,主要是由美国学者哈里·科泽尔、理查德·鲍彻和拉尔夫·加罗法洛于20世纪70年代在研究危险性的诊断和矫治中发展起来的。

第四节　犯罪社会学理论

犯罪社会学理论是指在运用社会学的理论和方法研究犯罪问题中提出的理论和观点的

总称。20 世纪上半期以前,早期的犯罪社会学研究主要在欧洲展开,之后,犯罪社会学的研究中心则转向了北美洲,特别是在美国得到了迅速、广泛的发展。

一、早期的犯罪社会学研究

(一) 犯罪统计学派

如前所述,最早用统计学的方法研究犯罪问题的是比利时的凯特勒(Adolphe Queteet)。他对法国 1826—1831 年的犯罪进行了统计,从中发现了规律性的东西。他认为教育、职业、气候、季节、年龄等 17 种因素对一般人的犯罪产生影响。他还认为,在对大量的犯罪现象进行考察之后,会发现在一定的社会之中,犯罪会基于永恒的稳定性反复再现,即"社会——包括与其相应的犯罪萌芽——孕育犯罪。由社会孕育的犯罪不过由犯罪人来实施而已"。[1]其后,法国学者格雷(Querry)也通过犯罪统计对犯罪进行了分析。

(二) 菲利的犯罪原因三元论

菲利早期的研究深受龙勃罗梭犯罪人类学的影响,但是后来转向了犯罪社会学,提出了犯罪原因三元论。

菲利认为,犯罪有人类学的因素,但同时自然因素和社会因素也起很大的作用。犯罪的人类学因素是犯罪人生理、心理及种族方面的特征,这些特征对犯罪有很大影响,但它们本身并不足以产生犯罪,需要同其他因素相结合,相互影响,才能促成犯罪。犯罪的自然因素是包括自然资源状况、地形、气候等人们生活于其中的物质环境,这些因素也不能直接产生犯罪,但会与其他因素相结合促使犯罪的发生。社会因素是指能够促使人类生活不诚实、不完美的生活环境,包括政治、经济、道德、文化生活的各种因素。菲利认为,这三种因素相互作用,就会产生犯罪,但在不同类型的犯罪中,这三种因素的作用并不相同。菲利的这种理论被称为犯罪原因三元论。

(三) 拉卡萨尼、塔尔德、迪尔凯姆的犯罪原因理论

法国的拉卡萨尼(A. Lacassagne)、塔尔德(Tarde)和迪尔凯姆(Durkeim),重视用社会学的方法来研究犯罪原因,他们的基本主张是犯罪是社会环境的产物,应当从社会环境中寻求犯罪的原因。

里昂大学教授拉卡萨尼认为,社会为自己创造和准备了犯罪,社会是犯罪的培养基,而犯罪人则是细菌,由此提出了环境原因说。

塔尔德则提出了模仿理论。塔尔德反对龙勃罗梭的天生犯罪人理论,认为人之所以犯罪不是先天决定的,而是后天生活中受社会风气、风俗习惯等因素的影响而逐步形成的,是一个模仿的过程。他提出的模仿规律是,人们接触得越密切,互相模仿的程度就越严重;下层人物模仿上层人物,农民模仿贵族,农村模仿城市;因此,犯罪首先在城市中发生,然后被农村模仿。

与塔尔德同时期的迪尔凯姆提出了"失范理论"(anomie)。失范也称社会反常状态,是指人们的价值观发生冲突、趋于淡漠,甚至消失的社会状态。失范是社会的一种状况和特性,而不是人的状态。迪尔凯姆认为,人的欲望是无穷无尽的,是一个不断膨胀的过程,一种欲望的满足,意味着一种新的欲望的产生。因此,社会需要对个人施加一定的影响和控制,

---

① 参见[日]大谷实:《刑事政策学》,黎宏译,法律出版社 2000 年版,第 39 页。

当现有的社会无法对个体施加足够的控制时，就会产生失范状态，在这种情况下，各种违法和犯罪行为就容易发生。而失范是由自然或者人为的灾害，如经济衰退、战争、饥荒等引发的社会秩序的失调，但同时迪尔凯姆也认为社会财富快速地增加也会混淆社会上个人对规范、道德和行为的概念，而产生所谓繁荣的失范，在这种情况下犯罪也会增加。[①]

迪尔凯姆的理论影响很大，美国芝加哥大学的生态学理论，默顿的紧张理论，赫胥的控制理论等都与迪尔凯姆的失范理论具有一定程度的联系。

（四）李斯特的犯罪原因二元论

德国著名刑法学家、犯罪学家李斯特反对菲利的三元犯罪原因论，而从素质和环境两个方面来探讨犯罪的原因。李斯特认为，犯罪是个人素质和社会环境的产物，他在承认个人的生理因素对人有重要影响的同时，着重指出了社会因素对人的行为的决定性作用，这被称为犯罪原因二元论。[②]

二、现代犯罪社会学研究[③]

现代的犯罪社会学研究，理论众多，流派纷呈。美国犯罪学家拉里·西格尔将其分为三类：[④]一是社会结构理论，这是一组利用社会结构，特别是下层阶级所处的不利的社会经济地位来解释犯罪原因的犯罪学理论，包括相互有一定交叉的四组理论：社会解组理论；紧张理论；文化越轨理论；不同机会理论。二是社会过程理论，这指一组用社会化过程解释犯罪原因的理论。主要包括：不同交往理论；中和理论；社会学习理论；社会控制理论。三是社会冲突理论，这是指一组以社会冲突解释犯罪原因的理论。主要包括当代西方马克思主义犯罪学理论以及其他冲突理论。下面主要对前两种理论进行介绍。

（一）社会结构理论

1. 社会解组理论

社会解组理论（social disorganization theory）是指主要用城市环境中有缺陷的社会经济条件来解释犯罪原因的一组理论。这一理论的主要代表人物是芝加哥大学的社会学教授欧内斯特·伯吉斯、克利福德·肖、亨利·麦凯罗伯特·帕克以及弗雷德里克·思雷舍等人，他们又被称为芝加哥学派。由于这些研究者主要探讨了城市中的社会生态环境与犯罪的关系，因此，又称为“生态学派”（ecological school）或者“生态学理论”（ecological theory）[⑤]。

芝加哥学派将生态学的理论引入了犯罪学的研究之中，将犯罪与邻里生态特征密切联系在一起，用邻里生态环境及邻里居民的特点解释犯罪的产生。伯吉斯发展了“同心圆理论”，认为从芝加哥城市中心开始向外扩展的广大地区，可以分为五个主要的同心圆区域（见图 5-2），每个圆中的地区称为“区域”（zone）：中心商业区；过渡区（transition zone）；工人住宅区；高尚住宅区；郊区或者通勤区（commuters' zone）。在这五个区域中，犯罪率最高的区域就是过渡区。过渡区通常是城市中最古老的部分，房屋因为年代久远而开始衰败，在破旧的房屋中居住着这个城市中最贫穷的居民，当时主要是移民。同时，这个区域也是一个人员不

① 参见许春金：《犯罪学》，三民书局 1991 年版，第 254 页。

② 参见［日］大谷实：《刑事政策学》，黎宏译，法律出版社 2000 年版，第 43 页。

③ 本部分内容所引资料，除有特别说明的以外，均引自吴宗宪：《西方犯罪学史》，警官教育出版社 1997 年版。

④ Larry J. Siegel, *Criminology: Theories, Patterns and Typologies*, 5th ed., West Publishing Company, 1995, pp. 173-256.

⑤ Frank Schmalleger, *Criminology Today*, Prentice Hall, 1996, pp. 239-240.

断变化着的区域，当这个区域居住着的一些居民在经济条件改善之后，就搬出这个区域，而那些在其他区域中经济地位下降的居民又迁入这个区域，因此，这个区域成为一个居民不断变化的"间隙区域"（interstitial area）。在这个区域，存在严重的社会解组现象，表现为社会生活组织遭到破坏，当地社区不能提供教育、保健、住房、就业等方面的必要服务，使这个区域中存在很高的失业率、大量的单亲家庭和领取救济金家庭。这种状况导致这个地区居民的道德状况下降，人际关系淡薄，人际交流缺乏，价值观念冲突，社会控制薄弱。这些因素综合起来，就会产生大量的少年犯罪和犯罪。

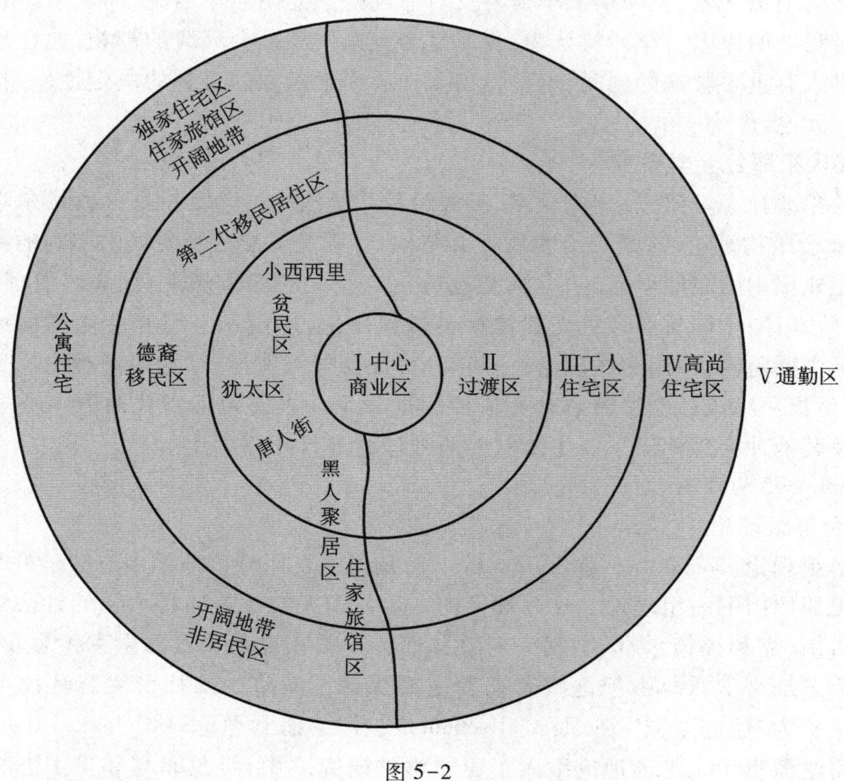

图 5-2

2. 紧张理论

这一理论主要是由美国犯罪学家罗伯特·默顿（Robert Merton）提出来的。

默顿认为，任何社会的文化都有两个共同特征：（1）确立目标，即任何社会的文化都确立一些它认为值得追求的目标——成功目标，鼓励每个社会成员为追求这样的目标而奋斗；（2）规定手段，即任何社会的文化都以规范、制度等形式规定了达到目标的合法手段。尽管社会确立的成功目标是一致的，但是，获取财富的合法手段在不同阶层和地位的人中是不同的。那些几乎没有受过教育和经济条件差的人，没有能力用合法的手段获得金钱和其他标志着成功的目标。因此，当下层阶级的人们无法用合法的手段实现社会承认的成功目标时，就会产生挫折感、愤怒等紧张情绪，这种紧张情绪在那些缺乏合法机会的人中造成一种失范状态，使他们有可能用犯罪或少年犯罪的手段去实现成功目标。犯罪和少年犯罪是用非法手段去实现合法目标的结果。

1992 年，社会学家罗伯特·阿格纽提出了关于犯罪和少年犯罪的一般紧张理论（general strain theory），其基本观点是，消极的人际关系使个人产生消极情绪，而消极情绪又促使个人产生犯罪行为。

3. 文化越轨理论

文化越轨理论（cultural deviance theory）认为，存在社会解组地区的独特文化，是造成犯罪的重要原因。该理论主要包括塞林（Sellin）的文化冲突理论、科恩（Cohen）的少年犯罪亚文化理论和米勒（Miller）的下层阶级文化理论。

第一，文化冲突理论。瑞典出生的美国犯罪学家塞尔斯坦·塞林（Thorsten Sellin）提出的文化冲突理论（culture conflict theory）认为，刑法是主流文化行为规范的表现，犯罪则是与主流文化相冲突的下层阶级和少数民族群体文化的产物；由于下层阶级和少数民族群体文化与主流文化相冲突，所以，遵从下层阶级和少数民族群体的文化，就必然会产生违反刑法的犯罪行为。

第二，少年犯罪亚文化理论。美国犯罪学家艾伯特·科恩（Albert Cohen）提出的少年犯罪亚文化理论（theory of delinquent subcultures）认为，在下层阶级贫民区中存在着一种少年犯罪亚文化和少年犯罪亚文化群（帮伙），它们是下层阶级少年为克服社会适应困难或地位挫折感而产生的群体性反应；这些亚文化与中产阶级的文化相矛盾，遵从这种帮伙亚文化必然导致越轨与犯罪行为。这一理论又称为“帮伙亚文化理论”（gang subcutural theory）、“中产阶级测量标志理论”（middle class measuring rod theory）、“地位挫折理论”（status frustration theory）。

第三，下层阶级文化理论。由美国人类学家、社会学家和犯罪学家沃尔特·本森·米勒（Walter Benson Miller）提出的下层阶级文化理论（theory of lower-class culture）认为，犯罪和少年犯罪是对下层阶级文化环境中的行为规范和价值观的一种正常反应。下层阶级文化本身就包含着犯罪的成分，按照这种文化中的行为规范和价值观行动，就必然会产生犯罪；下层阶级文化会世代相传下去。

4. 不同机会理论

由美国社会学家理查德·安德鲁·克洛沃德（Richard Andrew Cloward）和美国犯罪学家劳埃德·埃德加·奥林（Lloyd Edgar Ohlin）在 1960 年提出的不同机会理论（theory of differential opportunity），是将紧张理论和社会解组原理与帮伙亚文化观点相结合发展起来的一种犯罪原因理论。这种理论认为，犯罪是由个人对获得成功的合法机会和非法机会的不同接近程度决定的；当个人谋求成功的合法机会受到阻碍而产生挫折时，就会利用非法的机会（手段）追求成功，从而导致越轨及犯罪行为的产生。加入犯罪亚文化群或者犯罪帮伙，为青少年提供了利用非法手段获取成功的榜样和机会，使他们更有可能进行犯罪行为。

（二）社会过程理论

1. 不同交往理论

不同交往理论（differential association theory）是由美国犯罪学家萨瑟兰发展起来的一种犯罪原因理论，其基本观点是：犯罪行为是通过与亲密人群的交往而学习获得的。萨瑟兰将该理论概括为九个命题：

第一，犯罪行为是习得的。

第二，犯罪行为是在交往过程中通过与他人的相互作用而习得的。

第三，对犯罪行为学习的主要部分发生在亲密人的群体中。

第四，犯罪行为的学习主要包括两项内容：一是犯罪的技术，这种技术有时非常复杂，有时非常简单；二是动机、内驱力、合理化和态度的特定方向。

第五，动机和内驱力的特定方向，是从赞许的或不赞许的法典解释中习得的。

第六，一个人之所以变成违法者，是因为赞许破坏法典的解释超过了不赞许破坏法典的解释。

第七，不同交往可能在出现频率、持续时间、优先性与强度方面有所不同。

第八，通过与犯罪的或非犯罪的榜样的交往来学习犯罪行为的过程，包含了在其他学习中所有的全部机制。

第九，尽管犯罪行为是一般需要（general need）和价值的表现，但却不能用那些一般需要和价值来解释，因为非犯罪的行为也是同样的需要和价值的表现。

这一理论提出之后，产生了很大的影响。一些犯罪学研究者对它进行了修正。例如，美国犯罪学家丹尼尔·格拉泽提出了“不同认同理论”（differential identification theory）。他认为，犯罪学习不仅可以发生在直接的、面对面的亲密交往中，也可以发生在对犯罪榜样的间接的认同中。所谓认同（identification），就是出于某种动机而有选择地模仿别人某些特质的行为。又如，美国社会家罗伯特·伯吉斯和罗纳德·艾克斯提出了不同交往——强化理论（differential association-reinforcement theory），认为犯罪行为的产生不仅与社会交往密切相关，而且深受强化过程的影响；个人之所以进行犯罪行为，就是因为能够从这类行为中获得奖赏。

2. 中和理论

中和理论（neutralization theory）是一种用中和技术和漂移来解释少年犯罪原因的理论。这一理论是由美国社会学家戴维·马茨阿及其同事雷沙姆·赛克斯发展起来的。

中和理论认为，大多数少年犯罪人和犯罪人并不完全信奉犯罪的价值观，也不把自己看成是犯罪人，他们大多具有传统的价值观和态度。因此，当他们准备进行犯罪行为时，就与这种传统的价值和态度发生矛盾；为了顺利实施犯罪行为，他们学会了一些抵消或中和其行为的犯罪性质、将其行为合理化的技巧；通过使用这种技巧消除心理上的罪恶感，使个人暂时摆脱道德束缚，向犯罪方向“漂移”，从而进行犯罪行为。可见，中和技术理论实际上是论述犯罪人如何将其犯罪行为合理化的一种理论。

根据他们的论述，少年犯罪人通过多种方式学会的中和技术，主要包括下列五种：

（1）否认责任。即少年犯罪人否认自己应对其行为负责，认为自己的违法犯罪行为是他们无法控制的力量或事件的产物。

（2）否认损害。即否认其行为对社会或他人造成了损害，任何人也没有因为他们的行为而遭受不幸。

（3）否认被害人。即把发生的违法犯罪行为看成是一种正当的或正义的行动，是一种应该进行的报复和惩罚，把行为的原因归咎于被害人。

（4）谴责那些谴责他们的人。他们经常认为这个世界是一个“狗咬狗”的腐化社会，谴责、惩罚他们的人都是伪君子、戴假面具的恶人，因为警察、法官并不能公正处事，教师、牧师也有偏见，父母亲也常常把自己的挫折发泄在孩子身上。因此，仅仅谴责青少年的不法行为是不公正的，促进青少年产生不法行为的人也应当受到谴责。

（5）高度效忠群体。这意味着青少年的违法犯罪行为，常常是遵从帮规、效忠群体而牺牲了社会规范和法律规定的结果。他们并不认为进行违法犯罪行为是错误的，反而觉得这是效忠群体的表现，是值得赞扬的。

3. 社会学习理论

社会学习理论（social learning theory）是一种利用社会学习过程解释犯罪行为产生的理论。这种理论认为，个人的犯罪行为是在社会生活中通过实施或观察犯罪行为而学习获得的；人们是否进行犯罪行为，深受社会环境中的有关因素的制约。这一理论尤其适合于解释暴力犯罪。这种理论主要是由心理学家艾伯特·班都拉在20世纪60年代发展起来的。

4. 社会控制理论

社会控制理论（social control theory）认为，每个人都有可能变成犯罪人；犯罪行为是社会控制减弱或者崩溃的产物。雷克利斯的遏制理论、赫胥的社会控制理论等，都属于这种理论。

由美国犯罪学家沃尔特·凯德·雷克利斯（Walter Cade Reckless，1899—1988）提出的犯罪的遏制理论（containment theory）认为，犯罪是个人内在的控制能力和社会中存在的外部控制因素缺乏的结果，是对推动和引诱个人进行犯罪的推力（drive）和拉力（pull）缺乏遏制（检查或控制）引起的。

雷克利斯把他的遏制理论确定为一种中距理论（middle range theory）。认为他的理论可以解释占所有犯罪的2/3或3/4的中间多数，探讨居于中间地位的大量犯罪人的问题，但是不能适用于一些极端性的犯罪，如心理变态引起的犯罪等。

由美国社会学家、犯罪学家特拉维斯·赫胥（Travis Hirschi）提出的少年犯罪的社会控制理论（social control theory）认为，任何人都是潜在的犯罪人，个人与社会的联系可以阻止个人进行违反社会准则的越轨与犯罪行为。当这种联系薄弱时，个人就会无约束地随意进行犯罪行为。因此，犯罪就是个人与社会的联系薄弱或受到削弱的结果。这一理论又称为“社会联系理论”（social bond theory，或译为“社会键理论”“社会连接理论”），其中的社会联系包括依恋（attachment）、奉献（commitment）、卷入（involvement）和信念（belief）四种成分。

第五节　批判犯罪学理论

批判犯罪学理论（theory of critical criminology）是一类从批判现行的社会法律制度着手，以资本主义社会的阶级冲突作为犯罪产生的基础来说明犯罪的有关问题。在当代西方犯罪学论著中，有人把这类理论看成是与主流犯罪学理论相对的一类犯罪原因理论。一般而言，主流犯罪学理论是指得到大多数正统的犯罪学家们认可的犯罪学理论，特别是其中的犯罪社会学理论，如失范理论、社会过程理论或者社会控制理论等，并不对现行的资本主义制度进行过分严厉的批判性分析，也不主张从根本上改变现行社会制度。大多数主流犯罪学理论并不研究所有的犯罪行为，而是主要研究可测量的、官方的犯罪和少年犯罪以及低层次的白领犯罪。与此不同，批判犯罪学理论则对现行的社会制度持比较严厉的批判态度，对主流犯罪学理论的基本假设提出挑战，甚至认为要通过改变资本主义社会制度来预防和控制犯罪。

弗兰克·哈根（Frank E. Hagan）认为，批判犯罪学包括四种主要的理论观点，即标定理论、冲突理论、新批判观点（狭义的批判犯罪学理论）和激进观点或者马克思主义观点。[①]

① Frank E. Hagan, *Introduction to Criminology: Theories, Methods and Criminal Behavior*, 4th ed., Nelson-Hall Publishers, 1998, p. 160.

一、标定理论

标定理论(labeling theory),又译为“贴标签论”“标签理论”“标示论”等,是一组试图说明人们在初次的越轨或犯罪行为之后,为什么会继续进行越轨或犯罪行为,从而形成犯罪生涯的理论观点。标定理论是从象征互动理论(symbolic interactionism)发展而来的。标定理论在20世纪30年代就已有萌芽,在60年代开始形成,到70年代中期发展到高峰。到80年代时,仍然有人在研究标定理论。

标定理论的基本观点认为,犯罪行为是社会中的重要成员把个人标定为犯罪人,而个人也接受这种标定的结果。坦南鲍姆、利默特、贝克尔等人,都论述了这方面的观点。

标定理论把研究的重点从犯罪人转向对犯罪人及其犯罪行为产生重要影响作用的重要他人(significant others),包括教师、警察、邻居、父母、朋友等,转向控制犯罪的机构,探讨这些控制犯罪的机构在促成犯罪方面的作用。所以,标定理论家在进行理论研究的同时,也提出了改革控制犯罪的机构与制度的建议。同时,由于标定理论把传统犯罪学理论中认为是控制犯罪的力量的重要他人,看成是促成犯罪的力量之一,所以,这种理论在研究犯罪原因的着眼点上与传统的犯罪学理论有较大差异,因而被认为具有激进色彩。

标定理论的观点纷繁复杂,使得人们很难了解它的基本观点,因此,有些研究者便对标定理论的基本观点或要点进行了归纳和概括。例如,克拉伦斯·施拉格(Clarence Schrag)在分析、比较标定理论代表人物的理论观点的基础上,将标定理论的基本观点归纳为九个基本假设,认为这些假设包含了标定理论的主要内容和见解。这九个基本假设是:

第一,任何行为从固有性质来看都不是犯罪,行为的犯罪性质是由法律规定的。

第二,犯罪的定义是由有权势的群体的代表,包括警察、法庭、矫正机构和其他管理部门为了它们的利益而强制使用的。

第三,一个人并不会仅仅由于违反法律而成为犯罪人。相反,他是因为官方当局的反应才被称为犯罪人的,官方当局赋予他被抛弃者(outcast)的身份,并且剥夺了他的一部分社会与政治权利。

第四,把人们分为犯罪人和非犯罪人的做法,是与常识和经验性证据相矛盾的。

第五,尽管许多人都同样地违反了法律,但是只有少数一些人因此而被逮捕。“逮捕”的行动引起了贴标签的过程。犯罪行为本身并不能引起贴标签的过程,只有犯罪人在被刑事司法机关逮捕时,才开始了对他的标定过程。

第六,由于法律实施中使用的制裁是针对整个人,而不仅仅是针对犯罪行为的,所以,刑罚因犯罪人特征的不同而有区别。

第七,刑事制裁也因犯罪人的其他特征的不同而有区别,这些个人特征包括性别、年龄、职业状况、少数群体身份、下层阶级成员身份、是否为暂住者(transients)、受教育程度低、是否为堕落的城市区域中的居民等。男性、青少年、少数群体成员、暂住者、受教育程度低者、居住在堕落的城市区域中的居民等,更有可能被贴上犯罪人的标签。其中,年龄、所属的社会经济阶层和种族,是影响刑事司法判决的主要的个人特征。

第八,刑事司法活动是以这样一种刻板观念为基础的,即犯罪人是一种被社会遗弃者(pariah)——一种道德品质恶劣、应受社会谴责的故意作恶者。

第九,面对公众谴责和坏人的标签,犯罪人很难保持一种积极的自我形象。他们会对公众的谴责和坏人的标签产生消极认同,产生更加严重的犯罪行为。

二、冲突理论

犯罪学中的冲突理论,是在20世纪50年代后期产生的。这一理论的代表人物有美国犯罪学家乔治·沃尔德(George B. Vold)、奥斯丁·西奥多·特克(Austin Theodore Turk)、托马斯·伯纳德(Thomas J. Bernard)等人。

冲突理论的要点可以归纳如下:①

第一,冲突是一种生活的实情,也是最恰如其分的社会特征。

第二,自然和社会资源都是很缺乏的,因此,人们都需要资源。社会中的大部分冲突,是由那些为控制这些资源而进行的活动引起的。

第三,对资源的控制创造了权力,而权力又被用来以牺牲其他群体为代价,维护和扩大某一群体的资源基础。

第四,一旦某个群体成功地统治了其他群体,它就会努力使用可以利用的社会机制,去维护自己的利益,确保自己的统治。

第五,法律是一种向掌权群体提供控制其他缺少权力群体的有力手段的社会机制。

第六,统治群体通过制定法律来表现自己的价值观和利益,限制在缺少权力的群体中更普遍的那类行为。

第七,法律的适用和实施,集中指向了缺少权力的群体的行为,因此,就不相称地将这些群体的成员"当作犯罪人对待"。

第八,对于马克思主义的冲突理论而言,资本主义的政治经济条件是产生犯罪的那些政治和经济行动的首要原因。

三、批判犯罪学理论

这类理论的典型代表,是美国学者泰勒、沃尔顿和扬在合著的《新犯罪学》(1973)一书中对已有的犯罪和越轨理论的批判性分析,以及美国学者理查德·昆尼的"刑法批判理论"等。

在1973年出版的《对法律秩序的批判》一书中,理查德·昆尼将他的刑法批判理论(critical theory of criminal law)概括为六个命题:②

第一,美国社会是以发达的资本主义经济为基础的。

第二,这个国家被组织起来,是为经济上占统治地位的阶级——资本家统治阶级的利益服务的。

第三,刑法是这个国家和统治阶级用来维护和延续其社会经济秩序的一种工具。

第四,资本主义社会的犯罪控制,是通过代表统治阶级利益的政府精英建立的国内秩序来实施的。

第五,发达资本主义的矛盾——存在与本质的分离——要求用一切必要的手段,特别是用法律制度的强制和暴力来控制被统治阶级。因此,资本主义产生犯罪;要消除犯罪,首先必须消灭资本主义制度。

第六,只有资本主义社会崩溃,建立起以社会主义原则为基础的社会,才能解决犯罪问题。

---

① 参见吴宗宪:《西方犯罪学》(第二版),法律出版社2006年版,第407—408页。

② 参见吴宗宪:《西方犯罪学》(第二版),法律出版社2006年版,第426—428页。

四、激进理论或者马克思主义理论

在西方犯罪学文献中，把激进犯罪学理论和当代马克思主义犯罪学理论同等对待。激进犯罪学在美国是以加州大学伯克利分校犯罪学学院为基地兴起的，其代表人物包括该学院的安东尼·普拉特(Anthony Platt)、保罗·塔克基(Paul Takagi)、史文丁格夫妇以及理查德·昆尼(Richard Quinney)、威廉·钱布利斯(William Chambliss)和巴里·克里斯伯格(Barry Krisberg)等。

尽管这些学者的研究重点不同，具体观点也有差别，但是，他们的基本观点是相同的。托马斯·伯纳德在1981年发表的论文《冲突犯罪学与激进犯罪学的差别》中，将激进犯罪学或马克思主义犯罪学的主要观点归纳如下：①

第一，社会中充满了基本价值观念和利益的冲突。

第二，社会是由阶级构成的。具有相同利益和价值观念的人组成同一阶级。资本主义社会主要是由拥有生产工具的统治阶级和从事生产劳动的劳动阶级所构成的，两者的利益冲突是社会冲突的主要来源。

第三，犯罪被定义为违反基本人权并损害社会的行为。这包括下层阶级的“街头犯罪”及统治阶级通过失业、剥削及环境污染而对下层阶级造成危害的白领犯罪行为。但由于法律是统治阶级的工具，因此，其损害社会的行为往往不被官方机构作为犯罪看待。

第四，由于传统犯罪学家接受法律所定义的犯罪行为，因此，他们事实上担负了对劳动阶级进行社会控制的技术专家的角色。他们通过所谓改良主义(reformism)来改进刑事司法系统的活动并增进其效率，从而达到控制下层阶级的行为的目的。

第五，否定法律所定义的犯罪，研究所有违反基本人权的反社会行为。认为资本主义经济制度下的矛盾是这些行为得以产生的基本原因。

第六，犯罪问题只有通过推翻资本主义和建立社会主义国家才能得到解决。一旦资本主义被推翻，法律便没有存在的必要，因为并没有阶级之间的冲突。

第七，犯罪学的主要目标是推翻资本主义经济制度，而激进犯罪学也应避免被传统犯罪学所吸收或涵盖。

第六节　对犯罪原因理论的简要评价

一、犯罪原因理论研究的贡献

(一) 对犯罪原因进行了大量探讨

长期以来对犯罪原因的研究，在各个方面，从多种角度，对犯罪行为产生的原因进行了深入细致的探索。这些探索，使人们认识了许多犯罪行为产生的原因，为人类彻底查明犯罪原因，进而预防和控制犯罪，作出了可贵的贡献。

(二) 大大丰富了犯罪学的内容

有关犯罪原因的研究，大大丰富了犯罪学的内容。在长期的犯罪原因研究中，研究者们提出了各种各样的犯罪原因理论和观点，这些理论和观点构成了犯罪学中的一个重要部

① 转引自吴宗宪：《西方犯罪学史》(第二版)(第四卷)，中国人民公安大学出版社2010年版，第1243—1244页。

分——犯罪原因论。在今天的犯罪学中,犯罪原因论已经成为和犯罪现象论与犯罪对策论并足而立的三大部分之一,成为犯罪学学科的基本内容之一。对于今天的犯罪学来说,犯罪原因论已经成为不可或缺的内容;没有犯罪原因论的犯罪学,将是残缺不全的犯罪学。

(三)推动了犯罪学学科的发展

有关犯罪原因的研究,在犯罪学学科的发展中起了重要的推动作用。许多犯罪学家对于犯罪原因的长期研究,在发展犯罪学理论,构建犯罪学框架,确立犯罪学概念体系,促进犯罪学研究的繁荣发展等方面,都作出了突出的贡献,增强了犯罪学学科的科学性,提升了犯罪学研究的水平,从而大大推动了犯罪学学科本身的发展。即使在今天,人们也不可否认,有关犯罪原因的研究及其论述,仍然是犯罪学中理论性最强的部分。

二、犯罪原因理论研究的局限性

(一)犯罪原因研究中的片面性

西方犯罪学对犯罪原因的研究,特别是20世纪60年代以前的犯罪原因理论,往往存在着片面性的缺陷,即很多犯罪原因理论往往只用某一学科的理论和方法研究犯罪原因。例如,犯罪人类学理论用人类学的理论和方法研究犯罪原因,犯罪生物学理论用生物学的理论和方法研究犯罪原因,犯罪心理学理论用心理学的理论和方法研究犯罪原因。这些原因理论都试图片面地用某一方面的理论和方法,解决犯罪的整个原因问题,因而存在着"以偏概全"的片面性缺点。

只是到了20世纪60年代后期,人们才开始用综合性的理论和方法来研究犯罪原因问题。

(二)犯罪原因研究中的微观性

以往有关犯罪原因的研究,特别是在主流犯罪学理论家们对犯罪原因的研究中,也存在主要研究个体犯罪的原因,而很少研究作为一种整体的犯罪现象的原因的偏向,这使得以往的犯罪原因研究中存在偏重微观研究,忽视宏观研究的现象,研究活动具有"只见树木、不见森林"的缺点。

【本章小结】

犯罪发生的理论学说主要是指犯罪原因理论,这是犯罪学研究的主要内容之一。从犯罪学研究的历史来看,人们在这方面进行了很多的探讨,提出了很多的学说,大体上可以分为四类:

第一,犯罪生物学理论。它主要是对20世纪初期以后产生的有关犯罪人的生物学特征与犯罪关系的理论学说的统称。犯罪人类学可以看作是犯罪生物学的一组特殊理论。

第二,犯罪心理学理论。它是指主要研究犯罪的心理方面或者犯罪心理的一组理论。大致可以分为精神分析学理论、精神病学理论、个性心理学理论和学习理论等。

第三,犯罪社会学理论。它是指在运用社会学的理论和方法研究犯罪问题中提出的理论和观点的总称。大体上可以分为社会结构理论和社会过程理论等。

第四,批判犯罪学理论。它是一类从批判现行的社会制度着手,认为资本主义社会本身具有罪因性特点的犯罪学理论。在当代西方犯罪学论著中,人们把这类理论看成是与主流犯罪学理论相对的一类犯罪原因理论。

另外,由于古典犯罪学派在刑事司法制度中的重要意义,对于其关于犯罪原因的学说应当予以足够的关注。

人们对犯罪原因的探讨，一方面推动了犯罪学研究的发展，另一方面也存在一些局限性。

【本章思考题】

1. 犯罪人类学理论的主要内容是什么？
2. 犯罪生物学理论的主要内容是什么？
3. 犯罪心理学理论的主要内容是什么？
4. 简述犯罪社会学理论。
5. 简述批判犯罪学理论。
6. 谈谈犯罪原因理论的得失。

【本章参考文献】

1. 吴宗宪:《西方犯罪学》(第二版)，法律出版社 2006 年版。

2. [英]韦恩·莫里森:《理论犯罪学:从现代到后代》，刘仁文等译，法律出版社 2004 年版。

3. [德]汉斯·约阿希姆·施奈德:《犯罪学》，吴鑫涛、马君玉译，中国人民公安大学出版社、国际文化出版公司 1990 年版，第 386—581 页。

4. [俄]阿·伊·道尔戈娃:《犯罪学》，赵可等译，群众出版社 2000 年版，第十四章至第十六章。

5. [美]约翰·列维斯·齐林:《犯罪学及刑罚学》，查良鉴译，木子勘校，中国政法大学出版社 2003 年版。

6. [意]切萨雷·龙勃罗梭:《犯罪人论》，黄风译，中国法制出版社 2000 年版。

7. [意]恩里科·菲利:《实证派犯罪学》，郭建安译，中国人民公安大学出版社 2004 年版，第二章。

第六章　个体犯罪行为发生的机制

犯罪学是研究犯罪现象的科学,犯罪现象是由犯罪行为组成的,而犯罪行为则是由具体的犯罪人实施的。犯罪行为既可以是由单个人实施的个体犯罪行为,也可以是由多人共同实施的群体犯罪行为。其中,个体犯罪行为是犯罪现象最基本的构成单位,也是最典型的犯罪行为。因此,要科学地研究犯罪现象及其规律,首先必须研究个体犯罪行为。本章论述个体犯罪行为发生的机制。

第一节　个体犯罪发生概述

一、犯罪行为发生机制的主要内容

在个体犯罪行为的发生中,往往包含着复杂的心理和其他方面的内容,这些内容被统称为“犯罪行为发生机制”“犯罪发生机制”“犯罪生成机制”“犯罪的心理机制”“犯罪发生机理”等。这里在“犯罪行为发生机制”的标题下,论述犯罪行为的发生问题。[①]

(一) 犯罪行为发生机制的基本含义

犯罪行为发生机制是一个从不同侧面或者角度全面阐述犯罪行为产生情况的术语。根据所涉及的内容范围的差别,可以对犯罪行为发生机制有不同的理解。

狭义的犯罪行为发生机制,仅仅指犯罪行为产生的过程与模式。[②] 根据这个理解,犯罪行为发生机制解释“犯罪行为怎样产生”的问题。

但是,犯罪行为的产生,并不仅仅涉及其产生的过程与模式,也应该涉及犯罪行为产生的动力源泉问题,说明个人“为什么会产生犯罪行为”的问题。因此,为了全面完整地阐明犯罪行为的产生,还必须将犯罪行为发生的动力问题包括在犯罪行为机制中。这样,就产生了对犯罪行为发生机制的广义理解。广义的犯罪行为发生机制,是指犯罪行为发生的动力、过程与模式的总称。

根据对犯罪行为发生机制的广义理解,犯罪行为发生机制主要涉及下列三个方面的内容:

1. 犯罪行为发生的动力机制

犯罪行为发生的动力机制是指犯罪行为发生原因方面的机制。动力机制揭示犯罪行为发生的动力源泉。

作为有意识的社会动物,人类的任何行为都不单纯是在外力的推动下机械地产生的。人类的任何行为,都是以个人已有的主观世界——心理活动为中介,经过内在的心理活动后而产生的。外部刺激只有转化为人的内在心理之后,才能引起人的外部行为。这是人的能

---

① 以往关于这个方面的研究情况,参见王牧主编:《新犯罪学》,高等教育出版社2005年版,第112—113页。

② 在论述犯罪行为发生问题时,往往把“发生”和“产生”作为近义词使用,根据语境不同选择使用不同的词语。一般而言,在宏观意义上或者作为标题使用时,往往用“发生”;在微观意义上或者用来解释时,一般使用“产生”。

动性的反映。因此,从一定意义上讲,人的任何行为都是由内在的动力直接引起的。

人类行为的内在动力,主要是指个人的需要以及由需要转化而来的动机。这种转化有不同的情况:在一些情况下,强烈的需要会直接转化为动机;在另一些情况下,比较微弱的需要可能需要外部诱因的作用,才能转化为动机。

除了需要和动机之外,个人的兴趣、情感、理想、信念甚至人生观、价值观等,也具有推动个人进行一定行为的动力作用。

上述原理既适用于一般的守法行为,也适用于犯罪行为。犯罪行为也是由犯罪人的需要、犯罪动机等内在动力直接引起的。众多的社会环境因素只有转化为个人的需要和犯罪动机等内在心理成分之后,才能引起个人的犯罪行为。因此,具体的犯罪行为都是由犯罪人的内在动力引起的。

2. 犯罪行为发生的纵向过程

犯罪行为发生的纵向过程是指犯罪行为产生的时间阶段。犯罪行为的发生,往往经历一定的时间过程,具有不同的阶段。由于犯罪行为的具体情况不同,犯罪行为发生的具体过程可能有所不同。例如,有的犯罪行为发生的过程较长,有的犯罪行为发生的过程较短,而有一些行为是在瞬间之内萌发动机并实施完成的,甚至很难辨别犯罪行为发生的内在过程或者环节。但是,对于典型的犯罪行为来说,可以比较明显地分辨出犯罪行为发生的不同阶段,这些不同阶段就构成犯罪行为发生的纵向过程。

3. 犯罪行为发生的横向模式

犯罪行为发生的横向模式是指犯因性因素引起犯罪动机和犯罪行为发生的不同模式。所谓"犯因性因素",就是诱发犯罪心理和导致犯罪行为的因素,简言之,就是具有犯罪原因性质的因素。[①] 如果对一些具体犯罪行为的产生过程加以分析,就可以发现,很多犯罪行为并不是按照同样的典型模式产生的,而有可能是按照多种不同的模式产生的。犯因性因素可能以多种方式引发犯罪动机进而导致犯罪行为。

(二) 犯罪行为发生的互动机制

犯罪行为发生的互动机制是指在犯罪行为产生过程中发生的犯罪人与外界之间的信息交流和反馈机制。犯罪行为的发生过程,并不仅仅是犯罪人在完全封闭的真空状态中独自进行的。在犯罪行为的发生过程中,充满了犯罪人与周围环境的各种形式的信息交流和反馈;这些信息交流与反馈,影响着个人的心理活动,促使犯罪人不断调节自己的心理活动的内容,从而对犯罪行为的发生和实施发挥影响作用。

在犯罪行为发生过程中产生的信息交流与反馈,特别是犯罪人与周围小环境的信息交流与反馈,尤其发挥着很重要的作用。这种小环境就构成所谓的"犯罪情境"。因此,从一定意义上讲,犯罪行为发生过程中的互动,实际上主要是犯罪人与犯罪情境之间的相互作用。从发挥作用的方向来看,一方面,犯罪情境对于个人的犯罪行为发挥着多方面的影响作用;另一方面,犯罪人也会对犯罪情境施加不同的影响,促使犯罪情境朝着有利于自己的方向转化。

上述犯罪行为发生的动力机制、纵向过程、横向模式以及互动机制,就构成犯罪行为机制的完整内容。通过这些方面的探讨,可以比较全面地解释个体犯罪行为的发生问题。下

---

① 关于犯因性因素的概念,参见吴宗宪:《罪犯改造论——罪犯改造的犯因性差异理论》(第二版),商务印书馆 2019 年版,第 71—81、99—103 页。

面分别详细论述。

二、犯罪行为发生的动力机制

犯罪行为发生的内在动力,主要是指犯罪人的需要和犯罪动机,此外,也包括犯罪人的兴趣等心理成分。

(一)犯罪动机及其特点

犯罪动机(criminal motivation,motive of crime)是推动个人进行犯罪行为并引导犯罪行为实现犯罪目的的心理倾向。犯罪动机是最重要的犯罪心理成分,个人之所以进行犯罪行为,从心理方面来看,就是因为存在着犯罪动机的缘故。犯罪行为是犯罪动机发挥作用的结果,正是在犯罪动机的推动下,个人才确定犯罪目的,选择犯罪方式,作出犯罪决定和实施犯罪行为的。因此,犯罪动机是推动个人进行犯罪行为的最直接的心理推动力,是促使个人处于进行犯罪行为的积极状态的内部原因。

犯罪动机的主要特点是:

1. 反社会性

犯罪动机无论其本身的社会性质如何,它所引起的犯罪行为都是危害社会的。因此,将犯罪动机与其所引起的实际行为联系起来看,犯罪动机具有明显的反社会性。犯罪动机的反社会性还表现在,大部分犯罪动机的内容都是狭隘的个人利益的反映,是个人的需要和欲望的表现。

2. 直接性

虽然心理学的研究表明,需要[①]是人的个性积极性的源泉,但是,需要本身并不能引起实际的行为,只有在需要转化为人的动机之后,才能引起具体的行为。对于犯罪人而言,只有在他们的需要转化为犯罪动机时,才能引起犯罪行为的发生。因此,从犯罪行为的产生动力来讲,犯罪动机是引起犯罪行为的直接的内部动力,与犯罪人的需要等心理成分相比,犯罪人的犯罪动机更加接近于犯罪行为。

3. 低级性

大多数的犯罪动机,都是犯罪人的物质的、自然的(本能的)需要或欲望的反映,由较高级的精神需要转化而来的犯罪动机的数量较少。因此,在犯罪动机中,由低级的物质和生理需要引起的犯罪动机占优势。同时,低级性也意味着,犯罪人的犯罪动机的社会化程度较低,大量的犯罪动机是犯罪人自私的动物性本能的反映,而体现他人或群体的利益的犯罪动机较少。所以,即使犯罪动机属于精神性动机,其社会发展水平或者社会化程度也是较低的,犯罪动机缺乏社会性。

4. 意识性

犯罪动机的意识水平比较复杂,一般而言,大多数犯罪动机都是被犯罪人明确意识到的,犯罪人知道他为什么要进行犯罪行为,并且在进行犯罪行为之前往往经历了一定的动机斗争或者动机冲突。但是,这并不排斥无意识犯罪动机的存在,也不否认无意识犯罪动机对犯罪行为的实施产生一定的作用。犯罪人对犯罪动机的意识水平是比较复杂的,大多数犯

---

① 需要(need)是指个人和群体对其存在和发展所必需的条件的依赖状态。需要是个人的心理活动和行为的基本动力。当需要具有了满足的对象和条件时,需要就转化为动机,进而引起行为。因此,动机是在需要的基础上产生的。不过,在西方心理学中,似乎并不严格区分需要与动机。

罪行为是由有意识的犯罪动机引起的，犯罪人对其犯罪动机有一定的甚至是十分明确的认识。不过，也有少数犯罪行为可能主要是由无意识犯罪动机引起的。例如，一些冲动性、强迫性的犯罪行为，在这种情况下，犯罪人或者并不清楚自己为什么进行犯罪行为，或者犯罪人所说的犯罪动机仅仅是一些借口或假象，而别人推断出的犯罪动机也可能是一些表面的、不符合真实情况的动机。而且，即使在犯罪行为主要是由有意识的犯罪动机引起的情况下，也不应忽视无意识犯罪动机的存在。这些无意识犯罪动机对主导性犯罪动机会产生影响作用，甚至会取代有意识的犯罪动机（主导动机）而转变成为主要的犯罪动机，引起犯罪动机的转化。

5. 复杂性

除了意识水平的差别之外，犯罪动机在其他方面也表现出复杂性。这些方面包括犯罪动机的内容（如生理性的犯罪动机、社会性的犯罪动机等）、犯罪动机的存在时间（例如，同时存在多种犯罪动机，或者前后相继地出现多种犯罪动机；不同的犯罪动机交替出现，或者多种犯罪动机的出现有时间间隔等）、犯罪动机的转化（良性转化或恶性转化）等。所有这些犯罪动机构成一个犯罪动机体系，整体地对犯罪行为发挥着作用。可以从犯罪动机的分类看出其复杂性。

拓展阅读

犯罪动机分类

（二）犯罪行为的其他动力成分

除了犯罪人的需要及犯罪动机之外，对犯罪行为的产生具有推动作用的其他心理成分主要包括：

1. 兴趣

兴趣是个人力求认识某种事物和从事某项活动的心理倾向。兴趣与个人的需要密切联系，是个人的需要的一种反映形式。同时，兴趣也与个人的认识和情感有联系，它们之间相互促进。对事物的认识会引起对事物的情感，也会增强对事物的兴趣；反之亦然。

兴趣具有推动个人从事相应活动的动力作用。当产生某种兴趣之后，就会促使个人认识感兴趣的事物，从事感兴趣的活动。因此，过分的物质享乐兴趣、对有害于社会和他人的事物的兴趣等，都有可能引起犯罪行为。例如，对于性享乐的兴趣，很有可能引起性犯罪。

2. 偏颇的价值观

偏颇的价值观是指可能引导个人作出违反社会准则的判断的价值观。

价值原来是一个经济学名词，指体现在商品中的社会必要劳动。后来，价值一词广泛使用于不同的学科中，被赋予不同的含义。在日常生活中，价值一般是指事物、现象的意义、积极作用和对个人的用处。在心理学、社会学等学科中，通常使用“价值观”一词，它是关于事物对于个人或社会的重要意义的观念。当一种价值观通过内化而成为人的行为向导时，就被称为“价值取向”（value orientation）。个人的价值观和价值取向通过人们对事物的评价和态度等反映出来，对人们的判断和行为具有重要的、甚至是决定性的影响。犯罪人的价值观在多种维度上偏离社会道德和法律中蕴含的价值观，甚至与这些价值观相矛盾，结果使犯罪人在评价事物、现象、行为等对象时，往往得出与一般人不同的结论，他们追求符合自己意愿和价值观的那些目标的行为，很有可能构成犯罪。

三、犯罪行为发生的纵向过程

对于那些故意进行的典型的犯罪行为来说,它们的产生往往经历不同的阶段。一般来说,犯罪行为发生的纵向过程主要包括下列阶段:

(一)犯罪动机形成阶段

犯罪动机是在犯罪人的需要的基础上产生的。大量的社会环境因素对个人行为的影响,要以犯罪人的需要和犯罪动机为中介,即只有这些因素转化成为犯罪人的需要,并且使犯罪人形成犯罪动机之后,才有可能产生实际的犯罪行为。在犯罪人的需要与犯罪动机之间,有一个过渡性的阶段和存在形式——犯罪意向。

1. 犯因性需要的产生

犯罪人的需要是指犯罪人对其存在和发展所必需的条件的依赖状态。

犯罪人的需要,实际上是对两类必需的条件的反映:一类是对生存所必需的条件的反映,这类需要主要是一些生物性、本能性的需要,也包括对基本的物质条件的需要;另一类是对发展所必需的条件的反映,这类需要包括一部分物质需要,也包括其他的精神与文化方面的多种需要。

犯因性需要是诱发、促进和助长犯罪心理和犯罪行为的需要。在犯罪人的很多需要中,与犯罪的关系更为密切的需要就是犯因性需要。犯因性需要的产生是犯罪行为发生的第一个阶段。

与犯罪动机的形成有关的犯因性需要主要如下:

(1) 物质需要。包括维持基本生活的物质需要和维持奢侈生活的物质需要。

(2) 性的需要。这是指犯罪人对作为生物本能的性行为的渴望。

(3) 摆脱心理困境的需要。例如,消除危机感、强烈的不安、心理超负荷运行、激烈的内心冲突等方面的需要。

(4) 自我确认的需要。这是犯罪人想通过犯罪行为来认识自己、证实自己存在的价值或者自己的能力等的需要。

(5) 自我显示的需要。这是犯罪人希望通过犯罪行为向他人显示自己的能力、勇敢等特征,以便获得别人的赞赏、认可、友谊、接纳等的需要。

(6) 充实生活的需要。这是犯罪人试图改变平凡、单调的生活状况的需要,具体表现为追求刺激的需要、冒险的欲望等。

(7) 征服他人的需要。这是犯罪人想使别人服从自己的需要,突出的表现为权力欲、控制欲等。

(8) 爱的需要。这是犯罪人希望获得别人的爱和向别人表达自己的爱的需要。

(9) 报复欲望。这是犯罪人想侵害那些损害了自己利益的别人或社会的需要。

(10) 实现自己志向的需要。这是犯罪人想实现自己的理想或追求的需要。

2. 犯罪意向的萌发

犯罪人的需要往往通过犯罪意向转化为犯罪动机。犯罪意向(criminal intention)是指犯罪人模糊地意识到需要的心理状态。①

① 日常生活中所讲的"犯罪意图"的含义与犯罪意向有一定的相似之处,但是,在一些文献中,犯罪意图的含义更加宽泛,似乎还包括了犯罪动机。

犯罪意向是未被意识到的犯罪动机的一种,是一种暂时存在的、过渡性的犯罪动机。在萌发犯罪意向时,个人有一种模模糊糊的想进行犯罪活动的愿望、感觉,但是对具体想进行什么样的犯罪活动、犯罪对象、犯罪目的等并不清楚。如果遇到适合犯罪的情境,这种犯罪意向就会变得清晰起来,转化为明确的犯罪动机,引起犯罪行为;如果没有遇到这样的犯罪情境,犯罪意向也有可能消失。因此,可以把犯罪意向看成是犯罪动机的一种初级形式,它会推动犯罪人进一步明确需要的对象,并产生相应的愿望,形成明确的犯罪动机。

由于犯罪意向是一种过渡性状态,在许多犯罪行为的发生过程中也不明显,因此,在犯罪心理研究中往往被忽略。

3. 犯罪动机的形成

犯罪动机是犯罪人的需要进一步明确并且与需要的对象相结合时形成的犯罪心理形态。在犯罪人产生一定需要之后,需要并不会简单地转化为犯罪动机。对于犯罪人来说,需要是否应该得到满足、是否应该立即得到满足、应该以什么样的方式得到满足等,都是一些要求犯罪人进一步考虑的问题。在考虑这些问题的过程中,犯罪人会产生犯罪动机冲突。

犯罪动机冲突就是指犯罪动机与非犯罪动机以及不同犯罪动机之间产生争斗和较量的过程或现象。犯罪动机冲突是许多犯罪行为的实施过程之中都要经历的现象,产生这种现象的原因主要有两方面:第一,外部情境的刺激。当外部情境因素与犯罪人原来的观察、设想不一致,或者突然产生意想不到的变化时,就会导致犯罪动机之间的冲突。第二,外部刺激所唤起的内部心理成分。例如,被害人的正义表现使犯罪人良心发现时,就会产生内心冲突。

犯罪动机冲突的模式,也与一般的心理冲突模式相同。主要有三种:

(1) 双趋式冲突。这是指在两种犯罪利益不能同时获取时产生的冲突。例如,既想从事盗窃活动,又想从事诈骗活动,但无法同时进行两种活动时,犯罪人就会产生动机冲突,只能选择其中之一加以实施。一般说来,这种动机冲突较少发生。

(2) 双避式冲突。这是指在两种活动都很难避免时发生的动机冲突。例如,犯罪人既不想去杀害威胁他的人,又不堪忍受对方的欺负、折磨,在这种情况下,就会产生动机冲突。

(3) 趋避式冲突。这是指在既想犯罪又怕犯罪不顺利或犯罪后受惩罚时产生的动机冲突,这是最为常见的犯罪人的动机冲突形式,尤其对初犯来说,在实施犯罪之前,往往要经过激烈的内心冲突,其结果不外三种:形成强烈的犯罪动机,决意实施犯罪行为;压抑犯罪动机,暂时停止犯罪活动,伺机再动;不形成犯罪动机或者消除已经形成的犯罪动机,放弃犯罪念头。

犯罪动机冲突的结果,会形成某种引起犯罪行为发生的主导犯罪动机,犯罪行为就是在这种主导犯罪动机的支配下发生的。不过,在犯罪行为发生之际或者犯罪行为过程中出现的犯罪动机冲突,也会引起主导犯罪动机的转化,这种转化会对个人是否实施犯罪行为、实施什么样的犯罪行为以及犯罪行为的严重程度等,产生重要的影响。

(二) 犯罪决策完成阶段

1. 犯罪决策概述

犯罪决策(criminal decision)是指犯罪人综合考虑多种犯罪相关因素并作出进行犯罪行为的决定的心理过程。其特征是:(1) 在这个过程中,犯罪人会综合考虑多种犯罪相关因素,权衡进行犯罪行为的得失利弊,对犯罪行为进行经济学的思考;(2) 思考的结果是作出与犯罪行为有关的决定,包括是否实施犯罪行为,实施什么样的犯罪行为,怎样实施犯罪行为,等等。

在过去的研究中,不太重视研究犯罪人对犯罪行为的经济学思考,因而在犯罪心理学中仅仅研究刑法学使用的概念——犯罪决意(criminal determination)。犯罪决意就是指行为人作出实施犯罪行为的最后决定的过程。通常把复杂的意志行为分为采取决定阶段和执行决定阶段。犯罪决意就是采取决定阶段的最后环节。当个人产生犯罪动机并且经过动机斗争而确立了犯罪目的时,犯罪人就会进入犯罪的决意阶段,最后决定是否进行犯罪行为。犯罪决意阶段往往有"干还是不干""现在就行动还是以后再说"等心理活动以及咬牙、凝视、肌肉抖动、握拳、跺脚等表情动作。所作出的犯罪决定一般用短句来表达,"就这样去做""就这样定了""立即行动"等。作出犯罪决定后,犯罪人的内心紧张就有了一定程度的减弱,使犯罪人产生轻松等体验。当犯罪人形成犯罪决意和作出犯罪决定后,随时都会进行犯罪行为,执行犯罪决定。如果没有意外情况,作出犯罪决定的犯罪人通常都是迅速将犯罪决定付诸行动的。

由于犯罪类型不同,犯罪决意的时间长短和坚决程度也有所不同:(1) 预谋犯的决意往往是经过深思熟虑后确定的,决意时间较长,决意也较坚决;(2) 机会犯的决意往往是受犯罪机会的刺激形成的,没有经过多少考虑,决意时间较短,决意的坚决程度有限;(3) 冲动犯的决意是在情境刺激下突然形成的,犯罪决意在瞬间迅速完成,可能毫不考虑就决定实施行为,因而其决意的坚决程度也很脆弱,如果冷静思考,就不会产生这种决意,其犯罪决意产生得快,消失得也快,带有强烈的情绪性、冲动性的特点。犯罪决意是犯罪人的犯罪心理与外部条件交互作用的产物,犯罪人在最后决定是否实施犯罪之前,除了意识到其犯罪动机和目的,考虑过去的成败经验、犯罪行为会给自己带来的利益和造成法律后果以及罪恶感外,还要考虑当时的外部条件。当犯罪人综合考虑内外各种因素,认识到犯罪的得大于失时,就会迅速作出犯罪决定;当犯罪人在这些因素之间难以权衡时,就会犹豫不决,长时间难以作出是否进行犯罪的决定。

2. 犯罪决策过程中考虑的因素

晚近的研究发现,在犯罪人决定是否实施犯罪行为的过程中,会考虑不同的因素,进行不同的心理活动,这些心理活动构成了犯罪决策的内容。

研究表明,犯罪人在进行犯罪决策的过程中,会考虑多种不同的因素。美国学者卡罗尔(John S. Carroll, 1982)对犯罪决策的模拟研究认为,犯罪决策是一个对制止犯罪行为的因素和犯罪机会进行评价的过程;在进行这种评价时,人们之间有个别差异,即不同的人所考虑的因素是不同的。卡罗尔认为,犯罪决策包括两个阶段:(1) 从四个维度评价犯罪机会。这四个维度是:获益的肯定性(即犯罪人能够从犯罪行为中获得利益的可能性);获益的数量(即犯罪人能够从犯罪行为中获得的利益的大小);惩罚的肯定性(即犯罪人进行犯罪行为会受到惩罚的可能性);惩罚的严厉性(即犯罪人进行犯罪行为会受到的惩罚的轻重程度)。(2) 将个人对四个维度的思考加以综合,形成一个有关犯罪机会的可用性的判断。

卡罗尔的研究发现:[①]

(1) 犯罪人对犯罪机会的可用性的判断,主要是受这四个维度的影响的;其中最重要的

① John S. Carroll, "Committing a Crime: The Offender's Decision," in Vladimir J. Konecni & Ebbe B. Ebbesen (eds.), *The Criminal Justice System: A Social-Psychological Analysis*, W. H. Freeman and Company, 1982, pp. 58-59.

维度是获益的数量,然后依次是惩罚的严厉性、获益的肯定性和惩罚的肯定性。

(2) 70%以上的研究对象在进行犯罪决策时,主要考虑上述四个维度中的一个维度。54%的研究对象主要考虑获益的数量;24%的研究对象主要考虑惩罚的严厉性;18%的研究对象主要考虑获益的肯定性;8%的研究对象主要考虑惩罚的肯定性。

(3) 在进行模拟的犯罪决策时,作为研究对象的犯罪人与非犯罪人之间,在使用信息方面不存在很大的差别。细微的差别是:成年犯罪人更加重视金钱,而少年犯罪人更加重视可能性,不过,这样的差别并不显著;犯罪人一般比非犯罪人更愿意评价犯罪机会。

瑞典学者罗伯特·戈德史密斯(Robert W. Goldsmith,1989)等人在分析青少年犯罪人的犯罪决策时认为,他们在犯罪决策中会考虑下列因素,进行道德推理:[①](1) 一般性的同情。犯罪人会考虑到,犯罪行为是否会给特定的人直接造成伤害。(2) 抽象的道德原则。(3) 良心。(4) 处事准则。(5) 危害性。指犯罪行为是否严重以及危害后果大小。(6) 实践方面的考虑。(7) 生命和安全。犯罪行为会直接危害他人的生命和安全。(8) 人身接触。进行犯罪行为时要与被害人产生身体接触。(9) 惩罚。犯罪行为可能给自己招致消极后果。(10) 家庭准则。犯罪人会将一些原则应用于家庭关系。

从已有的研究来看,犯罪人在进行犯罪决策时,可能会考虑很多方面的因素和环节,包括犯罪目标或犯罪对象的选择、犯罪计划的设计与确定、犯罪时间和犯罪手段的选择等。通过犯罪决策,犯罪人最终作出是否实施犯罪行为的决定,如果决定实施犯罪行为,通常就会进入下一个阶段:犯罪行为实施阶段。

(三) 犯罪行为实施阶段

对于作出犯罪决策的犯罪人而言,如果没有出现意外的情况,犯罪人接着就会实施犯罪行为,将犯罪动机变为犯罪行为。

犯罪行为的实施,受到多种因素的影响。这些因素可以大体上分为两类:一类是犯罪人自身的因素,包括犯罪人的身体条件、心理活动等;另一类是外部的环境条件,这些被犯罪人所感知到的外部环境条件的有机结合,就构成犯罪情境。

不同犯罪人自身的因素和犯罪情境会对犯罪行为的实施产生不同的影响。这类影响发挥作用的结果,可能会迫使犯罪人停止犯罪行为的实施,也可能会促使犯罪行为的实施;如果促使犯罪人继续实施犯罪行为,那么,也会对犯罪行为的实施方式产生制约作用,使犯罪人采取或者改变犯罪行为的实施方式。

犯罪行为的实施方式通常可以分为下列几种:

第一,秘密方式。这是指犯罪人在被害人、执法者或其他人不知道的情况下实施犯罪行为的方式。

第二,公开方式。又称为"公然方式",这是指在被害人、执法者或其他人面前实施犯罪行为的方式。

第三,欺骗方式。这是指犯罪人以虚假的言行使别人对自己产生信任的情况下实施犯

---

① Robert W. Goldsmith, Gumilla Throfast & Par-Eric Nilsson, "Situational Effects on the Decisions of Adolescent Offenders to Carry Out Delinquent Acts. Relations to Moral Reasoning, Moral Goals and Personal Constructs," in Hermann Wegener, Friedrich Losel & Jochen Haisch (eds.), *Criminal Behavior and the Justice System: Psychological Perspectives*, Springer-Verlag, 1989, p. 89.

罪行为的方式。

第四,暴力方式。这是指犯罪人借助身体力量或者工具强行实施犯罪行为的方式。这里所说的"工具",包括可以用来进行犯罪行为的各种器械、物品、动物、自然力量等,如刀枪棍棒,酒精,药物,恶狗、电流、水流。这里所说的"强行",是指迫使被害人和其他人服从自己意志的特性。

第五,教唆方式。这是指犯罪人以引起他人犯罪动机或增强他人犯罪决心的手段实施犯罪行为的方式。

第六,协力方式。这是指在得到被害人同意的情况下与被害人共同实施犯罪行为的方式。

(四)犯罪行为结束阶段

在大多数犯罪学论著中,对于犯罪行为发生机制的研究,并不包含犯罪行为的结束阶段或者犯罪后环节。[①]其实,这是犯罪行为发生机制的一个重要方面。因为,犯罪人在这个阶段的心理活动和行为,对于他们是否继续实施犯罪行为,对于他们在后面的刑事司法过程中的表现,具有重要的影响作用。

在犯罪行为的结束阶段,犯罪人主要从事两方面的活动:

1. 心理活动

在这个阶段,犯罪人的心理活动主要是指犯罪人回顾和评价自己的犯罪行为的活动。其中,"回顾"主要表现为犯罪人回想已经实施的犯罪行为,思考在犯罪实施过程中是否有不利于自己的情况。例如,是否在实施过程中出现了重大漏洞,是否在犯罪现场留下痕迹等。在回顾的过程中,由于大脑中犯罪过程的再现,会伴随产生程度不同的情绪体验,包括罪恶感、恐惧感等。"评价",主要表现为对犯罪行为的正当性和自己罪责的评判和考虑。其中突出的内容是,犯罪人利用多种心理机制"论证"自己的犯罪行为的合理性。例如,认为被害人有错在先,自己是被迫进行犯罪行为等,从而减轻自己的罪责。在评价过程中,犯罪人往往大量使用心理学上所说的"心理防御机制"或者犯罪学上所说的"中和技术"。[②]

在进行这类心理活动的过程中,如果犯罪人感到犯罪行为的实施比较顺利,犯罪行为的结果并不严重,犯罪人自身的责任很小或者没有责任,那么,犯罪人就有可能再次实施犯罪行为,或者在以后的刑事司法活动中采取比较强硬甚至对抗性的态度。

2. 行为活动

在这个阶段,犯罪人的行为活动主要是指犯罪人解决犯罪遗留问题和逃避追究打击的行为。主要表现为消除犯罪痕迹,处理在犯罪活动中获得的赃物,探听司法机关和其他人对于犯罪行为的反应,进行逃避打击的活动。例如,将自己就地隐藏起来,或者逃到外地躲藏起来。这些行为活动的主导动机,就是避免受到刑事司法机关的揭露和打击,避免被追究刑事责任。当然,在少数情况下,犯罪人也有可能出现悔罪动机,并在这种动机的驱使下,进行一些相应的行为活动。例如,对犯罪被害人进行一定补偿,减轻犯罪损害结果等。

---

① 俄罗斯犯罪学家们已经注意到这个问题,提出了"后犯罪行为"的概念,用来指主体在实施了某种犯罪行为后的非犯罪行为。参见[俄]阿·伊·道尔戈娃:《犯罪学》,赵可等译,群众出版社 2000 年版,第 56—61 页。

② 参见吴宗宪:《西方犯罪学》(第二版),法律出版社 2006 年版,第 309—311 页。

四、犯罪行为发生的横向模式

任何犯罪行为都是在犯罪心理的作用下产生的,而犯罪心理则是由犯因性因素引起的。"犯罪心理",是指与犯罪行为的实施有关的心理现象的总称,尤其是指影响和支配个人进行犯罪行为的各种心理成分的总称。可以说,犯因性因素是通过犯罪心理,特别是犯罪动机引起犯罪行为的。在研究中发现,犯因性因素引起犯罪行为的过程,并不是按照一个模式进行的,而是按照多种模式进行的。犯因性因素通过犯罪心理,特别是犯罪动机而引起犯罪行为的多种模式,就构成了犯罪行为发生的横向模式。

在研究中来看,犯罪行为发生的横向模式主要包括 6 种:

(一)需要主导模式

需要主导模式是指强烈的犯因性需要直接引起犯罪动机后发生犯罪行为的模式。

根据这个模式,犯罪人的需要直接转化为犯罪动机并引起犯罪行为。当犯罪人的需要比较强烈,也很具体时,就会直接转化为犯罪动机,进而引起犯罪行为。这种模式是大多数故意进行的犯罪行为发生的模式,也是最为典型的犯罪行为发生模式,上述的犯罪行为发生的纵向过程,就是对这种模式的纵向变化阶段的具体分析。

(二)诱因主导模式

诱因主导模式是指特别有利于犯罪行为发生的犯罪诱因激发犯罪动机进而引起犯罪行为的模式。

犯罪诱因(criminal incentive)是能够引起个人犯罪动机的外部刺激。这些外部刺激(因素)既有可能是物质和本能性的,如金钱、食物、性欲对象、威胁安全的事物等;也有可能是精神和社会性的,如别人的尊重、称赞等社会奖赏,满足虚荣心的对象等。

犯罪诱因引起犯罪动机的主要机制是:第一,满足需要。一些外部刺激能够满足个人需要,将个人潜在的并不强烈的需要激发出来,使其迅速转化为犯罪动机,导致满足其需要的犯罪行为。第二,威胁安全。一些外部刺激会威胁个人安全,这类刺激同样会诱发个人的防卫型犯罪动机,促使个人进行保护自身安全和个人利益的犯罪行为。①

犯罪动机中的一小部分是由犯罪诱因引起的。在一些犯罪行为的发生中,犯罪人并无明显的个人需要,甚至可以说,犯罪人在进行犯罪行为之前没有任何犯罪方面的需要,犯罪动机主要是由犯罪诱因引起的。实际上,犯罪动机既可以是由犯罪人的需要引起的,也可以是由进行犯罪行为时的外部刺激(情境因素)所激发的。正如苏联学者斯·塔拉鲁欣所说的:"犯罪动机可以是由形形色色的原因引起的。一些动机是由个人以前的不良道德造成的,这首先取决于内在因素;另一些动机在相当大程度上是由客观形成的外在情况引起并具有情境的性质。"②当犯罪诱因诱发犯罪动机之后,通常会迅速引起犯罪行为。

(三)内外结合模式

内外结合模式是指犯因性需要与犯罪诱因相结合引发犯罪动机并导致犯罪行为的模式。

根据这种模式,犯罪动机和犯罪行为是犯罪人的需要和犯罪诱因相结合共同发挥作用

---

① 参见吴宗宪:《犯罪心理学总论》,商务印书馆 2018 年版,第 542 页。

② [苏联]斯·塔拉鲁欣:《犯罪行为的社会心理特征》,公人、志疆译,成生校,国际文化出版公司 1987 年版,第 44—45 页。

的结果。犯罪人的需要所产生的“推力”与犯罪诱因所产生的“拉力”共同作用的结果，使个人形成犯罪动机，进而发生犯罪行为。

这种模式特别适合于犯罪人的需要并不强烈的情形。当犯罪人的需要的强度很微弱时，个人仅仅有某种意向。随着需要的强度的增加，需要的内容逐渐被犯罪人所意识到，意向便转化为“愿望”。犯罪人的愿望是被犯罪人明确意识到并且力图加以实现的需要。对于已经产生犯罪愿望的犯罪人来讲，如果周围存在着能够实现这种愿望的犯罪诱因时，犯罪人的愿望就会立即得到增强，迅速转化为犯罪动机，从而产生犯罪行为。

（四）挫折引发模式

挫折引发模式是指个人遭受的重大挫折引发犯罪动机并导致犯罪行为的模式。

挫折是妨碍个人进行有目的行为的客观情境和随之而产生的情绪状态。对挫折的研究发现，挫折往往会产生一种攻击驱力，攻击驱力接着引起攻击行为。根据心理学的解释，驱力又称为“内驱力”，它是指由内外部刺激所唤起的促使个人实现一定目标的内在倾向。实际上，驱力就是一种具有生物本能性的行为动机。有关挫折与攻击关系的研究表明，挫折与攻击行为之间有密切的联系，挫折往往引起攻击行为，而攻击行为的产生是以攻击动机为中介的，即个人在遇到挫折时，首先产生攻击性犯罪动机，然后再产生攻击性犯罪行为。所以，挫折引起犯罪动机，也是犯罪动机产生的一种模式。

（五）过度补偿模式

过度补偿模式是指过度补偿机制引发犯罪动机并导致犯罪行为的模式。

过度补偿（overcompensation）原来是一个生理学术语，指有生理缺陷者的某些器官的机能超常发展，以便补偿所存在的缺陷，结果其机能超过了正常人完好器官的机能的现象。例如，盲人的听觉器官机能超常发展，使其听力远远胜过许多正常人；聋人的视觉器官超常发展，使得他们的观察力超过了很多正常人。奥地利精神病学家阿德勒将这个概念从生理学领域扩展到心理学领域，将过度补偿定义为：个体通过极大的努力使以前的缺陷转变成优势的过程。根据阿德勒等人以及犯罪心理学的研究，个人的缺陷会使个人产生不同程度、不同内容的自卑感，即感到自己不如别人的情绪体验。自卑感是一种普遍存在的心理现象，当个人产生自卑感时，就会产生补偿的愿望和动机。对于许多人来讲，他们可能不仅仅希望获得一般性的补偿，即通过刻苦努力而达到与普通人一样的水平，从而达到心理的平衡，而是有可能在不断遭受别人的歧视和挫折的情况下，产生过度补偿的现象。过度补偿就是个人期望用超常的成就克服自卑的心理倾向和相应的行为。阿德勒认为，人人都有一种克服自卑、实现补偿的需要，而且，许多人也具有一种追求优越的“向上意志”；在这种意志的推动下，个人总想征服别人，使自己高人一等，在多方面超过别人，这种向上意志会导致过度补偿现象。

在社会生活中，过度补偿以多种形式发挥作用。过度补偿可能是有意识地起作用的，也可能是无意识地起作用的；既可能推动个人进行建设性的行为，也可能推动个人进行破坏性的行为。当过度补偿机制使用不当时，就可能会将个人的心理和生理活动引向危害社会的行为，使过度补偿的倾向转化为犯罪动机，导致犯罪行为的发生。过度补偿是许多暴力犯罪发生的重要机制，那些平时谨小慎微、胆小怕事的人所实施的严重暴力犯罪，往往与过度补偿机制有关。

（六）变态心理模式

变态心理模式是指个人产生的变态心理引发行为动机并导致犯罪行为的模式。

变态心理一般是指偏离正常范围达到一定程度的异常心理现象。不过，变态心理是一个很含糊的概念，有些学者把变态心理划分为狭义和广义的两种概念。狭义的变态心理仅指变态人格或人格障碍。广义的变态心理包括：精神病；神经症；先天性生理缺陷者的异常心理，如聋、哑、盲、跛和其他残疾人的异常心理；某些短暂性的心理异常，如药物、催眠作用下的异常心理状态；变态人格或人格障碍。

研究表明，无论是广义的变态心理，还是狭义的变态心理，都会导致危害社会的犯罪行为。变态心理通常会引起自卫动机、摆脱不舒适和痛苦的动机以及其他一些动机。例如，炫耀自己的动机、报复他人的动机、发泄内心愤怒的动机等。这些动机会使个人进行多种犯罪行为。

此外，个人对心理防御机制的不当使用，也会引发、增强犯罪动机并导致犯罪行为。[①]

第二节　犯因性个人因素

犯因性个人因素又称为“犯罪行为发生的个体因素”，是指个人自身所具有的犯因性因素，主要包括三类。

一、犯因性心理因素

犯因性心理因素是指犯罪人自身存在的诱发、推动和助长犯罪心理和犯罪行为的心理因素。这类因素主要包括下列方面：

（一）犯因性动力因素

犯因性动力因素是指诱发、促进和助长犯罪心理和犯罪行为的动力性心理因素。这类因素主要是具有犯因性作用的需要、动机、兴趣等因素。犯罪学研究发现，犯罪人的需要和兴趣具有不同于守法者的特点。例如，苏联学者 Y. C. 杰克巴耶夫的研究发现，犯罪人的需要和兴趣具有下列特点：需要和兴趣十分低级；各种需要之间的平衡受到破坏；不正当的需要泛滥；满足自己的需要和兴趣的手段不道德。[②]研究还发现，在违法者身上，初级的本性（能）需要占优势，精神境界不开阔，在大多数场合下他们的兴趣是粗俗的和偏向一面的，在他们身上缺乏创造精神。[③] 这类诱发、促进和助长犯罪心理和犯罪行为的需要和兴趣，“就是犯因性需要和犯因性兴趣”。与犯罪人的需要和兴趣的特点相适应，他们的动机往往也具有低级性、反社会性、复杂性等特点。这些促进和助长犯罪行为的动机，就是“犯因性动机”，也就是通常所说的“犯罪动机”。

（二）犯因性人格因素

人格是指个人在适应环境过程中形成的相对稳定的行为和心理反应模式。可以把人格的构成成分称为“人格特质”，有时候也称为“人格特征”。

---

① 参见吴宗宪：《犯罪心理学总论》，商务印书馆 2018 年版，第 553—557 页。

② 转引自［苏联］B·H·库德里亚夫采夫：《违法行为的原因》，韦政强译，任允正校，群众出版社 1982 年版，第 198—199 页。

③ ［苏联］B·H·库德里亚夫采夫：《违法行为的原因》，韦政强译，任允正校，群众出版社 1982 年版，第 199 页。

长期以来,人们对人格与犯罪的关系进行了大量的研究。这些研究发现,一些人格特质、人格特征以及人格障碍与犯罪行为的关系密切。这些诱发、促进和助长犯罪心理产生和犯罪行为实施的人格因素,就构成了犯因性人格因素。一般而言,具有犯因性作用的人格特质或者人格特征包括攻击性、冲动性、敌意、不能延迟满足性(即产生某种需要之后立即追求需要的满足)、追求刺激倾向、自我中心性、缺乏的焦虑、过分神经质(表现为对刺激的反应过度敏感和容易激动)、过分自信、怀疑性、破坏性、外倾性、心理不稳定、不适当的超我等。①

在人格因素中,人格障碍具有特别重要的意义。人格障碍(personality disorder),又称为“病态人格”“变态人格”等,是指由于人格明显偏离正常而使个人形成的反映其生活风格和人际关系的异常行为模式。这实际上是个人难以适应正常社会生活和正常发挥自身功能的一类精神障碍。人格障碍可以有广义和狭义之分。广义的人格障碍包括偏执型、无情型、分裂型、情感型、爆发型、强迫型、癔病型、衰弱型、冲动型等人格障碍;狭义的人格障碍仅指无情型人格障碍这一种情况。其中,具有犯因性作用的人格障碍主要是无情型人格障碍。

无情型人格障碍又称为“社会病态”(sociopathy)、“反社会人格”(antisocial personality)或“反社会型人格障碍”(antisocial personality disorder),这是对社会有严重危害的一种人格障碍。多见于男性。这种人格障碍者不真诚和不坦率,不可信赖,是高度的利己主义者;对人冷酷无情;容易冲动,行为受偶然动机的驱使;往往作出违法乱纪的事,但毫无悔恨羞愧之意,不能从生活中吸取教训;对挫折的耐受力差,往往把不利结果推诿给别人来为自己开脱;认识与行为脱节。这种人在幼年(15 岁以前)往往有学习成绩不良、逃学、被开除、漫游、反复饮酒、性放荡、说谎、破坏公物、偷窃、违法乱纪、对抗师长、攻击别人等表现。从司法实践来看,这类人很多是性犯罪人、屡教不改的累犯和暴力犯罪人。

(三)犯因性感情因素

感情(affection)是情绪和情感的合称。情绪(emotion)是指与人的生物性需要的满足相联系的短暂而剧烈的态度体验。最基本、最原始的情绪有四种:快乐、愤怒、恐惧和悲哀。情感(feeling)是指与人的社会性需要相联系的一种复杂而又稳定的态度体验。情感通常分为道德感、理智感、美感等。情绪和情感既有联系又有区别,情绪和情感的区分主要在苏联心理学以及中国等国家流行,在西方心理学以及医学、精神病学等学科中,常常不作这样的区分。

犯因性感情因素是指可能诱发犯罪心理和导致犯罪行为的感情因素。研究表明,情绪和情感与犯罪心理的产生有密切的联系。某些情绪和情感对犯罪心理的产生和变化有不同程度的影响作用。例如,愤怒、恐惧、仇恨、嫉妒、自卑感、罪恶感(个人的观念或行为与其道德标准、价值观念发生冲突时产生的有罪和羞耻的心理体验)、缺乏移情(不能理解别人的痛苦,对别人的痛苦和悲伤无动于衷,甚至冷酷无情、残忍)等。② 实际上,前面论述的攻击性、冲动性、敌意、焦虑等也是感情的表现形式。这些感情因素构成了犯因性感性因素。

(四)犯因性智力因素

智力是获得知识以及运用知识解决实际问题时所必须具备的心理条件或特征。在中

① 参见吴宗宪:《犯罪心理学总论》,商务印书馆 2018 年版,第 237—250 页。

② 参见吴宗宪:《犯罪心理学总论》,商务印书馆 2018 年版,第 265—278 页。

国，通常把智力理解为认识方面的各种能力，即观察力、记忆力、思维能力、想象能力的综合，其核心成分是抽象思维能力。智力的高低通常用智商(IQ)表示。犯因性智力因素就是有利于犯罪心理产生和犯罪行为实施的智力特征。

从大量研究来看，智力与犯罪的关系可以概括如下：

第一，智力与犯罪的确有关系。研究发现，智商与少年犯罪的关系比社会阶级还要密切；低智商对少年犯罪的效果超过了父亲的受教育程度对少年犯罪的效果；在预测犯罪和少年犯罪方面，智商比种族和社会阶级更重要。

第二，智力与犯罪的关系是有限的。这意味着：首先，智力对犯罪心理的产生和犯罪行为的实施所起的作用是较小的，并不像早期的犯罪研究者们所说的那样大。智力仅仅是影响犯罪的一种心理因素，它本身并不能决定是否产生犯罪心理和是否实施犯罪行为。其次，智力与犯罪之间的关系是间接的。智力必须通过第三种因素作为中介，才能对犯罪心理和犯罪行为产生影响作用。威尔逊和赫恩斯坦认为，智力与犯罪之间的联系是一种间接的联系：仅仅低智商本身并不足以使个人进行反社会行为。低智商与犯罪之间的这种联系，是一项第三方中介因素——学业成绩差的结果。①

第三，智力过高和智力过低都会影响犯罪。过去一般认为，只有低的智力才与犯罪有关。不过，研究也表明，高智力也与犯罪行为有关。这种关系主要表现在两方面：其一，高智力引起轻率的态度和追求刺激的动机，由此会引起冒险性犯罪行为的产生。一些过于自信的过失犯罪的产生，就与犯罪人的高智力造成的轻率态度有关。其二，高智力创造了某些独特的犯罪机会和条件，使高智力的人更容易进行犯罪行为。例如，计算机犯罪、利用一些高技术手段进行的犯罪，都与犯罪人的高智力有关，低智力的人无法获得这样的犯罪机会与条件。此外，由于高智商的人犯罪之后往往难于抓获；即使被抓获，也由于他们具有较强的反审讯能力和抗拒审判能力，很难恰当定罪和判刑；被监禁在监狱中的高智商犯罪人往往很少，这也给研究高智商与犯罪的关系带来了困难，在一定程度上导致人们对高智商与犯罪关系的忽视。

第四，智力测验方法有待改进。目前的智力测验方法还存在一些问题，如种族偏见、文化差异以及其他技术方面的问题。这些问题的存在，影响了对智力与犯罪关系的更加深入的研究。

（五）犯因性思维模式

思维模式是指人们在长期的思维活动中形成的习惯性的思考方式或倾向。犯因性思维模式是指可能诱发犯罪心理和导致犯罪行为的思维模式。

大量研究发现，犯罪人具有一些独特的、可能助长和促成犯罪行为的思维模式。主要有：②

1. 过分自我中心倾向

过分自我中心倾向是指个人在考虑和解决问题时完全以自己为中心，不考虑社会和他人的思维和行动倾向。具有这种心理倾向的人在考虑问题时，以个人的利益得失为标准，区分是非善恶，衡量周围的一切，而不考虑社会规范和他人的利益。

---

① See James Q. Wilson & Richard J. Herrnstein, *Crime and Human Nature: The Definitive Study of the Causes of Crime*, Simon & Schuster, 1985, p. 171.

② 参见吴宗宪：《犯罪心理学总论》，商务印书馆 2018 年版，第 284—289 页。

2. 高度的自我服务偏向

高度的自我服务偏向是指人们在分析事物的原因时把积极的结果归于自己,而把失败的结果归于外界的思维倾向。研究发现,在许多犯罪人身上,存在着高度的自我服务偏向,他们在分析事物的原因时,缺乏理智、客观的态度,这是造成他们社会适应不良和挫折的重要心理因素,是产生犯罪心理和进行犯罪行为的重要犯因性因素:由于把自己失败的原因归于外界,所以也就向外界发泄由于失败而产生的愤怒等情绪,从而产生犯罪动机和犯罪行为。在实施犯罪行为之后,犯罪人又普遍性地存在把犯罪的原因归于社会和他人的倾向。

3. 自我评价偏向

自我评价偏向是指个人对自己的思想、能力、行为等的不恰当判断和评价。研究发现,犯罪人总是过高地估计自己的能力、长处等,容易盲目自信和骄傲自大。与此同时,他们又过分地贬低、轻视他人。这种心理倾向也是一种犯因性因素。对自己的过高估计,会助长犯罪人的冒险倾向;而对别人的贬斥,又会加剧犯罪人的攻击性和残忍性,可能会导致严重的犯罪行为。

4. 偏颇的合理化方式

偏颇的合理化方式是指个人将自己不合理的心理和行为转变为合理的过程。合理化是一种普遍存在的心理现象,人们在日常生活中经常有意识或无意识地产生这种心理过程。在犯罪人中,也普遍存在着用似是而非的理由为自己的犯罪心理和行为辩解,将自己的犯罪心理和犯罪行为合理化,从而减轻或消除罪恶感、紧张感等情绪,心安理得地实施犯罪行为,“坦然”面对犯罪结果。犯罪人在犯罪行为的任何阶段(犯罪前、犯罪中和犯罪后),都有可能进行犯罪的合理化过程。

(六)犯因性观念因素

犯因性观念因素是指诱发犯罪心理和导致犯罪行为的不恰当观念。

1. 消极的人生观

人生观是指个人对人生目的和意义的基本看法。犯罪心理学的研究表明,犯罪人的人生观中往往充满了消极的成分,突出地表现为极端享乐主义、极端个人主义、悲观厌世等。

2. 片面的社会观

社会观是指个人对于社会现状、社会问题、社会发展趋势等的基本看法。很多犯罪人则具有片面的社会观,他们对于社会生活的很多方面,可能都有不恰当的甚至是极端性的看法,而且这些看法往往具有消极悲观的性质。例如,夸大社会中存在的问题,看不到社会发展的良好前景,认为社会是一个缺乏公平和“弱肉强食”的社会,在这样的社会中奉行“强权即真理”的信条,没有什么公理可言。对社会的这样一些消极悲观的看法,往往会使个人产生沮丧、绝望的心理,容易产生破坏性行为。

3. 不当的价值观

价值观是指关于事物对于个人或社会的重要意义的观念。当一种价值观通过内化而成为人的行为向导时,就被称为“价值取向”。个人的价值观和价值取向通过人们对事物的评价和态度等反映出来,对人们的判断和行为具有重要的甚至是决定性的影响,它们是人们判断事物、现象、行为等是否有利于个人以及是非、好坏、善恶、美丑、祸福的标准,这样判断的结果,会促使个人调节自己的行为。价值观具有一定的稳定性,某种价值观形成之后,往往表现为一定的价值取向和行为倾向,它们会持续较长时间,对个人的心理和行为都产生重要的影响。犯罪人的价值观在多种维度上偏离社会道德和法律中蕴含的价值观，甚至与这些价值观相矛盾，结果使犯罪人在评价事物、现象、行为等对象时，往往得出与一般人不同的结论，他们追求符合那些自己意愿和价值观的目标的行为，这类行为很有可能构成犯罪。

4. 错误的法治观与犯罪观

法治观是指对于法律的地位和作用等的基本看法。很多犯罪人有不恰当的法治观。例如，认为法律主要是约束别人的，与自己关系不大；认为自己的违法行为情有可原，不应受到法律处罚，或者认为自己受到的刑罚太重等。正如苏联犯罪学家所指出的："犯罪人对待法律以及法律保护活动关系上，一般对规定禁止他们所实施的某类（某些类）犯罪和给予否定性评价的准则和规范采取无所谓的、藐视的或否定的态度。还有一个代表性的特点：差不多每个再次被判刑的人都认为对自己的刑罚是过分严厉的。"①

犯罪人的不恰当法治观突出地表现为错误的犯罪观。犯罪观是指犯罪人对于犯罪及其相关问题的看法。犯罪是常见的社会现象之一，大多数普通人都会对犯罪有自己的认识和看法。许多犯罪行为就是在个人的犯罪观的基础上实施的。犯罪人的错误犯罪观主要表现在对犯罪行为的无知、对犯罪性质有错误看法（例如，把犯罪行为看成是与社会中的其他职业活动类似甚至完全一样的活动，是个人致富的捷径和最有效的手段之一，无所谓正当不正当）、对犯罪后果的错误看法（一些犯罪人否认其犯罪行为对社会造成了危害）、对犯罪存在侥幸心理（例如，认为犯罪的人多，受罚的人少，受到惩罚的都是一些犯罪技能不佳、运气不好的人）以及不适当的权力观（例如，很多犯罪人信奉"有权不用、过期作废"的权力观，把手中的权力看成是谋取私利的手段，这种错误的权力观是导致大量职务型犯罪的重要犯因性因素）②等方面。

此外，文化程度低、缺乏职业技能和社会技能、一些精神疾病等，也具有犯因性作用。

二、犯因性行为因素

犯因性行为因素是指推动和助长犯罪行为实施的行为因素。这类因素主要有：

拓展阅读

犯因性行为习惯

（一）不良行为习惯

行为习惯是指个人在一定情境下自动化地进行某种行为的倾向。研究表明，许多犯罪人都养成了不良行为习惯。不良行为习惯，是指行为的方式和内容违反社会准则的行为习惯。这些不良行为习惯在犯罪行为的产生中具有犯因性作用，而且其犯因性作用由于犯罪行为类型的不同而有差别。

（二）不当生活方式

生活方式是指个人满足自身生存与发展需要的活动形式和行为特征的总和。不当生活方式是指违反社会生活准则的生活方式。犯罪人的不当生活方式主要包括：

第一，不当谋生方式。谋生方式是指获取生活资料或者经济收入的方式。不当谋生方式是违反社会生活准则的谋生方式。很多犯罪人把犯罪行为当作自己获取生活收入的方

---

① ［苏联］B・K兹维尔布利、H・Φ库兹涅佐娃、Γ・M明科夫斯基主编：《犯罪学》，曾庆敏等译，群众出版社1986年版，第122页。

② 在犯罪中的所谓"29岁现象"（29岁左右刚刚开始掌握权力的公职人员和其他人员犯罪剧增的现象）和"59岁现象"（59岁左右面临退休和失去权力的人员犯罪剧增的现象），突出地体现了错误的权力观的犯因性作用。

式，为了通过这种方式获取收入，甚至可以“苦练劳动技能”，包括长期进行犯罪技能的学习和练习、花费很大代价学习犯罪技能；还有一些犯罪人鄙视正当劳动，迷恋过寄生生活等。

第二，不当消费方式。消费方式是指为了满足需要而使用物资或者接受服务的方式。不当消费方式是指违反社会生活准则和超出个人经济能力的消费方式。很多犯罪人或者沉溺于纸醉金迷的腐朽生活，或者消费缺乏计划性，入不敷出，在生活资源缺乏时通过犯罪活动解决社会问题。

第三，不当交往方式。交往方式是指人们之间交流信息和交换物品的方式。不当交往方式是指违反社会生活准则的人际交往方式。很多犯罪人热衷于结交臭味相投的“狐朋狗友”，与这些人沆瀣一气从事违法犯罪活动；或者把朋友义气看得高于一切，为了朋友而不惜违法犯罪。还有一些人醉心于和异性的同居生活，不是选择与合适的对象结婚，而是选择过未婚同居生活，频繁地更换异性伴侣。这种同居关系是引发人际冲突和引起犯罪行为的重要因素。

第四，不当休闲方式。休闲方式是指人们度过空闲时间的方式。不当休闲方式是指以违反社会生活准则的活动度过空闲时间的休闲方式。很多犯罪人在业余空闲时，不是进行一些具有建设性的文体娱乐等方面的活动，而是缺乏对自己行为的适当控制，与不良朋友交往，经常出入于高消费或者不健康的娱乐场所，迷恋颓废的享乐生活，进行吃喝玩乐、淫乱、赌博、酗酒、打架斗殴等活动。

三、犯因性生物因素

犯因性生物因素是指犯罪人自身存在的可能诱发犯罪心理和导致犯罪行为的生物学因素。这类因素主要有下列种类：

（一）年龄因素

年龄是影响犯罪心理与犯罪行为的因素之一。研究表明，年龄与犯罪心理和犯罪行为的联系，是以个人在不同年龄阶段所具有的不同的生理、心理和社会特征为中介的。个人在不同的年龄阶段具有不同的生理、心理和社会特征，使个人在不同的年龄阶段进行犯罪行为的可能性有着明显的差异；特定的年龄阶段更容易产生某些犯罪行为。

调查研究表明，犯罪的年龄差异是客观存在的。这种差异不仅表现在犯罪数量方面，而且也表现在犯罪种类方面。国内的资料表明，我国犯罪率最高的年龄阶段在 18 ~ 25 岁，这个年龄阶段实施犯罪人占总数的 50% ~ 55%；其次是 14 ~ 17 岁，这个年龄阶段实施犯罪人占总数的 19% ~ 22%；60 岁以上的犯罪人占总数的 1.2% ~ 2.1%。[①]

（二）性别因素

性别是影响犯罪心理与犯罪行为的因素之一。大量的研究一致地表明，男性实施的犯罪大大多于女性。国内的资料表明，尽管女性占人口总数的 48.4%，但是，女性犯罪人仅仅占犯罪人总数的 2.5%。[②]男性的生理特点、心理特点和社会文化特征，都使得男性更加容易进行犯罪。[③]

① 参见俞雷主编：《中国现阶段犯罪问题研究》（总卷），中国人民公安大学出版社 1993 年版，第 279—280 页。

② 参见俞雷主编：《中国现阶段犯罪问题研究》（总卷），中国人民公安大学出版社 1993 年版，第 281 页。

③ 参见吴宗宪：《犯罪心理学总论》，商务印书馆 2018 年版，第 298—302 页。

（三）体型因素

体型是指人的外形特征和体格类型。在犯罪学史上，德国的克雷奇默，美国的谢尔登、格卢克夫妇和西班牙出生的临床心理学家科蒂斯等人都研究了体型与犯罪的关系。[①]他们的研究普遍发现，健壮型或者中胚层体型更容易具有适合进行攻击行为的特质（身体力量、精力、感觉迟钝、用行动表现紧张和挫折的倾向），这种人也难以抑制不适当感、情绪不稳定等反社会的冒险性，因此，更有可能进行犯罪行为。

（四）遗传因素

现代犯罪遗传生物学的研究认为，人的犯罪与其人格等个人素质密切相关，而他们的人格等个人素质又深受直接或间接的遗传因素的影响。遗传是指亲子间通过基因进行的生理和心理性状的传递。虽然犯罪本身并不遗传，但是，确实存在一些可以遗传的特质。例如，精神病态、冲动性、神经质等特质，是可以遗传的，具有这些特质的人更容易进行犯罪行为。[②]这样的遗传特质，可以称为遗传型特质（inherited trait）或者犯因性遗传特质。通过遗传获得这些犯因性特质的人，更有可能实施犯罪行为。同时，研究也发现，在犯罪行为的发生方面，环境的作用大于遗传的作用。例如，国外 2002 年发表的一项超级分析研究考察了大量行为遗传学研究后估计，41% 的反社会行为，包括非法行为、攻击行为、吸毒和其他社会消极行为，可归因于遗传影响，59% 的反社会行为可归因于环境影响。[③]

拓展阅读

可以遗传的因素

（五）神经生理学因素

神经生理学是以神经系统的生理现象为研究对象的学科。20 世纪 60 年代后期以来，人们开始将神经生理学的研究方法应用于犯罪研究中，进行了一些有益的探讨。这些探讨发现，轻微脑功能紊乱（minimal brain dysfunction，MBD，又译为“轻微脑机能障碍”）、神经损伤或脑电图异常、脑瘤和其他脑损伤，以及一些脑化学因素的分泌异常，与犯罪行为有关系。[④]

（六）生物化学因素

生物化学是运用化学的理论和方法研究生物的一门边缘学科。将生物化学与犯罪研究结合的结果，使一些研究者认为，生物化学因素与犯罪行为有关，这类因素尤其能够控制和影响暴力行为。例如，认为反社会行为与 B 族维生素（维生素 B_3 和维生素 B_6）、维生素 C 的缺乏有关，摄入过多的碳水化合物和糖与攻击行为和暴力行为有关，低血糖症与反社会行为和暴力行为的发作有关，激素（特别是睾酮）分泌异常与犯罪（特别是暴力犯罪）有关。[⑤]

① 参见吴宗宪：《西方犯罪学史》（第二版）（第二卷），中国人民公安大学出版社 2010 年版，第 717—734 页。

② Larry J. Siegel & Brandon C. Welsh, *Juvenile Delinquency: Theory, Practice and Law*, 11th ed., Wadsworth, 2012, p. 105.

③ Alex R. Piquero (ed.), *The Handbook of Criminological Theory*, John Wiley & Sons, 2016, p. 356；［美］亚历克斯·皮盖惹主编：《犯罪学理论手册》，吴宗宪主译，法律出版社 2018 年版，第 480 页。

④ 参见吴宗宪：《犯罪心理学总论》，商务印书馆 2018 年版，第 309—320 页。

⑤ 参见吴宗宪：《犯罪心理学总论》，商务印书馆 2018 年版，第 320—324 页。

第三节 犯因性环境因素

一、概述

犯罪行为的发生是犯罪原因链条发挥作用的最终环节。从犯罪行为发生的直接原因来看，这个原因链条就是犯罪动机和犯罪情境；从犯罪行为发生的间接原因来看，这个原因链条可以追溯到环境因素，特别是社会环境因素。

社会环境因素对于犯罪行为的作用，是通过犯罪动机和犯罪情境起作用的。一方面，犯罪动机不是凭空产生的，而是在有关环境因素的作用下形成的。环境因素包括很多方面，其中的一些环境因素具有犯罪性作用。这些可能诱发犯罪心理和导致犯罪行为的环境因素，就是"犯因性环境因素"。犯罪动机实际上是在犯因性环境因素的影响下产生的。另一方面，环境中的一部分因素被犯罪人所意识到，它们构成了犯罪情境，以犯罪情境的形式对犯罪行为的产生起着不同性质和强度的作用。

此外，在认识犯因性环境因素与犯罪心理和犯罪行为的关系时，应当注意，对于犯罪心理和犯罪行为具有犯因性作用的环境因素，主要是指社会环境因素；无论是犯罪心理的形成，还是犯罪情境的构成和犯罪行为的实施，都与社会环境因素有密切的关系，都主要是由社会环境因素引起的，因此，在犯罪心理和犯罪行为的产生中，社会环境因素居于决定性的、主导性的地位。在少数情况下，自然环境因素也具有犯因性作用。

在犯因性环境因素中，家庭因素具有十分重要的地位。此外，其他一些社会环境因素以及自然环境因素也起犯因性作用。

二、不良家庭

家庭是个人最重要的社会化机构之一，它对个人早年心理的发展，起着尤其重要的作用，是将生物意义上的人转变为社会意义上的人的关键性机构。良好的家庭环境，会促使个人健康地成长，影响个人形成亲社会心理，抑制犯罪心理的产生和发展。相反，不良的家庭环境，则会妨碍个人的健康成长，影响个人形成犯罪心理。

长期以来，人们对不良家庭与犯罪心理、犯罪行为关系的探讨，主要集中在下列方面：

（一）不良的父母养育

不良的父母养育行为，对于犯罪心理的形成有重要作用。研究发现，父母在养育子女中，一些不良的做法，如父母虐待子女、早年生活中经历的母爱剥夺、[1]采取冷漠态度、对子女忽视不管、放纵子女为所欲为、父母双方的要求不一致、对子女的态度前后缺乏一贯性、父母对子女采取专横独裁的养育方式等，都容易使子女产生犯罪心理和犯罪行为。

（二）破裂家庭

破裂家庭主要是指由于死亡或者离婚而造成父母一方缺失的家庭。破裂家庭（尤其是由于父母离婚造成的破裂家庭）往往被看成是导致犯罪心理和行为的犯因性因素之一。

从已经进行的研究来看，破裂家庭对子女（特别是未成年子女）的消极影响主要是：

第一，对子女缺乏监督和管教。

---

① 母爱剥夺（maternal deprivation）是指儿童失去母亲或者不能与母亲交往，因而在生理和心理方面得不到母亲给予的照料与关怀的现象。

第二,缺乏子女感情发展的条件。在这样的家庭中,由于父母一方的缺失,子女在幼小的时候,缺乏感情依恋的对象,使其正常的感情得不到适当的发展,产生与母爱剥夺相同的消极心理效果。

第三,家庭破裂前后的创伤性体验的消极影响。在破裂家庭产生前后的阶段中,家庭往往要经历痛苦的感情体验。例如,父母离婚前的激烈冲突,父亲或者母亲去世时的悲哀气氛,都会给正常的家庭生活蒙上一层阴影,影响子女良好性格的形成。

第四,缺乏心理认同的对象。在子女社会化的过程中,对父母的心理认同和模仿具有十分重要的作用,这种认同和模仿能够帮助子女形成恰当的性别角色、感情特征和行为模式;而缺乏父母一方,会使子女得不到适当的心理认同对象,容易在认同父母一方中形成不太恰当的感情特征和行为模式,甚至会引起性别角色混乱。

第五,得不到有效的社会心理和经济支持。破裂家庭中仅仅有父亲或者母亲一方与子女生活,父亲或者母亲一方的工资收入,通常不能给子女的成长提供充裕的经济支持,制约子女的成长和发展。同时,在子女受到挫折、失败时,也不能从父母那里获得必要的社会心理帮助。在这样的家庭中生活的子女,很容易形成自卑心理和封闭性格。

(三)家庭成员的犯罪行为

家庭成员的犯罪行为,是造成其他家庭成员的犯罪心理和犯罪行为的重要因素。大量的调查研究表明,犯罪人比正常人更有可能有犯罪的父母和兄弟姐妹。家庭成员的犯罪行为和进行犯罪行为的家庭成员的存在,对个人犯罪心理和犯罪行为的产生,起着重要的作用,包括心理影响作用、行为示范作用和其他消极作用。

三、有缺陷的学校教育

学校是仅次于家庭的社会化机构,对人的良好心理品质和行为模式的发展,起着极其重要的作用。对处于儿童少年阶段的人来说,学校的影响作用往往超过家庭,因此,有缺陷的学校教育在促使儿童少年形成犯罪心理和实施犯罪行为方面所起的消极作用,也往往超过不良家庭。

在有缺陷的学校教育方面,尤其值得注意的是学校风气不良。学校风气不良是指学校中的人际关系、学习气氛和纪律状况不符合一般的社会期望和道德要求的现象。学校是培养人健康成长的地方,因此,学校制度和生活的各个方面,都应当有利于儿童和少年学生的成长。但是,风气不良的学校会促使犯罪心理和犯罪行为的产生。国外的研究也表明,不同学校的少年犯罪率有很大的差别,有的学校的少年犯罪率很高,有的学校的少年犯罪率很低,的确存在着一些少年犯罪率很高的“少年犯罪学校”(delinquent school)。[①]

四、不良交往与犯罪亚文化

不良交往是指个人与道德品质差,甚至进行违法犯罪行为的人进行的交往。

不良交往通常指三种情况:

第一,青少年之间的不良交往。这种交往的对象很可能是同辈群体(peer group),交往的结果往往形成帮伙(gang),而许多帮伙已经形成了自己的亚文化。

第二,青少年与成年人之间的不良交往。

---

① 参见[英]Ronald Blackburn:《犯罪行为心理学:理论、研究和实践》,吴宗宪、刘邦惠等译,吴宗宪校,中国轻工业出版社 2000 年版,第 152—154 页。

第三,成年人与成年人之间的不良交往。

在犯罪研究中,尤其重视儿童少年与进行犯罪行为的同伴群体或少年犯罪帮伙的交往以及这类交往在引起犯罪行为中所起的作用。研究发现,对于社会成熟程度低、辨别能力差的儿童少年来说,结交坏朋友或加入少年犯罪帮伙,通常是他们开始犯罪生活的关键步骤。

亚文化(subculture)是指在一个社会的某些群体中存在的不同于主文化的价值观念和行为模式。①亚文化中包含的内容往往会引起越轨行为和犯罪行为,因此,人们又从亚文化中区分出了"犯罪亚文化"。犯罪亚文化(criminal subculture)是指与违法犯罪活动密切联系的一套价值观念和行为模式。犯罪亚文化主要存在于犯罪发生率很高的地区,尤其是在少年犯罪帮伙中,更有一套完整的犯罪亚文化。其内容包括对犯罪的赞赏态度,将犯罪活动合理化(或中立化)的技术,进行违法犯罪活动所必需的知识和技能,处理赃物的方法,物色犯罪目标的能力,逃避司法机关侦查与惩罚的手段,寻找犯罪同伙的方法等。它们是导致违法犯罪行为的重要因素,是青少年走上违法犯罪道路的一种不可忽视的诱因。

五、大众传播媒介的消极影响

大众传播媒介是指传送视听信息的非私人性传播工具,主要包括手机、电视、报纸、收音机、电影、书籍、杂志、广告以及其他面向社会公众的信息载体,如各种上网设备、电脑光盘和软盘、录音带、录像带等。大众传播媒介以影响公众的心理态度、引导公众的行为取向为职能,对人们的心理和行为产生不同程度的影响作用。因此,大众传播媒介与犯罪心理和犯罪行为的关系一直受到人们的重视。

在研究大众传播媒介与犯罪的关系中,人们尤其关注电视、智能手机(网络游戏)与犯罪的关系。电视、手机已经成为社会影响最广的信息传播媒介。心理学家班都拉的研究表明,电视中的暴力对观众至少产生四种效果:②

第一,它教给人们攻击行为的方式;第二,它改变人们对攻击行为的内在遏制;第三,它使人们对暴力失去敏感性而变得习以为常起来;第四,它向人们提供了一种充满暴力的现实生活形象,使人们以为在现实生活中充满了暴力。

无论是对儿童来讲,还是对成年人而言,大众传播媒介中的暴力与犯罪方面的内容,在一定条件下会直接引起犯罪心理和犯罪行为。这主要表现为两种情况:

第一,大众传播媒介中的暴力与犯罪方面的内容,在特殊情况下会直接诱发儿童和少年的犯罪动机,引起儿童和少年的模仿性犯罪行为。第二,对犯罪案件的不恰当的报道和描述,会直接引起犯罪心理和犯罪行为。

六、经济不平等的影响

经济不平等是指人们在经济生活中存在的相互差别。不平等是社会中普遍存在的客观现象,社会不平等突出地或者主要地表现为经济不平等,经济不平等是其他社会不平等的基础和根本原因。人们已经探讨了社会中的不平等与犯罪心理和犯罪行为的联系,加拿大犯

① 英文中的 subculture 一词也指奉行不同于主文化的价值观念和行为模式的人群或者社会群体,在这种意义上,可以将 subculture 一词翻译为"亚文化群"。

② See Albert Bandura, "The Social Learning Perspective: Mechanisms of Aggression," in Hans Toch (ed.), *Psychology of Crime and Criminal Justice*, Waveland Press, 1986, p. 204.

罪学家内特勒认为，存在着这样一种因果链条，即“不平等—怨恨—犯罪”。[①]

在社会生活中，人们相互之间存在的经济不平等，会产生多种消极的心理现象，这些心理现象往往具有犯因性作用。例如，经济不平等会使一些人产生嫉妒，产生了嫉妒情绪的人，有可能使用秘密行动或者公开暴力夺取别人的财产。又如，经济不平等引发的挫折感，会导致攻击行为。再如，经济不平等引起的相对剥夺感（sense of relative deprivation），会使个人产生不公平感和不满意感，而这些消极的心理体验会进一步引起愤怒、怨恨、攻击性、敌意等心理现象，最终导致暴力行为和多种犯罪行为。

七、犯罪状况与执法水平的影响

犯罪状况是指某一国家或地区在一定时期内的犯罪发生情况。犯罪状况可以用犯罪案件数量、犯罪率、犯罪人在居民总数中的比例等来表示。执法水平是指国家司法人员执行法律的效率、公正和科学化程度。

执法水平是影响犯罪状况的重要因素，它们两者又会对后来的犯罪心理与犯罪行为产生深刻影响。如果执法水平高，就会大大降低犯罪率，从而对整个犯罪状况产生积极的影响，这样，就会弘扬社会正气，抑制犯罪心理和犯罪行为的产生。如果执法水平低，社会中犯罪率很高，就会在客观上树立大量犯罪的榜样，普遍地助长人们犯罪的侥幸心理，引发大量的模仿性犯罪行为。同时，执法不公现象的存在，必然造成一部分人受到严惩，另一部分人受到宽容甚至放纵的现象，这种现象会使那些受到严惩的犯罪人产生新的不公平感和愤怒、绝望情绪，使他们在这类情绪的作用下进行许多报复性的犯罪行为；而那些受到宽容和放纵的犯罪人，由于从犯罪活动中获得了超额的利益，但是很少或者根本没有付出代价，会更加疯狂、更加肆无忌惮地进行更严重的犯罪行为，把犯罪当作牟取高额利润的经济、快捷的手段。这样，最终会造成社会中的犯罪泛滥的局面。

八、犯因性物质的影响

犯因性物质（criminogenic substance）是指可能诱发犯罪心理和导致犯罪行为的物质。经常提到的犯因性物质包括武器、毒品或精神药物、酒精等。

（一）武器

武器是指能够杀死和伤害他人的器械，包括刀具、枪支等。武器是最重要的犯因性因素之一，现代社会中所有最严重的犯罪，几乎都与武器的使用有关；枪支、刀具等武器是造成无数杀人、伤害、抢劫、强奸、劫持人质等犯罪的关键性因素之一。研究表明，当代许多发达国家中犯罪率居高不下的重要原因，就是对枪支缺乏控制，人们很容易获得枪支。居民大量拥有枪支，会诱发犯罪心理，促成犯罪行为。

（二）毒品或精神药物

毒品（abused drugs）是社会上对自愿、非法使用的精神药物的称呼。精神药物是指主要对人的精神或心理活动产生作用的各种药物。非法滥用最多的毒品可以分为四类：抑制类药物；兴奋剂；麻醉药物或鸦片类药物；致幻药。

毒品的犯因性作用主要包括两种情况：

第一，毒品成为一类重要的犯罪对象。犯罪对象是犯罪行为直接作用的具体物或人。目前，由于制毒、贩毒会带来丰厚的利润，因此，毒品已经成为许多国家和地区重要的犯罪对象。

---

① See Gwynn Nettler, *Explaining Crime*, 3rd ed. ,McGraw-Hill, 1984, p. 237.

第二，非法使用毒品引起的异常精神状态，包括毒瘾以及使用毒品产生的幻觉、妄想等异常精神状态，会导致犯罪行为。

（三）酒精

作为一种饮料的酒精，与犯罪行为的关系十分密切。犯罪学家威尔逊和心理学家赫恩斯坦指出："人们认为对犯罪和攻击行为有直接效果的、最经常使用的毒品，就是酒精。还有许多其他的毒品可能也有这样的效果，但是，其证据是不完全的……酒精是另外一种情况。酒精与犯罪之间的统计关联是极端显著的。"①

酒精的犯因性作用表现为：第一，饮用酒类直接构成犯罪。在一些国家和地区，酒后驾驶、在公共场所酗酒等行为，都是为许多法规所禁止的行为。第二，酒精中毒间接引起严重犯罪行为。酒精有可能成为一种"壮胆剂"，会使人的自我控制能力和道德感严重削弱，勇气陡增，因而无所顾忌地进行犯罪活动。

九、犯因性制度因素

犯因性制度因素是指可能诱发犯罪心理和导致犯罪行为的制度因素。制度是指要求大家共同遵守的办事规章和行动准则，制度的重要作用就是约束人们的欲望，指引人们的行为。从理论上来讲，所有人都是潜在犯罪人，所有人都有犯罪欲望和进行犯罪行为的可能性；如果缺乏有效的制度约束和指引，这种可能性就会转化为实际的犯罪行为。大体而言，犯因性制度因素主要包括两方面：一是制度缺失。这是指没有建立起相关的制度的情况。例如，缺乏个人诚信制度，缺乏官员财产申报和公开制度，缺乏真正的新闻媒体监督制度等。二是制度缺陷。这是指已有的制度因存在重大问题而不能发挥作用的情况。很多制度（包括很多法律规定）或者缺乏刚性，人们可以随意解释，也可以轻易规避；或者缺乏严密性，导致有漏洞可钻；或者缺乏问责规定，违反制度不会被追究责任等。这些都是犯因性制度因素的重要方面。

此外，个人居住的犯罪高发邻里和有害的社会风气等，也是犯因性环境因素的组成部分。

十、自然环境因素

在少数情况下，一些自然环境因素也具有犯因性作用。这些可能诱发犯罪心理和导致犯罪行为的自然环境因素主要是指：

（一）高温

高温是指较高的空气温度。研究发现，高温会使个人产生不舒适的生理反应和消极情绪，进而会引起暴力行为和暴力犯罪的增加。首先，过高的气温会引起一系列生理不适反应，如虚弱、头晕、恶心、呕吐等热衰竭现象，迷糊、头痛、走路摇晃等中暑现象以及心跳加速等反应。同时，高温会导致应激激素（主要是肾上腺素和睾酮）分泌增多，以便使人体对高温作出反应，而应激激素与攻击行为有密切关系。其次，高温诱发消极情绪，而消极情绪导致攻击行为和暴力犯罪。高温引起的生理不适反应，使个人变得紧张、急躁、敏感、易怒、冲动、充满攻击性。这些消极情绪构成了暴力犯罪产生的重要基础，易引发暴力犯罪。

（二）人口密度和拥挤

人口密度和拥挤也是引起和助长犯罪心理的重要犯因性环境因素。

人口密度（population density）又称为社会密度（social density），是指在某一空间中聚集

① James Q. Wilson & Richard J. Herrnstein, *Crime and Human Nature: The Definitive Study of the Causes of Crime*, Simon & Schuster, 1985, p. 356.

的人口数量。密度是有关空间有限性的客观指标。拥挤(crowding)是指个人体验到可用空间不够的主观感受。

研究表明,人口密度太大,个人体验到明显的拥挤,都有可能引起较高的唤醒水平,使个人产生生理激动、心理紧张等生理反应,使个人的消极情绪增强、攻击性增加,从而引起暴力犯罪行为的增多。

(三) 噪声

噪声(noise)是频率和振幅紊乱以致给人们带来不良影响的声音。从物理特性来看,噪声是缺乏规律性的振动,它的振幅和频率杂乱、断续,缺乏统计规律;从心理学特性来看,噪声是让人们感到不恰当或者不舒服的声音,会干扰人们的休息、学习和工作,因而是人们不需要、不受欢迎的声音,也是环境污染的重要方面。

噪声具有犯因性作用。噪声会引起消极的情绪变化,导致噪声烦躁(noise annoyance)现象的出现,主要表现为使人们变得不高兴、不耐烦、情绪烦躁、易怒等。同时,噪声也会引起消极的生理反应,主要表现为会使人们心跳加快、血压升高、身体紧张、儿茶酚胺分泌增多、肾上腺素分泌增加等,这些变化会使人们出现应激状态,容易冲动。“因此,从某种程度上说,噪声增加唤醒水平的同时,也使那些已经具有攻击意图的个体表现出更强的攻击行为。”[①]可以说,噪声会增强人们的攻击性,容易导致人们实施攻击型犯罪,特别是很有可能引起那些已经具有愤怒等消极情绪的人进行攻击型犯罪。在这种情况下,噪声变成了引发个人消极情绪暴发的“最后一根稻草”,像导火索那样引起消极情绪的爆发性释放和暴力型行为。

(四) 环境污染

环境污染(environmental pollution)是指由于人类活动造成环境质量下降而危害人类及其他生物正常生存发展的现象。环境污染包括大气污染、水污染、土壤污染、噪声污染等。除了噪声污染之外,其他环境污染同样具有犯因性作用,会引起犯罪行为的增加。英国研究人员罗杰·马斯特斯(Roger D. Masters)等人发表的研究成果证实,工业污染和其他污染会促使人们进行暴力犯罪。他们比较了美国联邦调查局统一犯罪报告计划的数据和美国环境保护署的有毒物质排放调查(toxic release inventory)的数据,结果发现,少年犯罪率高与环境中铅和锰的含量高之间显著相关。他们用神经中毒假设(neurotoxicity hypothesis)解释这种关联性。根据这种观点,有毒污染物特别是有毒金属铅和锰,导致学习障碍,引起攻击行为的增加,特别是导致个人失去对冲动行为的控制力。这些因素与贫穷、社会压力、酗酒和吸毒、个人性格、其他社会因素和心理因素的结合,导致个人实施暴力犯罪。[②]

第四节 犯罪发生的情境因素

一、犯罪情境概述

(一) 犯罪情境及其特征

任何具体的犯罪行为都是在犯罪情境[③]中发生的。犯罪情境(criminal situation, situation

① [美]保罗·贝尔等:《环境心理学》(第5版),朱建军等译,中国人民大学出版社2009年版,第153页。

② Frank Schmalleger, *Criminology Today: An Integrative Introduction*, 7th ed., Pearson, 2015, p. 107.

③ 一些研究者使用了若干其他的概念探讨这类问题。例如,“犯罪场”(储槐植:《刑事一体化与关系刑法论》,北京大学出版社1997年版,第99—114页)、“罪前情景”(张远煌:《犯罪学原理》,法律出版社2001年版,第239—260页)。

of crime)是被犯罪人所感知的发生犯罪行为的具体环境。[①]

犯罪情境不仅是广义上的社会环境的组成部分,也在犯罪行为的发生中起着十分重要且复杂的作用。著名犯罪学家萨瑟兰等认为:"犯罪行为的直接决定因素在于个人和情境的复合体。客观情境对犯罪行为之所以重要,在很大程度上是因为它为犯罪行为提供了一种机会。"[②]同时,犯罪情境中的不同因素的特征,对于犯罪行为的产生与变化,都起着性质和强度很不相同的作用。

犯罪情境的特征是:

1. 动态性

犯罪情境是不断变化着的,它反映了犯罪人与构成这种环境的各个要素之间的动力关系,犯罪行为就是在这种动力关系中发挥作用的各种力量的相互作用下发生的,是有利于犯罪行为实施的力量战胜了不利于犯罪行为实施的力量的结果。因此,把犯罪情境看成是静态的"犯罪情景",是不恰当的。

2. 心理性

构成犯罪情境的各种要素都是被犯罪人所感知到的。从一定意义上讲,犯罪情境是一种"心理场"。正是由于犯罪人在心理上认识到了各种情境要素的存在,这些要素才对犯罪人产生一定意义,对犯罪心理的形成、发展以及犯罪行为的实施,产生不同的作用。那些虽然在犯罪现场客观存在着,但是并没有被犯罪人所察觉,从而也没有对犯罪人产生影响的因素,不能算是犯罪情境的构成要素。

3. 行为性

犯罪情境是与犯罪行为的实施密切相关的一种具体的行为环境,它对犯罪行为的实施起着巨大的促进或者制约作用,对犯罪行为能否顺利实施以及犯罪行为造成的危害性的大小等,都有重要的影响。

4. 直接性

犯罪情境是在实施犯罪行为的当时对犯罪人产生直接影响的那部分环境。因此,它与一般所说的犯罪环境是有区别的。

(二) 犯罪情境与相关概念

1. 犯罪情境与犯罪环境

犯罪情境与犯罪环境既有联系,又有区别。"犯罪环境",是指影响个人形成犯罪心理或者犯罪人格的各种不良因素的总和。犯罪环境与犯罪情境的联系在于,犯罪情境是犯罪环境的一部分,是犯罪环境中影响个人实施犯罪行为的那些环境因素的总和。

犯罪情境与犯罪环境的区别在于:(1) 从包括范围来看,犯罪情境是犯罪环境的一部分,是在实施犯罪行为的当时起作用的那部分犯罪环境。(2) 从个人认识来看,犯罪情境的各种构成要素都不同程度地被犯罪人所认识到;在犯罪环境的构成要素中,有些是被个人明确认识到的,有些则是潜移默化地对个人产生影响的,个人并不一定清楚地认识到这些要素及其产生的影响作用。(3) 从产生作用的时间来看,犯罪情境的构成要素是在实施犯罪行

① 参见吴宗宪:《论犯罪情境》,《社会公共安全研究》1990 年第 1—2 期。

② [美]埃德温·萨瑟兰、[美]唐纳德·克雷西、[美]戴维·卢肯比尔:《犯罪学原理》(第 11 版),吴宗宪等译,中国人民公安大学出版社 2009 年版,第 105 页。

为的当时对犯罪人起作用的，它们主要对犯罪人的犯罪行为的实施，起着直接的、迅速的推动或者阻止作用；犯罪环境的构成要素通常是在实施犯罪行为之前很长的时间内，甚至是在个人出生之前（如在胎儿期受到环境污染物质的侵害）、出生之时（如在分娩时胎儿的大脑受到损伤）或者出生之后不久、幼年时期，就对个人产生影响作用。

2. 犯罪情境与犯罪机会

犯罪情境与犯罪机会是两个既有联系又有区别的概念。“犯罪机会”又称为“犯罪机遇”，它是指有利于进行犯罪活动的环境条件的有机结合。犯罪机会通常由犯罪时间、犯罪地点和犯罪对象三种要素构成。

犯罪情境与犯罪机会的联系在于：犯罪机会是犯罪情境中的一部分，是犯罪情境中有利于作出犯罪决定和实施犯罪行为的那部分犯罪情境。

犯罪情境与犯罪机会的区别在于：从它们与犯罪决策和犯罪行为的关系来看，犯罪情境是一种“中性”环境，它仅仅是犯罪人进行犯罪决策和实施犯罪行为的具体环境，其中既有有利于犯罪行为实施的力量或因素，也有不利于犯罪行为实施的力量或因素。与此不同，犯罪机会则是指有利于犯罪人作出犯罪决定和实施犯罪行为的具体环境。

二、犯罪情境构成要素

犯罪情境通常由下列六类要素构成：

（一）人

犯罪情境主要是根据与犯罪行为的实施有关的人们之间的互动关系而提出的一个概念。人是犯罪情境中很重要的组成要素，离开了特定的人（个人或者人群、群体），就无所谓犯罪情境。客观情境对人们的意义是相对的，并不存在一般的、抽象的犯罪情境。

作为犯罪情境组成要素的人，主要有四类：

1. 犯罪人

犯罪人是犯罪情境中最根本的要素，犯罪情境的存在与其功能的发挥，在很大程度上依赖于犯罪人的状况。有了犯罪人，某些情境才能构成犯罪情境，犯罪情境才能发挥作用；没有犯罪人，就不存在犯罪情境。

2. 被害人

一般而言，被害人就是遭受犯罪行为侵害的人。大多数犯罪行为都是针对具体的被害人实施的，犯罪人与被害人之间的互动关系，是影响大多数犯罪行为的最重要的因素之一。因此，被害人是大多数的犯罪情境的构成要素之一。

3. 执法者

执法者就是专门负责实施法律的国家工作人员，他们是一些犯罪情境的构成要素。执法者由于其职业分工的不同，有不同的类型。各类执法人员都有同违法犯罪行为作斗争的职责，因此，他们在一定情境中的存在及其行为表现，对犯罪人的犯罪行为具有重要的威慑、制止作用。当然，由于刑事执法人员是专门与犯罪行为作斗争的国家工作人员，所以，对于犯罪情境的构成及其功能的发挥来讲，刑事执法人员的作用更加明显。

4. 旁观者

旁观者是除上述三类人员之外的、对犯罪行为的发生有影响的人。这里所说的旁观者是指存在于犯罪行为的发生现场、与犯罪行为的实施没有直接关系，但是对犯罪人和被害人等的心理有一定影响的人。

（二）物

这里所说的物，是指具有经济、心理等方面价值的物质资料或动物。包括建筑物及其布局、结构等特征，各种生产和生活资料与设施，有价证券，重要文件和文书，书籍报刊，有关的动物等。这些物质资料或动物自身的特征（体积、形状、价值等）、所处的位置、管理的情况等，都对犯罪人的犯罪决策和犯罪行为的实施，具有重要的影响作用。对于一些犯罪人而言，缺乏必要的物，就不可能实施犯罪行为。例如，如果没有可以偷窃的物品，盗窃行为就不能实施；如果周围环境中不存在可以损害的物质设施等，破坏犯罪就不可能实施。

（三）事件

事件是指对犯罪人有意义但是不受犯罪人的控制而发生的各种行为和变化。犯罪行为本身就是一种事件，犯罪行为的发生也受有关事件的影响。不以犯罪人的意志为转移而发生的有关事件，对犯罪决策和犯罪行为的实施，会产生制约和影响作用。

（四）状态

状态是指在一定时间内持续存在的事物之间的某种关系。一定的社会生活状态，是影响犯罪人的犯罪决策和犯罪行为实施的重要因素。例如，社区中的社会解组状态（表现为存在文化冲突、缺乏凝聚力、有大量流动人口、缺乏社会组织、缺乏社会规范等），社会治安差的状态（表现为执法人员数量少、素质差，执法不力，以致违法犯罪事件层出不穷，人们普遍缺乏安全感），社会道德堕落状态，独身状态（与配偶离婚、配偶死亡或者成年后没有结婚）。这些状态是犯罪情境的构成要素之一，对犯罪人的犯罪决策和犯罪行为的实施，产生不同的作用。

（五）时间

任何犯罪行为都是在一定的时间中发生的，不同的时间对犯罪人有着积极或消极的意义，对犯罪人的犯罪决策和犯罪行为产生性质不同的作用。一般而言，除了一些必须在白天实施的犯罪行为之外，如白天住宅无人时进行的入室盗窃，黑夜是有利于许多犯罪行为实施的时间。国外的研究表明，强奸、伤害和抢劫等暴力性人身犯罪，大多数是在夜晚发生的；盗窃汽车的犯罪大多也是在夜晚发生的；半数抢劫犯罪是在夜晚发生的。①

（六）地点

任何犯罪行为都是在一定的地点中发生的，不同的地点对犯罪人有着积极或消极的意义，对犯罪人的犯罪决策和犯罪行为产生性质不同的作用。国外的犯罪被害研究表明，暴力性犯罪一般发生在住宅之外：70%的抢劫和50%的伤害发生在街头或者其他公共场所；国外对抢劫、伤害和强奸的官方统计数据也表明，这些犯罪大部分发生在住宅之外，特别是发生在街头。大多数犯罪发生在犯罪人住所附近的地方。②同时，国内外的研究都表明，城市中的犯罪率高于农村；与农村相比，城市是犯罪多发地。

应当指出的是，犯罪情境的构成要素并不是分散地、孤立地存在和发挥作用的。犯罪情境的构成要素往往形成一个有机的整体，形成一个存在多种性质的力量的“力量场”，整体地对犯罪人发挥作用。在这个力量场中，既存在促使、推动犯罪人作出犯罪决定和实施犯罪行为的力量，也存在抑制、阻碍犯罪人作出犯罪决定和实施犯罪行为的力量。这些性质不同的

①② 参见[美]迈克尔·戈特弗里德森、[美]特拉维斯·赫希：《犯罪的一般理论》，吴宗宪、苏明月译，中国人民公安大学出版社2009年版，第14页。

力量交织在一起,互相作用(抗衡、抵消或者促进、助长),对犯罪人产生程度不同(强烈或者微弱)的影响作用,激发、增强或者削弱、消除犯罪人的自我控制和情绪情感……这些内外力量交织在一起,综合地对犯罪人的犯罪决策和犯罪行为发生作用,制约着犯罪决策的内容和犯罪行为的实施。因此,犯罪情境实际上也是一个"心理场",只有当犯罪人克服所感知到的各种制约、阻碍实施犯罪行为的力量,或者利用犯罪情境中有利于犯罪行为实施的因素助长、增强犯罪动机之后,犯罪行为才有可能发生。

三、犯罪情境的功能

犯罪情境的功能是指犯罪情境对犯罪人的犯罪决策和犯罪行为所产生的影响作用。这种影响作用主要有三种:

(一)引起犯罪行为的发生

一些犯罪情境会引发犯罪行为。研究表明,"尽管一些无理性的或者精神紊乱的人可能不考虑潜在后果地实施犯罪行为,但是,大多数犯罪行为是受直接变量或者情境性变量决定和指导的:当人们认为犯罪行为会带来有益的后果时,就会实施犯罪行为。"[①]犯罪行为对犯罪人可能产生的实际后果以及犯罪人对犯罪后果的预计,在很大程度上都是受犯罪情境制约的。当犯罪人产生犯罪动机时,就会选择有利于犯罪行为实施的犯罪情境,进行犯罪行为。例如,在夜晚进行盗窃犯罪,诱使被害人处于醉酒、昏迷等状态中进行犯罪行为,等待财物的所有人或者看管人离开财物时将其拿走等。

同时,一些有利于犯罪行为实施的犯罪情境(即犯罪机会),会使一些微弱的犯罪心理迅速膨胀,犯罪人的犯罪动机得到增强,促使犯罪人立即作出犯罪决定和实施犯罪行为。例如,夏天到邻居家串门的人,看到女主人独自裸体睡觉,以致激起强烈的性冲动,立刻实施性犯罪行为。

此外,个人受到突发性的或者强烈的不良情境因素的刺激时,也会迅速产生犯罪动机和实施犯罪行为。例如,个人在公共场所无缘无故地受到别人的嘲笑戏弄、侮辱谩骂时,也有可能迅速产生犯罪动机和实施犯罪行为。

(二)影响犯罪行为的方式

犯罪情境会影响犯罪行为方式。任何犯罪行为都是按照一定方式进行的。已经产生犯罪动机和作出犯罪决定的人,究竟采取什么发生方式或者手段实施犯罪行为,除了受犯罪行为的性质和犯罪人自身特点的制约外,在很大程度上是由犯罪情境决定的。尤其是在犯罪情境中的某些构成要素发生变化的情况下,犯罪情境对犯罪行为方式的决定作用,表现得更加明显。例如,采用秘密手段进行犯罪行为的犯罪人,在其行为被犯罪被害人发觉之后,就有可能采取暴力手段,公开实施犯罪行为;正在使用欺骗方式试图获取被害人的钱财的犯罪人,在其欺骗活动被识破之后,就有可能采取抢劫等方式实现犯罪目的。犯罪人在进行犯罪行为中使用的手段或方式,在很大程度上取决于犯罪情境中有关因素的出现和变化,特别是受被害人和其他有关人员对犯罪行为的态度和行为反应的制约。

(三)阻止犯罪行为的进行

犯罪情境会阻止犯罪行为。在犯罪人即将或者已经进行犯罪行为时,犯罪情境中某些

---

① Larry J. Siegel, *Criminology: Theories, Patterns and Typologies*, 5th ed., West Publishing Company, 1995, p. 115.

要素的出现或者变化,可能对犯罪人的犯罪动机和犯罪决策产生阻碍、遏制作用,迫使犯罪人打消或者暂时放弃犯罪决定,停止犯罪行为的进行。犯罪行为的停止可能有两种情况:第一种是彻底放弃实施犯罪行为。第二种是暂时停止犯罪行为。在这种情况下,犯罪人会伺机再动,等待阻止犯罪行为的因素消失之后,或者改变犯罪地点,继续进行犯罪行为;也有可能在改变犯罪目标或者犯罪方式之后,继续实施犯罪行为。

四、犯罪情境与犯罪动机转化

犯罪情境对犯罪行为的影响作用,往往是以犯罪动机的变化为中介的。犯罪情境首先影响犯罪人的犯罪动机,使犯罪动机发生不同的变化,进而影响到犯罪人的犯罪决策,然后再引起犯罪行为的相应变化。因此,犯罪动机的转化往往是与犯罪行为的变化相一致的。

在犯罪情境的影响下,犯罪动机会向不同的方向发展、演变或转化。这种转化主要表现为两种情况:

(一) 犯罪动机的良性转化

犯罪动机的良性转化是指在犯罪情境因素的作用下,犯罪人放弃犯罪动机或者减轻犯罪动机的反社会性的现象。出现这种转化时,犯罪人可能停止实施犯罪行为,或者实施危害性较小的犯罪行为,或使用比较缓和的手段实施犯罪行为,以便减轻犯罪行为的危害性。

(二) 犯罪动机的恶性转化

犯罪动机的恶性转化是指在犯罪情境的影响下,犯罪人的犯罪动机的反社会性加重或者产生了更加严重的犯罪动机的现象。

【本章小结】

个体犯罪行为是犯罪现象最基本的构成单位,也是最典型的犯罪行为。在研究这种犯罪行为的产生过程中,需要探讨其产生的机制,也就是犯罪行为机制,即犯罪行为发生的动力、过程与模式的总称。

犯罪行为发生机制包括四个方面的内容:第一,犯罪行为发生的动力机制。主要是指犯罪动机的作用,还包括犯罪人的兴趣、偏颇的价值观等。第二,犯罪行为发生的纵向过程。主要包括犯罪动机的形成、犯罪决策的完成、犯罪行为的实施与结束等阶段。第三,犯罪行为发生的横向模式。主要包括六种具体模式。第四,犯罪人与周围环境的互动机制。

个体犯罪行为发生,首先与犯罪人自身的因素(个体因素)有关。存在于个人自身并影响犯罪心理形成和犯罪行为产生的个体因素通常分为两类:心理学因素和生理学因素。

个体犯罪行为的发生,也与环境因素,特别是社会环境因素有一定的关系。因为推动个人进行犯罪行为的犯罪动机,是受社会环境的影响而产生的,同时,犯罪行为也是在社会环境中发生的。社会环境中的一些因素与犯罪行为的产生关系更为密切。

任何具体的犯罪行为都是在犯罪情境中发生的。犯罪情境不仅是广义上的社会环境的组成部分,也是犯罪行为发生的具体环境,对于犯罪行为的产生与变化,起着复杂的作用。

【本章思考题】

1. 什么是犯罪行为机制?
2. 什么是犯罪动机?它有什么特点和类型?
3. 举例分析犯罪行为的实施方式。

4. 简述犯罪行为发生的横向模式。

5. 谈谈犯因性心理因素与犯罪的关系。

6. 谈谈犯因性行为因素与犯罪的关系。

7. 谈谈犯因性生理因素与犯罪的关系。

8. 谈谈犯因性环境因素与犯罪的关系。

9. 谈谈犯罪情境的概念与功能。

【本章参考文献】

1. 吴宗宪:《犯罪心理学总论》,商务印书馆2018年版,第三、五、七章。

2. 吴宗宪:《犯罪心理学分论》,商务印书馆2018年版,第一、四章。

3. 吴宗宪:《罪犯改造论——罪犯改造的犯因性差异理论》(第二版),商务印书馆2019年版,第三、四章。

4. [美]亚历克斯·皮盖惹主编:《犯罪学理论手册》,吴宗宪主译,法律出版社2018年版,第十九章。

5. [美]迈克尔·戈特弗里德森、[美]特拉维斯·赫希:《犯罪的一般理论》,吴宗宪、苏明月译,中国人民公安大学出版社2009年版,第二章。

6. [美]埃德温·萨瑟兰、[美]唐纳德·克雷西、[美]戴维·卢肯比尔:《犯罪学原理》(第11版),吴宗宪等译,中国人民公安大学出版社2009年版,第五章。

7. [俄]阿·伊·道尔戈娃:《犯罪学》,赵可等译,群众出版社2000年版,第三章第二节。

8. [英]Ronald Blackburn:《犯罪行为心理学:理论、研究和实践》,吴宗宪、刘邦惠等译,吴宗宪校,中国轻工业出版社2000年版,第六章至第十一章。

第七章　群体犯罪现象发生的一般原理

有效的犯罪对策是以科学的犯罪原因论为基础的，只有犯罪原因是科学的，犯罪对策才可能是有效的。科学犯罪原因所探讨的对象，主要应当是群体犯罪现象的原因而不是个体犯罪行为的原因。犯罪原因是犯罪学理论最为发达的部分。本章将主要探讨关于犯罪现象产生原因的一般理论，并注重概念、范畴的建立，为科学的犯罪现象原因论提供理论工具和方法。

第一节　群体犯罪现象发生概述

一、群体犯罪现象的概念

“群体”是个借用的词语。在社会学中，“群体”是相对于“个体”而言的。群体是由一定数量的人组成并按照已经形成的和持久的方式相互进行交往的人群。这里的“群体”不是专门群体，而是社会的类属，属于集合体性质。①在此意义上，群体就是一定数量个体的集合。群体犯罪现象就是一定数量的个体犯罪现象的集合体。其中的“一定数量”包括“总数量”，在逻辑上，群体犯罪现象更多的是指个体犯罪现象的总数量。因此，“群体犯罪现象”的概念实际上相当于“总体犯罪现象”的概念。但是，从理论研究的角度看，采用“群体犯罪现象”要比“总体犯罪现象”更合适一些。因为：一是对于实际发生的犯罪现象来说，事实上永远存在着犯罪黑数，没有可能掌握和研究实际上的总犯罪数；二是与个体相对的概念是“群体”而不是“总体”。群体犯罪现象实际上只能指一定时空内的群体犯罪现象，是个相对的概念。

群体犯罪现象概念是作为与“个体犯罪现象”和“个体犯罪行为”相对的概念而存在的，它们既有联系又有区别。

在阐述它们的关系之前，有必要对这里使用的“现象”一词加以说明。无论是“群体犯罪现象”还是“个体犯罪现象”中的“现象”一词，都不是在哲学的“本质和现象”的意义上使用的。这里的“现象”一词具有指称客观事物的意义，同时也有对犯罪这个事物在社会发展变化中所表现出来的外部形态和联系的抽象的意义。也就是说，“群体犯罪现象”表达了对社会上客观存在的普遍的犯罪事实的抽象。“个体犯罪现象”表达了对社会上客观存在的个别（具体）犯罪事实的抽象。而“个体犯罪行为”则仅仅是指具体的个体所实施的具体的犯罪事实。

群体犯罪现象与个体犯罪现象既有区别又有联系。与个体犯罪现象比较，群体犯罪现象突出表现出量的属性，也就是具有群体性、普遍性；而个体犯罪现象则具有个别性（或单一性）、特殊性。当然，它们的社会危害性也不同，前者的社会危害性大于后者。群体犯罪现象由个体犯罪现象所构成，个体犯罪现象包括在群体犯罪现象之中。简单地说，它们之间是整

---

① 参见［美］刘易斯·科塞等：《社会学导论》，杨心恒等译，南开大学出版社 1990 年版，第 115—116 页。

体与部分、一般与个别的关系。但是,整体不是部分的简单相加,而是一种结构性的有机组合,具有了不同于部分相加为总体的新属性。犯罪现象不能只归结为数量统计上的标志,它还有更重要的其他的特征。这些特征在不同的社会表现是不同的;犯罪现象发生的原因和发展趋势不同,犯罪现象的结构和动态也不同。

个体犯罪行为与个体犯罪现象的不同就在于前者是具体的,指具体犯罪人所实施的犯罪,而后者是抽象的,指抽象的犯罪人所进行的抽象的犯罪行为。前者指称的是客观上的犯罪事实,后者指称的是主观上的犯罪现象。

二、群体犯罪现象的基本特征

第一,犯罪现象具有阶级性。犯罪与国家、法律一样,都是在社会分裂为阶级以后产生的,它们都是阶级对立的产物。虽然在没有阶级的原始社会里有杀人、抢劫等行为,但是,这些行为与阶级社会里的杀人、抢劫有本质的不同,原因就在于阶级性决定了行为的性质。

第二,犯罪现象具有相对性。一般地说,犯罪是法律规定的现象。而法律是统治阶级意志的表现,确定犯罪行为的法律评价标准是统治阶级价值观。这就决定了,在阶级社会里,人们对罪和非罪的评价标准不可能是一致的,有时甚至是完全相反的。因而犯罪现象具有相对性。

第三,犯罪现象具有暂时性。马克思主义认为,犯罪现象不是从来就有的,是社会分裂为阶级社会以后才出现的现象,当阶级消灭,犯罪现象也就不存在了。所以说犯罪现象是暂时的历史现象。显然,马克思主义在这里所说的犯罪概念是阶级法律意义上的犯罪概念,不是社会学意义上的。

第四,犯罪现象具有社会性。实施犯罪行为的人是社会成员,犯罪的主体具有社会性。犯罪现象产生的原因和条件、犯罪现象所造成的危害,都具有社会性。犯罪现象的社会性把犯罪现象与背离社会的行为联系起来,使它们具有相同的连接点和某些相同的属性。

三、研究群体犯罪现象发生的意义

从理论上划分,犯罪现象有两种基本表现形式,即群体犯罪现象和个体犯罪现象。这种划分具有重要的理论意义。因为,从犯罪学的发展来看,群体犯罪现象范畴的提出,对犯罪学的发展具有根本性的意义。传统犯罪学大都把犯罪学的研究对象确定为个体犯罪现象,对犯罪进行个体化的研究,这就很难发现犯罪现象的本质特征及其发展变化规律,使犯罪学的发展受到极大的阻碍。在犯罪学中,研究群体犯罪现象的发生,也就是以群体犯罪现象(而不是个体犯罪现象)作为犯罪学的研究对象具有重要的理论意义。

首先,这样确定犯罪学的研究对象,有利于认识犯罪现象的本质。从犯罪学是研究"犯罪"的命题中,可以推导出以下结论:确定犯罪学的研究对象,就等于定义犯罪学中的"犯罪"概念;换言之,定义犯罪学的"犯罪"概念,就等于确定犯罪学的研究对象。二者是一个问题的两个方面。如果把犯罪学的研究对象确定为"个体犯罪现象",就等于把犯罪在本质上定义为个人现象;相反,如果把犯罪学中的"犯罪"概念确定为群体犯罪现象,就等于把"犯罪"在本质上定义为社会现象。在犯罪学理论中,犯罪是个人现象还是社会现象,这是个原则性问题。无论从原因还是存在的角度上看,犯罪在本质上都属于社会现象而不是个人现象。因为,犯罪现象与社会具有密切的联系,在一定的社会条件下犯罪现象的存在是必然的;犯罪产生于社会,反过来又危害社会,因而被社会定义为犯罪。把犯罪定义为个人现象,在原因和存在两个方面看都是不正确的。因此,只有把犯罪学的研究对象确定为群体犯罪现象，才有可能认识犯罪现象的本质。

其次，这样确定犯罪学的研究对象，有利于揭示犯罪现象产生的根源。犯罪根源存在于社会还是存在于个人之中，一直是犯罪学争论不休的问题。把犯罪作为个体行为进行研究，只能看到一个个孤立的个人在他自己具体的动机、目的支配下而实施的有意识的行为，某人实施犯罪还是不实施犯罪，似乎完全是由他个人意识决定的。只有把社会上的具体犯罪现象和行为抽象为群体犯罪现象，对其系统地进行结构和动态分析，才有可能看到犯罪现象与某些社会现象密切相关，犯罪现象随着某些社会现象的产生、变化而产生和变化，犯罪现象根源于社会而不是个人，才有可能看到支配具体犯罪人进行犯罪的动机和意识，归根结底是由社会决定的。

最后，这样确定犯罪学的研究对象，才有可能为科学犯罪学的健康发展提供充分条件，有利于犯罪学学科的发展。个体犯罪现象属于具体的、个别的社会现象，是没有或缺少应有的理论抽象的现象。群体犯罪现象范畴实际上是对个体犯罪现象和行为的理论抽象，不仅正确地概括（抽象）了犯罪现象，揭示了犯罪现象的本质，而且更重要的是，无论从学科还是从理论上看，群体犯罪现象都具有范畴的意义，可以为犯罪学的发展提供最重要的科学工具，使犯罪学具有充分的发展条件，从而才有可能满足犯罪学理论本身发展的需要和社会对犯罪学理论的需要。

第二节　系统结构犯罪原因论概述

一、犯罪原因论的概念

犯罪原因论是指阐释犯罪现象产生的整个理论体系，也就是有关犯罪现象产生原因的全部理论。犯罪学形成和产生之初只有犯罪原因的概念而没有犯罪原因论的概念，当时还认为犯罪的产生很简单，是由单一因素引起的，即单因素理论。单因素理论就是以一种犯罪原因或者以一种引起犯罪的因素占主导地位来说明犯罪产生的理论。在20世纪初以前，不管认为犯罪产生是人类学的原因还是心理学或社会学等原因，他们都坚持这种单因素理论观点。这种观点只能产生犯罪原因的概念而不可能有犯罪原因论的概念。

随着犯罪学理论研究的深入发展，研究者渐渐认识到犯罪现象的产生是个很复杂的过程，要完整地阐释犯罪现象产生需要一个科学的理论体系，于是产生了犯罪原因论的概念。

犯罪原因论是在20世纪的头十年，随着犯罪多因素理论的产生而出现的。犯罪多因素理论认为，犯罪是由多种与犯罪没有性质和程度区别的互相没有关联的引起犯罪因素影响而产生的。这种理论认为，犯罪是由大量的机械联系着的因素影响产生的。所以，在后来的犯罪学中就出现了“因素群”的概念，意思是引起犯罪产生的因素不仅不是单一的，而且是大量的。因而，在犯罪学中把与犯罪产生有关的各种因素通称为“引起犯罪因素”，“因素群”实际是“引起犯罪因素群”的简称。研究“因素群”中的各种引起犯罪因素是如何影响犯罪产生的理论就是犯罪原因论，而不是犯罪原因，这样就出现了犯罪原因论的概念。

犯罪原因论的具体内容则因研究者的观点和方法的不同而各不相同。在犯罪学中关于犯罪产生的不同观点和方法，实际上就是根据不同的犯罪原因论而形成的。大多数西方犯罪学学者都坚持犯罪的多因素理论，认为“引起犯罪因素群”中的每一个因素在一定情况下可以独立地起作用，因素群中的因素相互之间没有主次，也没有原因与条件之分，它们之间存在的唯一区别是在犯罪产生中出现频率的多少。一般地说这些学者只重视研究每个因素与犯罪的孤立联系，而很少或者根本就不研究各种因素之间的相互联系。所以，在西方犯罪学中一般不使用“犯罪原因论”这个概念，而经常使用“引起犯罪因素”的概念；即使使用犯罪原因论的概念，也是在多因素的意义上使用的，含义与我们的理解也不同。

二、系统结构犯罪原因论

从科学的观点看，犯罪原因论是个复杂的系统结构，是研究各种主、客消极影响与犯罪产生之间的因果关系和其他关系等的理论，包括犯罪产生的决定性因素，犯罪形成和产生的主、客观因素，犯罪人的个性及其与社会环境的关系等。

研究犯罪原因论要坚持科学辩证唯物论的科学方法。犯罪首先是种社会现象，因此必须先从社会这个宏观角度出发，把犯罪作为群体社会现象进行整体的一般研究。然而，实际上发生的犯罪又多是以个人行为表现出来的现象，与个人的各种因素有关。所以也要对个人的个性和其他的有关方面进行具体研究。

犯罪的产生是社会影响与个人的个性特征综合作用的结果。但是，两者在犯罪产生中的作用并不是同等和并列的关系，而是决定与被决定的关系。从根源上说，犯罪人的犯罪个性不是来源于犯罪人自身，不是犯罪人头脑中固有的，更不是先天遗传的，而是来源于社会。所以说犯罪归根结底是由社会决定的。“犯罪是社会现象”这个命题的基本含义就在于犯罪根源于社会而在本质上又危害社会。所以，研究犯罪现象原因的基本原则是：把犯罪作为群体社会现象放在社会背景下，在把社会作为犯罪现象产生的总根源的前提下，将引起犯罪的社会和个人因素结合起来进行辩证研究。根据以上的认识，犯罪原因论应当是个系统结构，称为系统结构犯罪原因论。

系统结构犯罪原因论，是指以纵横交错而有机结合在一起的、作用性质和程度不同的、互相影响和作用的引起犯罪的社会因素和个人因素的综合体系来解释犯罪现象产生的理论体系。系统结构犯罪原因论的基本内容包括：引起犯罪的因素包括社会和个人两个方面因素，它们之间的关系是以社会因素为基础的、互相影响和作用的有机联系的关系，而不是互不相干的各种因素孤立的简单的集合体；各种因素对犯罪产生的作用力有层次、性质、数量、程度、时间、距离等的区别。层次性表现为引起犯罪因素在犯罪产生中所起作用的直接性和间接性，如犯罪根源、犯罪其他原因等；性质表现为引起犯罪因素有犯罪原因、犯罪条件和其他影响因素的区别；数量表现为引起犯罪产生因素的多和少；程度表现为引起犯罪因素在犯罪产生中作用的大和小；时间表现为引起犯罪因素在犯罪产生中所起作用的早和晚；距离表现为引起犯罪因素在犯罪产生中所起作用的远和近。各种引起犯罪因素对犯罪产生的作用是个综合而复杂的过程，不是单一的简单的联系；社会因素与个人因素之间不是平等、并列的关系，而是以社会因素为决定作用的对立统一关系。

第三节　犯罪原因论中的基本范畴

范畴和概念不仅是理论体系的构成要素，而且也是学科的基本要素。没有基本范畴和概念就不可能有独立的理论体系和成熟的学科。系统结构犯罪原因论的基本构成要素是犯罪原因的基本范畴。

作为犯罪学中的重要问题和基本范畴，“犯罪原因”由“犯罪”和“原因”两部分构成。系统结构犯罪原因论要求在这两个方面都应当抽象出必要的范畴、概念。

一、在"犯罪"方面的基本范畴

(一) 违法与犯罪

这是我国刑法学中经常出现的一对范畴。我国刑法学理论认为"违法"与"犯罪"有着严格的区别,甚至认为二者有本质上的不同。刑法学研究以法认定犯罪和适用刑罚,涉及人的基本权利乃至生命,所以在刑法学看来,罪与非罪有本质的不同,不管行为本身如何,即使违反了法律,如果依法不构成犯罪,那么,这种行为就属于非罪,就与犯罪有本质的不同。然而,犯罪学与刑法学不同,犯罪学是站在法律之外看待违法与犯罪的问题。当研究者的视角从刑法的规定中离开而站在社会的角度看问题时,违法与犯罪的区别界限就变得模糊了,开始从社会危害性而不是法律上看待问题,那么,违法(各种)与犯罪都是对社会有害的行为,它们之间只有程度上的不同而没有性质上的区别。从根源上看,违法与犯罪产生于相同的根源。所以,犯罪学所研究的犯罪,实际上是指具有"犯罪性"的行为,也就是具有某种性质和程度的社会危害性的行为。为了探讨犯罪的产生,犯罪学不能不研究某些违法行为的产生。这是犯罪学不同于刑法学的预防和控制犯罪的学科任务决定的。因此,在犯罪学中,违法与犯罪没有严格区别,不是与犯罪相对的含义明确的独立范畴。犯罪学的犯罪包含某些违法行为。

(二) 犯罪的法律概念与社会学概念

当历史上还没有出现犯罪学的时候,法律是认识和对待犯罪的唯一出发点,犯罪只是法律上的问题,离开法律就没有对犯罪问题的认识和对待。犯罪被限定在狭窄的法律空间之内来认识和对待。所以,当19世纪后期犯罪学冲破传统而从社会角度认识和对待犯罪问题时,给犯罪理论领域的研究所带来的冲击不仅是一种界域的拓宽,更是一种界域的转换。把原来只从法律的角度认识和对待犯罪问题转换为从社会学的角度,这是种了不起的转换,可以称之为历史性的转折。因为,只有从社会学角度认识和对待犯罪问题,才真正开辟了认识和对待犯罪问题的科学道路。所以,当1885年第一位以"犯罪学"命名自己著作的加罗法洛在其著作的开头就来论证"建立犯罪的社会学概念的必要性"时,他说,在他看来,研究的第一步应该是找到犯罪的社会学概念。如果认为正在探讨一种法律概念,并进而认为这种定义只是法学家的事,这是行不通的。[①]因为,犯罪首先是一个社会问题,对犯罪问题的真正的科学认识,首先是对犯罪问题的社会学研究而不是法律研究。所以,在传统上只有犯罪的法律研究的基础时,开始进行犯罪的科学理论研究,就必须要确定犯罪的社会学概念。因此,犯罪的法律概念和犯罪的社会学概念是犯罪学的一对基本范畴。

在确定犯罪概念或者说评价什么是犯罪行为的时候,实际上有两个出发点,也是两个标准:一个是法律,另一个是社会。从法律出发,以刑法的规定为标准,认为犯罪是对法律的破坏。这样,不仅对犯罪的确定而且包括对犯罪的处理和对待,仅限于法律的规定,在法律的意义上认识和使用犯罪概念,这就是犯罪的法律概念。从一定的社会(社团或群体)出发,以一定的价值观念为标准,认为犯罪是对一定社会价值的侵害,是对一定的社会(团体或群体)基本利益的破坏,在社会价值或社会道义上认识和使用犯罪概念,这就是犯罪的社会学概

① 参见[意]加罗法洛:《犯罪学》,耿伟、王新译,中国大百科全书出版社1996年版,第19页。

念。在汉语中，经常用“罪”“罪恶”“罪孽”等词语表示，有时也用“犯罪”一词表示。在外语中常用“越轨行为”“偏离行为”表示，更多地使用“背离社会行为”[①]一词表示。犯罪概念的这种划分，既符合事实，又有科学方法论的意义。

首先，社会学意义上的犯罪虽然不是法律上的规定，却是客观上存在着的事实。例如有的犯罪学家指出的“白领犯罪”“政府犯罪”等社会现象，虽然不是法律上的犯罪，但却是事实上存在的犯罪。马克思主义经典作家在批判剥削阶级社会时所说的“国家犯罪”[②]“社会谋杀”[③]“贪污和浪费是极大的犯罪”[④]中的“犯罪”就是从社会道义上说的，就是社会学意义上的犯罪概念。虽然这些都不是法律上的犯罪，却是道义上的犯罪。

其次，这样划分和确定犯罪概念有利于更深刻地认识犯罪的本质和本源，认清无阶级社会有没有犯罪的问题。众所周知，马克思主义认为，犯罪是伴随私有制、阶级、国家和法的产生而出现的现象，有国家和法才有犯罪。随着国家和法的消亡，犯罪也就消亡了。原始社会和共产主义社会没有阶级、国家和法，因此也没有犯罪。可是，恩格斯曾经明确地指出原始社会存在“杀人”“行凶”[⑤]“伤害”[⑥]等“罪大恶极”的行为。列宁也指出过，在共产主义社会的一定阶段也将仍然有“捣乱”[⑦]行为。这实际上是不矛盾的。因为，马克思主义创始人就是在两种意义上即法律意义和社会学意义上使用犯罪概念的。他们在说阶级社会里的犯罪时，从来都是把犯罪与国家和法相提并论的，实际就是法律意义上的犯罪；而他们说的无阶级社会的“杀人”“捣乱”等“背离社会行为”，其实就包括在社会学意义上的犯罪概念之中，也可以说是社会学意义上的犯罪。作为国家法律意义上的犯罪是阶级社会里特有的现象；作为社会学意义上的“罪”即“背离社会行为”，不但在阶级社会里存在，在无阶级社会也存在。这种性质的行为，与人类社会同时出现并将伴随人类社会永远存在下去。因为社会学意义上的“犯罪”行为的本质是背离社会性，是在一定社会群体的人们利益一致基础上出现的偏离社会群体共同生活准则的行为，没有阶级对立性，与“违章”“违纪”行为相似。严格地说，马克思主义的国家法律意义上的犯罪概念，与本书前面所说的犯罪的法律概念的含义是不完全相同的。准确地说，马克思主义的犯罪法律概念是政治、阶级意义上的法律概念。

最后，犯罪概念的这种划分，丰富了犯罪原因的研究对象，在预防犯罪等犯罪对策方面深化了犯罪原因论的理论价值。法律对犯罪行为的规定总是有限的，由于各种原因，许多有害于社会的行为并没有被法律规定为犯罪。例如，在我国，吸毒、卖淫、自杀、以权谋私等行为，在很多情况下法律都没有规定为犯罪。然而，这些行为和其他违法犯罪行为一样，不仅危害社会，而且常常直接引起或导致各种其他犯罪的发生。这些行为常常是更严重的犯罪的前奏，是犯罪产生的不可回避的研究对象。犯罪的社会学概念，还可以把那些法律没有规定犯罪而又有害于社会的“犯罪性”行为纳入犯罪原因论研究之中，有利于犯罪原因论研究

---

① 即我国经常译为的“反社会行为”。这种译文与原意并不贴切，比较接近原意的应当是“背离社会行为”。

② 《马克思恩格斯全集》第26卷，人民出版社1960年版，第416页。

③ 《马克思恩格斯全集》第2卷，人民出版社1960年版，第394页。

④ 《毛泽东选集》第1卷，人民出版社1991年版，第134页。

⑤ 《马克思恩格斯选集》第4卷，人民出版社1995年版，第88页。

⑥ 《马克思恩格斯选集》第4卷，人民出版社1995年版，第85页。

⑦ 《列宁全集》第25卷，人民出版社1990年版，第450页。

的深化。同时,犯罪的社会学概念有利于透过法律规定这种表面现象发现犯罪根源于社会的本质认识。这样,就使犯罪原因论在犯罪对策上有了更深刻的理论意义。

犯罪既属于法律范畴,同时也属于社会范畴,所以,犯罪经常被称为社会法律现象。在多数情况下,犯罪的法律概念与犯罪的社会学概念是一致的、统一的,是同一现象的两个方面。法律规定的犯罪是其作为危害社会的社会现象的法律表现形式,没有社会上的危害社会行为和现象,就不会有法律上的犯罪规定;有了犯罪的法律规定,才有认定犯罪和确定犯罪概念的准确依据和参考。所以,确定犯罪学的犯罪概念应以法律对犯罪的规定作为基本根据。但是,犯罪的法律概念与犯罪的社会学概念有时是矛盾的。法律规定为犯罪的某些行为,从社会学观点(实际上也可能是犯罪学研究者)看来,则不认为是犯罪;反之,法律没有规定为犯罪的某些行为,从社会学观点看来却是犯罪。这不仅在世界各国之间是如此,即使在一个国家之内也是如此。

在确定犯罪学的犯罪概念时,应以犯罪的法律概念作为基本参考,以犯罪的社会学概念和方法来修正和完善犯罪的法律概念。犯罪的社会学概念自然体现着主体自身的社会价值和立场,无论是有阶级的社会还是无阶级的社会,这种犯罪概念本身就包含着主体的价值评价。在犯罪学研究中,在使用犯罪概念时,研究者总是随时表达着自己的价值观和立场,因此,对于犯罪这种价值性鲜明的概念是必须时刻加以注意的,否则就会出现错误。

(三)个体犯罪现象与群体犯罪现象

这一对范畴对犯罪学极为重要。从犯罪的表现形式上把犯罪划分为个体犯罪现象与群体犯罪现象,既是研究犯罪现象的需要,也是两种犯罪现象的客观表现形式。这样划分是认识论与方法论的统一。

个体犯罪现象是以个体行为表现出来的具体的犯罪现象,刑法学主要以个体犯罪为研究对象。群体犯罪现象是一定地方的一定时间内的个体犯罪现象的总和。犯罪学应当主要以群体犯罪现象为基本研究对象。

犯罪是以个人行为表现出来的。在犯罪学产生以前或者说在群体犯罪现象概念产生以前,社会从来都是把犯罪看作孤立的个人对社会的危害,把犯罪作为个人行为来对待和处理,以个人承担刑事责任作为犯罪行为的结果和社会反应。为了准确地以法处理认定犯罪和适用刑罚,刑法学便应运而生,把犯罪作为纯粹的个人行为,研究法律对犯罪规定的构成规格等定罪量刑需要的东西。因此,刑法学并不研究犯罪现象本身,而研究犯罪的法定构成条件和处罚。认为刑法学是研究犯罪的观点,贻误了人类对犯罪现象的科学认识进程,妨碍了对犯罪现象本质、起源和变化规律的认识,造成了长期的犯罪对策的单一化,把刑罚作为防治犯罪的唯一手段,影响了犯罪对策的多样性和有效性。

19 世纪初前后西方有的国家所进行的犯罪统计,[①]从方法到内容上,结束了误认为刑法学研究犯罪的虚幻事实,开辟了真正对犯罪现象本身进行科学认识的道路,开始了对犯罪现象的科学而艰难的研究历程。犯罪统计对犯罪所进行的考察,实质上是在法律之外,从社会(学)的角度,把犯罪作为一种群体的社会现象来进行研究。简单地说就是:把犯罪作为群体社会现象,对其进行法律学以外的社会学等各种学科的研究。对犯罪现象的科学认识来说,

① 参见本书第四章第一节“犯罪学的产生”部分。

这是历史性的转折,准确地说是起始。这种把犯罪现象作为社会现象的科学而不是法学的研究,才有可能发现犯罪现象的产生和变化的规律,才有可能认识到犯罪不是个人现象,也不是自然现象,而是社会现象的本质和本源,从而才有可能制定出多样而有效的犯罪对策。这完全应当归功于群体犯罪现象范畴的发现和提出。作为一个国家,要对犯罪现象有全面的科学认识和把握,从而制定出高效的治理犯罪对策,其中包括高水平的刑事立法,就要有对犯罪现象的群体的法学之外的科学研究,犯罪学就是授命于此而产生的学科。犯罪学的理论价值在很大程度上取决于把自己的研究对象建立在群体犯罪现象范畴上。当然,犯罪学不能只研究群体犯罪现象而不研究个体犯罪现象。这两者本来就是辩证统一的关系,因此,也应当在这个基础上对它们进行研究。

二、在"原因"方面的基本范畴

犯罪是由许多因素综合影响产生的,是个复杂的过程。犯罪"原因"方面的范畴的重要意义,在于能够科学地说明这些引起犯罪因素与犯罪产生的关系的性质和程度。

(一) 横向结构

按照引起犯罪因素对犯罪产生所起作用的性质,即系统犯罪原因论的横向结构,可以将引起犯罪的因素划分为:犯罪原因、犯罪条件和其他引起犯罪的因素;在不对引起犯罪产生的因素的性质进行划分时,则经常笼统地将其称为引起犯罪因素。

1. 犯罪原因与犯罪条件

这是从引起犯罪因素对犯罪产生在性质上进行的划分。犯罪原因是指决定犯罪产生的因素。犯罪条件是指使犯罪的产生成为可能的因素。决定犯罪产生的因素中的决定作用是有条件的:一个是犯罪条件的存在。决定性因素能够起到决定的作用,必须要有必要的条件存在,没有必要的条件,决定性因素也不可能起到作用。另一个是犯罪主体对行为的选择。社会现象的因果关系不同于自然现象,没有主体的选择,即使有原因和条件,结果也不能产生。有时,犯罪原因和条件一起被称为广义的犯罪原因;还有时一起被称为决定性因素,以区别于那些间接起作用的因素。

2. 其他引起犯罪因素

在犯罪学研究中,有许多因素既不是犯罪原因,也不是犯罪条件,被统称为其他引起犯罪因素。这些因素同犯罪的关系是不确定的,只是在犯罪的产生中起到影响的作用。

(二) 纵向结构

按照系统犯罪原因论层次即纵向结构的构成,可将犯罪"原因"范畴依次划分为:犯罪根源、犯罪基本原因、犯罪直接原因和条件、犯罪诱因、犯罪人的犯罪个性。

1. 犯罪根源[①]

犯罪根源是指引起犯罪产生的最深层的终极原因,具体地说就是个人与社会的对立。它虽然距离犯罪行为的产生较远,但是,它却在社会整体上最终制约着犯罪的产生和变化。犯罪根源一般不直接产生犯罪,是在深层决定和影响着犯罪的基本原因和直接原因。

2. 犯罪基本原因

犯罪基本原因一般是指与社会生产关系、上层建筑等方面有直接关系的影响犯罪产生

---

① 详见本章第四节。

的原因，如社会政治、经济制度以及与此相关的其他方面的社会现象。在不同的社会里，它们的内容是不同的，应当进行具体分析。

3. 犯罪直接原因和条件

犯罪直接原因一般是指与人们生活有直接关系的政治、经济、文化、道德、风俗习惯等社会环境方面的影响犯罪产生的原因。与犯罪基本原因比较，它是犯罪产生的更近层次的原因，直接决定犯罪的产生。一个社会里近期内犯罪动态的变化，一般地说，往往与犯罪直接原因的关系更大一些。犯罪条件是指使犯罪产生成为可能的环境和影响等各种因素。

4. 犯罪诱因

犯罪诱因是指与作出实施犯罪行为决定有关的外部影响和直接挑起的因素。这些因素可能是挑拨、劝说、唆使、刺激等行为，也可能是其他的各种事件，甚至还包括实施犯罪的方便和可能的一些条件。实际上，从犯罪诱因的性质上看，它是具有某些特殊性的实施犯罪的条件，所以，有时又称犯罪助因。

5. 犯罪人的犯罪个性

犯罪人的犯罪个性是指与犯罪行为有联系的犯罪人的心理特征。犯罪是人的一种行为，只有社会因素的影响而没有与具体人的主观方面的因素相结合，具体的犯罪行为是不可能发生的。犯罪行为是社会客观因素的消极影响通过具体人的心理特征而表现出来的活动。犯罪人个性的某些特征是犯罪行为必不可少的主观上的组成部分。所以，研究人的个性的某些特征与犯罪行为的联系，找出犯罪人的内在原因，在解释犯罪行为产生的理论体系上才是完整的。犯罪人的个性是个互相有机联系的整体，各心理特征之间以及各心理特征与犯罪行为之间的联系很难截然分开。它们对犯罪行为的影响是个综合作用的过程和结果，要单独地评价和确定个性的某一种特征对犯罪的影响，是不可能的。而且，这些个性特征与犯罪行为的联系是在各种社会因素同时作用下发生的，而不是孤立进行的，它们与社会因素的影响也是种相互作用的有机联系。

（三）主观因素和客观因素

按照引起犯罪因素的主、客观性质，可以将其划分为引起犯罪的主观因素和引起犯罪的客观因素。

引起犯罪的主观因素与引起犯罪的客观因素是犯罪原因论中一对基本范畴。为了揭示犯罪所反映的人与社会的特殊关系，探讨犯罪的本质和本源，首先应当把引起犯罪因素划分为引起犯罪的主观因素和引起犯罪的客观因素。

引起犯罪的主观因素是指与犯罪的产生有关的各种心理和犯罪人的个性特征。引起犯罪的客观因素是指引起犯罪行为产生和犯罪人犯罪个性形成的社会条件。这对范畴的确定，对于科学地说明犯罪行为的产生，分析和认识一定的人的“犯罪化”的过程，特别是对于认识社会环境与犯罪人个性特征的相互关系，具有特别重要的意义。

犯罪，无论是作为个体犯罪行为还是群体社会现象，只有在具有决定性的客观力量通过主观条件起作用，使主观和客观有机地结合在一起的情况下才能产生。犯罪是人的一种行为，总离不开人的主观意识。每一种犯罪行为都是一定的人为满足自己的某种需要而在意识的支配下进行的。犯罪行为的直接动因是犯罪人主观上的相对的自由意志和意识，即引起犯罪的主观因素。这是毫无意义的观点。因为人们习惯于以思维、意识来解释行为。然而，这并没有回答犯罪到底是怎样产生的问题。所以，必须继续探讨那些引起犯罪的主观因素是从哪里来的。对于这个问题的回答,概括起来有两种观点:一种认为引起犯罪的主观因素存在于犯罪人的个人身心之中,或本能固有,或先天遗传,或生理异常,或精神疾病等。另一种则认为,引起犯罪的主观因素来源于社会客观实践。在这种观点下还有许多不同的具体观点,而辩证唯物论的决定论则是唯一正确的观点。人的意识和意志中包括个性的心理特征,是人对客观世界的反映。在人的意识、意志和个性直接支配下的各种行为,归根到底是由客观物质生活条件决定的,即使是看来完全是由个人决定进行的具体犯罪行为的意识、意志和心理,也是在长期社会生活实践中,在一定的社会环境影响下形成的。社会客观环境对人的意识等主观因素的形成具有根本的决定性的作用。人的各种行为都是人的意识、意志和心理的客观化,无论是犯罪行为还是非犯罪行为都是如此,绝对的自由意志是不存在的。从根源上说,人的意志是不自由的,最终受制于物质世界的因果制约性。人的行为总是与现实的物质生活条件相一致,有什么样的物质生活条件,就有什么样的行为方式。

那么,既然如此,为什么在同样的社会生活条件下,人们的行为又千差万别,进行犯罪的只是少部分人？简单地说,人的主观能动性决定了人们在相同的社会生活条件下的行为的千差万别,人的相对的自由意志决定了进行犯罪的只是少部分人。促使人进行犯罪的主观因素的形成、产生和实现,是人的主观意识和客观外部条件在过去长期相互作用以及实施犯罪当时的综合影响和相互作用的结果。人的行为从根源上受制于社会,而直接实施时,又有主体的一定的独立自主的自由选择性。从整个社会的角度看,一定的社会物质生活条件决定必然有一定的人会犯罪;而具体到哪些人会犯罪,这又是一定程度上由个人自己选择决定的,这对整个社会来说,又是偶然的。

引起犯罪的主观因素与引起犯罪的客观因素在犯罪行为的产生中是相互作用的,其中,主导因素是引起犯罪的客观因素,没有这种因素就没有犯罪的主观因素。但是,如果只有引起犯罪的客观因素而没有引起犯罪的主观因素,犯罪行为仍然不能产生。对具体的犯罪行为的产生来说,两种因素是不可分割的结构整体。就具体的犯罪来说,这两种因素以一定的复杂的形式统一于犯罪人的个性之中,对犯罪的产生起着复杂的综合作用。

第四节 关于犯罪现象根源的理论[①]

在犯罪学理论中,关于犯罪根源的理论是很重要的。犯罪根源[②]关系犯罪的最终产生问题,关系寻找犯罪原因和预防犯罪的方向,自古以来就受到人们的关注。它曾经是催生犯罪学诞生的核心动力,犯罪学最初的理论主要是关注犯罪根源的探讨,正是由于对犯罪根源的不同认识,而形成了许多不同的犯罪学理论学派,每个学派都曾经认为自己的理论是对犯罪根源和犯罪产生的科学解释。

一、犯罪现象根源的概念

(一)犯罪现象根源的形式定义

犯罪作为一种社会“疾病”,人们一直都在关注着它的产生原因。在一般情况下,主要是注意犯罪产生的直接原因。可是,当犯罪不断增加,严厉的刑罚也不能抑制它的时候,人们

① 在不强调“群体”还是“个体”的时候,为了行文方便,本节中“犯罪现象”同“群体犯罪现象”。

② 为了论述方便,本节经常把“犯罪现象”简称为“犯罪”,需要联系上下文加以区别。

便把注意力更多地转移到对犯罪深层原因的探讨上。这种对犯罪产生原因的原因……的追根问底的探索,就是对犯罪根源的研究,促成了犯罪根源概念的产生。犯罪根源的概念意味着引起犯罪产生的原因有层次之分,即引起犯罪产生直接原因的后边还有原因,在犯罪产生的后边有一系列的因果链条。犯罪根源应当是最深层的犯罪原因,处在犯罪因果链条的终端。

恩格斯指出:“因此,自然科学证实了黑格尔曾经说过的话(在什么地方?):相互作用是事物的真正的终极原因。我们不能比对这种相互作用的认识追溯得更远了,因为在这之后没有什么要认识的东西了。”[①]这告诉我们:第一,终极原因,即根源是事物的相互作用;第二,终极原因处在因果链条的终端。但是,这个终端不是因果链条序列的终端,而仅仅是指在这个终端的背后没有需要继续认识的东西了的“终端”,是认识论和方法论上的终端。

在犯罪现象产生的背后是一个因果链条,而且是个纵横交错的原因论系统,形成系统结构犯罪原因论,可以依次划分为:犯罪人的个性(犯罪心理、动机等)、犯罪诱因、犯罪直接原因、犯罪基本原因和犯罪根源。所以,从形式上看,犯罪根源就是指系统结构犯罪原因论中的最深层的犯罪原因,是处在犯罪因果链条终端的犯罪的“终极原因”。我国理论界曾经称其为“犯罪总根源”。

犯罪根源与犯罪是一种因果关系。但是,这种因果关系不同于一般因果关系,它是种终极的因果联系。它距离犯罪行为的产生最远,但是,它却在社会整体上最终制约着犯罪的产生和变化。

从犯罪诱因到犯罪根源是一个很长的因果链条。这个因果链条的长短则因时、因地、因犯罪类型等的不同而不同。要科学地说明犯罪根源,关键就在于准确地指出这个因果链条终端上的“终极原因”。如果截取的不是这个链条的终端,而是某个中间环节,并以此作为犯罪根源,就会使犯罪原因论失去科学性。

(二)犯罪根源的实质定义

犯罪学产生以后,犯罪学家们不遗余力地寻找犯罪根源,在西方犯罪学中产生了犯罪人类学派、犯罪生物学派、犯罪心理学派和犯罪社会学派等许多学派。这些学派都曾经认为自己的理论解决了包括犯罪根源在内的关于犯罪产生的理论问题。而实际上,这些学派都是在各自方面对犯罪的产生作出了贡献,而始终没有能够科学地说明犯罪根源问题。

从实质上说,犯罪根源就是个人与社会的对立冲突。在社会生活中,个人利益和集体利益是对立统一的,既有一致的方面,也有对立的方面。社会成员一致的利益使他们走到一起组成一个社会,这种共同的利益把成员统一到一个社团之中。社团的集体利益是维系这个社团生命的纽带,任何破坏集体利益的行为都是对集体生命的威胁,都会被集体作为应当严厉处分的犯罪行为来对待。而在这个集体的共同生活的同时,集体的利益有时与成员的个人利益就不完全一致,甚至有时会发生冲突。社团为了保护集体利益,就把严重违背集体利益的行为规定为犯罪而加以惩处,以减少和制止危害集体利益行为的发生。因此,犯罪是被社团认为个人严重违背社团利益的行为。这种根本性的冲突决定犯罪的产生、发展和变化。

如果个人与社会的对立冲突是犯罪根源,而这种冲突将永远伴随人类社会而存在,那么

① 《马克思恩格斯选集》第4卷,人民出版社1995年版,第328页。

是不是意味着犯罪也将伴随人类社会而永远存在呢？不是的。这个问题的实质属于犯罪概念问题。这里所说的犯罪是指阶级社会历史阶段的犯罪。因此，个人与社会的对立冲突是犯罪根源，是指一定历史阶段，即与阶级社会和有阶级的社会主义社会的历史阶段相联系的个人与社会的对立冲突。无阶级的原始社会和共产主义社会的这种冲突不产生阶级、国家、法，也不产生犯罪基本原因、直接原因，所以，也就不产生阶级法律意义上的犯罪，那时的个人与社会对立冲突也就不成为犯罪根源。因为，那时已经不存在现在意义上的犯罪。那时的个人与社会的对立冲突只能是由现在意义上的犯罪演化而来的"异常行为"的根源。按照马克思主义的观点，同样形式的事物，在有阶级社会和无阶级社会就可能有本质上的不同。有阶级社会的犯罪概念与无阶级社会的"异常行为"有本质的不同，尽管有时在形式上完全一致。所以，按照马克思主义的观点，犯罪是可以消灭的，而"异常行为"则将永远存在下去。这主要是因为评价异常行为的标准会因社会的发展变化而不断变化（提高），也就是犯罪概念的变化。

犯罪的个体化研究往往从表面看问题，觉得犯罪似乎是与其他社会现象没有联系的纯粹的个人行为。某人之所以犯罪，是来源于某人主观上的犯罪动机和目的，来源于其犯罪的心理特征。如果不这样解释和认识犯罪，就无法说明为什么在相同的条件下，有的人犯罪而有的人则不犯罪。在这种认识看来，犯罪人与非犯罪人的行为区别根源于他们主观因素上的不同。因此就必然得出犯罪根源于犯罪人的主观因素的结论。按照唯物史观来看，犯罪根源、犯罪直接原因以及影响犯罪产生的其他因素，就像其他社会历史现象一样，都根源于现实社会的物质生活条件，根源于个人与社会的对立冲突；个人的犯罪动机、目的、犯罪心理等主观因素，都是在一定的社会生活条件下形成的，来源于社会因素的影响，受社会因素的制约。总之，犯罪根源于社会而不是个人。①

二、犯罪根源的特征

（一）犯罪根源的终极性是相对的

犯罪根源是犯罪的终极原因。但是，这种所谓的"终极"原因是相对的，不是绝对的。世界上的事物是互相联系的，就认识的一般规律来说，世界上没有绝对的终极原因。"原因和结果这两个观念，只有在应用于个别场合时才有其本来的意义；可是只要我们把这种个别场合放在它和世界整体的总联系中来考察，这两个观念就汇合在一起，融化在普遍相互作用的观念中"②。从世界整体上看，事物没有原因与结果之分，更无终极原因；事物的原因，包括事物的"根源"，只存在于"个别场合"，即一定的认识范围之内。

那么，应当在什么范围内来认识犯罪根源呢？认识总是与一定的目的连在一起。根源的探讨是以一定目的为出发点而限制在一定的范围或关系之内。某事物的根源，是指离开这个范围或关系之外，对认识确定的目的没有意义或没有直接意义的事物。在确定的目的之中，根源之后的认识是没有意义的，或者是没有必要的，也就是说，在根源之后就"没有什么要认识的了"。对实现认识目的，没有再继续认识下去的必要，就是认识"根源"的范围或界限。认识的目的则是划分认识事物根源范围的标准。以此而言，对实现认识和预防犯罪目的，没有必要再继续认识下去的事物，就可以确定为犯罪根源。这样，探讨犯罪根源就是

① 关于应当以什么标准来划分认识犯罪根源的范围，见本节"犯罪根源的终极性是相对的"部分。

② 《马克思恩格斯全集》第20卷，人民出版社1971年版，第25页。

要找到引起犯罪产生的、在它后边没有什么要认识的了的原因。所以,犯罪根源是在一定社会历史阶段,认识和预防犯罪的范围内的终极原因,而不是一般意义的终极原因。

（二）犯罪根源具有间接性

犯罪根源存在于社会深层,从总的方面决定着社会上犯罪现象的产生和变化。一般地说,它并不直接产生犯罪,它总是通过犯罪基本原因、犯罪直接原因,直至犯罪人主观上的一些因素等而起作用,影响犯罪的产生。指出犯罪根源,实际上只是对犯罪原因的一种理论上的抽象和划分。在犯罪实际产生的过程中,犯罪根源、犯罪基本原因和犯罪直接原因等是同犯罪人的个人因素结合在一起而发生作用的,不可能孤立地起作用;即使在进行理论抽象研究时,犯罪根源、基本原因和直接原因等也是难以完全分开的。如果离开犯罪根源与犯罪之间的中间环节上的原因,直接说明二者之间的联系,在理论上也是无法办到的。

（三）犯罪根源具有现实性

犯罪根源是现实的。一定时空的个人与社会的对立冲突是一定时空的犯罪根源。犯罪现象是现实的,犯罪根源也有现实性。犯罪是“以国家(或社团)为单位”来确定的现象,不同国家确定犯罪的标准不同。所以,不同国家犯罪现象的性质和根源也不同。犯罪根源是一定历史阶段的个人与社会的对立冲突,这是一切犯罪的根源,具有普遍性。但是,这一普遍性在各种不同的社会里又表现出各种特殊的情况,尤其是在性质不同的社会里,犯罪根源的性质和表现也不同。

三、研究犯罪根源的意义

犯罪根源不仅是预防犯罪的根本出发点,也是犯罪学理论的逻辑起点,没有对犯罪根源的正确认识,就不能有科学的犯罪学理论。因而,研究犯罪根源具有重要意义。

首先,研究犯罪根源有利于认识犯罪本质和犯罪发展变化规律。事物的最初产生,在一定程度上规定着事物的本质。犯罪根源是对犯罪产生原因的溯本求源的认识活动。在犯罪根源的探讨过程中,可以充分认识到,犯罪根源存在于社会而不存在于个人身心之中。所以,犯罪在本质上是社会现象而不是个人行为。认识了犯罪根源,就可以根据犯罪根源的发展变化情况,认识犯罪的发展变化规律。

其次,研究犯罪根源促进了犯罪学的产生和发展。对犯罪的具体(个别)惩罚的追求,只产生刑法学;对犯罪的整体预防则产生犯罪学。因为,准确地定罪量刑,只要求找到犯罪人进行犯罪的直接的具体的动因;而对犯罪的整体预防,则要求找到引起犯罪产生的各种个人因素和社会因素,尤其要找到犯罪的根源。为了探讨犯罪根源,就必然要从社会整体上探讨引起犯罪的各种因素,探讨是什么原因导致犯罪人走上犯罪道路。这样,就促使了犯罪学的诞生。犯罪根源概念的形成和提出,为犯罪学提供了广泛的研究对象,促进了犯罪学学科的形成和发展。同时,对犯罪根源的不同认识,使犯罪学又产生了许多分支学科,如认为犯罪根源于人类学因素,则产生了犯罪人类学;认为犯罪根源于人的生物因素,则产生了犯罪生物学;认为犯罪根源于人的心理因素,则产生了犯罪心理学;认为犯罪根源于社会因素,则产生了犯罪社会学;等等。这些学说的成果有力地促进了犯罪学的繁荣和发展。

再次,研究犯罪根源推进了犯罪的治理和预防。人们对犯罪根源有很多不同的认识。但是,人们却有一个共同的认识:刑罚不能从根本上解决犯罪问题,因为,刑罚所针对的对象并不是犯罪根源。在犯罪根源理论的研究中,不管人们认为犯罪是根源于生物因素、心理因素,还是根源于社会因素,都在不同程度上感到,支配犯罪人实施犯罪行为的,往往是犯罪人本身之外的力量。这种理论逻辑，使人们对犯罪从单纯的刑罚转移到预防上，并且，在犯罪根源的探讨中，人们已经逐渐清楚地认识到，对解决犯罪问题来说，刑罚只治标，而预防才能治本。这种认识，有力地推动了犯罪对策的科学化。

最后，研究犯罪根源可以为理论和实践指明正确的方向。其实，犯罪根源只是一种理论的逻辑指向。对于犯罪根源存在于什么方向上，在犯罪产生的一定方向的因果链条上，截取到什么地方作为犯罪根源，会存在许多不同认识。犯罪根源的研究，指出了犯罪根源存在于社会而不在犯罪人的个人身心之中。方向正确，在理论和实践上就有意义。正确的犯罪根源指出了犯罪产生的正确方向，预防犯罪的实践就不会出现方向性的错误。如果把犯罪根源定向为犯罪人，那么，在理论和实践上都会出现不可想象的偏差。历史在这方面已经给过我们惨痛的教训。因此，不能因为犯罪根源对预防犯罪的直接意义不显著，而忽视研究犯罪根源。

四、犯罪根源理论的局限性

犯罪根源在理论上具有重要意义，但是，它也有着不可弥补的局限性。这主要表现在它的实践方面。

个人与社会的对立是社会现象中的基本矛盾，就形式上来说是无法消除的现象。因此，犯罪根源理论对现实预防和减少犯罪，几近望梅止渴。的确，在对犯罪根源的认识中，应当明确，在一定历史条件下，犯罪现象的存在是必然的，不可避免的。一般地说，从犯罪根源入手来控制和减少犯罪，针对性不强，短时期难以见效。但是，通过控制和减少产生犯罪的基本原因和直接原因等，有许多可以做的工作和机会，在一定时间、地点内，可以控制犯罪的性质，减少犯罪数量。这对预防和减少犯罪，效果更好。因为在社会上影响犯罪动态变化波动的，主要是犯罪的基本原因和直接原因。所以，在找到犯罪根源后，要更加增强控制和减少犯罪的信心，而不要丧失信心。

在一定意义上说，犯罪根源只是一种理论指向，表明理论的逻辑方向。对预防犯罪的实践来说，犯罪根源理论有很大的局限性，因而对犯罪原因的研究要适度，既不要过分地研究其最远的起因即犯罪根源，也不要过分地研究其最近的起因。在犯罪行为的最远起因上，往往连犯罪行为与非犯罪行为、消极行为与积极行为都难以区别；在犯罪行为的最近起因，如犯罪诱因、犯罪人的犯罪动机等问题上，往往看不到犯罪与社会的联系，看不到犯罪的产生、变化的规律，甚至看到的只是人的自然属性，是某些人犯罪的偶然性等。因此，进行犯罪学研究，在理论和逻辑上准确地认识到了犯罪根源以后，重点还是应当放到在实践中对预防和减少犯罪有更直接、更大意义的犯罪基本原因和直接原因的研究上。

【本章小结】

传统犯罪学主要是探讨个体犯罪行为产生的原因，而本书主要是探讨群体犯罪现象产生的原因。个体犯罪行为产生的原因与群体犯罪现象产生的原因是既有联系、又有区别的两个问题。无论是从犯罪学学科建设还是社会实际需要看，犯罪学都应当主要探讨群体犯罪现象产生的原因。本章论述了群体犯罪现象发生的一般原理，探讨了犯罪现象发生的根源，提出了解释犯罪现象产生的系统结构犯罪原因论，并为进一步具体阐释犯罪现象的发生而提出了相应的犯罪原因论的基本范畴。

【本章思考题】

1. 群体犯罪现象发生的概念、特征和意义是什么？
2. 如何理解犯罪根源？
3. 什么是系统结构犯罪原因论？
4. 犯罪原因论范畴有哪些？意义何在？

【本章参考文献】

1. 王牧:《犯罪学》,吉林大学出版社 1992 年版。

2. 王牧:《学科建设与犯罪学的完善》,《法学研究》1998 年第 5 期。

3. 王牧:《犯罪根源是理论逻辑上的一种指向——再论犯罪根源》,《中国刑事法杂志》1998 年第 3 期。

第三篇

犯罪现象存在论

第八章　犯罪现象存在论概述

自从犯罪学产生以来，犯罪学家们就用犯罪现象"不该存在"的期待性的命题代替了犯罪现象客观存在的事实，以犯罪现象并不存在为犯罪学假想的理论前提，不研究犯罪现象存在的本身，而只研究犯罪现象产生的原因。犯罪现象既然是客观存在的事实，作为研究犯罪现象规律的科学就应该全面研究犯罪现象的客观存在，犯罪原因仅仅是认识犯罪本质、制定犯罪对策的部分前提，而不是全部。只研究犯罪原因的犯罪学是半科学，只有把犯罪现象作为客观存在的事实，对犯罪现象本身进行全面研究的犯罪学，才是完整的、彻底的犯罪学科学。只研究犯罪原因的犯罪学只能称为"原因犯罪学"，把犯罪现象存在论作为核心内容的犯罪学则可称为"存在犯罪学"，或"科学犯罪学"。犯罪现象存在论是科学犯罪学的理论基础。

在一般社会科学中，作为研究对象的现象的客观存在性本来不成为问题，而犯罪学所研究的犯罪现象则不同，在很多情况下，甚至包括在传统的犯罪学那里也都没有把犯罪现象真正作为一种客观存在来加以对待。因此，犯罪学必须把犯罪现象的存在作为一个基本的、前提性的问题来加以研究。

第一节　犯罪现象存在论的提出及其意义

一、犯罪现象存在论的提出

犯罪现象存在论是指把犯罪现象作为客观存在来对其进行全面的、规律性研究的理论体系，属于犯罪现象论的内容。这种理论的基本特点是把犯罪现象的客观存在作为犯罪学的理论前提，把犯罪学作为研究对象规律的社会科学，全面研究犯罪现象的本质、产生、存在形态、发展和变化规律等，为有效预防和减少犯罪提供科学的理论体系。

犯罪现象存在论的提出有其特定的理论背景。犯罪现象存在论是由新犯罪学在一定的理论背景下提出的一种新的观念，成为新犯罪学区别于传统犯罪学的基本点。尽管关于传统犯罪学的概念众说纷纭，但是，大体上说来，在传统犯罪学界大都认为犯罪原因是犯罪学要研究的核心内容，认为"犯罪原因是构成犯罪学理论大厦的基础"①，最典型的观点就是所谓的狭义的犯罪学概念，认为犯罪学就是犯罪原因学。②传统犯罪学把对犯罪原因的研究作为犯罪学的核心甚至是全部内容来对待，③这种研究的思路极大地限制了犯罪学的发展，影响了犯罪学科学性和完整性。

科学应当探讨对象的规律，不仅要探讨对象产生的规律，更要探讨其存在和发展变化的

---

① 徐久生：《德语国家的犯罪学研究》，中国法制出版社 1999 年版，第 19 页。

② 许多欧洲大陆国家理论主流认为对策属于实际问题，因而这些国家的犯罪学就是犯罪原因学，除了犯罪原因以外，犯罪学不研究其他问题。

③ 传统犯罪学中的犯罪现象论是研究犯罪现象本身的，但是，研究得非常不够，与犯罪原因的研究相比，相差太远，几乎等于没有研究。犯罪学只研究犯罪原因而不研究犯罪现象的理论逻辑前提是无视和否认犯罪现象的存在。

规律。传统犯罪学开辟了对犯罪现象进行科学研究的道路,打开了通向认识犯罪的理性之门。但是,传统犯罪学几乎把全部精力倾注于对犯罪原因的研究,很少或者没有对犯罪现象的存在形态、发展变化规律即犯罪现象本身进行研究。这种以犯罪现象原因代替犯罪现象整体的研究,把部分当作整体,具有很大的片面性,严重地限制了对犯罪现象本身的全面、系统地深入研究,因此就不可能产生出对犯罪现象本身的相应的各种概念、范畴,也就不可能产生反映犯罪现象规律的系列理论观点,无法形成关于犯罪现象的整体的理论体系,影响了犯罪学学科的成熟,延缓了人们对犯罪现象的理性认识,使犯罪学产生一百多年来仍然对犯罪现象发展变化规律知之甚少。所以,要使犯罪学真正成熟起来,要使犯罪学能够适应社会的需要,必须以犯罪现象是社会上的客观存在为前提,从整体上全面深入地研究和把握犯罪现象的本质、存在、表现和发展变化规律,实现对犯罪现象的真正全面的、规律性的科学认识。

传统犯罪学对犯罪现象不进行或很少进行整体研究而只注重犯罪原因研究的研究理路,表明了研究者在逻辑上预设了一个犯罪现象不存在的虚假前提,把情感期待作为事实存在来对待,在事实上并没有把犯罪现象作为一种客观存在,没有真正接受犯罪是客观存在的现象的结论。[①] 所以,要使犯罪学适应社会的需要,使犯罪学能够真正成为对犯罪现象进行全面研究的科学,就要真正克服犯罪问题上的情感因素,理性地对待犯罪问题,承认犯罪现象的客观存在,这样就必须在犯罪学理论中明确地提出犯罪现象存在论,把犯罪现象存在论作为犯罪学的理论前提。

二、犯罪现象存在论的意义

在犯罪学中,犯罪现象存在论具有重要意义。

首先,犯罪现象存在论的提出有利于克服犯罪问题上的情感因素。犯罪现象是社会矛盾的产物,只要社会存在矛盾,犯罪现象就存在。不管犯罪现象如何令人痛恨,也不管社会采取什么样的(社会发展所能够接受的)措施,犯罪现象的存在都是种必然的、普遍的现象。犯罪现象存在的命题标示着一定的地方、在一定的时间内,犯罪现象只能在一定的范围和程度上得到减少和控制,而不可能消灭。这样的观念有利于克服在犯罪问题上的非理性因素,提高认识和对待犯罪问题的科学性。

其次,犯罪现象存在论的提出有利于全面认识犯罪现象,对犯罪的防治采取更科学、有效的犯罪对策。传统犯罪学只重视研究犯罪现象产生的原因,忽视了对犯罪现象问题的其他方面的研究,影响了对犯罪现象的存在和发展变化规律的研究和认识,使得对犯罪现象的研究和认识不全面。因此,犯罪对策也就缺少应有的科学性和有效性。

最后,犯罪现象存在论的提出有利于犯罪学学科的成熟。没有对犯罪现象本身的研究,自然就没有对犯罪现象本身的全面的理论认识和理论抽象,就不可能抽象出真正属于犯罪现象本身的概念和范畴,因此,就影响了犯罪学作为学科的成熟性。传统犯罪学是以犯罪现象不存在为理论前提的,而新犯罪学则是以犯罪现象存在为前提的,对犯罪现象的存在进行全面的科学研究,可以促进犯罪学学科的进一步成熟。

---

① 参见王牧:《根基性的错误:对犯罪学理论前提的质疑》,《中国法学》2002 年第 5 期。

第二节　犯罪现象存在的概念和根据

一、犯罪现象存在的概念

在汉语中,"存在"一词虽然有多种含义,但并不难理解。一般地说,对某种客观现象的存在还要作理论上的阐释和论证似乎是没有必要的,只要是种客观的对象,"存在"就不会成为问题。存在只有在哲学上才是一个重要的基本范畴。然而,犯罪学所研究的犯罪现象很特殊,很有必要对它的存在加以阐释和论证。存在是相对于非存在而言的。犯罪现象的存在就是指在一定的社会生活条件下,一定数量和质量的犯罪现象的存在是必然的、普遍的,不会因为人们的憎恨和治理而彻底消失,而只能是一定数量的减少和一定危害程度的减轻。

犯罪现象存在的命题蕴含以下内容:

首先,犯罪现象存在的命题表明,犯罪学要把犯罪现象的存在作为学科的理论前提,把犯罪现象作为一种社会客观存在的现象来研究,而传统犯罪学并没有做到这一点。

其次,犯罪现象存在的命题包括犯罪现象即使没有对行为的法律评价也是客观存在的,危害社会的行为是客观存在的。行为的社会危害性是种客观存在,这是犯罪的法律评价的基础。没有危害社会行为的客观存在就没有犯罪的法律评价。犯罪现象的存在并不是法律评价的结果,而是法律评价的前提。

再次,犯罪现象存在的命题表明犯罪现象是种社会历史现象。社会对已经发现了的犯罪现象,虽然大都能够依法进行处理,但是,作为社会问题的犯罪现象却依然存在。一方面,对于被依法处理了的犯罪案件中的犯罪,法律对其的处理还将继续实现;犯罪人的家人和亲属也还将为犯罪人服刑付出一定的代价;即使犯罪人结束了刑罚处罚,他还要有一段回归社会的适应阶段。这说明,已经发生了的案件并没有因为得到处理而立即结束。另一方面,也是最重要的,犯罪现象存在的命题表明,就社会整体上看,犯罪现象的发生是必然的、普遍的,社会并没有因为已经发生了的犯罪被处理而不再发生犯罪,已经发生的犯罪处理了,新的犯罪现象还必将发生。犯罪现象的发生具有必然性和普遍性。犯罪现象发生的必然性表明,犯罪现象在社会上的存在是符合社会历史发展规律的现象。犯罪现象发生的普遍性表明,任何社会都有犯罪现象的存在。[①] 这是就社会整体而言的。并不是说在任何地方、任何时间里都有犯罪现象发生,不排除在个别地方、个别时间里没有犯罪现象的发生。犯罪现象是作为社会历史过程而存在的。

最后,犯罪现象的存在并不表明犯罪现象不可以预防和减少,相反,随着社会的发展,随着人类社会化程度的提高,犯罪现象是可以预防和减少的。这是犯罪现象存在论本身应有的含义。

二、犯罪现象存在的动态性

犯罪现象的存在是个动态的过程。作为过程,犯罪现象是存在与非存在的统一。对于现实来说,已经发生了的犯罪现象作为犯罪现象的历史而存在,未来可能发生或者可能不发生的犯罪现象还都只是一种非存在。作为非存在可能变成新的存在,而新的存在的形态肯

① 阶级社会存在的是阶级法律意义上的犯罪,非阶级社会存在的是非法律意义上的犯罪,也可以说是越轨行为、捣乱行为。

定会发生变化,或者变为严重,或者变为轻微。或者在具体的地方、具体的时间变为新的非存在。正是这种存在与非存在的统一,构成了犯罪现象的历史发展过程。存在是相对于非存在而言的。按照马克思主义的观点,任何事物都是存在与非存在的统一,存在就是“有”,它是事物的自我同一和自我保存的趋向。非存在就是“无”,它是事物的自我分解、自我否定的趋向。二者完全相反,又必须统一。单有存在,事物只存在而不是非存在,就意味着事物没有、也不可能发生变化;只有非存在而没有存在,就意味着没有事物。犯罪现象的存在与犯罪现象的非存在是统一的,对犯罪现象存在命题的理解,一定要把它同非存在联系起来加以认识。犯罪现象是在存在和非存在的动态变化中存在的,而不是一种不变的存在。正是犯罪现象的这种动态存在,为人们控制和减少犯罪现象的发生留下了充分的余地和可能。因此,在说到犯罪现象存在的必然性和普遍性时,是就整个犯罪现象在整个人类社会历史上的表现来说的,这中间包括经过人们的努力而带来的减少和在局部地方的、一定时间内的犯罪现象的非存在。犯罪现象的这种动态性不仅不应当成为动摇和减弱人们同犯罪现象作斗争的因素,相反,它应当成为人们有效控制和减少犯罪现象发生的科学动力。

三、犯罪现象存在的根据

犯罪现象的存在有其必然的客观根据。

首先,犯罪现象是社会矛盾的产物,而社会矛盾是永存的,所以人类的越轨现象也是永存的。“物质生活的生产方式制约着整个社会生活、政治生活和精神生活的过程。不是人们的意识决定人们的存在,相反,是人们的社会存在决定人们的意识。”[①]生产方式是人类生活赖以存在的基础,在社会生活中,生产力和生产关系的矛盾是社会的基本矛盾,决定着社会生活的一切复杂的社会关系和社会现象,社会在这个基本矛盾中发展、前进。但是,这对矛盾也同时决定和带来了其他的矛盾,这其中就有造成犯罪现象产生的矛盾。按照马克思主义的观点,生产力和生产关系的矛盾的性质决定着社会现象的性质,对抗性的矛盾关系和非对抗性的矛盾关系,也决定了社会上的越轨行为的性质。在矛盾关系是对抗性的情况下,越轨行为就成为阶级法律意义上的犯罪;在非对抗性的矛盾关系下,越轨行为没有了阶级性,也就不成为阶级法律意义上的犯罪,而是纯粹的越轨行为。这样的越轨行为将永远伴随人类社会而存在。

其次,社会生活规则的统一性与人的个性差异性的对立,决定了总会有一些人会超越规则,从而出现越轨社会行为。社会生活秩序要求每个成员都要遵守统一的规则,而社会在不断发展,新的生产、生活方式不断涌现。为了规范生活秩序,新的生活规则就会不断增多,而人的个性又千差万别,这样,发生违背社会生活规则的现象就是种很自然的事情。

最后,人性的两重性决定了人具有内在的行为越轨性。恩格斯说过:人来源于动物界这一事实已经决定人永远不能完全摆脱兽性,所以问题永远只能在于摆脱得多些或少些,在于兽性或人性的程度上的差异。[②] 马克思指出:把人和社会连接起来的唯一纽带是天然必然性,是需要和私人利益。[③] 人性两重性的矛盾斗争构成了人生的全过程,在这个过程中,人的自然属性与社会属性相互斗争、此消彼长。而且人的需要是永远不会被满足的,当自然属性

---

① 《马克思恩格斯选集》第 2 卷,人民出版社 1995 年版,第 32 页。

② 参见《马克思恩格斯选集》第 3 卷,人民出版社 1995 年版,第 442 页。

③ 参见《马克思恩格斯全集》第 1 卷,人民出版社 1971 年版,第 439 页。

占上风的时候，为了满足个人的需要，人就可能以越轨行为的方式来满足自己的私欲，这样，在条件具备的情况下，犯罪的发生就是不可避免的。

总之，无论从社会生活的宏观、中观还是微观看，都存在着必然引起越轨行为发生的客观因素，所以，犯罪现象的存在是必然的。

需要说明的是，强调犯罪现象的存在，并不是说犯罪不可以预防和减少，更不是不应该预防和减少犯罪。强调犯罪现象存在的目的在于要加强对犯罪现象规律的理性认识，克服对犯罪现象认识和对策中的非理性因素，从而提高犯罪对策的科学性和有效性。

第三节　犯罪现象存在的基本特征

犯罪现象与其他的社会现象相比较，确实存在着很大的不同，有着自己的特征。

首先，犯罪现象是以负价值形态伴随人类社会而存在的。社会上的消极现象有很多，但是，在这些消极现象中，犯罪现象的社会危害性是最为严重的，也因而受到了社会最为严厉的谴责和惩罚。人类社会从来没有停止与犯罪现象作斗争，而犯罪现象却从来没有停止过。在人类社会生活中，犯罪与反犯罪的斗争表现出了最为激烈的程度，犯罪现象对社会危害之严重，社会对犯罪现象惩罚之严厉，都达到了当时社会发展程度所能够达到的“顶点”。然而，犯罪现象可谓“前仆后继”“我行我素”，依然存在。正是在这个“顶点”处充分地暴露出了人性中的非理性的弱点：犯罪者为了获得他要获得的利益而冒着被惩罚的风险去犯罪，而社会为了遏制犯罪现象的发生而去大量地使用暴力，其结果是变成了“以暴易暴”的恶性循环。犯罪现象是人们最为痛恨而又最无法消除的现象。对社会来说，无论是进行犯罪所付出的代价还是遏制犯罪所付出的代价，终归都是社会所付出的总代价。这是人们最不愿意付出而又非付出不可的代价。人们在代价的付出中生活，代价的付出成为人类社会的一种生活方式。

其次，犯罪现象是在隐秘的状态下发生的。一般地说，社会不容忍犯罪活动，任何社会都要对犯罪活动进行谴责和惩罚，因而使得犯罪人的犯罪活动要在隐秘的状态进行，以免被发现而受到惩罚。所以，社会上所发生的犯罪现象除了特殊情况外，绝大部分都是在隐秘的状态下进行的。这是与社会上具有正价值的现象完全不同的特点。

再次，犯罪是种非理性的行为。这也与普通的社会现象不同。实证研究表明，绝大部分犯罪行为都是在非理性的支配下进行的，犯罪人在进行犯罪前和犯罪时一般都没有经过充分的理性思考就选择了进行犯罪。这与人类有意识去积极追求和鼓励追求的行为不同，具体的犯罪行为往往具有个别性、特殊性。犯罪学要研究犯罪现象的规律性，与犯罪人所进行的犯罪的个别性、特殊性，具有一定的矛盾。因此，犯罪学所要探讨的主要不是犯罪人进行犯罪时的规律，而是要更多地探讨社会上为什么会有犯罪人的产生，也就是说，犯罪学探讨更多的不是支配犯罪人进行犯罪的意识，而是支配犯罪人进行犯罪的意识背后的社会如何产生了犯罪人的因素。因此，犯罪学对犯罪现象规律的探讨，要在犯罪人进行犯罪时的非理性的前提下进行。用理性去探讨非理性的事物，这是犯罪学遇到的一个很大的困难。

最后，犯罪常常是被社会管理者忽视了的现象。犯罪现象给社会造成的损失是巨大的。但是，社会管理者却经常不重视对犯罪问题的处理。就社会的一般情况说，经常把对犯罪人的刑罚处理作为是解决犯罪问题的全部，把刑罚看作是对犯罪问题的唯一有效的全部措施和手段。而公众也基本上是这样认识和对待犯罪的。大家都把对犯罪人的刑罚看作是对犯罪问题的最后解决。其实,这是很不够的。因为,犯罪作为一种社会现象,无论是从其存在及其对社会的影响上看,还是从社会对犯罪问题的治理上看,犯罪现象都是处于重要社会地位的现象,不可忽视,必须认真对待。

【本章小结】

根据传统犯罪学只重视对犯罪原因的研究而忽略对犯罪现象本身研究的情况,存在犯罪学提出了犯罪存在论。犯罪现象存在论的提出具有科学的根据和重要意义,包含丰富的内容,是科学犯罪学的理论前提。但是,犯罪现象毕竟是消极的社会现象,它给社会带来危害,因此,与普通社会现象比较,它的存在具有自己的特征。

【本章思考题】

1. 何为犯罪学的犯罪存在论?犯罪现象存在的根据是什么?
2. 犯罪现象存在论提出的意义是什么?
3. 犯罪现象存在的特征是什么?

【本章参考文献】

1. 各种《犯罪学》著作中的"犯罪现象"或"犯罪现象论"部分。
2. [美]路易丝·谢利:《犯罪与现代化——工业化与城市化对犯罪的影响》,何秉松译,群众出版社1986年版。
3. 王牧:《根基性的错误:对犯罪学理论前提的质疑》,《中国法学》2002年第5期。

第九章　犯罪现象存在的形态

犯罪是一种社会现象或曰社会事实，它以一定的主观形态（犯罪人与犯罪被害人）、数量形态（犯罪率和犯罪总量）、质量形态（犯罪危害程度）和结构形态（犯罪类型与犯罪分布）存在于一定时空条件之下。准确描述犯罪现象的存在形态，是犯罪学的基本任务之一，也是解释犯罪发生原因的前提和基础。本章的主要任务是介绍描述犯罪现象存在形态（或状态）的基本方法。

第一节　犯罪测量

犯罪测量是科学认识和评估犯罪现象存在状态（规模和严重程度）的基本方法。本节侧重介绍犯罪测量的基本原理和方法。

一、犯罪测量的概念

犯罪测量是运用调查、统计等方法系统收集和分析犯罪数据及相关资料，按照一定的指标体系，对特定时期犯罪现象的规模和严重程度进行量化的描述和评估。换言之，犯罪测量是对犯罪现象的真实存在状态和存在过程作量化的描述和评估。

犯罪测量不同于犯罪原因研究。

从方法上讲，对于作为一种社会现象（或曰社会事实）的犯罪现象的经验研究大体上可以分两类。一类是描述性研究，其主要作用是通过认认真真地收集相关数据资料来描述犯罪的真实情况。另一类是解释性研究，其主要作用是解释犯罪原因（自变量）与犯罪行为（因变量）之间的关系，即解释犯罪为什么会发生以及如何发生。犯罪发生论（犯罪原因）研究是一种解释性研究，犯罪测量则是一种典型的描述性研究。如果说犯罪发生论要回答的是“为什么”的问题（犯罪为什么会发生？人为什么会实施犯罪行为？），犯罪现象对策论要回答的是“如何”的问题（应当如何对付和解决犯罪问题？），那么，犯罪测量要回答的则是“是什么”的问题（犯罪现象的真实情况是怎样的？犯罪现象是以怎样的形式存在着？）。具体说，犯罪测量主要回答以下问题：犯罪总量和犯罪率是多少，在一定时期内有无发生变化？犯罪在何时发生、何地发生？犯罪行为由哪些人实施？哪些人更容易成为犯罪的被害人？犯罪给社会和个人造成的损害有多大？公众对不同类型犯罪的严重性的感受和认识是怎样的？

从理论上讲，犯罪测量包括犯罪现象规模测量和犯罪现象严重程度测量两个方面，前者主要反映犯罪现象量的特征，后者主要反映犯罪现象质的特征。不过，在犯罪测量的实际过程中，两个方面的测量之间存在着复杂的关系，很难截然分开。一方面，量的测量包含着质的测量，一定的犯罪现象规模（犯罪的量）可以反映犯罪现象的严重程度（犯罪的质）；另一方面，犯罪现象的规模又未必总是能够准确地反映犯罪现象的严重程度。因此，对犯罪现象严重程度的评估，不仅要把犯罪现象的量作为指标之一，还必须考虑到公众对犯罪现象的主观感知程度，即公众的社会安全感程度。不能排除这种可能性的存在：在特定时期，犯罪的量增加了，公众的社会安全感却没有随之发生变化；有时甚至相反，犯罪的量增加了，公众的社会安全感程度却有所提高。

犯罪测量是典型的经验研究方式,它有赖于系统地获得犯罪统计数据。从历史上看,统计技术的发达和犯罪统计的出现是犯罪测量的一个科学和技术前提。早在1778年,英国的边沁就曾呼吁公布囚犯统计数据,以作为反映政治气象的晴雨表。19世纪30年代,以凯特勒(Lamber Adolphe Jacques Quetelet, 1796—1874)和格雷(Andre Michel Guerry, 1802—1866)为代表的法国"制图学派"(catographic school)的出现,可以视为犯罪统计和犯罪测量的发端。有的学者把格雷的研究称为"第一项科学犯罪学研究",把凯特勒称为"近代统计学之父"和"第一位犯罪社会学家",把格雷、凯特勒以及其他早期犯罪学者们进行的犯罪统计研究视为"科学犯罪学的开端"。① 法国"制图学派"坚持犯罪是社会状况的必然反映的观点,提出了"犯罪率"的概念,并在历史上率先尝试通过犯罪统计研究解释犯罪率的变化。格雷系统分析了法国某些地区的犯罪统计数据,并以图表、地图等形式表示出年龄、性别以及受教育程度等因素与犯罪行为之间的关系。凯特勒则系统分析了荷兰、比利时以及法国的犯罪统计数据,来测量人口密度等社会环境因素与犯罪以及社会道德状况之间的关系。在格雷和凯特勒的影响之下,许多欧洲学者开始用同样的方法研究诸如人口密度、贫困、受教育程度、家庭破损等因素与犯罪行为之间的关系。

二、犯罪测量的方法

(一)犯罪测量的指标体系

犯罪测量需要有一个适当的测量指标体系。需要注意的是,任何一个犯罪测量指标,都只能是反映犯罪现象某一方面情况或总体情况的一个函数或曰指数,而不是犯罪现象的绝对真实的呈现。

可以从下述几个方面建立犯罪测量指标:(1)犯罪的量,包括犯罪总量和犯罪相对数;(2)犯罪结构与犯罪分布;(3)犯罪人与犯罪被害人;(4)犯罪损害或犯罪现象危害性程度,主要可以从犯罪代价和公众的公共安全感程度两个方面加以测量。

(二)几种主要的犯罪测量方法简介

犯罪测量的方法和过程,实即犯罪数据的收集方法和过程。犯罪数据的来源可以是官方的,也可以是非官方的;可以是研究者通过亲手调查而获得的第一手资料,也可以是通过官方或者非官方渠道获取的第二手资料。

收集犯罪数据的方法,主要有调查法、试验法、观察法、个案研究法和统计法等。调查是以问卷或者访谈的方式,从所欲调查的目标群体(或称调查人口)中选取一定数量的样本,就其关于犯罪以及刑事司法的态度、意见、个人的犯罪或者被害经历等问题进行系统的询问和了解。试验就是在严格控制条件下研究两个或多个变量之间相关关系或因果关系。试验法是对自然科学中的研究方法在犯罪学中的应用。理想的试验是通过控制可能对因变量(如犯罪行为)产生影响的自变量(如社会经济状况),将某一自变量对因变量所产生的特定影响分离出来(如是导致犯罪率上升还是下降)。在试验中,通常将被试者分为两个组,一个引入自变量,叫作试验组;另一组叫作控制组。当然,也可以不以试验组和控制组的形式进行试验。许多试验是在实验室进行,当然,也可以在真实的生活环境中实地进行——后者称作

① Sue Titus Reid, *Crime and Criminology*, McGraw-Hill, 2000, p. 29.

“田野试验”。前者如在教室(一种可控制条件)内对特定班组的学生进行试验;后者如在开放的自然条件下对两个或多个城镇的居民进行试验观察①。观察也称系统观察,是在非控制条件(不对任何变量进行控制)下按照严格的观察计划和程序,对被观察者(被试者)加以注意,并将观察所得详细记录下来。观察可以分为实验室观察和实地观察,还可以分为参与式观察和非参与式观察。个案研究是对特定的研究单元进行解剖式、还原式的全面研究,以找出其自身全部与犯罪相关的因素。特定的个人、群体、组织或者社区,都可以成为个案研究的研究单元。个案研究通常用来了解特定个人的犯罪生涯、生理及个性特征、家庭经济状况等方面的情况。统计是对某一现象(如犯罪现象)的相关数据进行收集、整理、计算和分析的方法和过程。统计法是犯罪测量最常用、最主要的方法,犯罪统计数据是犯罪测量的最主要的数据来源。它的主要功用是测量犯罪现象的集中趋势以及各种因素与犯罪现象的相关性。

以下几种犯罪研究或统计,是犯罪测量的主要数据来源和常用方法:

1. 警察部门的统计

拓展阅读

统一犯罪报告

各国警察部门所掌握的是几乎所有已知的或向警方报案的犯罪的数字,因此,警察部门的犯罪统计历来是犯罪测量最为主要的数据资源。美国联邦调查局定期发布的“统一犯罪报告”是警察部门犯罪统计的典型。

警察部门所掌握的是官方犯罪数据。这种官方犯罪数据具有其权威性,但是,它也具有明显的局限性。这些局限性除了表现为所有犯罪统计共有的技术上的误差以外,主要表现为以下三点:一是在某些国家可能会出于政治考虑而人为压低犯罪总量和犯罪率方面的数字;二是官方犯罪统计一向注重对传统的街头犯罪的统计,而轻视对经济犯罪(白领犯罪)的统计;三是存在巨大的统计“黑数”。

拓展阅读

全国犯罪调查

2. 被害人调查

被害人调查的主要作用是弥补警察部门犯罪统计的不足,查明犯罪“黑数”。被害人调查的范围既包括警察部门已知的犯罪案件,也包括未向警方报案的犯罪案件。美国的“全国犯罪调查”是被害人调查的典型。

3. 自我报告研究

拓展阅读

自我报告研究

自我报告研究的主要功用是弥补官方犯罪统计的不足,查明犯罪“黑数”。“自我报告”,就是被调查者坦白或者忏悔自己既往的犯罪行为和犯罪类型。自我报告研究通常是由非官方的学者进行的,其具体方式可以是秘密访谈,但更多的是匿名问卷调查。调查对象可以是正

① 一个很好的例子:有学者对加拿大的三个集镇进行了为期两年多的儿童攻击性研究,这三个集镇分别被研究者称为“多视之城”“单视之城”和“无视之城”。在多视之城,既能收看加拿大广播公司的节目,也能看到三个美国视听网络的节目。在单视之城,只能收看加拿大广播公司的节目。在无视之城,则不能收看任何电视节目。经过两年多的研究观察,研究者发现,在多视之城的儿童(试验组)的攻击性比其他两个集镇的儿童(控制组)更强,这强烈表明观看电视节目能刺激儿童的攻击性行为。参见[美]戴维·波普诺:《社会学》(第十版),李强等译,中国人民大学出版社1999年版,第48页。

在服刑的犯人或者被逮捕的犯罪嫌疑人,也可以是青少年学生——这种调查通常更宜于对青少年学生使用。自我报告研究被公认为是查明犯罪黑数的良好方法之一。

4. 知情人调查以及组合式调查

知情人调查是指通过对知道或者观察到其他人成为作案人或者被害人的知情人进行调查,了解犯罪或者被害人的实际数字。知情人调查可以与自我报告研究、被害人调查结合起来,构成一种"组合式犯罪调查方法"。这种组合式调查,常被用来查明犯罪"黑数"。其具体做法是:调查以问卷方式进行,重点调查被调查人在过去的某一特定时期内(通常为12个月)是否与问卷中所列犯罪行为有牵连,如果有牵连,是自己曾经实施了该类犯罪行为,还是自己曾经成为该类犯罪行为的被害人,抑或了解某针对第三人的犯罪行为发生情况;然后,结合问卷结果,再分别作进一步的询问。

5. 犯罪代价评估

犯罪代价是犯罪测量的一个重要指标,因而计算犯罪代价的"金钱数字"是测量犯罪规模的一个有用方法和数据来源。犯罪代价评估,特别适合于对法人犯罪、有组织犯罪等犯罪形态的研究,因为对这些犯罪形态进行发案个数统计相当困难。不过,应当清楚,犯罪"金钱数字"的准确评估,是相当困难的,我们所能统计到的犯罪"金钱数字"只能是犯罪代价中的一部分。

6. 社会公共安全感调查

社会公共安全感调查,反映的是社会公众对社会治安状况的主观感知和评价。它可以作为测量和评价犯罪形势的一个参考性指标。

7. 犯罪数据其他来源

除了上述犯罪数据资源外,还有其他一些数据资源。例如,法院系统的各类案件统计、监狱系统的罪犯统计、检察系统的统计、国家安全部门的统计,以及工商、税收、海关等行政执法部门的相关统计,等等。

(三)中国犯罪统计数据来源

中国的犯罪统计和犯罪测量工作相当薄弱和欠成熟,缺乏如美国的"统一犯罪报告"、日本的《犯罪白皮书》那样的由官方统一发布的犯罪统计报告。

目前,我国的犯罪数据来源主要有以下几个方面:一是公安部门的刑事案件以及治安案件统计;二是法院系统的已审结的刑事案件统计;三是监狱系统的罪犯统计;四是检察院系统的统计;五是国家安全机关的统计;六是工商、税收、海关、卫生检疫等行政执法部门的相关统计。

第二节 犯罪现象的量

任何社会都存在着一定量的犯罪。特定社会的犯罪总量大小以及犯罪率高低,是该社会犯罪基本状况和社会安定程度的重要反映,同时也是评价该社会的政治、经济、文化等方面发展状况的重要指标之一。社会犯罪总量,与该社会的政治、经济、文化等方面的发展和变动情况相对应,因此,一方面,社会犯罪量不会是一个常量,即不会始终保持在一个恒定的水平上面,总是会随着社会政治、经济、文化等方面的变化而变化;另一方面,当社会政治、经济、文化等方面的发展处于相对稳定或相对平稳状态时,犯罪总量也会保持相对稳定,表现出一种相对"饱和状态",只有当社会政治、经济、文化等方面发生急剧变动甚至革命性变化时，犯罪总量才会出现爆发式增加，呈“超饱和状态”。犯罪总量总是随着社会政治、经济、文化的发展与变动而在“饱和”与“超饱和”状态之间徘徊。

一、犯罪总量与犯罪黑数

“犯罪总量”是指在特定时期、特定区域内犯罪案件或犯罪人的总数或者绝对数。它通常是指犯罪案件或犯罪行为总数，有时也可以指犯罪人总数。例如，1999 年我国公安机关立案侦查的刑事案件为 2 249 319 件，就是当年我国已知犯罪案件的总数，而公安机关查明的当年案犯人数，则是当年已知犯罪人的总数。犯罪总数是反映和测定社会犯罪基本状况的一个重要指标。

从字面上讲，犯罪总数应当是指已经实际发生的全部犯罪案件数或实际存在的全部案犯人数，但是，并不是所有已经实际发生的犯罪案件都能够被掌握或者被查获，实际发生的犯罪总数其实是一个未知数。因此，犯罪学以及犯罪统计实践中所说的犯罪总数，通常是指警察、法院等专门机关所掌握的已知犯罪案件或者案犯的数字。在有的犯罪学著作中，把实际发生的犯罪总数称作“实际犯罪数”，警察机关记录在案或立案侦查的案件数称作“表面犯罪数”，经过法庭审判的犯罪案件数称作“法定犯罪数”。由于并非所有实际发生的犯罪案件都会被发现或者被立案侦查，因而实际犯罪数总是大于警察机关所掌握的表面犯罪数；由于警察机关在决定对已经获知的犯罪案件立案侦查以及决定移交起诉的过程中、公诉机关在决定对案件提起公诉的过程中会筛除一部分案件，因而表面犯罪数又总是大于最终经由法庭审判的法定犯罪数。由犯罪案件发生到被害人或者知情者向司法机关报案、由警察部门立案侦查到检察机关向法院提起公诉、由法院对案件进行审判到监狱等机关执行刑罚，实际上是一个对犯罪案件层层筛选的过程，也是对某种行为或者某种事实“标定罪名”或曰“归罪”的过程。这个过程就像一个“漏斗”，有一部分犯罪案件和犯罪人会在这个过程中被漏掉或者筛除于刑事司法程序之外。有的犯罪学教科书中把这种过程称为正式社会监督主管当局对犯罪行为不断进行筛选的“漏斗效应”（见图 9-1）。[①]

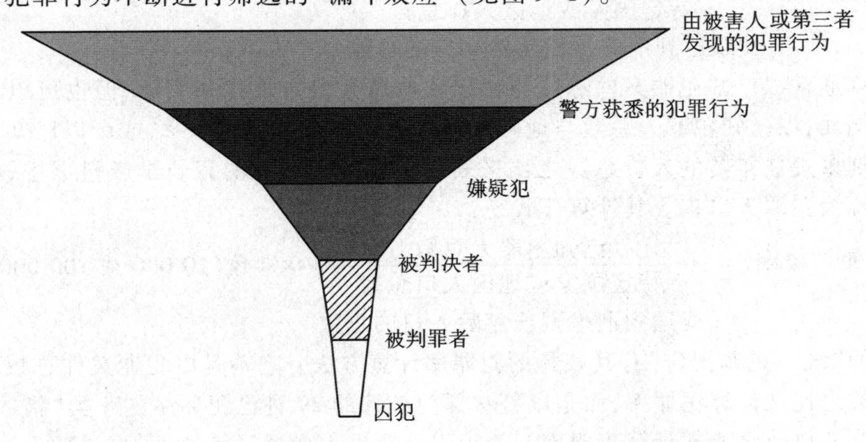

图 9-1　漏斗效应——从犯罪、发现犯罪直至在监狱里执行监禁的筛选过程[②]

① 参见［德］汉斯·约阿希姆·施奈德：《犯罪学》，吴鑫涛、马君玉译，中国人民公安大学出版社、国际文化出版公司 1990 年版，第 185—188 页。

② 材料来源：总统委员会《工作组报告，科学与技术》，华盛顿 D. C.，1967，61；插图来源：［德］汉斯·约阿希姆·施奈德：《犯罪学》，吴鑫涛、马君玉译，中国人民公安大学出版社、国际文化出版公司 1990 年版，第 188 页。

表面犯罪数和法定犯罪数、已知犯罪数或记录在案的犯罪数，在犯罪理论中称为“犯罪明数”；实际犯罪数与表面犯罪数之间的差额，即实际犯罪数中的那部分未知数，在犯罪学理论中称为“犯罪黑数”或者“隐案”。犯罪黑数（dark number of crime），即已经实际发生却因种种原因未被发现和未被纳入官方犯罪统计之中的那部分犯罪案件数。

犯罪测量和统计的一个理想目标是查明实际犯罪数，但是，由于存在着“犯罪黑数”，实际犯罪数到底有多大，也只能是一个“黑数”。因此，查明犯罪黑数成为查明实际犯罪数的一个关键和一大难题，不查明犯罪黑数的规模，就难以准确了解犯罪现象的实际规模。

关于犯罪黑数的实际规模，至今没有一个统一的甚至相对准确的说法。有人说已知犯罪数（犯罪明数）只是犯罪实际发生数的冰山一角，犯罪黑数至少是犯罪明数的三倍；有人则说，实际发生的犯罪数中至少有1/3没有查明。一般来说，强奸罪和白领犯罪（经济犯罪）的黑数较大，杀人、放火、重伤害等严重暴力犯罪的黑数较小，被发现的概率和破案率较高。

二、犯罪相对数

犯罪相对数，是用来表示犯罪流行状况（或曰犯罪在社会人口中的分布状况）的相关比率。在西方犯罪学中，关于犯罪率的研究和理论，称为“犯罪流行病学”。犯罪率、犯罪人口率、重新犯罪率以及监禁率等，都属于犯罪相对数。

（一）犯罪率

犯罪率（crime rate）是标示犯罪状况的一个最为重要的犯罪相对数，它是指特定时期、特定区域已知犯罪案件总数与该区域人口总数之比①。通常以万分比或十万分比来表示。以万分比还是十万分比来表示，依该区域人口规模大小而定，如果该区域人口规模不足十万，宜采用万分比，而不宜采用十万分比。犯罪率的计算公式如下：

$$\text{犯罪率}=\frac{\text{已知犯罪案件总数}}{\text{特定国家或地区人口总数}}\times\text{常数}(10\,000\text{ 或 }100\,000)$$

（或达到刑事责任年龄人口的总数）

犯罪率通常以已知犯罪案件总数与特定区域总人口数之比来表示，但也可以有其他计算方式。例如，以已知犯罪人总数与地区人口总数之比来表示犯罪率，或者以已知犯罪人总数与达到刑事责任年龄的人口总数之比来表示犯罪率。在有的犯罪学教科书中，将后一种计算方式称为犯罪人口率。其计算公式是：

$$\text{犯罪人口率}=\frac{\text{已知犯罪人总数}}{\text{特定国家或地区人口总数}}\times\text{常数}(10\,000\text{ 或 }100\,000)$$

（或达到刑事责任年龄人口的总数）

美国的“统一犯罪报告”有其独特的犯罪率计算方法。它不是以犯罪案件总数与特定地区总人口数之比来计算犯罪率，而是以警察部门统计的29种已犯罪中的8类“指数犯罪”与美国社会总人口数之比来计算犯罪率。关于强奸罪发生率的计算方法，在美国有一些争议。

① 能够反映犯罪流行情况的，除了犯罪率外，还有被害率（crime victim rate）。被害率是指在一定时空范围内犯罪被害人总数与社会人口总数之间的比率，通常以十万分比来计算。与犯罪率可以分为官方犯罪率与非官方犯罪率一样，被害率也可以分为官方被害率与非官方被害率两种。被害率不等于犯罪率，但是可以与犯罪率互鉴，从另一侧面反映犯罪的流行情况。被害率主要用来研究犯罪黑数。

美国的"统一犯罪报告"中是以已知的强奸案总数与社会总人口之比来计算强奸案犯罪率，有人认为，以强奸罪发案总数与特定地区女性总人口之比来计算强奸犯罪发生率可能更为科学。

犯罪率是计算犯罪在社会人口中的发生概率，与此不同，还有一种办法是计算犯罪在时间上的发生频率，美国学者称之为"犯罪钟点"。美国犯罪学家就常常根据"统一犯罪报告"中的犯罪数据计算出犯罪钟点，以此表示美国的官方犯罪率。[①]

（二）重新犯罪率

重新犯罪率是指已经被定罪量刑而再次实施犯罪行为的犯罪人总数与特定区域刑满释放人员总数之比。通常以百分比表示。计算公式如下：

$$\text{重新犯罪率}=\frac{\text{重新犯罪人口总数}}{\text{特定地区刑满释放人员总数}}\times 100$$

（三）监禁率

监禁率也在一定程度上反映着社会治安状况，但它更主要的是反映监狱人口的结构状态以及国家刑罚的严厉程度。

监禁率可以有两种计算方法，一种计算方法是以特定时期囚犯人口总数除以特定时期人口总数（再乘以常数），另一种计算方法是以特定时期囚犯人口总数除以该时期犯罪人口总数（再乘以常数）。

（四）其他犯罪相对数

除上述犯罪相对数以外，初犯率、犯罪分配率（特定类型犯罪在全部刑事犯罪中所占的比率）等，都属于犯罪相对数。

需要注意的是，犯罪相对数都是以已知犯罪数为基数来计算的，所反映的只是已知的犯罪案件比率，而不是实际的（也许是接近实际的）犯罪案件比率。最好把它们看作推测实际犯罪数的指数。

第三节　犯罪现象的结构与分布

一、犯罪现象结构

犯罪现象结构，是指犯罪现象内部各种类型犯罪之间的数量对比关系。这种数量对比关系，可以通过计算犯罪分配率来表示，其计算公式如下：

$$\text{犯罪分配率}=\frac{\text{某一类型犯罪案件总数}}{\text{特定地区犯罪案件总数}}\times 100$$

犯罪现象结构，在相当大程度上反映着犯罪现象的质，实际上可以作为测定犯罪现象质的特征的一个重要指标。当杀人、放火、抢劫、强奸、伤害等严重暴力犯罪以及黑社会犯罪发案率上升或者在整个犯罪结构中占较大比重时，总是意味着社会治安状况的恶化和给社会

① 例如，根据美国 1981 年的"统一犯罪报告"，当年的犯罪钟点是：平均每 2 秒发生一起指数犯罪；每 24 秒发生一起暴力犯罪，其中，每 23 秒发生一起杀人案、每 6 秒发生一起强奸案、每 55 秒发生一起抢劫案、每 49 秒发生一起重伤害案；每 3 秒发生一起财产犯罪，其中，每 8 秒发生一起入室盗窃案（burglary-breaking or entering）、每 4 秒发生一起普通盗窃案（larceny-theft）、每 29 秒发生一起机动车盗窃案。转引自 Robert Bonn, *Criminology*, McGraw-Hill, 1984, p. 53。

公众带来更大的犯罪恐惧感；当贪污贿赂、偷税漏税、诈骗洗钱、走私贩私、制假售假等经济犯罪或白领犯罪增多时，总是意味着社会经济秩序的混乱和社会诚信的缺失。这一点并不难理解。

犯罪现象结构是一个动态结构，它不仅随着社会政治、经济、文化的变动而变动，而且因社会政治制度和文化背景的不同而显现出差异。从整个社会历史进程来看，犯罪现象结构的变动大体呈现出两条基本轨迹。一条轨迹是，犯罪现象结构因现代化过程和程度而发生变化。到了18世纪中后期，欧洲主要国家以及美国完成了第一次现代化过程，陆续由传统的农业社会进入到现代工业化和城市化社会，以此为分界，那些率先进入现代化社会的国家，出现了犯罪现象结构的明显转变，即在农业社会的传统犯罪类型仍然存在的情况下出现了大量新的犯罪类型。主要表现为，在传统农业社会，以杀人放火等传统暴力犯罪和盗窃抢劫等传统财产犯罪为主要类型，在现代化社会条件下，则出现了大量的经济犯罪或白领犯罪；在传统农业社会，犯罪主要是男性和成年人的事情，在现代化社会，少年犯罪和女性犯罪则成为新的犯罪问题。犯罪现象结构因现代化过程而出现的以上变化，在当代则表现为发展中国家与发达国家在犯罪现象结构以及犯罪率上的差异。在发展中国家，一方面存在着大量的传统犯罪类型，另一方面又越来越多地出现那些在发达国家大量存在的新的犯罪类型。另一条轨迹是，犯罪现象结构因社会结构以及政治、经济、文化背景的不同而显现出差异。“在每一社会结构内部，都有其独特的关于犯罪及其控制的方式，而且，犯罪及其控制总是随着社会结构本身的变化而变化”。①

但是，犯罪现象结构内部各类型犯罪的总的排列顺序又具有相当的稳定性。一个明显的例证是，纵观世界各国的犯罪现象，在已知犯罪中，财产犯罪以及性犯罪的发生率总是名列前茅。犯罪现象结构的变动，取决于社会政治、经济、文化诸方面的变化；犯罪现象结构的相对稳定，则与人类本性和人类基本需要的相对确定性相联系。

二、犯罪分布

犯罪分布是指犯罪现象的数量和类型在时空条件下的存在状态和变动情况。犯罪分布研究的目的在于揭示特定的时间和空间条件与犯罪率以及犯罪类型分布之间的相关关系。这种相关关系，可以运用调查统计方法对不同区域或不同时期的犯罪数据进行对比分析来显示。犯罪分布研究对于警察部门更有针对性和更加有效地开展打击和防范犯罪工作，具有良好的指引作用；对于通过城市规划和环境设计来强化非正式社会监督并创造一种不利于犯罪发生的防卫空间，可以提供良好的建议。

（一）犯罪空间研究与犯罪时间研究概述

德国当代犯罪学家汉斯·约阿希姆·施奈德把犯罪分布研究区分为犯罪地理学研究、犯罪生态学研究和犯罪地形学研究三个方面。②这三个方面彼此间的差异并不很大。

犯罪地理学研究旨在揭示不同的区域、城市、国家或者气候地带之间的犯罪分布情况及犯罪率的差异。这种研究的实质是对不同国家或者地区的犯罪现象进行比较犯罪学研究，它既可以是跨世界各大洲的、跨国的或者跨文化的比较研究，也可以是在同一国家内跨地

① ［德］汉斯·约阿希姆·施奈德：《比较犯罪学：目的、方法与结论》，赵宝成译，《中国刑事法杂志》2003年第4期。

② 参见［德］汉斯·约阿希姆·施奈德：《犯罪学》，吴鑫涛、马君玉译，中国人民公安大学出版社、国际文化出版公司1990年版，第3—5页。

区、跨城市的比较研究。例如,关于发达国家与发展中国家犯罪现象的比较研究、关于亚洲国家与欧洲国家犯罪现象的比较研究、关于城市社区与乡村社区的犯罪现象的比较研究、关于同一城市内不同城市地带犯罪现象的比较研究、关于不同地区居民的公共安全感程度以及不同地区的犯罪或者被害危险指数的比较研究、关于地球上温暖地带与寒冷地带犯罪现象分布,等等,都属于犯罪地理学研究。需要注意的是,犯罪地理学研究,并不是简单地以显现犯罪现象的区域分布为满足,它还总是要在此基础上继续探讨特定地区或者国家特定社会结构与该地区或者国家的犯罪分布之间的相关关系。

犯罪生态学研究旨在揭示地区、气候、地形、动植物界和建筑结构与个人的犯罪生涯或者被害生涯之间的互动关系。它所坚持的一个基本思想是:人是一种地区性的生物,他始终要同自己所在的地区,尤其是他的社会邻近环境相处。人类行为塑造地区的格局、影响地区风貌和建筑造型,而地区风貌、建筑造型又对人类行为产生反作用,改变、加剧和诱发人类行为。一方面,由建筑结构造成的机会可能诱发犯罪行为;另一方面,一种由建筑结构促进的地区意识能够使居民自己承担其居住区里的(非正式)监督,震慑潜在的犯罪人。地区和行为在一种社会结构和一种社会过程中发生相互作用,从而产生犯罪行为、被害人以及对犯罪的恐惧心理。虽然建筑物和城市建设结构通常并不直接引起犯罪行为,但是它们却能造成某种导致集体和非正式监督瓦解的状态。

犯罪地形学侧重研究犯罪的作案地点分布。例如,在大楼、住宅、百货公司、旅馆、医院内部,哪些地点是容易成为犯罪作案的地点。当然,犯罪地形学研究也要结合具体的社会结构背景来进行,而不是单纯的空间物理学解释。

关于犯罪分布的研究,除了犯罪地理学、犯罪生态学和犯罪地形学等空间研究以外,还有犯罪时间研究。这种研究旨在揭示犯罪现象在不同季节以及一天当中具体时刻上的分布。大体上可以分为犯罪季节研究和犯罪时刻研究两个方面。

需要特别注意的是,对犯罪分布的上述任何研究,都不仅仅是描述犯罪现象在物理时空上的分布,它们在解释犯罪现象的时空分布过程中,都明显地引入了社会结构或社会文化背景因素这一变量。一方面,它们力图说明物理时空环境会影响社会结构和社会文化,进而影响该地区的犯罪;另一方面,它们力图说明在物理时空条件背后真正或者最终影响犯罪现象分布的是社会结构或社会文化因素。

(二)犯罪分布研究获得的一些值得注意的发现

第一,从世界范围看,发达工业国家与发展中国家之间在犯罪率和犯罪现象结构上,均有明显差异。自十四五世纪资本主义在西欧产生以来,尤其是自18世纪末、19世纪西欧及北美进入工业化社会以来,犯罪现象在全世界范围内普遍增加,目前仍处于不断增加之中。联合国依据官方数据进行的第二次世界犯罪调查(1975—1980年)显示,在1970—1980年,世界各国的暴力犯罪增加了两倍,财产犯罪增加了三倍。① 世界性的犯罪结构是:盗窃72%,人身伤害12%,抢劫5%,毒品犯罪3%,诈骗和侵吞3%,谋杀、过失杀人、强奸和受贿各为1%,拐骗儿童低于1%。但是,从官方犯罪统计数字来看,发展中国家犯罪率普遍低于

① 转引自[德]汉斯·约阿希姆·施奈德:《比较犯罪学:目的、方法与结论》,赵宝成译,《中国刑事法杂志》2003年第4期。

发达工业化国家,如果发达工业化国家的犯罪指数为1000,发展中国家的犯罪指数则约为800。不过,日本和瑞士是发达工业化国家中保持低犯罪率的两个特例。在犯罪现象结构上发展中国家与发达工业化国家也有所差异,在发展中国家43%的犯罪是侵犯人身犯罪、49%是财产犯罪,在发达工业化国家则82%是财产犯罪、10%是侵犯人身犯罪。也就是说,暴力犯罪在发展中国家较普遍,财产犯罪则在发达工业化国家较普遍。[①] 犯罪现象的上述分布状态,显然与工业化以及城市化所带来的传统社会结构的破坏、传统价值的崩溃以及社会内部非正式监督削弱有着直接的联系。与特定的社会结构和地理结构相联系,世界上存在着一些犯罪高发国家和地区。据联合国1970—1975年进行的第一次世界犯罪调查,与地区的地理位置相关,加勒比海地区的犯罪率最高。该地区是北美洲与拉丁美洲之间的过渡地带,走私、毒品和武器贸易、海盗行径在这里司空见惯。北非和中东地区的几个国家(尤其是埃及、阿尔及利亚、沙特阿拉伯等国家)以及日本和尼泊尔等东亚、南亚国家由于保留了传统的社会结构和价值,具有较低的犯罪率。

第二,在不同的温度地带,犯罪率以及犯罪结构有所差异。在寒冷地带暴力犯罪较为多发,在温暖地带财产犯罪以及性犯罪较为多发。

第三,在同一国家内,犯罪发案率以及犯罪现象结构也会呈现出地区性差异。例如,美国各州的犯罪发案率和犯罪现象结构互有不同;我国东南部经济较发达地区和西部经济欠发达地区的犯罪发案率和犯罪现象结构也有所不同。

第四,城市与乡村的犯罪率与犯罪结构有所差异。犯罪问题是一个典型的城市病。城市犯罪率高于农村,是一个普遍现象。在城市,经济犯罪、职务犯罪等新型犯罪发生率较高;在农村,杀人、抢劫以及盗窃等传统犯罪发生率较高。卖淫和色情文艺、有组织犯罪主要存在于城市。

第五,在城市,犯罪呈一定的区域分布。美国芝加哥学派提供了这方面研究的范例。芝加哥学派的犯罪生态学表明,在芝加哥城,作为工业区、商业区的城市中心地带犯罪率较高;在贫民区(贫民窟)和少数民族聚居区犯罪等越轨行为发生率较高;在城乡接合部即城乡之间的过渡地带犯罪率较高。尽管各国的城市规模和城市模式会各不相同,但上述情况则大同小异。

第六,犯罪地形学研究表明,特定的地形条件可能特别有利于犯罪的发生。例如,车站码头、影院商场等人员流动量大的场所,盗窃案件以及伤害案件通常较多;建筑的视觉死角可能成为犯罪人出入作案现场的通道;缺乏照明的道路或者荒僻的公园、野外,往往成为夜行者(尤其是夜行的单身女性)的被害场所。

第七,犯罪具有一定的季节分布和时刻分布。从季节分布看,炎热的夏季强奸犯罪发案较多,冬季则扒窃等财产犯罪发案较多,尤其是年终节前,扒窃犯罪会更加猖獗;从犯罪时刻来看,入室盗窃多发生在夜间,尤其是风雨交加黑暗如墨的夜晚,俗谓"偷风不偷月,偷雨不偷雪""有黑杀人夜,风高放火天",就道出了犯罪发生的时间规律。

---

① 参见[德]汉斯·约阿希姆·施奈德:《犯罪学》,吴鑫涛、马君玉译,中国人民公安大学出版社、国际文化出版公司1990年版,第241页。

第四节　犯罪人与犯罪被害人

一、犯罪人的特征

犯罪人是犯罪行为的实施者。在犯罪学视野中，犯罪人是犯罪现象的基本构成要素之一。对犯罪人特征的经验型描述，是犯罪现象研究的一个重要方面。有意识和意志的具体犯罪人的特征，可以分解为年龄、性别、民族或种族、职业、受教育程度、社会经济地位及家庭状况、个性心理特征及精神状况等具体经验型指标，并通过这些经验型指标而加以认识。通过对犯罪人进行临床式的个案研究以及大范围的经验性测量，一方面可以发现犯罪人口的结构性特征和犯罪的人口分布（犯罪人口率），告诉人们究竟是哪些人在犯罪、一些人为什么会比另外一些人更容易选择犯罪；另一方面可以呈现或者还原具体犯罪人的犯罪生涯——发现他是如何成为犯罪人的以及在犯罪道路上走了多远。

（一）犯罪人的性别特征

自古以来，犯罪主要是男人的事情，被称为是一种“男性的工作”。在中世纪以前，女性很少参与犯罪，女性犯罪还构不上一个社会问题。不过，值得注意的是，自西欧及北美国家从18世纪末、19世纪初进入工业化社会时起，女性犯罪率开始上升，女性犯罪问题开始引起关注。西方发达国家自20世纪五六十年代以来女性犯罪率明显增加，我国自20世纪70年代末、80年代初以来女性犯罪率也显著上升[①]。20世纪中期以来出现的一个全球性趋势是，女性犯罪的增长幅度明显超过男性犯罪的增长幅度。还需注意的是，据美国有关部门的自我报告研究表明，犯罪的性别差异实际上并不像官方犯罪统计所显示的那样明显，女性参与犯罪以及其他越轨行为的程度要高于一般想象。[②]

不过，犯罪统计表明，迄今为止，除卖淫外，大多数犯罪行为仍然由男性所实施。据统计，世界各国男女犯罪之比为10∶1至5∶1不等。[③] 另据统计，1997年美国被捕人犯总数中男性占78.1%、在被捕的重罪犯中男性占74.5%，[④]日本1974年被捕人犯总数中男性占84%。[⑤] 在我国，近二三十年来女性犯罪虽然有所增加，但犯罪人中男女比例仍较悬殊，大约在10∶1。[⑥]

男女两性犯罪人在犯罪类型分布上有所差异。几乎所有的卖淫者都是女性，男性卖淫的则鲜有其例。商店偷窃也主要由女性所为。此外，在全部女性犯罪中，杀人、伤害案件所占比例较高。据英国《不列颠百科全书》中披露，在逮捕的人犯中男女比例如下：杀人犯6∶1、伤害犯7∶1、抢劫犯22∶1、入室盗窃犯30∶1。[⑦]

（二）犯罪人的年龄特征

在中世纪以前，犯罪主要是成年男人的事情，还不存在当今所谓的未成年犯罪问题。

---

① 详细情况，参见本书第十章第七节。

② 参见《不列颠百科全书》（英文版）（第5卷），第267页。

③ 参见王牧：《犯罪学》，吉林大学出版社1992年版，第181页。

④ See Sue Titus Reid, *Crime and Criminology*, McGraw-Hill, 2000, p. 45.

⑤ 日本法务省综合研究所编：《日本犯罪白皮书》，李虔译，康树华校，中国政法大学出版社1987年版，第69页。

⑥ 康树华：《犯罪学——历史·现状·未来》，群众出版社1998年版，第719页。

⑦ 参见《不列颠百科全书》（英文版）（第5卷），第267页。

"青年和犯罪,两者联系在一起是从19世纪起才'发现'的一种社会现象"。这主要是由于那时人的期待寿命比今天要短得多,35岁以下的年轻人构成居民的主体,不存在童年与成年之间的过渡年龄,儿童直接进入成人世界,直到18、19世纪,青少年才成为人的生命历程中的一个时代。[①] 一方面,青年时代的形成使青少年犯罪问题的出现成为可能;另一方面,自18、19世纪西方国家进入工业化社会以后传统社会结构和传统价值被打破,又为青少年犯罪问题的形成提供了现实条件。从根本上说,是工业化和城市化进程改变了以往的犯罪人年龄结构,使得青少年犯罪逐渐成为一个社会问题。随着现代化进程的不断推进,在全球范围内出现了犯罪低龄化趋势,25岁以下的青少年成为犯罪者"大军"的主力。据美国统一犯罪报告显示,1997年美国逮捕的全部人犯中,25岁以下的占45%,21岁以下的占32%,18岁以下的占19%,15岁以下的占6%[②]。另据《不列颠百科全书》披露,在英国,严重犯罪的实施者中25岁以下的青少年占大多数;在逮捕的人犯中,11～17岁的青少年占1/2,18岁以上25岁以下的占3/4;在杀人犯中25岁以上的占2/3。[③]

在我国,青少年犯罪问题的出现较之西方发达国家要晚。20世纪70年代末、80年代初以后,我国青少年犯罪大幅度增加,约占犯罪总数的70%～80%,且逐渐呈现低龄化趋势,13岁以下未成年人实施的恶性违法犯罪案件时有发生。进入21世纪以来,我国犯罪现象发生结构性变化,青少年犯罪尤其是未成年人犯罪整体呈下降趋势,但在犯罪总数中仍占有较大比重,13岁以下未成年人实施的恶性违法犯罪案件未见明显减少。

与犯罪日渐低龄化相反的一个趋向是,随着年龄的增大,当青少年的心理逐渐成熟并有了较为稳定的社会位置以后,人口中的平均犯罪又会出现回落的趋势。

(三) 犯罪人的社会经济地位

"社会经济地位"一词,意指社会阶级或者阶层。考察犯罪人的社会经济地位,目的在于了解犯罪人主要来自哪一社会阶级或者阶层,以及社会经济地位究竟在何种程度上会影响犯罪行为的发生。

西方传统犯罪学理论认为,犯罪主要是社会底层的事情,犯罪人主要来自社会底层。在西方国家的官方犯罪统计(如美国的"统一犯罪报告")中,至今仍然以主要由社会底层实施的传统街头犯罪为统计对象。这一结论的得出可能有多种原因。原因之一,传统犯罪学中使用的犯罪概念主要体现的是中产阶级的价值观,在这种价值观指导下的资产阶级刑事立法和刑事司法就会带有明显的阶级偏见,因而社会底层的某些行为就更容易被贴上"犯罪"标签。原因之二,早期的犯罪原因理论欠发达,在早期犯罪原因理论中,贫困被认为是导致犯罪的主要原因。原因之三,认为犯罪主要是社会底层的事情的结论,与一般公众意识似乎更相吻合;由于社会底层的犯罪大多是杀人、伤害、抢劫、强奸等"街头犯罪",它们更容易被被害人以及社会公众所感知,因而,在公众意识中,所谓犯罪问题,就是指杀人、抢劫、强奸等犯罪问题。但是,自20世纪四五十年代美国犯罪学家萨瑟兰对白领犯罪展开研究以来,这一结论已经基本上被否定。萨瑟兰以及后来的犯罪学研究表明,在美国的中上层社会或白

---

① 参见[德]汉斯·约阿希姆·施奈德:《犯罪学》,吴鑫涛、马君玉译,中国人民公安大学出版社、国际文化出版公司1990年版,第249、655页。

② See Sue Titus Reid, *Crime and Criminology*, McGraw-Hill, 2000, pp. 45-46.

③ 参见《不列颠百科全书》(英文版)(第5卷),第267页。

领阶层也存在大量诸如贪污贿赂、经济诈骗等犯罪现象,萨瑟兰把这种犯罪现象统称为“白领犯罪”;另一些犯罪学研究表明,社会经济地位以及贫困与犯罪之间不存在显著的或必然性的联系。关于社会经济地位与犯罪之间的关系,准确的说法应当是:无论在社会底层还是社会中上层,都存在一定数量的犯罪现象;在以某种主流价值(通常是中产阶级的价值观)为标准来界定犯罪的社会中,与其说社会底层实施了更多的犯罪,不如说社会底层较之中上层社会更容易陷于犯罪更为准确;在社会底层与社会中上层之间犯罪分布的差异,主要体现在犯罪类型上面,而不是体现在犯罪的量上面,杀人、抢劫、盗窃、强奸、放火等“街头犯罪”主要由社会底层实施,贪污贿赂、经济诈骗等“白领犯罪”或“室内犯罪”主要由社会中上层实施。在我国,虽然没有“社会底层”与“社会中上层”这种划分,但是,在我国现存的十大社会阶层中,每一阶层内部都分布着一定量的以及特定类型的犯罪现象,这同样说明,在我国社会经济地位与特定社会阶层的犯罪数量之间不存在明显的联系。[①]

(四)犯罪人的种族分布

在多种族社会,犯罪人的种族分布是一个经常受到注意的问题。例如,在美国的官方犯罪统计“统一犯罪报告”中就有关于美国黑人与白人之间的犯罪比较分析。据1988年美国“统一犯罪报告”显示,美国黑人占总人口的12%,而黑人的被逮捕率则占全部指数犯罪的29.6%。另外一些犯罪统计似乎也证明了黑人犯罪率高于白人犯罪率。[②] 另有统计表明,因暴力犯罪而被逮捕的犯罪嫌疑人中46%为黑人;50%的城市黑人男性一生中至少有一次因犯指数犯罪而被逮捕,相同情况在城市白人男性中则只占14%;凶杀是黑人男性青年死亡的主要原因。[③] 有关犯罪统计还表明,美国黑人犯罪与白人犯罪在类型上也存在差异。据美国有关组织于1969年发布的犯罪统计报告,美国黑人中杀人、强奸、抢劫与重伤害等类型犯罪的发生率远高于白人。[④] 不过,据1997年美国“统一犯罪报告”的反映,上述情形已经发生了明显变化。[⑤]

上述统计数据似乎证明,黑色人种(或有色人种)与白色人种之间在犯罪率以及犯罪结构上存在差异。然而,上述统计数据以及由此得出的结论是值得怀疑的。有学者尖锐地提出如下质疑:到底是黑人比白人更多地实施了犯罪,还是黑人犯罪较之白人犯罪更容易受到追究和逮捕?黑人社区是不是比白人社区更多地受到了警察部门的监督?黑人是否受到了歧视性刑事司法待遇?如果黑人犯罪确实多于白人,那么其背后的原因究竟是什么?总之,需要搞清楚的是,上述统计数据及其结论是否为种族偏见的反映?或者说,黑人犯罪率高于白人的现象是否为种族歧视的结果?

---

① 1999年至2001年,中国社会科学院开展了重大科研项目“当代中国社会阶层研究”,根据这项研究,当代中国社会可以划分为十大社会阶层,即国家与社会管理阶层、经理阶层、产业工人阶层、农业劳动者阶层、私营企业主阶层、专业技术人员阶层、办事人员阶层、个体工商户阶层、商业服务人员阶层和城市无业、失业和半失业阶层。其中,国家与社会管理阶层、经理阶层以及部分专业技术人员阶层、部分办事人员阶层、部分私营企业主阶层、部分个体工商户阶层、部分商业服务人员阶层,大体上可以划入社会中产阶层。

② See Freda Adler, Gerhard O. W. Mueller, William S. Laufer, *Criminology*, McGraw-Hill, 1991, p. 47.

③ See Joan Petersilia, " Racial Disparities in the Criminal Justice System: A Summary," *Crime and Delinquency* 31, 1985, pp. 15-34.

④ U. S. National Commission on the Cause and Prevention of Violence, 1969. See Sue Titus Reid, *Crime and Criminology*, McGraw-Hill, 2000, p. 44.

⑤ See Freda Adler, Gerhard O. W. Mueller, William S. Laufer, *Criminology*, McGraw-Hill, 1991, p. 45.

我国是一个种族单一的国家,不存在犯罪分布的种族差异问题。我国又是一个民族众多的国家,不同民族之间的犯罪率以及犯罪结构还是存在着一定程度上的差异的。不过,这种犯罪的民族差异主要是由不同民族的文化以及社会经济发展水平所决定的,而与民族的优劣无关,因此,它与犯罪分布的种族差异是不同质的问题。

二、犯罪被害人的特征

犯罪被害人是犯罪危害结果的承受者。在犯罪学视野中,被害人是犯罪现象的基本构成要素之一。对于犯罪被害人的特征,可以从年龄、性别、民族或种族、职业、受教育程度、社会经济地位及家庭状况、个性心理特征及精神特征等方面加以考察和描述。这种考察和描述,从另一侧面反映了犯罪现象的状况和特征,对于查明犯罪黑数以及犯罪的实际状况尤具价值。

(一)被害人的性别

除婚姻家庭方面的犯罪、强奸罪以及其他性犯罪外,大多数类型犯罪尤其是暴力犯罪的被害人主要为男性,这是中外被害人调查得出的一致结论。据美国有关调查,在严重人身伤害犯罪和抢劫罪中,男性被害人几乎是女性被害人的两倍。尽管女性对暴力犯罪的恐惧普遍甚于男性,然而这主要是由于女性对强奸犯罪的恐惧以及对家庭暴力的恐惧,而非由于暴力犯罪的被害人中女性多于男性。男性被害人与女性被害人之间的一个重要差异是,前者更多地是被亲属之外的朋友、相识者或者陌生人所害,后者则更多地是被亲友所害。[①] 据我国有关被害人调查,在所有犯罪类型的被害人总数中,男性被害人占 62.8%,女性被害人占 37.2%。[②]

(二)被害人的年龄

年龄因素在被害人研究中具有重要意义。据美国在 20 世纪末的有关调查,青少年人的被害率要高于壮年人的被害率。暴力犯罪的被害人集中在 12~24 岁年龄段的青少年人;其中,12~15 岁的少年被害率最高,16~19 岁的青少年的被害率居于其次,然后,被害率依年龄增高而呈递减之势。在盗窃犯罪中,65 岁以上的老年人被害率最高,然后,被害率依年龄降低而呈下降之势,35~49 岁的壮年人盗窃被害率最低。12~24 岁的青少年,特别容易成为人身伤害犯罪、抢劫以及私人盗窃的被害人。[③] 我国有关被害人的调查资料也得出了与之相近的结论,在我国,犯罪被害人主要集中于 18~45 岁的人群。[④]

(三)被害人的种族及社会经济地位

国外被害人学研究表明,被害人具有一定的种族分布特征。例如,在美国犯罪案件尤其是暴力犯罪案件中,黑人的被害率不仅明显高于白人,而且高于美国其他少数民族或者种族人口。在严重暴力犯罪中,黑人被害率是白人被害率的 9 倍。但在强奸案件、其他性犯罪案件以及轻微伤害案件中,被害率的种族差异不很明显。此外,被害率的种族分布在美国的城市与乡村之间有所差异。在城市,暴力犯罪被害人中黑人多于白人;在乡村,暴力犯罪被害人中则白人多于黑人。传统的财产犯罪(如盗窃、抢劫)多发于美国黑人之

① See Sue Titus Reid, *Crime and Criminology*, McGraw-Hill, 2000, p. 47.
② 参见郭建安主编:《犯罪被害人学》,北京大学出版社 1997 年版,第 100 页。
③ Criminal Victimization 1996, p. 5. 转引自 Sue Titus Reid, *Crime and Criminology*, McGraw-Hill, 2000, p. 47.
④ See Freda Adler, Gerhard O. W. Mueller, William S. Laufer, *Criminology*, McGraw-Hill, 1991, p. 101.

间。此外,财产犯罪被害人中西班牙裔美国人明显多于非西班牙裔的美国人,前者约为后者的两倍。[①]

人口种族与社会经济地位是两个相互关联的因素,对被害人的种族分布状况发生实质性影响的,主要是被害人的社会经济地位,而不是其种族特性。美国犯罪被害人调查有两点值得注意的发现。一是暴力犯罪被害率与人口的社会经济地位,尤其是家庭经济收入密切相关。据美国20世纪80年代初的刑事司法统计,家庭年收入在3 000美元以下的,其家庭成员特别容易成为强奸、抢劫、轻伤害等暴力犯罪的被害人;在财产犯罪中,被害率则因不同的犯罪类型而在不同收入层次的家庭中呈不同的分布,不过,一个基本结论是,最无权的社会群体其被害的可能性最大。[②] 在美国社会中,黑人的社会经济地位远低于白人,这是其被害率明显高于白人的真实原因。实际上,被害率与社会经济地位相联系这一结论,在下述资料中也得到了印证:年收入在3 000美元以下的白人家庭与年收入在25 000美元以上的白人家庭相比较,前者家庭成员的强奸被害率几乎是后者家庭成员的5倍,前者家庭成员的抢劫被害率是后者家庭成员的1.7倍,前者家庭成员的被伤害率约为后者家庭成员的2倍。无论在哪一个收入层次,黑人家庭成员的抢劫被害率都高于白人家庭成员[③]。二是传统的暴力犯罪和财产犯罪的共同特征是具有私人性,即犯罪人与被害人之间是一种面对面的或者个体间相互对抗的关系;无论是暴力犯罪还是财产犯罪,被害人与犯罪人之间在社会经济地位上具有很大程度的相似性,即二者大多来自同一个社会阶层。具体表现是,杀人罪中的黑人被害人多为黑人所杀、白人被害人多为白人所杀、女性被害人多为女性所杀;财产犯罪中被害人与犯罪人之间的关系稍为复杂些——富人常常成为社会底层犯罪者实施盗窃、抢劫等犯罪的对象,但财产犯罪仍然主要发生在同一社会阶层中间。

事实上,不仅具有私人性质的传统暴力犯罪和财产犯罪的被害人大多为社会底层成员,贪污受贿、金融诈骗、环境污染、制假售假等经济犯罪、白领犯罪或法人犯罪的被害人更主要是社会底层成员或社会弱势群体。不过,由于这类犯罪具有非私人性,犯罪人与被害人之间很少有直接接触,因而大多数被害人对自己被害的事实浑然不觉。正因此,摸清这类犯罪被害人的规模相当困难。迄今为止,各国尚缺乏官方的或者非官方的关于此类犯罪被害人情况的系统报告。

第五节 犯罪现象的质:犯罪危害量

一、概述

本节所说的犯罪危害量,是指总体犯罪现象的危害量,而不是指单个犯罪行为的危害量。犯罪危害量是指犯罪现象所蕴含的社会破坏性能量,它是犯罪现象严重程度或犯罪现

---

① See Sue Titus Reid, *Crime and Criminology*, McGraw-Hill, 2000, pp. 46–47.

② See Robert L. Bonn, *Criminology*, McGraw- Hill, 1984, p. 204, p. 235.

③ See Flanagan et al., *Sourcebook of Criminal Justice Statistics*, 1981, p. 258. See Robert L. Bonn, *Criminology*, McGraw-Hill, 1984, p. 204.

象质的特征的一个重要标示[①]。犯罪危害量与犯罪案件数量之间应当是一种函数关系,犯罪危害量的大小与犯罪案件数量的多少具有相关性,但二者不能直接等同。在某一时期犯罪案件的数量增加,并不意味着犯罪现象的绝对危害量的增加,因为实际情况可能是轻微犯罪案件大大增加,而严重犯罪案件却有所减少;同样的犯罪案件数量或者同一种犯罪行为,其犯罪危害量可能完全不同。例如,因谋财害命,当然要比大义灭亲而杀人所蕴含的犯罪危害量更大。需要注意的是,所测量出来的犯罪危害量,不是可以用一个确切的绝对值来表示的犯罪现象危害的实际总量,而只能是一个反映犯罪实际危害量的指数(犯罪危害量指数),如同在测量犯罪总量时存在"犯罪黑数"问题一样,在测量犯罪现象危害量时,同样存在"危害量黑数"问题。因此,把犯罪现象危害量称作犯罪现象危害程度可能更为适当。犯罪现象危害量往往被理解为一个犯罪危害的绝对值,犯罪现象危害程度则通常是指一系列关于犯罪危害的指数。

测量犯罪危害量是一项十分复杂的工作,需要具备完善的测量指标和科学的测量技术。1964 年,美国犯罪学家索尔斯顿·塞林和马文·E. 沃尔夫冈出版《违法行为测量法》一书,创立了一种违法行为测量方法。他们认为,应当建立一套尽可能客观的犯罪行为指数来测量犯罪现象的危害量,而不是对全部犯罪行为进行统计和评价,因为那样做过于复杂;应当以案件的客观特征(如被害人的人身伤害或财产损失)为依据进行测量,而不应以刑法对犯罪行为的评价(特定罪行的法定刑或处断刑)为依据进行测量。[②] 塞林和沃尔夫冈的测量方法尽管并非尽善尽美,但它的可靠性和有效性在许多国家得到了验证。考虑到犯罪危害量测量的可操作性,我们认为,可以从犯罪代价和公共安全感两个方面,或者说通过建立犯罪代价和公共安全感两方面指数来测量犯罪现象的危害量(见表 9-1)。[③]

二、犯罪代价

犯罪代价数字可以用作测量特定社会犯罪危害量的一个重要指数。

---

① 我国青年犯罪学者刘广三在所著《犯罪现象论》(北京大学出版社 1996 年版,第八章)一书中,创设了"犯罪当量"这一概念,用以指称犯罪危害量。他对犯罪当量概念作如下界定:"所谓犯罪当量,是犯罪统计部门或者有关学者为了认识和比较犯罪的严重程度,通过一系列的定量分析方法,用数来表示一定时空范围内实际发生的犯罪的社会危害性的等级、规模、程度等量的规定性。简单地说,是对各种犯罪的社会危害性的数量化。"他进一步解释道:"'当量'一词意义有二:一是代表元素或化合物在相互反应时的重量比例的一种数值;二也称'约当产量',是指工业企业的在制品结存量按某一标准折合成相当于完工产品的数量。本书认为,上述第二种含义中的'当'有'相当于'的意思,也就是说,当量只是一种相对量,是为了某种目的而便于折算和表述的一种人为规定的数量,它无意也用不着以绝对量的形式表现出来。把这种意义上的'当量'略加改变引进到犯罪学研究中来,用以表示犯罪的社会危害性按照某些规定的方法、步骤折算而成的相对数量,很贴切,也很有新意"。按照上述解释,刘广三说的"犯罪当量"是一个与犯罪绝对量或犯罪量相对的概念,是指犯罪的"约当产量"。

② 参见[德]汉斯·约阿希姆·施奈德:《犯罪学》,吴鑫涛、马君玉译,中国人民公安大学出版社、国际文化出版公司 1990 年版,第 198—201 页。

③ 需要说明的是,以罪的刑罚量作为评价犯罪行为危害量的指数来测量犯罪现象危害总量,也不失为一种有效的危害量的测量方法。这种测量方法目前尚无成熟的模式或者经验可循,笔者以为,其具体做法可以这样设计:先为一定的刑罚量(罪的法定最高刑或者处断刑)确定分值作为指数。例如,生命刑和无期徒刑为 10 分、自由刑每 1 年为 0.5 分,等等,然后结合当年犯罪总数计算犯罪危害总量。不过,保证这种测量方法有效性的前提是,刑法中罪名的设定以及对具体罪名刑度的规定应当尽可能科学并相对稳定,法院在定罪量刑中应尽可能适当且标准统一。塞林和沃尔夫冈不赞成这种以对罪的刑法评价为依据的测量方法。

表 9-1 塞林和沃尔夫冈的犯罪危害量测量指数体系[①]

案件特征	测量指数
被害人受到轻微人身伤害	1
被害人接受门诊治疗	4
被害人住院治疗	7
被害人死亡	26
被害人遭强奸	10
被害人同时受到武器威胁	2
在盗窃时进行恐吓(威胁或使用暴力)	2
(同时)使用武力	4
强行闯入他人居室	1
一件被盗、被损坏或被破坏的物品的价值(以美元计):	
10 美元以下	1
10 ~ 250 美元	2
251 ~ 2 000 美元	3
2 001 ~ 9 000 美元	4
9 001 ~ 30 000 美元	5
30 001 ~ 80 000 美元	6
80 000 美元以上	7
汽车被盗(车主领回的汽车未受损坏)	2

犯罪代价(cost of crime)是一个难以界说的词汇。从犯罪人角度说,犯罪代价有时意味着犯罪收益;从被害人角度说,犯罪代价是犯罪行为给被害人以及社会造成的物质或精神上的损害;从犯罪预防角度说,犯罪代价中的一部分又是个人以及社会为对付犯罪而支付的成本。总而言之,犯罪代价是犯罪行为给个人和社会带来的不必要的损害或者付出。

对于犯罪代价,可以按照不同的标准进行分类。第一,直接代价与间接代价。直接代价包括两种情况:一种情况是,犯罪人从不自愿的被害人那里非法获取金钱或物品,如贪污、偷窃、诈骗所得。被害人因此而遭受的损失直接转化为了犯罪人的犯罪收益。另一种情况是,犯罪人只是从其犯罪行为中获得了某种程度的精神满足,被害人的损失并未转化为犯罪人的现实收益,如汪达尔行为[②]所造成的损害。间接代价包括警察、法庭、检察、监狱等执法机关为对付犯罪而支付的费用,个人为自我防卫而购置手枪、防盗设施、报警装置以及加入保险等支出的费用,个人以及社会因犯罪行为遭受的精神损害。第二,物质代价和非物质代价。物质代价是指可以用金钱数字来计算的损害,非物质代价是指无法用金钱数字来计算的心理、道德以及政治上的损害。第三,经济代价、身体代价和社会代价。经济代价是指直接的物质利益上的损害,身体代价是指人的身体和生命上的损害,社会代价是指在社会伦理和政治上的损害。

犯罪代价的总规模,是犯罪现象危害量的一个重要指数,测量犯罪代价是评估犯罪严重程度的重要方法之一。但是,对犯罪代价的准确测量是相当困难的,有些方面简直是不可能

① 材料来源:索尔斯顿·塞林、马文·E. 沃尔夫冈的《违法行为测量法》,1964。转引自[德]汉斯·约阿希姆·施奈德:《犯罪学》,吴鑫涛、马君玉译,中国人民公安大学出版社、国际文化出版公司 1990 年版,第 199—200 页。

② 又译作“汪达尔人行为”“恶意破坏行为”。语源:汪达尔人是日耳曼民族的一支,分布在奥得河中上游至多瑙河一带。汪达尔人公元 2 世纪离开故土入侵西欧,一路上大肆劫掠烧杀。公元 455 年攻陷罗马城,入城后继续劫掠杀戮,并疯狂毁坏罗马艺术品。后人用汪达尔人的这种行为泛指故意且毫无意义的破坏行为。

的。因为,一些非物质代价无法以金钱数字来计量,而大量犯罪黑数的存在又使人们对犯罪代价的了解仅限于已知犯罪所造成的损害中的一部分。

三、公共安全感

公共安全感是社会公众对公共安全状况的一种主观感受和评价,它实际上反映了公众对犯罪的恐惧程度。公共安全感程度是以公众对各种犯罪的危害程度或恐怖程度的主观认知为基础的,通常,公众主观上认为恐怖程度较高的犯罪发生的数量越多,社会公众的公共安全感程度就越低。公共安全感程度与社会治安状况息息相关,通常,好的社会治安状况会使公共安全感程度提高,而恶劣的社会治安状况则会使公共安全感程度降低。公众对公共安全的担忧和关注,往往会以公众呼声和社会舆论的形式来影响国家立法和政府决策。

在以公众的公共安全感为评价犯罪危害的程度以及社会治安状况时,有两点需要注意。一是公众的公共安全感程度毕竟是一种非理性的和日常的认识,往往受新闻媒体的过分渲染或者风闻而来的小道消息所影响,有时难免与社会治安形势的真实状况不相吻合。通常,公众对诸如杀人、抢劫、强奸、放火等暴力犯罪或街头犯罪更为敏感,而对诸如贪污受贿、制假售假、环境污染等经济犯罪或白领犯罪较为麻木。换言之,人们对那些较少在身边发生的犯罪更为敏感和关注,对较多在身边发生和大量存在的犯罪则较为麻木。二是公众对社会治安状况的感知程度和承受力具有文化性差异,不同的文化背景下的公众对社会治安状况的感知程度和承受力是不一样的。①由上述两点看来,社会公众的公共安全感调查只能是评估犯罪严重程度和社会治安形势的一个辅助方法。公众的公共安全感与社会治安形势真实状况不相吻合的现象,应当从两方面来看。一方面,公众的公共安全感毕竟是对社会治安形势的一种反映,是评估社会治安形势的一个重要指标,因而,即使犯罪总量没有增加,公众公共安全感有所降低,也可能说明社会治安的某一方面确实出了问题,需要引起重视。另一方面,对于公众的日常性的、非理性的或者情绪化的公共安全感,需要进行积极的正面宣传和引导。②

第六节 犯罪动态与犯罪史

犯罪动态是指在较长的时间序列内犯罪现象的数量、质量、结构以及分布等方面的变动情况与未来趋势。从大的方面说,影响犯罪动态的因素有两种:一是社会性因素。当影响犯罪发生与存在的诸种原因和条件(如人口因素、社会政治经济因素等)变动时,犯罪现象也会

---

① 例如,20世纪80年代末由中国政府研究机构进行的一项公共安全感调查表明,公众对我国当时的社会治安状况和安全感的评价均为“一般偏下”,被调查者中有49.1%的人表示不敢夜间独自行走;与此相对照,差不多在同一时期(1987年)美国一项类似调查表明,在犯罪率远高于中国的美国(1987年美国的刑事发案率为555/万),表示不敢夜间独自行走的只占38%。参见李楯编:《法律社会学》,中国政法大学出版社1999年版,第486页。

② 1988年12月,我国公安部公共安全研究所“公众安全感指标研究与评价”课题组在京、津、沪等15个省市进行了“公众安全感”抽样调查,此项调查迄今已连续进行数年。此外,如中国社会调查所、零点调查公司等机构以及各地方公安司法等部门也进行了这方面的研究。目前,我国已形成了较为成熟的公众安全感调查指标体系。从一系列调查数据来看,20世纪中后期至21世纪初我国公众的公共安全感有所降低。自2010年尤其是党的十八大以来,我国社会治安状况总体稳定,公众获得了较高水平的社会安全感。参见公安部“公众安全感指标研究与评价”课题组:《中国公众安全感现状调查及分析》,《社会学研究》1989年第6期。李楯编:《法律社会学》,中国政法大学出版社1999年版;国家统计局在《统计公报》上发布的《2001年全国群众安全感抽样调查主要数据公报》《2002年全国群众安全感抽样调查主要数据统计公报》;汝信、陆学艺、李培林主编:《2010年中国社会形势分析与预测》,社会科学文献出版社2009年版。

随之发生变动。二是法律因素，它表现为刑事立法者通过刑事立法活动，运用犯罪化或非犯罪化策略，适时地扩大或者缩小刑法的调整范围。①

我们既可以研究一个年度内犯罪现象的变动情况，也可以研究较长历史时期内犯罪现象的变化情况，还可以对不同历史时期的犯罪现象作比较性研究，以发现其变动的一般规律。对较长历史时期犯罪现象存在和变动情况进行系统的观察和分析，属于犯罪史研究，是研究犯罪动态及其规律的最好的做法。这种对较长历史时期内的犯罪作历史性研究的方法，可以极大地帮助我们发现犯罪现象变动的一般规律。

一、世界范围内的犯罪动态

对国际范围内的犯罪动态的研究，实即犯罪现象的跨文化或跨国家的比较研究。这种研究旨在发现不同社会文化背景下或不同历史阶段内犯罪现象变动的一般过程和规律。了解世界范围内的犯罪动态，对于认识犯罪的普遍规律和在打击犯罪方面开展国际合作，有着重要意义。通过对世界范围内的犯罪动态的考察，可以得出的基本结论是：随着由传统农业社会向工业社会和城市社会的转变，犯罪现象（犯罪率、犯罪类型及犯罪分布等方面）发生了重大变化，但引起犯罪增多的不是发展本身，而是非均衡和不适当的发展；“在每一社会结构内部，都有其独特的关于犯罪及其控制的方式，而且，犯罪及其控制总是随着社会结构本身的变化而变化”②。

（一）世界范围内犯罪变化的基本趋势

考察近现代（具体说是19世纪以来）世界范围内的犯罪变动，必须充分估计科技革命以及工业革命的影响。一个明显的事实是，随着现代化（主要是工业化和城市化）进程的推进，在世界各个地区和国家犯罪现象普遍增长并发生结构性变化。“犯罪现象的当代观察家和犯罪历史学家都把工业革命的出现看做是犯罪发展的分水岭”③。“在当代世界上对生活起决定性支配作用的科学技术革命正以不同方式对世界各地区产生影响”④。科技革命和工业革命对社会发展产生了十分深远的影响，工业化和城市化是它的直接后果，它促使人类社会由传统农业社会进入到工业社会和城市社会，造成传统的生产方式、社会结构、社会价值观念、社会生活方式以及社会控制形式等方面发生根本性变化。科技革命和工业革命进而对犯罪现象产生了深刻影响，对于这种影响，马克思和恩格斯归之于资本主义经济制度、经济结构以及城市环境的特性（有害性），法国社会学家迪尔凯姆则归之于社会失范。无论如何，一个显然的事实是，在工业革命来临前后，尤其是在工业社会和城市社会形成的初期，犯罪现象发生了明显变化。在工业革命以前，西欧国家的犯罪率就已经有所上升；工业革命发生后，犯罪率上升的势头更猛。⑤ 较之对犯罪率的影响，工业革命和科技革命对犯罪类型的

---

① 德国犯罪学家汉斯·约阿希姆·施奈德把前一种因素的影响过程称为罪的成因过程，把后一种因素的影响过程称为罪的命名过程和归罪过程。参见［德］汉斯·约阿希姆·施奈德：《犯罪学》，吴鑫涛、马君玉译，中国人民公安大学出版社、国际文化出版公司1990年版，第83页。

② ［德］汉斯·约阿希姆·施奈德：《比较犯罪学：目的、方法与结论》，赵宝成译，《中国刑事法杂志》2003年第4期。

③ ［美］路易丝·谢利：《犯罪与现代化——工业化与城市化对犯罪的影响》，何秉松译，罗典荣校，群众出版社1986年版，第4页。

④ ［德］汉斯·约阿希姆·施奈德：《犯罪学》，吴鑫涛、马君玉译，中国人民公安大学出版社、国际文化出版公司1990年版，第39页。

⑤ 通常认为，犯罪率的稳步上升是工业革命发生之后才出现的情况。但是，美国犯罪学家路易丝·谢利不同意这种观点，她在《犯罪与现代化——工业化与城市化对犯罪的影响》一书（第2章）中认为，犯罪率的上升势头早在工业革命以前就出现了，由工业革命带来的城市化并不必然地导致犯罪率的上升。工业革命影响最深的是犯罪类型而不是犯罪率。

影响更为明显。在传统的农业社会,以暴力犯罪为多;进入工业社会和城市社会,则以财产犯罪为多。"由暴力犯罪占优势的社会变为以财产犯罪为特征的社会是现代化的标志"①。此外,在传统农业社会,犯罪人以成年男性为主,青少年犯罪和女性犯罪则极少发生;进入工业社会和城市社会以后,青少年成为犯罪的"主力军",女性犯罪的增长速度也明显加快,乃至于超过男性犯罪的增长速度;在传统农业社会,大量发生的是社会底层的街头犯罪(传统暴力犯罪和传统财产犯罪),进入工业社会和城市社会,则出现了大量贪污贿赂等白领犯罪、法人犯罪以及计算机犯罪等新的犯罪类型。到了20世纪,尤其是第二次世界大战以后,西欧和北美进入富裕社会,社会中下层的生活条件大有改善,贫困明显减少,因此,犯罪原因也发生了变化,极端贫困已不再是引起财产犯罪的主要原因。相反,奢侈和过分富裕以及对过分富裕生活的追求则成为引发非暴力犯罪的重要因素,形成所谓"富裕社会的犯罪问题",相对不足或相对剥夺论、不同机会论成为对富裕社会犯罪的有力解释。

联合国有关组织主要依据各国官方犯罪统计数字对成员国以及少数非成员国先后进行过四次世界犯罪调查(1970—1975年,1975—1980年,1980—1986年,1986—1990年),其中前两次调查显示,在1970—1980年间,世界各国的暴力犯罪增长了两倍,财产犯罪则增长了三倍。第一次调查显示,全世界作案人数、犯罪指控数、查明的嫌疑犯人数在每10万人口中约有900人,在1970—1975年间,这一数字以每年2%的速度增长。第二次调查显示,1975—1980年间世界范围内的犯罪率继续上升,暴力犯罪增长一倍,财产犯罪增长两倍;世界性的犯罪结构如下:盗窃案占72%、人身伤害案占12%、抢劫案占5%、毒品犯罪案件占3%、诈骗和侵吞案占3%、谋杀、过失杀人、强奸及贿赂各占1%、拐骗儿童案不足1%。由上述数次调查得出的基本结论是,财产犯罪,尤其是盗窃犯罪随一国经济的增长而增加,侵犯人身罪尤其是谋杀罪发生率则有所下降;暴力犯罪在发展中国家多发,财产犯罪则在发达国家多发。②

值得注意的是,经济全球化时代,犯罪已经不再是一个国家内的或者区域性的现象,而已经成为一种国际现象。跨国或者跨境犯罪,尤其是跨国或跨境的有组织犯罪、腐败犯罪、洗钱犯罪多发,成为这一背景下的新的犯罪动态。这要求在打击犯罪问题上必须加强国家间的协作。

(二)发达国家的犯罪

发达国家指西欧、北美(美国、加拿大)、澳大利亚、日本及新西兰等已经完成工业化和城市化进程,甚至进入到后工业化、后现代化阶段的富裕的资本主义国家。在地缘政治学中这些国家通常被称为"西方国家"。由各国特定的社会结构和文化背景所决定,发达国家之间的犯罪有着许多不同点,但是这些国家又具有"共同的文化遗产"和"基本一致的文明"③,使得其违法犯罪现象也具有许多共同点,因此,在犯罪学中完全可以把"西方国家"的犯罪作为一个整体加以研究。

---

① [德]汉斯·约阿希姆·施奈德:《犯罪学》,吴鑫涛、马君玉译,中国人民公安大学出版社、国际文化出版公司1990年版,第50页。

② 上述资料引自[德]汉斯·约阿希姆·施奈德:《犯罪学》,吴鑫涛、马君玉译,中国人民公安大学出版社、国际文化出版公司1990年版,第240—242页;[德]汉斯·约阿希姆·施奈德:《比较犯罪学:目的、方法与结论》,赵宝成译,《中国刑事法杂志》2003年第4期。

③ 这种基本一致的文明表现为:强调个人的自由化和个人奋斗,一方面为文化、科学和经济的继续发展解放出巨大的力量,另一方面导致人际互助缺乏以及对刑事司法系统要求过高,把社会监督的重担推给刑事司法系统。参见[德]汉斯·约阿希姆·施奈德:《犯罪学》,吴鑫涛、马君玉译,中国人民公安大学出版社、国际文化出版公司1990年版,第266页。

前文已经指出，在工业化和城市化初期，犯罪现象会出现爆发式增长。法国的迪尔凯姆预期，社会在经历了由农业社会向工业社会、城市社会的最初转变之后，人类通过调整会建立起一种新的稳定的生活类型，届时犯罪现象会趋于稳定或者回落。然而，事实并没有朝着迪尔凯姆所预期的方向发展，第二次世界大战以来，已经度过了工业化和城市化初期的阵痛并形成了一种新的稳定的生活类型的西方发达国家，犯罪率依然呈增长之势。不过，与发展中国家犯罪率爆发性增长相比，发达国家的犯罪率上升势头总体上有所减缓。

日本和瑞士是发达国家中的两个特例，这两个国家一直保持着相当低的犯罪率。原因何在？有学认为，瑞士能够保持低犯罪率的原因在于下述其特定的社会结构：水资源和能源充足，受惠于此，瑞士的工业遍布全国各地，布局均匀，发展平衡；存在社会解组区的那种集合城市（拥有卫星城的大城市）尚未发育；瑞士人保持着良好的自治精神和社区情怀，非正式社会控制机制保存完好；瑞士青少年被很好地融入了社会。日本能够保持低犯罪率的原因在于日本社会是一个同质性很强的社会，日本人的价值观念和行为方式特别地相似和一致。[①] 当然，随着经济全球化、国际旅游业的发展和人口的大规模快速流动，上述两个国家的犯罪状况也在发生变化。

在发达国家，除了犯罪率依然呈增长之势外，犯罪类型也发生了一些新的变化。发达国家是从工业化和城市化初期走过来的，“目前发达国家的犯罪类型是 19 世纪发生的社会的和经济的发展进程的自然结果”[②]。由于共同经历了 19 世纪剧烈的社会转型和现代化历程，发达国家之间的犯罪类型具有相似性。这种在犯罪类型上的相似性，一方面表现为发达国家的犯罪类型与在工业化和城市化初期出现的犯罪类型存在着一定程度的连续性，工业化和城市化初期出现的犯罪类型在各发达国家得以留存（从这个角度说，发达国家的犯罪类型与发展中国家的犯罪类型也具有部分的相似性）；另一方面表现为在各发达国家共同出现了一些新的相似犯罪类型。前一种情况表现为：城市犯罪多于农村犯罪，在城市中，尤以移民犯罪突出；侵犯财产罪无论是总数还是个别种类都远远超过侵犯人身罪，在财产犯罪中，以盗窃最为常见；男性犯罪以及男性被害多于女性犯罪和女性被害，但青少年女性犯罪及青少年女性被害的增长速度快于男性；16～30 岁的青少年及新成年人犯罪率最高。后一种情况表现为：随着新技术和社会经济的发展，在原有犯罪类型的基础上又出现了一些新的犯罪类型，如计算机犯罪、盗窃机动车犯罪、使用或针对航空器的犯罪、白领犯罪（贪污贿赂、偷税漏税、走私贩私、制售假货、虚假广告、股市操纵、金融保险欺诈，等等）、法人犯罪、环境犯罪、有组织犯罪以及恐怖主义犯罪，等等。需要注意的是，当代的有组织犯罪与工业化以前的有组织犯罪有着质的不同。工业化以前的有组织犯罪主要表现为以家族为基础的家族间仇杀或者自卫，当代有组织犯罪则表现为以经济利益为基础的有组织犯罪形式。[③]

（三）发展中国家的犯罪

发展中国家泛指正处于现代化进程之中或现代化门槛的国家和地区。发展中国家正处于工业化和城市化初期，正在经历着现代化初期的阵痛。这种阵痛的表现之一就是，原有的

① 参见［德］汉斯·约阿希姆·施奈德：《比较犯罪学：目的、方法与结论》，赵宝成译，《中国刑事法杂志》2003 年第 4 期。

② ［美］路易丝·谢利：《犯罪与现代化——工业化与城市化对犯罪的影响》，何秉松译，罗典荣校，群众出版社 1986 年版，第 84 页。

③ 参见［美］路易丝·谢利：《犯罪与现代化——工业化与城市化对犯罪的影响》，何秉松译，罗典荣校，群众出版社 1986 年版，第 85—86 页。

社会结构、社会规范(价值)和社会控制形式被破坏,而新的稳定的社会生活类型尚未形成,由此产生的必然性结果是犯罪率急遽上升和犯罪类型发生变化。发展中国家正在经历着的犯罪形势,与发达国家在19世纪的经历颇为相似。

发展中国家的犯罪率普遍低于发达国家,但是出现了快速乃至爆发式的增长。犯罪增长成为发展中国家现代化进程的最显著结果之一。在发展中国家,官方所公布的犯罪情况并不算严重,但是,当代有关犯罪黑数研究表明,发展中国家的被害率相当高。这从另一方面表明,发展中国家的实际犯罪率可能相当高,至少要明显高于官方承认的犯罪率。①

从犯罪类型来看,现代化进程给那些在过去和现在在文化上都极不相同的各个国家带来了共同的犯罪现象。值得注意的有以下几点:

第一,财产犯罪与暴力犯罪双双增长,但在所有犯罪类型中以财产犯罪增长最快。与发达国家财产犯罪增长明显而暴力犯罪有所下降的情况不同,发展中国家同时受到暴力犯罪和财产犯罪双重增长的威胁;发达国家财产犯罪所占比重明显高于暴力犯罪所占比重,发展中国家则财产犯罪所占比重与暴力犯罪所占比重相差不多,前者只是略高于后者。

第二,发展中国家犯罪人口结构发生明显变化。在传统的农业社会,犯罪主要是成年男人的事情,妇女以及少年人很少实施或者卷入犯罪。进入现代化过程以来,虽然妇女卷入犯罪的程度与发达国家相比仍然较低,但女性犯罪以每年30%的速度增长,增长速度却高于男性犯罪;少年犯罪也呈稳步增长之势,在某些发展中国家,少年犯罪占犯罪总数的1/3甚至更多。

第三,腐败犯罪,尤其是贪污贿赂犯罪,在发展中国家发生率相当高,几乎成为一种“流行病”,而且受到刑事追究的比率很低。

第四,无被害人犯罪增长迅速。毒品犯罪和卖淫日益成为发展中国家的严重社会问题。在发展中国家,毒品犯罪增加得最为迅速。

第五,正在出现或者已经出现一些新的犯罪形式。前述犯罪类型在传统社会早已有之(只是在现代化进程中发生一些量的或结构性的变化)。这些新的犯罪形式则是发展中国家在20世纪社会变迁过程中出现的,它们与19世纪的犯罪形式有所不同。这些新的犯罪形式表现为:随着交通业的发达以及机动车开始进入家庭,出现了盗窃或者破坏机动车、劫持飞机等犯罪案件;随着经济的发展和金融业的发达,出现了抢劫银行以及金融、保险诈骗犯罪;偷税漏税、生产销售假冒伪劣产品以及制造假钞等犯罪大量发生;伴随着工业化进程,自然界生态平衡受到严重破坏,环境犯罪问题异常严重;毒品走私、文物走私以及武器贸易频频发生。

二、我国犯罪现象的状况与变迁

(一)基本情况

尽管我国既缺乏类似于“犯罪白皮书”“统一犯罪报告”那样的官方犯罪报告,也没有系统的犯罪被害人调查、自我报告研究和犯罪代价统计,更没有系统的犯罪史研究,很难详细描绘我国犯罪现象的变动轨迹及其与特定社会背景条件之间的相关程度,但是,通过一些基本的犯罪统计数据(见表9-2),仍大体可现我国犯罪现象的变动过程和规律。

---

① 发展中国家的官方犯罪率何以相对较低,有4种解释:(1)它们的刑事司法系统欠完备,效能低下,因而一部分犯罪没能进入正式的犯罪记录;(2)与工业国家相比,在发展中国家人们获取物质财富的机会较少,因而发展中国家的人较之发达国家的人更易于控制;(3)在发展中国家,少年违法亚文化群尚处于较小的发育规模,青少年人较好地融入了社会;(4)社会共同体内部发生的冲突事态通过建立在习惯和传统基础之上的社会管理机制得到平息和调处。参见[德]汉斯·约阿希姆·施奈德:《比较犯罪学:目的、方法与结论》,赵宝成译,《中国刑事法杂志》2003年第4期。

表 9-2　我国刑事犯罪立案统计[①]

年份	刑事立案数（万）	发案率（平均每1万人口中的发案数）	年份	刑事立案数（万）	发案率（平均每1万人口中的发案数）
1950	51. 346 1	9. 3	1985	54. 200 5	5. 23(5. 12)
1951	33. 274 1	5. 9	1986	54. 711 5	5. 22(5. 26)
1952	24. 300 3	4. 2	1987	57. 043 9	5. 37(5. 14)
1953	29. 230 8	6. 5	1988	82. 759 4	7. 68(7. 60)
1954	32. 58(39. 222 9)	5. 3	1989	197. 190 1	18. 01(17. 87)
1955	32. 582 9	3. 7	1990	221. 699 7(221. 2)	19. 86(19. 87)
1956	18. 007 5	2. 9	1991	236. 570 9	20. 83(20. 90)
1957	29. 803 1	4. 6	1992	158. 269 5	13. 80(13. 70)
1958	21. 106 8	3. 2(12. 0)	1993	161. 687 9	13. 97(13. 9)
1959	21. 002 5	3. 1(3. 5)	1994	166. 073 4	14. 22(14. 15)
1960	22. 273 4	3. 4	1995	169. 040 7	14. 34(14. 25)
1961	42. 193 4(43)	6. 4(6. 1)	1996	160. 067 6	13. 45
1962	32. 463 9	4. 8(6. 2)	1997	161. 362 9	13. 44
1963	25. 122 6	3. 6	1998	198. 607 0	16. 41
1964	21. 535 2(25)	3. 1(3. 5)	1999	224. 931 9	18. 44
1965	21. 612 5(24)	3. 0(3. 3)	2000	363. 730 7	29. 41
1966	17. 467 8(21. 53)	2. 35	2001	445. 757 9	34. 93
1967	16. 137 7	2. 12	2002	433. 671 2	34. 63
1968	16. 582 0	2. 12	2003	439. 389 3	34
1969	19. 569 1	2. 46	2004	471. 812 2	37. 14
1970	23. 004 0	2. 79	2005	464. 840 1	36. 36
1971	32. 362 3	3. 82	2006	465. 326 5	35. 98
1972	40. 257 3	4. 64	2007	480. 751 7	36. 75
1973	53. 582 0	6. 04	2008	488. 496 0	36. 97
1974	51. 641 9	5. 71	2009	577. 991 5	43. 35
1975	47. 543 2	5. 17	2010	596. 989 2	44. 38
1976	48. 881 3(60)	5. 24	2011	600. 503 7	44. 29
1977	54. 841 5	5. 80	2012	655. 144 0	48. 38
1978	53. 569 8	5. 59(5. 53)	2013	659. 824 7	48. 49
1979	63. 622 2	6. 0	2014	653. 969 2	47. 81
1980	75. 710 4	7. 75(7. 67)	2015	717. 403 7	52. 19
1981	89. 028 1	8. 94(8. 90)	2016	642. 753 3	46. 49
1982	74. 847 6	7. 46(7. 37)	2017	548. 257 0	39. 44
1983	61. 047 8(61. 50)	6. 01(5. 96)	2018	506. 924 2	36. 33
1984	51. 436 9	5. 02(4. 99)			

① 数据主要来源：王智民、黄京平：《经济发展与犯罪变化》，中国人民大学出版社 1992 年版，第 56 页；袁亚愚等：《社会学家的分析：中国社会问题》，中国社会出版社 1998 年版，第 29—31 页；杨焕宁：《犯罪发生机理研究》，法律出版社 2001 年版，第 19 页；李楯编：《法律社会学》，中国政法大学出版社 1999 年版，第485—530 页；曹凤：《第五次高峰——当代中国的犯罪问题》，今日中国出版社 1997 年版；康树华：《犯罪学——历史、现状、未来》，群众出版社 1998 年版，第 385—405 页；康树华主编：《犯罪学通论》，北京大学出版社 1992 年版，第 92—99 页；公安部第四研究所：1995—2006 年各年度全国公安机关刑事案件分类统计表、1997—2000 年各年度全国人口统计表，载《公安研究》1996—2007 年；《中国法律年鉴》（2007—2018 年），中国法律年鉴社出版；中国犯罪学学会组织编纂、黄河主编：《中国犯罪治理蓝皮书：犯罪态势与研究报告（2018）》，法律出版社 2019 年版，第 48 页；中国犯罪学学会组织编纂、黄河主编：《中国犯罪治理蓝皮书：犯罪态势与研究报告（2019）》，法律出版社 2020 年版，第 46 页；国家统计局网站，https://data. stats. gov. cn。2000—2018 年的刑事发案率，以当年全国总人口为基数，依本书第十章第二节"犯罪现象的量"中犯罪率的计算公式计算得出，如与官方数据有出入，以官方数据为准。

对上述统计数据需要作如下必要的说明：第一，上述犯罪统计数字是公安机关的刑事立案数，在这些犯罪案件之外还存在着大量的未被统计进来的犯罪黑数。此外，我国每年还发生大量的治安案件，其总规模不小于、甚至大于刑事犯罪案件的总规模，但是我国一向不把这些治安案件纳入犯罪统计之中。因此，我国公安机关的刑事立案统计只是属于官方已知的表面犯罪数，而不是实际犯罪数，它只能作为判断我国犯罪现象以及社会治安真实状况的一种指数或者参考数。第二，即使是立案统计，某些年份统计数据也可能不完全准确。由于这些数据不是官方按照统一的口径所披露，因而某一年份的立案数和犯罪率可能会有几种版本。表 9-2 中括弧中的数字就是当年刑事立案数或者犯罪率的另一种说法。总的来看，1950—1965 年的统计数字虽较粗略，但基本上是可靠的；1978—2004 年的统计数字尤其是刑事立案数是准确而可靠的，至于某些年份犯罪率数字上的差异，可能是因在计算犯罪率时所使用的我国人口总数不同所致；1966—1977 年由于众所周知的政治原因（“文化大革命”），犯罪统计数据基本上阙如。第三，上述犯罪统计是一种官方犯罪统计，上述统计数字只反映了官方（公安机关）已知的表面犯罪情况，要想了解我国犯罪的全部实际情况，还需要有犯罪被害人调查、自我报告调查、犯罪代价调查、公共安全感调查（犯罪恐惧感调查）等多方面的犯罪调查数据与之相印证。遗憾的是，在后述几种犯罪调查中，除有为数不多的被害人调查和公共安全感调查外，其余几项调查在我国尚属空白。第四，需要特别注意的是，因公安机关、检察机关以及法院之间刑事立案侦查的范围不同，上述犯罪统计数据只是公安机关一家的统计数据，其统计对象主要是由公安机关负责立案侦查的普通暴力犯罪、普通财产犯罪等传统自然犯罪案件以及以非公职人员个人（自然人）或者单位（企业）实施的普通经济犯罪案件（包括非国家工作人员实施的商业贿赂犯罪）。检察机关和监察机关负责立案侦查的国家公职人员的贪贿犯罪（商业贿赂犯罪除外）、渎职犯罪、利用职权实施的侵犯公民人身权利、民主权利的犯罪以及其他重大犯罪案件，人民法院直接受理的侮辱诽谤案件、暴力干涉婚姻自由案件、未致人重伤或死亡的家庭成员虐待案件、侵占案件等，相关统计数据见诸最高人民检察院和最高人民法院历年向全国人民代表大会及其常委会所作的工作报告以及监察机关的有关统计报告之中。当然，最高人民检察院工作报告、最高人民法院工作报告以及监察机关的有关报告或统计也是我国官方犯罪统计的重要来源，其犯罪统计数据与公安机关的犯罪统计数据相互补充所反映出来的犯罪状况，更接近于我国的实际犯罪状况。

不过，上述统计数字还是能够大体反映新中国成立五十余年来犯罪现象变动以及社会治安状况的基本走向的。将上述数据绘制成坐标曲线图，能够更加直观地显现新中国犯罪现象的变动轨迹（参见图 9-2 中国刑事立案数曲线图、图 9-3 中国刑事发案率曲线图）。其中，犯罪发案率曲线较之刑事立案曲线可能更为准确地反映了特定时期的犯罪严重程度。

从上述曲线图中可以有三点发现：第一，新中国成立以来，我国犯罪现象的变化可以分为三大阶段，“文化大革命”结束、改革开放成为前两大阶段的分水岭，20 世纪末、21 世纪初则成为后两大阶段的分界点。1949 年新中国成立至 20 世纪 70 年代末改革开放前是第一大阶段，20 世纪 70 年代末改革开放至 21 世纪初为第二大阶段，21 世纪初以来为第三大阶段。在这三大阶段之间，犯罪总量、犯罪率、犯罪类型以及犯罪方式等方面均存在着明显的差异。第二，我国犯罪现象的整个变迁轨迹，呈波动中增加的趋势，曾先后出现过数次小的犯罪高峰和小的犯罪低谷，但总的趋势是增加。第三，2013—2016 年刑事立案数和刑事发案率均

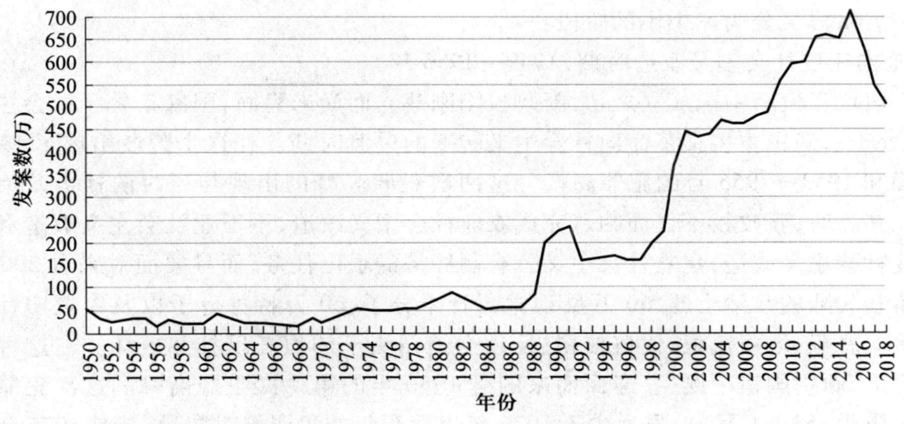

图 9-2　中国刑事立案数曲线图

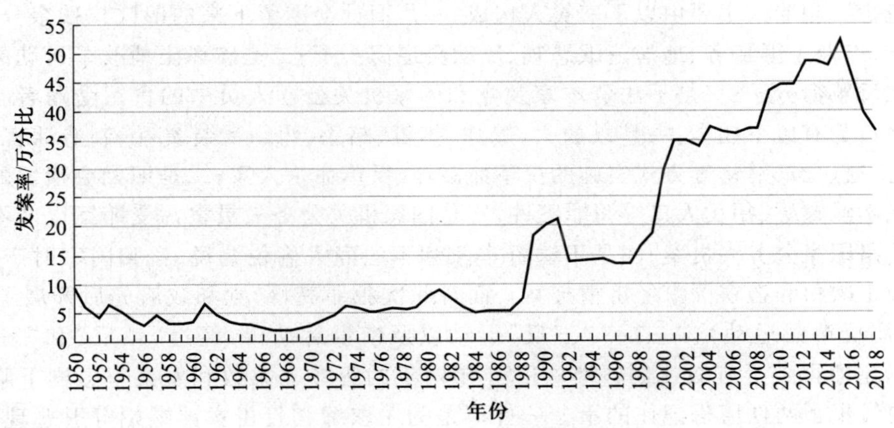

图 9-3　中国刑事发案率曲线图

达到新中国成立以来的最高值,但从 2016 年起出现拐点,均呈直线下降趋势。

（二）新中国成立至改革开放前的犯罪变化

1949 年至 1976 年为第一个大的阶段。在这一阶段,我国尚处于高度集中的计划经济体制之下,高度集中的计划经济体制、以人民公社为基础的传统农业社会结构、超强的意识形态束缚以及超强的社会控制,构成了这一阶段内我国犯罪现象变动的基本社会背景,决定了该阶段内犯罪率、犯罪类型以及犯罪方式的变化。有学者把我国的这一时期称为"封闭时期",把这个阶段的犯罪称为"封闭时期的犯罪"。① 在这一阶段内我国先后出现了五次小的犯罪高峰,但总的来看,这一阶段的犯罪总量以及犯罪发案率都还处于较低的水平。再具体点说,此时期的犯罪现象在波动中低水平增长,前半期呈急剧下降之势,后半期("文化大革命"期间)则呈缓慢上升之势。此阶段的犯罪现象与第二阶段的犯罪现象相比较,有一点特别值得注意,即此阶段犯罪现象的总体水平和发案类型不但与当时相对封闭落后的传统社会类型和农业经济相联系,而且明显受到了当时的政治形势以及社会意识形态的影响。

① 李楯编:《法律社会学》,中国政法大学出版社 1999 年版,第 492—494 页。

第一大阶段又分为三个小的阶段：

1. 基本完成社会主义改造时期(1949—1956年)

这个阶段正值新中国成立之初，新政权刚刚建立而尚未稳固，国家正处于社会主义改造阶段，即处于由新民主主义革命向社会主义转变的过渡时期。在这个阶段出现了1950年的犯罪高峰和1953—1955年的犯罪高峰。这两次犯罪高峰的出现与当时的社会政治背景密切相关。在当时，新政权不仅面临着完成农业社会主义改造、手工业社会主义改造和资本主义工商业社会主义改造，建立社会主义公有制经济的艰巨任务，而且要面对来自200万国民党政府留在大陆的政治土匪、60万反动党团骨干分子、60万特务分子以及大批旧社会遗留下来的地主恶霸、地痞流氓、惯盗惯窃、反动会道门头子的疯狂反扑和破坏。在这种大的历史背景之下，新中国甫一诞生，迎面而来的是1950年的第一次犯罪高峰。这次犯罪高峰的犯罪绝对数量(51.34万起)虽远少于1976年以后历年的犯罪绝对数量，却是1976年以前犯罪发案率最高的一年(9.3起/万人)。在这次犯罪高峰中，犯罪人以惯累犯、中老年犯居多，青少年犯少。犯罪人主要由以下三类人构成：一是旧社会遗留下来的旧政权残余分子、反动党团骨干，以及土匪特务、地痞流氓恶霸、反动会道门头子；二是破坏土地改革运动的不法地主恶霸和反革命分子；三是不法资本家及党和国家机关公职人员中的贪污受贿者。当时多发的犯罪行为有以下四类：一是以放火、爆炸、投毒、暗杀、组织武装暴乱、制造谣言、刺探情报、破坏交通、抢劫财物等方式实施的反革命破坏、反革命杀人案；二是旧社会遗留的制毒贩毒、赌博、卖淫嫖娼、拐卖人口等犯罪案件；三是国家机关公务人员贪污受贿案以及不法资本家腐蚀贿赂国家公务人员案；四是不法资本家和不法商人偷税漏税、盗骗国家财产、在国家订货中偷工减料和盗窃国家经济情报案。面对此次犯罪高峰，党和政府先后开展了“镇反”运动(镇压反革命运动)、“三反”“五反”运动以及禁毒运动。[①] 经过“镇反”和“三反”“五反”运动，犯罪得到了有效压制，1951、1952年两年的犯罪立案数和发案率急剧下降。在这个阶段内发生了两件值得记住的事。一件事是为了取缔和打击卖淫嫖娼等丑恶现象，北平市(如今的北京市)政府在1949年11月21日一夜之间12个小时内封闭了全市224家妓院，解救收容了1 268名妓女。另一件事是，1952年2月，前任天津地区委员会书记刘青山和时任天津地区委员会书记张子善因贪污腐败经毛泽东主席亲笔批示被河北省人民法院临时法庭判处死刑。这是“三反”运动中影响最大的一起案件，也是新中国历史上影响最大的案件之一。[②]第一次犯罪高峰被压制下去后，1953—1955年出现了第二次犯罪高峰，这三年的刑事立案总数分别是29.230 8万起、39.222 9万起和32.582 9万起，其中，1953年的刑事立案总数虽不及后两年多，但按当时的总人口数计，其发案率在这三年中却是最高的(6.5

① 从1950年12月起在全国范围内开展了镇压反革命运动，中央人民政府于1951年2月通过了《中华人民共和国惩治反革命条例》，作为镇压反革命的法律依据。在“镇反”运动中，根据镇压与宽大相结合的政策，集中打击了土匪、恶霸、特务、反动党团骨干分子和反动会道门头子等五个方面的反革命分子。1952年“镇反”运动基本结束。接着，从1951年年底开始，中央人民政府在国家工作人员中开展了反贪污、反浪费、反官僚主义的“三反”运动。1952年初，在资本主义工商业者中开展了反行贿、反偷税漏税、反盗窃国家经济情报的“五反”运动。政府根据“坦白从宽，抗拒从严”政策，对贪污分子采取“改造与惩治相结合”“严肃与宽大相结合”的方针，对违法的资本主义工商户按照“过去从宽、今后从严，多数从宽、少数从严，工业从宽、商业从严，普通商业从宽、投机商业从严”的基本原则予以处理。“三反”“五反”运动于1952年夏结束。

② 刘青山、张子善共贪污挥霍旧币3亿多元，如果折合成1951年新币约为3万元，如果按现在的标准计算约为10万元。参见吴思：《隐蔽的秩序：拆解历史弈局》，海南出版社2004年版，第76页。

起/万人)；1955年的刑事立案总数虽然高于1951年和1952年，但发案率却低于这两年。在此次犯罪高峰期内，较为多发的是破坏统购统销、破坏合作化和破坏工商业社会主义改造的犯罪，具体如破坏粮油统购统销案、投机倒把案、不法商人套购粮食及油料作物案、盗窃农业合作社集体财产案、不法资本家抽逃资金、偷税漏税、虚报成本、盗窃国家资财案以及地主富农、反革命分子杀害贫农干部、毒死耕畜案，等等。这些犯罪案件成为当时国家打击的主要对象。

2. 全面建设社会主义时期(1956—1965年)

1956年我国基本完成了社会主义改造，开始进入全面建设社会主义时期。在1957—1965年间出现了两次犯罪高峰(分别在1957年和1961年)，即新中国历史上的第三、第四个犯罪高峰。这两次犯罪高峰的出现，有着复杂的原因，与三年困难时期(1959—1961年)和自然灾害有关，但更主要的与这一时期党和政府在指导思想和决策上的严重失误以及逐渐暴露的体制性弊端有关，而两次犯罪高峰之后的犯罪发案率回落，则又与党和政府进行了相应的方针政策调整和采取了相应的措施有关。在社会主义改造时期党和国家的政策是正确的和成功的，在全面建设社会主义时期的初期党和政府制定的方针政策也是正确的，在经济建设上取得了一定的成就。但是，党的八大形成的正确路线未能完全坚持下去，先后出现"大跃进"运动、人民公社化运动等错误，反右派斗争也被严重扩大化[①]。在这个时期，特别是在三年困难时期，生产生活物资极为短缺，贫困和饥饿成为此时诱发犯罪的一个重要因素。于是，与新中国成立初期(前一小的阶段)相比，这一时期的犯罪结构发生了明显变化，具体表现是财产犯罪突出，其中盗窃案(盗窃粮食、耕牛等)急剧上升，第一次犯罪高峰时盗窃案由占全部犯罪案件的58.4%上升到81%。此外，哄抢粮食及原材料、诈骗、走私、投机倒把等案件以及相关的聚众闹事案件也明显增多，反革命案件、赌博案件、制贩毒品案件以及流氓淫乱案件则明显减少。与此相对应，犯罪人结构也发生变化，犯罪人中旧社会遗留下来的反动分子和社会渣滓大为减少，新滋生的刑事犯罪分子和人民内部的蜕化变质分子则明显增多。这一时期发生过一起著名的诈骗案例：1960年3月18日，一个自称赵全一(真名王倬)的中年男子冒名"总理批示"诈骗中国人民银行总行20万元。此案的发生惊动了周恩来总理，周总理指示要尽快破案。[②]

3. "文化大革命"时期(1966—1976年)

在这个时期，关于社会主义社会阶级斗争的理论和实践上的错误发展得越来越严重，在"无产阶级继续革命理论""将无产阶级革命进行到底""抓革命，促生产"口号下，社会陷入一定的无政府状态，法制被破坏，公、检、法机关被"砸烂"，各级党委和政府无法行使正常职能，人权受到严重践踏。这是一个特殊的历史时期，这个时期的犯罪现象难以用通常的社会发展理论和犯罪学理论加以解释。政治与阶级斗争的需要成为可以左右一切的最重要甚至是唯一的砝码，因而政治形势与阶级斗争形势的变幻也就成为可以解释犯罪现象变动的最为重要甚至是唯一的因素。这是这个时期的犯罪变动原因与全面建设社会主义时期的犯罪变动之间的重要区别。尽管这个时期官方记录的各年犯罪立案绝对数以及发案率与以往相比不高反低，但是可以肯定地说，这些官方记录严重偏离了当时的犯罪真实情况，统计数字

① 参见《中共中央关于党的百年奋斗重大成就和历史经验的决议》。

② 参见曹凤：《第五次高峰——当代中国的犯罪问题》，今日中国出版社1997年版，第8页。

基本上无法用作推测当时犯罪真实情况的指数。可以推断，整个“文化大革命”期间的实际犯罪数始终处于高峰，1973、1974 年是这次犯罪高峰的顶点，这是新中国历史上的第五个犯罪高峰。说整个“文化大革命”期间都处于犯罪高峰期，是由于在这个时期除了官方记录的犯罪案件数以外，还有着极高的犯罪黑数。造成这种极高犯罪黑数的原因主要有两个：一个是当时的公、检、法机关受到严重冲击，无法进行系统完整的犯罪案件记录；另一个是当时有大量犯罪行为是打着“革命无罪、造反有理”的旗号，以革命和政治运动的名义，以“打、砸、抢”的形式实施的，从而制造了许多冤、假、错案，尤其是冤、假、错的反革命案，这些所谓的“革命行动”当然没有被纳入当时的犯罪统计之中。此外，值得注意的是，无论是从官方统计数字来看，还是从犯罪的实际情况来看，自 1973 年以后（也许“文化大革命”之初起）我国的犯罪发案数和发案率一直没能回落到历史最低水平。值得注意的是，在 1966—1976 年先后出现的两次犯罪高峰在具体发生原因上可能稍有不同，因为到了 20 世纪 70 年代中国社会实际上已经开始有所变化。

（三）改革开放至 20 世纪末的犯罪变化

我国犯罪变迁史的第二个大的阶段是 1977 年（准确说是 1976 年 10 月）改革开放至 20 世纪末。从 1977 年起，中国进入社会转型期，开始快速向社会主义现代化迈进。改革开放，建设有中国特色的社会主义，建立社会主义市场经济体制和民主政治体制，全面建设小康社会，是这个时期的主旋律。①

但是，在这一时期，犯罪数量出现了急剧增长。社会转型过程中出现的新旧体制之间的“真空”、社会价值观念的变迁以及由此形成的社会失范、社会结构重组、社会利益关系的重新调整以及由此而生的种种社会矛盾、传统社会控制机制被打破，等等，都构成了促使犯罪增长的现实因素。

从前面所列犯罪立案数据和所绘犯罪变化曲线图可以看出，1979—1983 年的发案数和发案率明显高于前几年，其中 1981 年的刑事立案数高达万余起。在这个时期，犯罪主要集中在以下两类：一是强奸、流氓、抢劫、盗窃等严重危害社会治安的犯罪；二是经济犯罪，如走私、投机倒把、套汇、偷税漏税、盗窃盗卖公共财物或珍贵文物、制假贩假犯罪，官员“下海”（弃官从商或亦官亦商）、官办公司（党政机关办企业）、“官倒”、明星大“走穴”、单位甚至机关走私等现象大量出现，青少年犯罪以及团伙犯罪开始突出。在上述犯罪中，走私贩私和投机倒把现象最为严重。走私案在广东、福建、浙江、云南等省份最为猖獗；投机倒把案则在全国各地均大量发生，1985 年以后愈演愈烈，制售假酒、假药、假种子以及倒买倒卖钢材、彩电、进口汽车等案件屡有发生，法人投机倒把十分猖獗。在这种背景下，1983 年下半年起我国开

① 进入这个时期，中国发生了一系列标志性的历史事件。1976 年 10 月“四人帮”被粉碎；1978 年 5 月起在全国范围内开展关于真理标准的大讨论，重申“实践是检验真理的唯一标准”这一马克思主义认识论的基本原理，从根本上否定了“两个凡是”的错误方针；1978 年 12 月党的十一届三中全会召开，否定“以阶级斗争为纲”，决定把党和国家的工作重心转移到社会主义现代化建设上来，并从 1979 年起我国开始构思经济体制改革的路子，试图改变传统的计划经济体制而建立一种“以计划经济为主、市场经济为辅”的“有计划的商品经济”体制；1984 年 10 月《中共中央关于经济体制改革的决定》提出建立一种“社会主义商品经济”，经济体制改革正式在全国范围内展开；1992 年在中共中央的一些文件中开始使用“社会主义市场经济”的提法；随着经济体制改革的不断深入，政治体制改革启动；2003 年党的十六届三中全会通过《中共中央关于完善社会主义市场经济体制若干问题的决定》，提出建立公有制为主体、多种所有制经济共同发展的基本经济制度，提出以人为本、全面、协调、可持续发展，促进经济社会和人的全面发展的发展观。

展严厉打击严重刑事犯罪斗争（简称“严打”斗争）①，“严打”斗争三个战役结束后共查获强奸、抢劫、盗窃、流氓等类犯罪团伙19.7万个，犯罪发案数和发案率迅速下降，出现了一个自1984—1987年的短暂的犯罪低谷。有的学者将1979—1983年称为我国犯罪史上的又一次犯罪高峰期。②

但是，从1984年下半年起，我国犯罪现象的量和质（结构）均开始发生明显变化。从犯罪量来看，犯罪发案数和发案率开始回升，到了1988年刑事立案数陡增至82万余起，刑事发案率陡增至7.68万。从那时起至今，我国犯罪发案数和发案率逐渐攀升，1989—1991年出现一个高峰，这三年的全国公安机关刑事立案总数分别为197万多起、221万多起和236万多起，刑事发案率分别为万分之18.01、19.86和20.83，此后几年虽略有下降，但年刑事立案总数再也没能降至100万起以下，年刑事发案率再也没能回落至个位数以下。

随着我国改革开放逐渐向纵深发展，社会主义市场经济体制初步建立，社会转型加剧，改革开放以来累积下来的社会矛盾更加突出。在这种时代背景下，我国犯罪现象的质（结构）也发生明显变化，出现了新的特点和新的犯罪类型：普通财产犯罪案所占比重仍然最大；重大暴力犯罪有增无减；经济犯罪较之改革开放前明显多发，尤其是贪污腐败犯罪、法人犯罪（单位犯罪）、白领犯罪突出，揪出串案窝案、高官“落马”已不是新闻，金融领域、工商税收领域、建筑领域成为经济犯罪的多发领域；黑社会犯罪或有组织犯罪突出，而且往往是警匪勾结、有“红色保护伞”“司法保护伞”相罩，境外黑社会组织向境内渗透并与境内黑社会组织相互勾结；社会各领域和阶层不同程度地出现腐败现象，新中国成立之初即已绝迹的“黄、赌、毒”死灰复燃，重新泛滥；新型犯罪开始出现，计算机犯罪等高科技犯罪、智能型犯罪日渐增多；恐怖主义犯罪给国家和社会安全造成的威胁越来越严重，“东突”问题日渐成为国家和社会安全的心腹之患；农民犯罪以及流民犯罪日渐突出；青少年犯罪仍占犯罪总数的较大比重，犯罪低龄化趋势明显；女性犯罪正在以较快速度增长。此外，从犯罪分布来看，不仅城市是犯罪的高发区域，而且农村犯罪也呈增长之势。有学者把1987、1988年至今称为我国犯罪史上的再一次犯罪高峰期。③

我们认为，把我国改革开放以来犯罪现象的变化过程概括为两次高峰、两次低谷的说法是值得商榷的，因为它只注意到了犯罪数量变化的表象，而没能透过现象准确地揭示这种数量变化的深层规律和动因。我们认为，与其说这个阶段内出现过两次犯罪高峰，不如说这个时期是一个持续高涨的“犯罪潮”更为准确；而且这个犯罪潮实际早在20世纪70年代甚至更早的时候就已经形成了。如果稍加回溯就会发现，我国刑事立案数和发案率从1973、1974

---

① 人们普遍认为我国“严打”斗争开始于1983年下半年，其标志是：1983年8月25日中共中央作出《关于严厉打击刑事犯罪活动的决定》，1983年9月2日第六届全国人大常委会第二次会议通过《关于严惩严重危害社会治安的犯罪分子的决定》，由此，我国开始了“三年为期、三个战役”的“严打”斗争。但是，1982年3月8日第五届全国人大常委会第二十二次会议通过了《关于严惩严重破坏经济的罪犯的决定》，1982年4月13日发布了《中共中央 国务院关于打击经济领域中严重犯罪活动的决定》，这说明，我国实际上在1983年之前就已经开始了对严重经济犯罪的“严打”。到2001年为止，我国已进行了三次“严打”，第一次开始于1983年、第二次开始于1996年、第三次开始于2001年。三次“严打”，重点各有不同。

② 在曹凤所著的《第五次高峰——当代中国的犯罪问题》一书中称之为第四次犯罪高峰，李楯在《日益增长的犯罪》（载李楯编：《法律社会学》，中国政法大学出版社1999年版）一文中称之为第六次犯罪高峰。

③ 曹凤在《第五次高峰——当代中国的犯罪问题》一书中称之为第五次犯罪高峰，李楯在《日益增长的犯罪》一文中称之为第七次犯罪高峰。

年的峰值下滑后，从 1975 年起重又缓慢回升，仅隔两年，到了 1977 和 1978 年刑事立案数又上升到了 1973 年的水平，1979 年刑事立案数则陡增至 63 万余起，此后几年持续上扬，1989 年立案数又猛增至 89 万余起。这说明，自 1973、1974 年我国犯罪史上第五个犯罪高峰至 20 世纪 80 年代初，实际上不曾存在一个真正的犯罪低谷；如果继续往前回溯，“文化大革命”时期的实际犯罪数和犯罪率可能不会低于 20 世纪 70 年代，由此看来，持续至今的犯罪潮可能自 20 世纪 60 年代中后期就已经形成了。不仅如此，1983 年“严打”后出现的 1984—1987 年的犯罪低谷，不过是在“严打”的强力压制下出现的暂时性现象。“严打”不但没能改变导致犯罪增长的深层原因，而且其有效期也十分短暂。实际上，从 1984 年下半年起犯罪发案数就已经开始回升，也就是说，“严打”的有效性从 1984 年下半年起就开始递减了。因此，“严打”之后形成暂时性的犯罪低谷并不意味着犯罪增长的潮头就此被抑制住或者发生了扭转。从动态角度来看，1983 年“严打”以前的犯罪增长和“严打”后出现的暂时性犯罪回落，是这一时期犯罪潮涨总过程中的一个小的波澜。当然，如果承认当前的犯罪潮早在 20 世纪 70 年代甚至 60 年代中后期就已经开始形成的话，可能会产生一个解释上的难题：改革开放以来犯罪增长的原因与 20 世纪 50 年代、70 年代犯罪增长的原因显然不同，如果当前的犯罪潮是自 20 世纪六七十年代就已开始形成的，那么，当前犯罪增长与 20 世纪六七十年代犯罪增长就可能还有某种共同的原因。关于这一解释难题，还需要作进一步的研究。

在这个时期不论是出现过两次犯罪高峰也好，还是出现了一个持续性的犯罪潮也好，一个无法忽视的事实是，在这个时期，犯罪的类型结构发生了显著的变化。

（四）21 世纪初以来的犯罪变化

20 世纪末、21 世纪初以来，世界面临着百年未有的大变局，国内形势也发生巨大变化。党的十八大以来，中国特色社会主义进入新时代，正在转向高质量发展阶段，正处于全面深化改革开放、加快转变经济发展方式的攻坚阶段。人民群众不断增长的美好生活需要和不平衡不充分的发展成为我国这一时期的社会主要矛盾，与此同时，我国还面临着来自国内国外的、人为的和自然的种种压力与挑战，这是一种机遇与风险并存的复杂社会局面。面对这种复杂局面，党和政府立足国内，站在关注人类命运的高度，采取了一系列重大决策和行动，“人类命运共同体”“不忘初心”“以人民为中心”“全面建成小康社会”“良法善治”等，成为这个时期我国政治、经济和社会建设与发展决策的关键词和方向指引。

在上述复杂的社会历史背景之下，我国的犯罪情况也发生了明显变化：

第一，如前所述，进入 21 世纪，我国犯罪状况延续了 20 世纪中后期以来的总体上升的态势，到 2013—2016 年刑事立案数和刑事发案率均达到新中国成立以来的最高值，并由 2016 年起出现明显的拐点，均呈直线下降趋势。全国公安机关刑事立案数，2011 年由上一年的 596. 989 2 万起跃升至 600. 503 7 万起，2012 年 655. 144 0 万起，2013 年 659. 824 7 万起，2014 年 653. 969 2 万起，2015 年达到峰值 717. 403 7 万起，之后渐呈下降趋势，2016 年下降至 642. 753 3 万起，2017 年降到 548. 257 0 万起，2018 年继续下降至 506. 924 2 万起。上述年度的刑事发案率也呈同步变化趋势。随着刑事犯罪发案率的下降，社会安全感程度明显提高。

第二，盗窃、诈骗等普通财产犯罪案件一如以前稳居刑事立案数和发案率的首位，而且在全部刑事犯罪案件中所占比重在波动中逐年增加。相反，暴力犯罪的发案数和发案率则呈波动中逐年递减趋势。例如，2006 年全国公安机关刑事立案总数 465. 326 5 万起，其中杀人、伤害、抢劫、强奸四类暴力犯罪案件共计 521 124 起，占刑事立案总数的 11.21%；盗窃、财产诈骗（含入室盗窃和盗窃机动车）两类普通财产犯罪案件共计 335.751 1 万起，占刑事立案总数的 72.15%。2007 年刑事立案总数 480.751 7 万起，其中暴力犯罪案件 507 758 起，占比 10.57%；两类普通财产犯罪案件 350.836 8 万起，占比 72.89%。2008 年刑事立案总数 488.496 0 万起，其中暴力犯罪案件 481 860 起，占比 9.86%；两类普通财产犯罪案件 367.336 3 万起，占比 75.19%。2011 年刑事立案总数 600.503 7 万起，其中暴力犯罪案件 413 094 起，占比 6.89%；两类普通财产犯罪案件 474.429 5 万起，占比 79%。2014 年刑事立案总数 653.969 2 万起，其中暴力犯罪案件 295 396 起，占比 4.51%；两类普通财产犯罪案件 522.129 0 万起，占比 79.84%。2015 年刑事立案总数 717.403 7 万起，其中暴力犯罪案件 258 137 起，占比 3.6%；两类普通财产犯罪案件 592.540 2 万起，占比 82.59%。2017 年刑事立案总数 548.257 0 万起，其中暴力犯罪案件 186 008 起，占比 80.02%；两类普通财产犯罪案件 438.732 5 万起，占比 80.02%。[①] 但是，严重暴力犯罪案件仍时有发生，接连发生的数起 14 周岁以下的少年人恶性杀人案件更是触目惊心，引起社会强烈反应，甚至影响了刑事政策和刑事立法的调整。[②] 痛感于少年恶性杀人、强奸案件，社会公众强烈呼吁降低刑事责任年龄。第十三届全国人大常委会第二十四次会议于 2020 年 12 月 26 日通过、自 2021 年 3 月 1 日起实施的《刑法修正案（十一）》对刑事责任年龄制度作了特别修改，将不满 14 周岁的人一律不负刑事责任的规定，修改为“已满十二周岁不满十四周岁的人，犯故意杀人、故意伤害罪，致人死亡或者以特别残忍手段致人重伤造成严重残疾，情节恶劣，经最高人民检察院核准追诉的，应当负刑事责任。”这既是对社会治安状况作出的刑事立法反应，也是对社会上要求降低刑事责任年龄的强烈呼声的立法回应。

第三，党的十八大以来，对腐败犯罪始终保持高压态势，贪贿犯罪增长势头得到遏制。但是仍有一些贪腐分子不收手，继续大肆贪污受贿，贪贿犯罪大案要案仍时有发生。党的十九届四中全会《决定》提出“构建一体推进不敢腐、不能腐、不想腐体制机制”，标本兼治，巩固和发展了反腐败斗争成果。

第四，金融领域犯罪继续呈多发态势，金融诈骗、非法集资人、非法吸收公众存款、利用网络平台诈骗或非法集资案件时有发生。为防范和处置非法集资活动，2020 年 12 月 21 日，国务院第 119 次常务会议通过了《防范和处置非法集资条例》，该条例于 2021 年 1 月 26 日公布，自 2021 年 5 月 1 日起施行。

第五，计算机和网络犯罪继续呈增多态势。以互联网为平台提供商品或者服务的平台经济迅速发育，新业态、新模式层出不穷，与此同时也出现了一些利用网络平台进行垄断和

① 上述数据来源于《中国法律年鉴》。

② 近十年媒体报道过的未成年人犯罪案件：2012 年，广西小学生覃某，行为时不满 13 周岁，妒忌同学周某比自己漂亮，将该同学约至家中杀害并肢解尸体；2013 年，重庆小学生李某某，行为时 10 周岁，在电梯里殴打一名 18 个月大的幼童，将幼童扔到 25 楼，该幼童从阳台坠落后被救活；2015 年，湖南省陈某某，行为时 12 周岁，在可乐中放老鼠药，毒死玩伴汤某某和汤某某的妹妹；2016 年，四川一初中生，行为时 13 周岁，为抢一部手机，向路过的女教师泼油点火，致其全身特重度烧伤；2016 年，广西沈某某，行为时 13 周岁，将同村 4 岁、7 岁、8 岁的三姐弟骗到偏僻处，逼问他们父母放钱的地方未果，便用石头、刀将三姐弟杀害，抛尸废井；2018 年，湖南吴某某，行为时不满 12 周岁，因吸烟被母亲用皮带抽打，心生怨恨，冲进厨房拿起菜刀将母亲砍死，案发后说，“我杀的又不是别人，杀的是我妈”；2018 年，湖南罗某，行为时 13 周岁，因向母亲要钱外出产生争执，在跨年夜用锤子将母亲和父亲打死；2019 年，辽宁蔡某某，行为时 13 周岁，强奸未遂杀害 10 岁女孩；2020 年，安徽杨某某，行为时不满 13 周岁，杀害 10 岁女孩抛尸灌木丛，且两人是堂兄妹关系。

不正当竞争的现象,如"二选一"[①]"大数据杀熟"[②]等。为防止垄断和资本无序扩张,保护公平竞争,2021 年 2 月 7 日,国务院反垄断委员会在国家市场监督管理总局于 2020 年 11 月 10 日公布的《关于平台经济领域的反垄断指南(征求意见稿)》的基础上制定并发布了《国务院反垄断委员会关于平台经济领域的反垄断指南》。"近年来我国犯罪案件总量呈整体下降态势,传统犯罪数量继续走低,然而,利用互联网等高科技手段进行的新型犯罪数量有所提升,尤其在利用网络和信息技术进行犯罪手段改进和升级上呈现出犯罪手段不断进化的态势。"[③]这一概括基本是准确的。

此外,近年来食品药品犯罪、破坏自然生态环境犯罪等刑事犯罪案件明显增多;民营企业家违法犯罪因有所增多而受到关注;城市黑社会性质组织犯罪受到打击和遏制,但农村村霸等黑恶势力尚未尽除。

(五)法定犯时代到来

法定犯时代不在新中国犯罪史前述三个演化阶段的序列之中,但鉴于其重要性,有必要单列加以介绍。

法定犯时代,是指犯罪现象结构由传统的自然犯罪占多数转变为法定犯罪占大多数的时代。从刑法学角度看,这是刑法调整范围逐渐加宽、犯罪圈不断扩大的结果;从犯罪的现象学和原因学角度看,这是社会变迁的结果。

法定犯罪与自然犯罪是两个相对的概念。自然犯罪(natural crime),是指违反人类两种基本的利他情操即怜悯情操(pity)和正直情操(probity)的任何犯罪行为,其典型如杀人、伤害、抢劫、盗窃、强奸、放火等。违反怜悯情操,导致暴力犯罪;违反正直情操,导致财产犯罪。[④] 在任何文化背景和法律背景之下,这些行为本质上都属于恶,属于"真正的犯罪"。法定犯罪(legal crime),是指只有法律规定为犯罪才属于犯罪的行为,如走私、偷税漏税、环境犯罪、金融犯罪、网络犯罪等。这些行为本身不是犯罪或曰在本质上不具有恶的属性,是否属于犯罪,取决于不同国家或地区、不同文化背景下的法律规定。自然犯罪大多属于街头犯罪(street crimes),法定犯罪则大多属于室内犯罪(crime in suite)。

法定犯时代是犯罪现象随现代化进程一起走来的变化历程。这个变化迹象先在西方国家显现,之后逐渐漫延全球大多数国家,成为犯罪现象变化的一个国际性趋势。自 19 世纪起,西方国家开始由自然犯时代进入法定犯时代,广大发展中国随后陆续进入法定犯时代或者正在由自然犯时代向法定犯时代过渡。

我国社会发展不可能脱逸于人类历史总进程,我国犯罪现象的变化也不会完全脱离人类犯罪史的一般规律。从 20 世纪后期起,我国逐渐进入法定犯时代。我国先后制定了新旧两部刑法(即 1979 年《刑法》和 1997 年修订后的《刑法》),1997 年《刑法》颁行后至 2021 年又先后出台了 11 个刑法修正案。1979 年旧刑法规定的罪名结构中传统自然犯罪还占有较

---

① "二选一",是指部分电商平台为追逐商业利益,打击竞争对手,要求合作商只能入驻一家网络平台,而不能同时入驻竞争对手平台的做法。其本质是利用市场支配地位实施垄断性的排他性交易。

② "大数据杀熟",一般是指经营者收集消费者的个人信息,运用大数据和算法分析消费者的偏好、消费习惯、支付能力等信息,建立了用户画像,然后将同一种商品或者服务,以不同的价格卖给不同的消费者,从而获得更多利润的行为。"大数据杀熟"本质上属于一种价格欺诈行为。

③ 中国犯罪学学会组织编纂、黄河主编:《中国犯罪治理蓝皮书:犯罪态势与研究报告(2018)》,法律出版社 2019 年版,第 30 页。

④ 英文 probity(正直、诚实)一词,含有"尊重他人财产"的意思。

大比重，1997 年新刑法规定的罪名结构中法定犯罪所占比重明显增加，先所出台的 11 个刑法修正案增设的罪名则基本上都属于法定犯罪。与此相对应，实际发生的犯罪现象的总构成中法定犯罪所占比重越来越大。这是我国改革开放以来犯罪变迁史特别值得注意的一点。我国著名刑法学家储槐植教授 2007 年 4 月 17 日在《检察日报》上发表《要正视法定犯罪时代的到来》一文，敏锐地指出世界包括我国已经进入法定犯时代，并就此提出了具体的刑事对策建议。之后又有学者从犯罪学视角揭示法定犯时代犯罪的“真问题”究竟是什么，指出法定犯时代的犯罪问题主要是公共政策问题，应当通过公共政策予以应对和化解。[①]

自 20 世纪后期以来，随着我国由传统的自然经济向市场经济的变化，法定犯时代或犯罪问题政治化时代的迹象在我国已经有所呈现，甚至可以说，我国犯罪现象已经进入法定犯时代或曰政治化时代。正如储槐植教授所说的那样：“从社会环境观察，以自然经济为主的社会背景下，犯罪的基本形态为自然犯。市场经济发展，社会关系多元而复杂，相随而来的是社会生存和人类生活的方方面面时时处处都有风险相伴……与此相应，出现了法律上犯罪形态的结构性变化，即犯罪形态在数量变化上形成了由传统自然犯占绝对比重演进为法定犯占绝对优势的局面，量变达到一定程度便引起质变，于是‘自然犯时代’进入‘法定犯时代’”。[②] 贪腐犯罪泛滥；市场失灵和政府低效并存，经济犯罪多发；法治政府建设仍然“在路上”，违法行政以及与之相联系的群体性暴力事件时有发生……这些都是法定犯时代在我国到来的征兆。

法定犯时代的犯罪现象已不同于传统农业社会的犯罪现象，法定犯罪在犯罪现象总体中所占比重明显超过传统的自然犯罪并且日益增加。在此时代，社会所面对的犯罪威胁主要来自法定犯罪，而不再是传统的自然犯罪或曰街头犯罪。这是法定犯时代犯罪的“真问题”。然而，由于杀人、抢劫、盗窃、强奸等自然犯罪或街头犯罪大多发生在人们的身边或者日常生活中，对公众财产及生命所构成的威胁具体而直观，因此，公众的犯罪恐惧感（fear of crime）主要来源这些犯罪，在人们的日常经验或曰常识中往往把犯罪问题等归于自然犯罪问题。这是一种传统的自然犯罪观，至今仍被许多人固守。然而，在当今时代，如果决策者固守这种传统的自然犯罪观去认识和应对犯罪，就会依然如故地专注于对传统自然犯罪的打击防范上面，依然如故地过多倚赖于刑罚压制或曰“严打”来对付犯罪，而忽略了另一种更为有效的化解犯罪问题的途径和方法，即政府的良治和好的公共政策。

在强大的政府权力以及刑法等正式社会控制力量面前，传统自然犯罪或街头犯罪对社会已经难以构成实质性的威胁和挑战。与之相反，随着社会关系的复杂化和社会经济活动越来越活跃，法定犯罪大量增多且类型越来越复杂多样，法定犯罪问题已经成为当今社会政治秩序、经济秩序以及生活秩序的主要威胁。法定犯时代的犯罪问题主要是法定犯罪问题，而法定犯罪问题则本质上是一个公共政策问题，通过制定好的公共政策予以化解，是解决法定犯时代犯罪问题的最佳政治之道。我国犯罪治理对此需要有清醒的认识并认真加以应对。

法定犯时代，亦可称为犯罪问题的政治化时代。犯罪问题的政治化（politicalization of

---

① 参见赵宝成：《法定犯时代的犯罪对策》，《山东警察学院学报》2016 年第 5 期；《法定犯时代犯罪的“真问题”是什么》，《检察日报》2016 年 7 月 19 日。

② 储槐植：《刑事一体化论要》，北京大学出版社 2007 年版，第 22—23 页。

crime),一方面是指犯罪现象的结构及其变化越发明显地受到政府治理及其制定的公共政策的影响,因而形成以法定犯或行政犯占压倒性多数的犯罪现象结构;另一方面是指犯罪率不断增加,犯罪问题日趋严重,乃至成为政治家以及新闻媒体、公众舆论高度关注的一个热门社会话题和政治话题,就像一位美国犯罪学家所说的那样:(在美国)"犯罪问题已经成为上至总统、市长,下至各级地方官员普遍关注的热门政治话题(a hot political issue)",因此,对于政治家们来说,犯罪对策(crime policy)已成为公共决策中一个具有特殊吸引力的领域。

拓展阅读

法定犯时代的犯罪对策

(六) 基本结论

我国犯罪现象的阶段性变化和历次犯罪高峰及犯罪潮的出现,均与我国社会的变迁密切相关。这里面可以总结出三点基本结论:一是犯罪现象的增减与我国社会政治形势的缓急、经济发展的快慢呈高度相关关系。二是我国犯罪现象是"独特的现代化进程中的犯罪"[①]。也就是说,一方面,我国犯罪现象是在我国现代化进程中发生变动的,这体现了现代化与犯罪之间的一般性联系;另一方面,我国的现代化是一种"晚发外生型现代化",它不同于西方国家的早发原生型现代化。因此,我国犯罪现象的变动与西方国家的犯罪现象变动不具有简单的可比性,不能简单地用犯罪现代化理论来加以解释,我们必须建立一种关于中国犯罪的"本土性理论"来对中国犯罪变迁作出独特的解释。三是在我国犯罪变迁史上,每当犯罪高峰或者高潮出现,党和政府就会采取"严打"予以反击,或者作某种刑事立法和刑事政策的调整,这说明,中国犯罪现象变化的历史也就是中国政府和中国社会与犯罪作斗争的历史。

【本章小结】

了解犯罪现象的存在形态,是认识作为一种客观事实的犯罪现象的实际状态的基本途径;犯罪测量则是认识犯罪现象存在形态的基本手段。本章介绍的内容主要有两大块,一块是犯罪测量的基本方法和数据来源;另一块是犯罪现象的存在形态。本章的目的有三个,一是让读者了解犯罪测量的基本方法和意义,二是让读者了解应当从哪些方面描述犯罪现象,三是让读者了解我国犯罪现象的基本情况。

本章从犯罪现象的量、犯罪现象的结构与分布、犯罪人与犯罪被害人、犯罪现象的质(犯罪现象的危害量或严重程度)、犯罪动态与犯罪史五个方面描述了犯罪现象的存在形态。犯罪现象作为一种客观社会事实而存在,它的存在形态主要表现为上述五个方面的呈现或者变动。不过,需要说明的是,犯罪手法(犯罪实施的技巧、手段以及犯罪发生的环节)也是犯罪存在形态的一个重要呈现,但是限于篇幅,本章有意舍弃了对这部分内容的介绍。对犯罪现象存在形态进行描述,可靠的工具有两个:一个是科学而准确的语言,另一个是翔实而可靠的数据。但是,同样是限于篇幅,也为了避免使读者陷入枯燥的数字堆中,我们还是放弃了对数据的大量使用,不过,在介绍我国犯罪史和犯罪动态时,还是给出了一些基本的统计数据。

---

① 参见李楯:《日益增长的犯罪》,载李楯:《法律社会学》,中国政法大学出版社 1999 年版,第 486—530 页。

本章第六节中特别指出，我国已经进入法定犯时代，因而，应当更新犯罪观，制定和运用良好的公共政策解决犯罪问题。

【本章思考题】

1. 什么是犯罪测量？犯罪测量的指标、犯罪数据资源及收集方法有哪些？什么是被害人调查？什么是自我报告研究？

2. 什么是犯罪量、犯罪率、犯罪黑数、犯罪指数？如何正确计算犯罪率？

3. 如何测量和评价犯罪现象的危害程度（犯罪现象的质）？社会公众公共安全感对于评估犯罪现象有何意义？

4. 如何准确认识我国犯罪现象的变迁过程和规律？

5. 我国法定犯时代是否到来？法定犯时代犯罪现象的"真问题"是什么？

6. 如何评价"严打"斗争？

【本章参考文献】

1. Sue Titus Reid, *Crime and Criminology*, McGraw-Hill, 2000, chapter 2.

2. [英]克莱夫·科尔曼、詹妮·莫尼罕：《解读犯罪统计数据——揭示犯罪暗数》，靳高风等译，中国人民公安大学出版社2008年版。

3. [德]汉斯·约阿希姆·施奈德：《犯罪学》，吴鑫涛、马君玉译，中国人民公安大学出版社、国际文化出版公司1990年版，第三章。

4. [美]E. H. 萨瑟兰：《白领犯罪》，赵宝成等译，苏明月校，中国大百科全书出版社2007年版。

5. 李楯编：《法律社会学》，中国政法大学出版社1999年版。

6. [美]路易丝·谢利：《犯罪与现代化——工业化与城市化对犯罪的影响》，何秉松译，罗典荣校，群众出版社1986年版。

7. 王智民、黄京平：《经济发展与犯罪变化》，中国人民大学出版社1992年版。

8. 李锡海：《现代化与犯罪研究》，中国人民公安大学出版社2009年版。

9. 张荆：《现代社会的文化冲突与犯罪》，知识产权出版社2009年版。

10. 王智民等：《当前中国三大经济圈犯罪研究》，中国人民公安大学出版社2006年版。

11. 曹凤：《第五次高峰——当代中国的犯罪问题》，今日中国出版社1997年版。

12. [美]R. E. 帕克、E. N. 伯吉斯、R. D. 麦肯齐：《城市社会学》，宋俊岭、吴建华、王登斌译，华夏出版社1987年版。

13. 何清涟：《现代化的陷阱——当代中国的经济社会问题》，今日中国出版社1998年版。

14. 江流、陆学艺、单天伦主编：《社会蓝皮书：1994—1995年中国社会形势分析与预测》，中国社会科学出版社1995年版。

15. 汝信、陆学艺、李培林主编：《社会蓝皮书：2004年中国社会形势分析与预测》，社会科学文献出版社2004年版。

16. 汝信、陆学艺、李培林主编：《社会蓝皮书：2005年中国社会形势分析与预测》，社会科学文献出版社2004年版。

17. 汝信、陆学艺、李培林主编:《社会蓝皮书:2007年中国社会形势分析与预测》,社会科学文献出版社2006年版。

18. 汝信、陆学艺、李培林主编:《社会蓝皮书:2008年中国社会形势分析与预测》,社会科学文献出版社2008年版。

19. 汝信、陆学艺、李培林主编:《社会蓝皮书:2010年中国社会形势分析与预测》,社会科学文献出版社2009年版。

20. 李林等主编:《中国法治发展报告No.3(2005)》,社会科学文献出版社2006年版。

21. 黄河主编:《中国犯罪治理蓝皮书:犯罪态势与研究报告(2018)》,法律出版社2019年版。

第十章　犯罪现象的基本类型

在现实社会生活中犯罪是各种各样的，区别很大。即使是在犯罪学中观察各种不同的犯罪现象，它们之间差别也很大，从某个角度说，甚至存在性质上的区别。例如，政治犯罪、财产犯罪和性犯罪之间，无论从哪个角度看，区别都非常大。为了更好地完成犯罪学的学科任务，更准确、科学地探讨各种不同的犯罪类型，对犯罪现象进行分类研究是非常必要的。

第一节　犯罪分类概述

一、犯罪分类的概念和意义

为了深入认识各种不同的犯罪现象，就要对犯罪进行分类。分类是深入认识复杂现象的重要逻辑方法。犯罪是一种很复杂的社会现象。从整体上看，各种犯罪都有一个共同的特征，这就是社会危害性。但是，各种犯罪之间差别却很大，例如经济犯罪、杀人犯罪、性犯罪和政治犯罪之间，除了社会危害性之外，相同的东西很少；并且，如果进一步分析还会看到，即使是同种类的犯罪，相互之间也有许多不同。这些客观存在的不同构成了犯罪的不同种类，成为犯罪划分的客观基础。犯罪的类和种是客观存在的，对犯罪进行划分只是对客观犯罪现象的一种认识和描述，而不是人为地强加于犯罪现象的主观拆割。

犯罪分类是指根据不同目的和由不同目的决定所采取的不同标准对各种犯罪现象、犯罪行为和犯罪人所进行的划分。从犯罪分类的客体上看，有对犯罪现象的分类、犯罪行为的分类和犯罪人的分类。具体如何分类，则取决于分类的目的以及由目的决定所采取的分类标准，目的不同，分类标准不同，划分出的犯罪种类也不同。

犯罪学上犯罪分类与刑法学上犯罪分类略有不同。刑法学上的犯罪分类一般都是从犯罪行为和犯罪人上进行分类，基本不从犯罪现象上进行分类，而从犯罪现象上进行分类对于犯罪学来说是更经常和更为重要的分类。本章以下的各节对犯罪类型进行的研究，都是从犯罪现象角度对犯罪进行的分类。

犯罪分类可以从不同逻辑层次上进行，首先区分为不同的“类”，然后再区分为不同的“种”。

在犯罪学里，犯罪分类是一个很重要的基本理论问题，有很重要的意义。

首先，犯罪现象是一个很特殊的社会现象，种类很多，各类犯罪之间差别很大，如果不从犯罪现象种类上进行研究，几乎无法把握和认识它们。例如，政治犯罪与性犯罪，从性质到表现形式、从产生原因到治理措施，都有很大的不同。分类对犯罪现象进行研究，几乎成为研究犯罪现象的前提条件。实际上，无论是从认识犯罪现象本质、基本特征、表现形式等理论研究看，还是从有效治理犯罪的角度看，分类对犯罪现象进行研究都是最基本和最重要的。首先，通过犯罪现象分类，可以认识各种不同犯罪现象性质，具体把握不同犯罪现象类型的本质、规律及其发展演变过程，具体考察不同犯罪现象类型的产生原因，以便制定出更有效的治理犯罪现象的措施。

其次，犯罪现象分类还是进行犯罪统计、确定犯罪现象结构的基础。

最后，犯罪现象分类也是认识和研究犯罪现象的一种方法。利用这种方法，把犯罪现象区分为各种不同的类型，对各种不同类型的犯罪现象还可以区分为各种不同种型，以便根据理论研究的需要，进行理论分析和阐释。

二、犯罪现象的分类

犯罪现象的分类是犯罪分类中的最高层次上的分类。这种划分主要是以犯罪现象的外部表现形式为标准进行的，当然，有时也是以犯罪现象产生原因为标准进行的。例如，白领犯罪、街头犯罪、政治犯罪、经济犯罪、性犯罪、暴力犯罪、跨国犯罪等。也有从犯罪产生上进行分类的，例如，把犯罪现象分为自然犯罪和法定犯罪。还有从时间或空间上进行的分类，例如，把犯罪分为传统犯罪和现代犯罪，亚洲犯罪、美洲犯罪等。

三、犯罪行为的分类

对犯罪行为的分类经常采用的标准是社会危害程度。根据不同社会危害程度，把犯罪划分为严重犯罪和轻微犯罪两种。也有的把犯罪划分为三种：严重犯罪、比较严重犯罪和轻微犯罪。后者的划分与一些国家刑事立法中的重罪、轻罪和违警罪相类似。

在两分法的犯罪分类中，严重犯罪一般是指杀人、抢劫、爆炸、强奸、夜盗、伪造、欺诈等犯罪。这些犯罪通常被判处较重的刑罚。这虽然是一种经常采用的分类方法，但是，这种分类方法也有它的不足，这就是，某种轻微种类的犯罪却发生了比严重种类犯罪还严重的后果；轻微种类的犯罪人可能是有很严重社会危险的犯罪人。可见，这种犯罪分类缺乏必要的对犯罪的主观方面特征的分析，而且，这种划分的相对性较大而一般性较小，不同刑事立法对罪的轻重经常会有差别很大的不同评价。

对犯罪行为还可以根据其他的标准进行划分。例如，根据犯罪的性质（政治犯罪和一般刑事犯罪）；根据被侵害的客体，犯罪主体性别，年龄，犯罪发生的时间、地点，犯罪次数（初犯、再犯）等。在现代犯罪学中还经常划分出传统犯罪和新类型犯罪。传统犯罪主要是指盗窃、诈骗、杀人、强奸等。这些犯罪同在一定时期伴随社会发展而出现的特殊的犯罪形式不同。从表面上看，这些犯罪在各个国家各个时期都存在，几乎不受国家、阶级和法律的限制。其实，这些在各种法律体系中都同样存在的犯罪，却可能是来自不同的立法动机，根源于不同物质生活条件和不同的阶级利益。新类型的犯罪是指随着社会发展而产生的犯罪，如利用现代科学技术的犯罪、跨国犯罪、劫持航空器的犯罪等。

上述分类标准基本上都是客观标准。按照这种标准分类具有一定意义。但是，要更准确地进行犯罪分类，在注意客观标准的同时，还必须注意主观标准，即犯罪人的个性特征。为此，在对犯罪行为进行分类的同时，还要注意对犯罪人进行分类。

四、犯罪人的分类

对犯罪人进行分类，在刑法学、犯罪学和刑罚学中都很有意义。最早，犯罪人分类与犯罪人刑事责任的个别化有关。刑事责任个别化理论认为，犯罪是犯罪人个性的产物，每个犯罪人的情况不同，所以，即使是同一种类的犯罪，犯罪人的人身危险程度也各不相同。刑罚的科处不能只根据犯罪行为的客观特征，还必须考虑犯罪人主观上的反社会性。因此，在立法上，不单纯以犯罪行为特征为标准对犯罪进行分类，还要以犯罪人的主观情况作为分类标准，从而区分偶然犯罪人与常习犯罪人、成年犯罪人与未成年犯罪人、常态犯罪人与精神病犯罪人、自然犯罪人与法定犯罪人、男犯罪人与女犯罪人，等等。犯罪人分类与刑罚关系密切，所以，刑法学、犯罪学和刑罚学都研究犯罪人分类。但是，它们之间却有不同。因为，它们对犯罪人分类的目的和标准是不同的。

法学的分类主要表现在刑法学中。这种分类一般都是以刑事立法对犯罪的分类为标准，其目的主要是在司法活动中确定被告人的刑事责任，首先考虑犯罪人实施的犯罪行为的社会危害程度，然后考虑犯罪人的主观恶性。刑法典分则中划分的犯罪类型和种类就是这种分类的客观标准。这种分类在现代刑法中具有普遍性。

犯罪学的犯罪人分类是建立在犯罪原因论基础上的，一般是以犯罪产生的原因为标准，其目的是抑制和减少引起产生犯罪因素的影响，从而预防犯罪。

在刑罚学中，对犯罪人的分类比前两个学科更为重视，其目的是使犯罪人再社会化，标准就是有利于刑罚的执行。

在上述学科对犯罪人的分类中，法学的分类与其他学科的分类差别大一些。因为法学对犯罪人分类往往无法考虑犯罪人的社会学和心理学的特征，而犯罪人社会学和心理学特征对犯罪学和刑罚学来说又都是重要的问题。在刑法学上属于同一类型的犯罪，在具体到每一个犯罪人时，他们的社会、心理特征却相差很大。这种基于不同目的、不同标准对犯罪人的不同划分，并不意味着它们之间存在根本矛盾，而是在同犯罪作斗争的统一目标下的不同方面的分工合作，是一个问题的不同方面。

明确而系统的犯罪人分类是在 19 世纪末出现的，主要反映在对犯罪人个性的人类学和心理学的研究中。到 20 世纪，为了同危险性大的犯罪人作斗争，为了寻找犯罪产生原因，对犯罪人的分类问题在犯罪学中表现比较突出。不过，由于对犯罪产生原因的不同认识而产生了各种各样的犯罪人分类标准，有社会学的、心理学的、心理病理学的、人类学的，等等，因此产生了各种各样的犯罪人分类，甚至出现了否定犯罪人分类的极端观点。

龙勃罗梭把犯罪人分为五类：生来犯罪人、精神紊乱或低能犯罪人、激情犯罪人、常习犯罪人和偶然犯罪人。他认为，前四种都是反常犯罪人，只有第五种是正常犯罪人。

菲利把犯罪人划分为常习犯罪人和偶然犯罪人两个基本类型。常习犯又分为三种：明显的精神病犯罪人、生来就因身体或道德缺欠而倾向犯罪的人和在社会影响下不可改正的犯罪人。偶然犯罪人又分为两种：受外部影响的犯罪人和受自己感情支配的犯罪人。所以，按照他的观点，犯罪人共有五种：精神病犯罪人、天生犯罪人、常习犯罪人、偶然犯罪人和激情犯罪人。

加罗法洛的自然犯罪人和法定犯罪人的犯罪分类，严格地说是从犯罪行为上划分的。

作为刑法学家的李斯特，在犯罪分类上主要是从刑法上考虑问题，不强调反常犯罪人，因为反常犯罪人在刑法中不负刑事责任。他把犯罪人划分为突然或偶然犯罪人、适应能力低和不能适应的犯罪人。德国许多学者研究犯罪人分类，主要是以犯罪的生物决定论理论为基础，对犯罪人进行各种不同划分。

过去苏联犯罪学界也很重视犯罪人分类问题。有的学者认为，犯罪学的犯罪人分类必须以犯罪人的社会危害程度为标准，从犯罪人的道德败坏程度和教育的缺乏出发对犯罪人进行分类。还有的学者从心理学角度把犯罪人划分为三个基本类型：完全性（其本质上完全被犯罪所感染）犯罪人、局部性（其本质上部分被犯罪感染）犯罪人和情绪激动状态犯罪人。著名犯罪学家库德里亚夫采夫从犯罪人个性背离社会的价值取向上把犯罪人分为：偶然犯罪人、情境犯罪人、不稳定犯罪人、恶性成习犯罪人和特别危险犯罪人。他的犯罪分类被许多人采用。

上述许多犯罪人分类是不合适的，特别是关于犯罪人类学、犯罪生物学的一些分类，是反科学的。也有的犯罪人分类虽然不能成为较为系统科学的分类，但是，其中却有一些可资参考的有价值的因素。

五、关于犯罪的分类标准问题

一般说来，犯罪学中的犯罪分类应当以犯罪原因为标准。但是，根据需要，也可以有不同的犯罪分类标准。

对于犯罪可以用不同的标准作不同的分类。不过，自古以来，社会危害性都是犯罪分类的首要标准。但是，在犯罪学中，由于不同的社会对犯罪性质的不同认识，使得社会危害性仅仅成为犯罪分类的形式上的标准。不同社会对犯罪的社会危害性的具体看法也不同。所以，在以社会危害性对犯罪进行分类时，更为重要的是要注意社会危害性的具体内容，看其是以什么样的内容和标准来衡量社会危害性的，从而才能够作出正确的判断。根据研究的需要，可以用不同的标准对犯罪进行不同的分类。但是，一般地说，除了研究犯罪原因之外，现在往往以犯罪侵害的客体为标准来对犯罪进行分类，如划分为政治犯罪、财产犯罪、侵犯人身的犯罪、侵犯社会秩序的犯罪等。这种分类的特点是能够同时体现出社会危害性，即在分类的排列顺序上往往把社会危害性大的犯罪放在前边，然后依次排列社会危害性较小的犯罪。刑法基本上都是这样进行分类的。

按照形式逻辑的要求，分类应当以同一标准进行。但是，为了研究或其他的需要，有时以两个或更多标准对犯罪进行分类。例如，在把犯罪划分为政治犯罪、财产犯罪的同时，又把犯罪同时划分为累犯、女性犯罪、未成年人犯罪等。总之，犯罪分类是个基本理论问题，但是，犯罪分类标准的确定一定要根据研究和实际的需要。

第二节　财 产 犯 罪

一、概述

（一）财产犯罪的概念

财产犯罪（property crime）是人类社会自古有之的基本犯罪形态之一，但在现代社会依然大量存在。它不同于在现代工业社会才开始大量出现的经济犯罪，可称之为传统的财产犯罪。传统财产犯罪主要侵犯个人的财产法益，因而有西方学者将其称为“针对个人的财产犯罪”。这种看法似与实际情况不完全相符，不少财产犯罪（如盗窃）也可能侵犯公共财产。与传统暴力犯罪一样，传统财产犯罪主要发生在下层社会中间，因此有的学者将其称为“街头财产犯罪”，与“白领犯罪”相对称。

在中外犯罪学界，对于财产犯罪的定义及其范围，均存在着不同的看法，财产犯罪与经济犯罪（白领犯罪）以及某些暴力犯罪的界限也不甚明确。对于财产犯罪与经济犯罪（白领犯罪）的区别，西方犯罪学界的看法基本一致，认为二者属于两种不同的犯罪类型；即使是在以经济犯罪（白领犯罪）包容财产犯罪或者以财产犯罪包容经济犯罪（白领犯罪）的著作中，也对二者分别加以论述。[①] 当然，对于个别罪行的归属，西方犯罪学界也存在着不同的看法。

---

① 例如，在美国学者 Larry J. Siegel 在其所著的 Criminology 一书的“经济犯罪”一章中，把经济犯罪分为“普通盗窃罪”（街头犯罪）和“白领犯罪”两部分而分别加以论述，前者即传统的财产犯罪，后者即我们所说的经济犯罪。

抢劫罪和放火罪属于财产犯罪还是暴力犯罪,在中外犯罪学界均存在不同看法。在美国学者的犯罪学著作中,通常把抢劫罪归于暴力犯罪,而把放火罪归于财产犯罪。我国犯罪学中对于放火罪尤其是抢劫罪的归类向来缺乏一致的意见和做法。总的来说,美国犯罪学著作中的财产犯罪通常包括以下犯罪行为:入室盗窃(burglary)[①]、盗窃(larceny,机动车盗窃除外的普通盗窃)、机动车盗窃(motor vehicle theft)、放火(arson)和汪达尔行为(vandalism,或译恶意破坏行为)。不过,也有的学者把诈骗(fraud)、贪污(embezzlement)、使用过期支票、信用卡盗窃等行为归于财产犯罪。美国犯罪学家通常把财产犯罪分为业余(或偶发)型财产犯罪和职业型财产犯罪两种,后者的典型形式是职业盗贼(professional thief)。美国犯罪学家吉本斯(Don C. Gibbons)则把财产犯罪分为职业盗贼、职业强盗(professional heavy)、非职业性财产犯罪者(semiprofessional property offender)和一次失手者(one-time loser)四种。

本书认为,财产犯罪是区别于暴力犯罪和经济犯罪(白领犯罪)的一个独立的犯罪类型,可定义如下:财产犯罪是以盗窃、抢劫、抢夺等手段非法占有财产或获取财产性利益,或者以各种手法恶意破坏公私财产,侵犯公私财产所有权的犯罪行为。

可以把财产犯罪分为两大类型:一是以非暴力手法(盗窃)侵犯财产所有权的犯罪,这是财产犯罪最为典型的形式;二是以暴力手段(如抢劫、抢夺、放火、恶意破坏、图财害命等)侵犯财产所有权的犯罪,这些犯罪具有跨暴力犯罪与财产犯罪的性质。由于后一种类型的财产犯罪(或称涉财性犯罪)在暴力犯罪一章中也有所论述,因此,本章只能抓住犯罪者具有贪利动机和犯罪侵犯的客体是财产所有权这两个财产犯罪的典型特征,并以盗窃犯罪为主要研究对象而展开讨论。

(二)财产犯罪的特征

财产犯罪具有以下主要特征:

第一,财产犯罪主要是侵犯公私财产所有权的犯罪,相比之下,暴力犯罪则主要是侵犯人身权利的犯罪,经济犯罪(白领犯罪)主要是破坏社会经济管理秩序的犯罪。

第二,与暴力犯罪一样,财产犯罪是源于传统农业社会并绵延至今的古老犯罪形态,经济犯罪则是进入工业社会以后才开始大量出现的新的犯罪形态。

第三,与暴力犯罪一样,财产犯罪是一种与职业无关的犯罪和街头犯罪,其实施者一般不具有较高的社会经济地位;而经济犯罪则是一种职业上的犯罪和办公室内的犯罪,为体面犯罪或白领犯罪,其实施者多具有较高的社会经济地位。

第四,与暴力犯罪一样,财产犯罪主要是一种体力犯罪(当然,这并不否认犯罪手法的智能化倾向的出现),经济犯罪则是一种智能犯罪。

第五,财产犯罪往往是生人之间的犯罪,即犯罪者与被害者之间是一种生人关系,而暴力犯罪则往往是一种熟人间的犯罪。

第六,与暴力犯罪相比,财产犯罪的易感性要差,人们不仅经常感受不到财产犯罪的危害,有时还对轻微财产犯罪(如自行车盗窃)或者某些所谓"绅士盗贼"(gentleman bandit)抱有一定的宽容之心,与经济犯罪(白领犯罪)相比,财产犯罪所造成的实际损失要远少于前者,但是,其所造成的危害却比经济犯罪(白领犯罪)要直观和容易感知得多,因而会比经济

---

① Burglary 一词,或译作"夜盗",原意为"夜间侵入",如今则指任何时间的非法侵入。美国联邦调查局 1981 年编制的《统一犯罪报告》中将其定义为:非法侵入建筑物,意图实施重罪(felony)或盗窃。包括未遂的非法侵入。

犯罪(白领犯罪)带来较大程度的犯罪恐惧感。

二、我国财产犯罪的基本状况

从官方已知的犯罪发案数来看,尽管财产犯罪不像暴力犯罪那样容易给社会造成巨大的恐慌和不安全感,但是,它的实际发生数量不仅远高于暴力犯罪,而且远高于其他全部刑事犯罪的总和。财产犯罪案件历来是我国刑事犯罪案件的“大头”,其中盗窃案件尤为突出,发案数一直居各类刑事案件之首。从 20 世纪 50 年代至今,盗窃案件始终占刑事发案总数的第一位。据统计,全国公安机关 1981 年立案的刑事案件中,盗窃案件占 83.6%;1991 年立案的刑事案件中,盗窃案件占 81.27%。20 世纪下半叶至 21 世纪初以来,财产犯罪的增加态势未变,据公安部社会治安形势通报,2003 年 11 月全国公安机关盗窃案件立案 32 万起,比上年同期上升 9.9%;抢劫案件立案 3.2 万起,比上年同期上升 5.8%。但是,近年来的财产犯罪有两点细微变化:一是在财产犯罪中,财产诈骗犯罪案件所占比重,较盗窃犯罪案件所占比重有较大幅度的增加。2006 年盗窃案立案 314.386 3 万起,占当年刑事立案总数的 67.56%;财产诈骗案立案 21.364 8 万起,占当年刑事立案总数的 4.59%。2013 年盗窃案立案 450.641 4 万起,占当年刑事立案总数的 68.30%;财产诈骗案立案 67.677 1 万起,占当年刑事立案总数的 10.2%。2017 年盗窃案立案 345.974 2 万起,占当年刑事立案总数的 63.10%;财产诈骗案立案 92.758 3 万起,占当年刑事立案总数的 16.92%。二是出现了一些新的财产犯罪形态和犯罪手法,如电信诈骗、“校园贷”“裸贷”“套路贷”财产诈骗等。

当然,上述统计数字只是司法机关已经获知的数字,考虑到盗窃犯罪以及其他各种类型犯罪还存在巨大的黑数,实际发生的盗窃案件数量在实际发生的刑事案件总数中所占的比重可能会有所出入,但基本格局变化不会很大。①

概括起来,20 世纪 70 年代末以来,我国的财产犯罪出现了以下趋向和主要特点:

第一,大案、要案日益突出。自 20 世纪 80 年代初以来,我国重大财产犯罪案件急剧增多。据北京市公安局统计,1980 年以前,在重大刑事案件中,侵犯财产案件仅占 20%左右,1985 年、1986 年两年增至 50%~60%,1987 年又上升至 70%。又据统计,1989 年以来全国公安机关立案的盗窃犯罪案件中,严重盗窃案件约占 17%。②

第二,作案目标逐渐向金融部门、作为富裕阶层的企业家、收入较丰的娱乐业从业者(如“三陪小姐”)、出租汽车司机、个体工商户、外来商旅、外国人及海外华侨和港澳台同胞等部门、行业和人员转移和集中,针对上述部门、行业和人员的盗窃、抢劫等犯罪案件时有发生。盗窃、抢劫的财物的品种、数量也逐渐向高档化、大宗化发展,大额现金以及彩电、照相机、录像机、家用电脑、高档自行车、摩托车、金银首饰等高档消费品,成为盗窃、抢劫的主要目标。非机动车(主要是自行车)盗窃是最为多发的盗窃案件,1991 年全国公安机关立案的盗窃案中,这类案件约占 31.5%。此外,盗割电缆、盗窃钢铁器材及其他重要生产设备的犯罪案件也时有发生。上述情况与 20 世纪 60 至 70 年代以前的财产犯罪明显不同,那时的财产犯罪,多是偷抢扒窃少量公私财物,如少量现金、粮食、牲畜、生产工具、自行车等。

---

① 据有的美国学者估计,有一半以上实际发生的财产犯罪案件未向警方报案。我国尚无人对此作出估测。

② 参见 1990 年、1992 年《中国法律年鉴》。

第三,作案手段与形式逐渐向智能化、团伙化和职业化方向发展。全国各地出现了一批专门从事盗窃、抢劫等犯罪活动的团伙,有的盗窃团伙,内部组织严密、分工细致,形成了盗、运、销“一条龙”;运用现代交通工具、通信技术以及其他科技知识进行盗窃、抢劫等犯罪活动的情况已屡见不鲜。电信诈骗成为新的多发的诈骗犯罪类型,呈发案数增加幅度大、犯罪手段变化快、犯罪空间跨度大、犯罪危害严重、犯罪人难以锁定查获和追赃困难等特点。在我国的东部、中部地区此类犯罪较为多发,甚至出现了“电信诈骗村”“重金求子诈骗村”“QQ诈骗村”“盗窃村”“飞车抢夺村”等犯罪人群落。根据公安部刑侦局归纳分析,电信诈骗手段约 48 种之多,电话诈骗案件发案数居首,约占全部电信诈骗案件的 63.3%;网络诈骗和短信诈骗案件分别占 19.6% 和 14.8%。利用支付宝、微信支付等手机移动支付的漏洞进行诈骗或者盗窃财物成为一种多发的财产犯罪类型。泄露和利用个人信息进行电信网络诈骗成为电信网络诈骗的重要源头并使诈骗行为“精准化”。目前 90% 以上的电信网络诈骗是通过非法获取公民个人信息而实施的精准诈骗。

第四,作案成员以工人、农民、外地进城人员、无固定职业者和各类社会闲散人员居多,其中男性青少年占相当大的比重。财产犯罪成员的这种“低龄化”和社会经济地位的“低层化”现象,与经济犯罪形成了明显的反差。

第五,发案率存在着城乡差异。总体上看,农村财产犯罪发案率(准确说是立案率)略低于城市,而农村暴力犯罪发案率则略高于城市。

第六,“裸贷”“ 套路贷”是近些年出现的新的诈骗手法。“裸贷”,就是借款人(通常是女性)以自己的裸照或不雅视频作为抵押从出借人手中获得一定金额的借款,出借人则以借款人抵押的裸照或不雅视频为要挟向借款人诈取高额利息。“裸贷”的借款人多为在校女大学生。针对大学生的“套路贷”[①]比“校园贷”为祸尤烈。不法人员以无抵押快速放贷为诱饵,以民间借贷为幌子,诱骗或强迫社会经验不足的大学生陷入借贷圈套。这种新型犯罪不仅给大学生及其家庭造成了经济损失和精神损害,而且出借人的暴力催收手段还会引发其他犯罪,甚至酿成大学生自杀、报复的悲剧。

第七,2017 年针对老年人的打着“以房养老”“错版币收藏”“义诊”“免费体检”“养生保健”“产品直销”“高息理财”等旗号的诈骗犯罪高发,引起了社会对老年人权益保护、养老生活方式、老年人安全教育等问题的关注。

三、财产犯罪的原因

(一) 财产犯罪的源流

通过对财产犯罪现象的历史源流的考察,可以清晰地发现它与社会历史变迁过程之间的对应关系,从而发现财产犯罪产生及变化的规律。

财产犯罪是一种十分古老的犯罪形态,早在原始社会末期社会出现剩余产品之后,便已经出现了财产方面的违规行为。随着私有制的确立和阶级的分化,人们产生了私有观念,并进而形成了对财物的贪欲,于是“寇攘奸宄,杀越人于货”[②]的现象日趋增多。因此,统治阶级为了维护自己的统治地位和财产所有权,便制定刑法,将窃盗规定为犯罪,予以严厉处罚。

① “套路贷”,就是以民间借贷为外衣作掩护实施的财产骗局。具体说,就是假借民间借贷之名,诱使或强迫被害人签订借贷或抵押合同,通过虚增借贷金额、制造虚假资金走账流水、恶意制造违约等手段骗取钱财。

② 《尚书·康诰》。

根据现有史料,我国至迟在西周就有了"窃盗"方面的规定,"窃盗"是后于"奸非"而出现的一个古老罪名。我国封建各朝代立法一般都对强盗与偷窃、监守自盗与常人盗窃作了区分和规定,历代法律都认为窃盗是"治国之急",应予严惩。

盗窃、抢劫等一直是农业社会的典型犯罪形态,但是,与暴力犯罪相比,其发案率却略低。然而,进入现代工业化和城市化社会以后,上述状况发生了转变,财产犯罪"如鱼得水"、急剧增加,在犯罪的总格局中占据了优势地位,暴力犯罪则逐渐退居其后。犯罪现象的变迁,不仅具有明显的时代分野,而且具有明显的空间差异,城市社区的财产犯罪率普遍高于农村社区的财产犯罪率。据统计,从 1970 年到 1975 年的 6 年时间里,发展中国家的盗窃罪和抢劫罪都增加了 40%;在发达国家,财产犯罪约占犯罪总数的 82%。① 据此,有的学者认为,财产犯罪是城市犯罪的主要形式,而财产犯罪与暴力犯罪之间优势地位的转换,则是社会向现代化转变的一个标志。②

对于财产犯罪何以孕育于农业社会而蔓延于城市化社会这一问题,可以从以下几个方面来解释:城市社会贫富差距大,而社会低收入阶层又时刻以高收入阶层的生活水准为追求目标,当他们无法通过合法手段达到这一目标时,便可能以非法手段作为替代;社会结构解体,人情关系冷漠,社会价值混乱,人们越来越看重金钱与物质,物质欲望空前膨胀;城市社会物质丰富,人们接触财物的机会增多;人口流动加速,大批农村人口涌入城市,这不仅造成传统社会的监督与控制大大减弱甚至丧失殆尽,而且这些流动人口还可能存在着衣食无着、就业困难和对城市生活难以适应等情况;城市社会大批失业人口和闲散人员的存在,是财产犯罪者的重要的"后备"力量。

目前,我国正在经历着与发达国家曾经经历和其他发展中国家正在经历的极为相似的社会变迁过程,财产犯罪也呈增长之势。应当说,这种增长是符合社会变迁和犯罪现象变动的一般规律的,把握住犯罪变化的一般规律,并结合我国社会的具体情况,对其不难作出解释。

(二)财产犯罪行为的发生原因

上文只是考察了财产犯罪现象的历史流变过程及其增长的一般社会条件,然而,要想解释具体财产犯罪行为的发生原因,还必须在一定宏观社会条件下考察犯罪者个人的主观状态及其所处的具体环境。

1. 主观动机

物质贪欲是大多数财产犯罪的基本驱动力。物质贪欲是人类固有的类似本能的欲望之一,至少早在原始社会末期出现剩余产品时起,尤其是自私有制出现时起,它就已经分化出来并且日趋膨胀。当然,具体个人的贪欲的恶性膨胀则还要取决于他的价值观念、道德水准和所处的具体社会环境。财产犯罪行为的发生也可能是出于其他非金钱动机,如(主要由青少年实施的)汪达尔行为(恶意破坏行为)以及纵火行为等便是如此,前者常常是出于嫉妒或恶作剧,后者则往往是为了泄愤或报复。犯罪的"职业自豪感"是职业窃贼实施犯罪的重要心理支撑力量,侥幸心理和对自己行为的合理化解释(例如,职工对公有财产的偷窃常常

---

① 参见[美]路易丝·谢利:《犯罪与现代化——工业化与城市化对犯罪的影响》,何秉松译,罗典荣校,群众出版社 1986 年版,第 53、84 页。

② 同上,第 160 页。

被盗窃者本人合理化和被公众熟视无睹地认为"大家都是如此")则是偶发性盗窃分子的普遍心理,而其他财产犯罪者也都具有明显的道德意识和自我控制能力的欠缺。

2. 社会条件

如前所述,财产犯罪区别于经济犯罪的一个重要特征是,其实施者大多是普通劳动阶层的成员、未成年人或无业者。这不是偶然的,意味着财产犯罪的发生与其实施者所处的社会经济地位有着密切联系,在某种程度上也可以说财产犯罪是其实施者对自身的特定社会经济条件作出的"正常"反应。西方学者迪尔凯姆(Emile Durkheim)和默顿(Robert Merton)的失范论(anomie theory)、柯恩(Albert Cohen)的少年犯罪亚文化群论(subculture theory)、克洛华德和奥林(R. Cloward and L. Ohlin)的机会论(opportunity theory)等,是解释西方国家城市社会中财产犯罪原因的较为适宜的理论。上述理论的共同之处是,都认为在结构解体和价值崩溃,社会分配不公,贫富两极分化的西方城市社会,广大城市贫民和出身于社会底层家庭的青少年们,由于感受到自身经济利益与合法成功机会的被剥夺,便难以避免地选择非法手段来实现自己的成功愿望,财产犯罪是其形式之一。上述观点虽然不能完全适用于我国的财产犯罪,却能为我们提供有益的启发。

就我国现实情况来看,从20世纪70年代末、80年代初实行经济体制改革以来,我国社会结构(尤其是经济结构)和价值观念发生的深刻变化,客观上刺激了财产犯罪以及其他类型犯罪的增长。随着社会物质财富日渐丰富,各种竞争与成功的机会不断向人们发出挑战与诱惑。然而,由于受社会条件、个人背景以及个人素质等因素的影响和制约,经济利益和成功机会并没有做到公平分配,贫富差距明显拉大,成功者与未成功者之间的界限愈益分明,加之价值观念逐渐由重义轻利向重利轻义转变,于是社会心理再难以保持以往的宁静与平衡,少数失意者或低收入者便会产生物质消费的相对不足感或者经济利益和合法成功机会的被剥夺感。在这种情况下,当他们希望成功而又缺乏成功的合法机会,甚至缺乏较"体面"的经济犯罪机会时,财产犯罪便成为这些人的"专利"。

失业也许是丧失成功机会的最重要标志之一,犯罪学家们常常把它视为引起财产犯罪的重要因素之一。20世纪七八十年代改革开放初期,在我国经济体制转轨过程中,大中型国有企业出现了空前的不景气状况,失业和职工停业人数有所增多,这可能是引起我国财产犯罪增多的一个重要因素。农村剩余劳动力大批涌入城市,在他们找到工作、获得生活来源之前,财产犯罪或者乞讨,便成为其无奈的选择。

贫富差距拉大是导致财产犯罪增多的一个重要因素。贫富差距大是当前我国的一个重大社会问题。贫富差距拉大的一个重要后果是,一部分绝对贫困者迫于生计铤而走险,实施盗抢犯罪或者进行恶意破坏,一部分收入水平相对低下者会产生相对不足或者相对剥夺感,因而实施侵财犯罪行为。

中国社会的城乡二元结构以及与此相联系的城乡差距,是制约我国财产犯罪总体水平的重要因素,收入低下的农村人口流入城市,往往成为实施财产犯罪的主力。

流动人口是财产犯罪者的主要来源,由于缺乏控制,他们面对唾手可得的财产往往会成为"见机行事者"。城市的农民工群体中财产犯罪较多,一方面反映了城乡二元结构以及城乡差距对财产犯罪的影响,另一方面则是流动人口缺乏控制所致。

3. 犯罪机会与被害人疏忽

在西方犯罪学中,财产犯罪有"机会犯罪"(crimes of opportunity)之称,而职业罪犯们又常常自称为“见机行事者”(opportunist)。的确,作为诱因或刺激物,适当的机会对于财产犯罪动机的形成和犯罪行为的成功,有着不可忽视的影响。财产犯罪分子在实施犯罪之前,总是要仔细选择合适的犯罪时间、地点和目标,以便增加犯罪成功的可能性和减少犯罪的风险性。犯罪机会大体上可以分为两类:一类是与人相联系的机会。例如,被害人对自己的财产漫不经心,疏于管理,或者轻易暴露钱财;社会公众对职工偷拿公家财物的行为熟视无睹甚至视为当然;被害人或者单位的作息时间存在可乘之机;被害人对于财产犯罪案件不积极报警;等等。另一类是与物相联系的机会。例如,作为犯罪目标的财物贵重而又便于携带;门窗不牢,未安装报警或防盗装置;等等。“裸贷”和“套路贷”的被害人往往是因贪慕虚荣、享受或者贪图钱财而使自己成为诈骗犯罪的“合适的”被害人。

4. 犯罪学习

法国社会学家塔德(Gabriel Tarde,1843—1904)认为,犯罪是一种职业,大多数罪犯在最终成为罪犯之前都要经历一个“学徒期”。尽管对于犯罪究竟是不是一种职业尚可讨论,但大多数罪犯都要经历一个有意识或无意识的犯罪学习与模仿过程却是无可否认的。财产罪犯尤其如此,因为,财产犯罪不仅均具有明确的故意(不像激情犯罪那样是由于一时的情绪冲动),而且往往需要专门的作案技巧(因此,财产犯罪特别容易成为一种“职业”,职业犯罪大都属于财产犯罪)。有的研究表明,财产犯罪的学习一般始于少年时代。犯罪学习一般包括以下几个方面:犯罪意识或习性的学习;犯罪技巧或“手艺”的学习;逃避侦查和犯罪合理化方式的学习。犯罪学习过程大体可以分为两个阶段:由非犯罪人向犯罪人转化的阶段和由偶发性犯罪人向职业罪犯转化的阶段。惯犯的传习、教唆,文化媒介的不良影响,同龄群体成员之间的互相模仿,等等,都是犯罪学习的具体形式。在监狱中,罪犯之间犯罪体验与犯罪技巧的相互传授,常常成为偶发性罪犯向职业罪犯转化的阶梯。

四、财产犯罪的防治对策

针对财产犯罪的原因,应当着重采取相应的防治对策。

第一,保证社会具有充分的活力的前提下,尽量做到社会物质利益的公平分配,避免贫富两极过于分化;在物质利益分配尚难完全做到公平分配的现实条件下,应当尽可能为每个人提供均等的竞争与成功机会,尤其要消除非法竞争、非法致富、一夜暴富、为富不仁的现象。

第二,大力发展经济,拓展就业门路,降低失业率。要大力发展农村经济和乡镇企业,尽量吸纳和安排农村剩余劳动力;对于流入城市的农村剩余劳动力,也应当有所控制、有所管理,以避免其陷于无工可做、生活无着的境地。

第三,减少犯罪机会,提高犯罪风险,使犯罪者在物质上无所收益。这项措施包括以下三个方面:一是发挥公安等专门机关的作用,加强治安管理和社会控制;二是教育被害人和社会公众增强防范意识和自我保卫能力;三是采取必要的技术防范措施,在门窗等要害部位安装防盗和报警装置。

第四,有针对性地矫治财产罪犯。对于财产型罪犯的改造,应当着重从以下几个方面进行:首先,要对其进行道德和法律教育,消除其不劳而获、贪图享乐的思想以及部分罪犯所具有的犯罪“职业自豪感”;其次,要进行劳动教育,培养其劳动观念、劳动习惯和劳动技能;最后,要加强对罪犯群体的管理和监督,防止罪犯之间的犯罪交流和彼此传习。

第三节　暴力犯罪

一、暴力犯罪的概念

暴力犯罪(violent crime)又称针对人身的犯罪,是指非法使用暴力或以暴力相威胁,侵犯他人人身权利或财产权利的极端攻击性行为。杀人罪、伤害罪、强奸罪、抢劫罪、纵火、爆炸、绑架人质、劫持飞机轮船以及其他一些凭借暴力手段实施的犯罪等通常被认为是暴力犯罪的典型形态。自杀自伤一般不被认为是犯罪,但自杀自伤却常常被作为暴力犯罪研究的一个特例,因为自杀自伤行为发生的原因及其心理机制往往与暴力犯罪有相同或相似之处。“不少案例虽然表面上属于毁坏自身的行动,但它所隐藏的真实意义却是攻击他人的一种替代。两者之间本来就常常转化”。[①] 20 世纪 90 年代末,我国曾有因自残而被按流氓罪判处徒刑的判例。[②]

暴力犯罪是最古老、原始的犯罪类型之一,主要发生在社会下层中间,因而西方学者一般把它与财产犯罪合称为传统犯罪或“街头犯罪”,而与中上层社会主要在职务或业务过程中实施的贪污受贿等“白领犯罪”或“办公室犯罪”相对称。暴力犯罪一般表现为犯罪人与被害人之间面对面的冲突与对抗,大多是凭借体力实施的,因而又称“面对面的暴力犯罪”。尽管现代暴力犯罪日益表现出智能化趋势,但习惯上仍被称为“体力犯罪”。

犯罪学研究已经表明,尽管经济犯罪(或白领犯罪)的危害远大于所有的财产犯罪和暴力犯罪所造成的危害的总和,但在社会公众的意识中,暴力犯罪是最令人感到恐惧的犯罪。人们对犯罪的恐惧感,主要来自暴力犯罪。研究表明,由暴力犯罪造成的心理创伤或恐惧,在肉体创伤痊愈以后仍要持续数月、数年乃至终生。通常人们所说的“犯罪问题”,在很大程度上就是指暴力犯罪问题。

暴力犯罪大多是跨类型的,只有故意杀人罪和故意伤害罪是较为纯粹的暴力犯罪。强奸罪具有暴力的形式,但有时又被归于性犯罪。[③]抢劫罪也具有暴力的形式,但就实质来说,将其归入财产犯罪似乎更为合适。纵火罪也具有暴力的形式,但在美国犯罪学中将其归于财产犯罪,不无道理。因此,暴力犯罪研究中存在的一个实际困难是很难建立一套适合于解释一切暴力的一般性暴力犯罪理论,因而一种较为可靠的做法是对暴力犯罪加以细致分类而分别研究。

暴力以及暴力犯罪可以分为表达性暴力和工具性暴力两种大的类型。前者以施加暴力为动机,典型者如普通杀人、伤害;后者以暴力为达到某种目的的手段,典型者如抢劫、抢夺、政治性谋杀等。这两种类型的暴力之间在发生原因和机制上可能存在着实质性差异,在暴力犯罪研究中有必要注意到这种差异。

暴力犯罪还可以按照其他一些标准加以分类。例如,可以分为个人暴力和集团暴力,青少年暴力、老年暴力和女性暴力,预谋型暴力和激情型暴力,贪利性暴力和性的暴力,政治暴

---

① [日]间庭充幸:《文化与犯罪——日本战后犯罪史》,高增杰译,群众出版社 1987 年版,第 2 页。

② 首则判例出现于天津。见《法制文萃报》1993 年 5 月 27 日,第 2 版。

③ 在西方犯罪学著作中,大都没有性犯罪这一犯罪类型,有关性犯罪一般与毒品犯罪、赌博罪等归为一类犯罪,称为邪恶犯罪和违反公共秩序犯罪,或者称为无被害人犯罪,但其中又不包括强奸罪,强奸罪被归于暴力犯罪。

力与非政治暴力,严重暴力犯罪与一般暴力犯罪,以及按照刑法标准划分的各类暴力,等等。美国犯罪学家马丁·R. 哈斯凯尔(Martin R. Haskell)和刘易斯·耶布隆斯基(Lewis Yablonsky)把所有的暴力归纳为四种基本类型:第一,合法的、制裁性的、理性的暴力。例如,士兵在战场上的暴力、警察在执法中的暴力、竞技运动中的暴力(如拳击)等。第二,非法的、制裁性的、理性的暴力。例如,丈夫对奸夫的暴力、对侮辱的报复性伤害、种族暴力等。这种暴力的发生常常是为了维护施加暴力者认为更高的道德准则。第三,非法的、非制裁性的、理性的暴力。例如,为获取财物而在抢劫过程中实施的伤害、出于维护垄断集团的利益而实施杀人或伤害等。这种暴力是职业罪犯为达到非暴力目的而惯用的方式。第四,非法的、非制裁性的、非理性的暴力。例如,无端地突袭陌生人、暴力团伙的杀人或为寻求刺激而实施的暴力等。这种暴力的发生,无诱因、动机不合乎逻辑,实施者可能是正在遭受感情上的疏远和孤独的精神"流浪者"。[①] 也可能是出于种族主义或某种无端的仇恨而疯狂实施仇恨犯罪或无差别犯罪的暴徒。[②] 上述四类暴力虽然不都是暴力犯罪,但这种分类方式对于我们理解暴力及暴力犯罪的本质或许有所帮助。

二、我国暴力犯罪的状况和特点

自20世纪70年代起,我国的暴力犯罪有所增多,暴力犯罪案件在整个刑事案件中所占比重处于一种上升趋势。据统计,1977—1979年全国年均发生刑事案件57万起,其中凶杀、抢劫、强奸、纵火等暴力犯罪案件约占7成。又据对我国1981—1986年刑事案件统计,在凶杀、伤害、抢劫、强奸、盗窃、诈骗和伪造货币票证等7类案件中,前4种暴力案件在1981年、1982年分别占了案件总数的9.9%和11.47%,1984年、1985年和1986年分别占15.5%、14%和15.55%。1988年全国法院受理的故意杀人案件比1987年增加了9.1%,抢劫案件增加了43.1%,"抢劫——这一既是侵犯财产,又具暴力性质的犯罪第一次越过强奸罪上升为在中国由公安机关立案的刑事案件发案数中的第二位,并且从此就再没有退下去"。[③] 从1980年至1990年,官方统计的暴力犯罪发案数增加了两倍,1991、1992年发案数继续上升。[④] 据最新的官方报告,进入21世纪以来,我国犯罪结构有所变化,暴力犯罪发案数有所下降。据公安部通报,2003年1—11月爆炸案、放火案、强奸案、杀人案以及抢劫案的发案数均比2002年同期有不同程度的下降,其中爆炸案下降33.7%、放火案下降25.3%、强奸案下降9.8%、杀人案下降7.7%、抢劫案下降5.7%。2004年上半年,爆炸、放火、强奸、杀人等几类案件发案数继续明显下降,但是抢劫和抢夺这两种贪利型的暴力犯罪案件分别比去年同期上升了5.7%和9.3%。

---

① Martin R. Haskell, Lewis Yablonsky, *Criminology: Crime and criminality*, 3rd ed., Rand McNally, 1983, Chapter 6.

② 仇恨犯罪通常是指基于种族、性别、宗教、受教育程度、性取向等方面的偏见而实施的针对人或者财物的犯罪行为,如杀人、伤害、恐吓、侮辱、破坏财物等。无差别犯罪通常是指犯罪人基于仇恨或者激愤情绪而随机选择加害对象的犯罪行为,如美国频发的校园枪击案。2020年新冠肺炎疫情在全球暴发以来,以美国为首的西方国家嫁祸中国,基于白人至上主义,一些白人暴徒疯狂地对亚裔尤其是亚裔女性实施仇恨犯罪,亚裔成为美国仇恨犯罪的最大受害者。据美国哥伦比亚广播公司(CBS)当地时间2021年3月13日报道,一项基于美国主要城市警察局统计数据的新研究发现,美国仇恨犯罪总体下降了7%,但2020年反亚裔仇恨犯罪激增近150%。这些数字反映了在新冠肺炎疫情期间,对亚裔美国人的歧视日益增长的趋势。参见《数据显示:2020年美国针对亚裔仇恨犯罪增长150%》,载中国新闻网,https://www.chinanews.com。

③ 李楯编:《法律社会学》,中国政法大学出版社1999年版,第508—509页。

④ 参见冯树梁主编:《中国预防犯罪方略》,法律出版社1994年版,第184页。

21世纪初以来，我国财产犯罪案件一直呈增加态势，与之相对照，严重暴力犯罪发案数则呈下降之势。2015年，故意杀人、故意伤害、强奸、绑架、抢劫、爆炸及涉枪案件等暴力犯罪案件发案数持续下降，持枪、爆炸犯罪案件全国公安机关刑事立案数较上年分别下降42.7%和5.6%，涉枪涉爆犯罪案件连续15年保持下降态势。但个人极端暴力犯罪尤其是暴力恐怖犯罪、黑社会性质组织暴力犯罪情况仍较严峻，对国家安全和公众安全构成严重威胁。

总的看，我国的暴力犯罪呈现如下一些特点：

第一，从作案手段来看，暴力犯罪一般具有突发性、残酷性、冒险性等特点。作案手段和工具一般比较简单原始。例如，杀人一般是使用棍棒、砖石、刀斧、匕首等钝器或锐器，或采用拳击、卡喉、溺死、投毒等方式。但是，暴力恐怖犯罪、黑社会性质组织暴力犯罪以及个人极端暴力犯罪气焰嚣张甚至大幅增加，严重危害国家安全和社会秩序，引起公众巨大的社会不安全感。其中最典型的是自20世纪便不时泛起甚至愈演愈烈的新疆暴力恐怖主义犯罪。2015年12月27日第十二届全国人大常委会第十八次会议通过、自2016年1月1日起实施的《反恐怖主义法》，以及2016年8月1日新疆维吾尔自治区施行的《新疆维吾尔自治区实施〈中华人民共和国反恐怖主义法〉办法》，为打击新疆暴力恐怖犯罪提供了法律依据和武器。暴力恐怖犯罪虽然在一定程度上得到压制，但气焰仍然未绝，甚至出现了一些新的变化。境外指挥、网上勾联、境内行动、境外渗透、就地"圣战"的趋势更加明显。暴力犯罪的智能化趋势也渐趋明显，凭借智力而不是体力来完成的暴力犯罪越来越多。例如，以分多次缓进投毒的方式杀人，典型的如因公司内斗游族网络董事长林奇被投毒致死案。

第二，从类型来看，杀人、伤害、强奸等传统类型有增无减，空中劫持航空器、抢劫银行、抢劫枪支弹药、爆炸等新的犯罪类型也已出现，直接指向社会进行报复、泄愤的政治性暴力犯罪时有发生。引人注意的是，近年来，性侵幼女案件屡有发生，典型的如2018年在广西发生的杨光毅奸杀"百香果女孩"案；医患矛盾激化引起的"医闹"杀医伤医案件在全国各地发生多起，典型的如2019年12月北京发生的孙文斌杀害民航总医院急诊科副主任医师杨文案。

第三，从时空分布来看，杀人、强奸行为的发案率，农村高于城市，而流氓斗殴行为的发案率则城市高于农村。抢劫主要发生于城市近郊。从作案具体场所看，杀人和强奸案发生在犯罪人或被害人住所的占有一定比例。从作案时间看，强奸案多发生于每年的4—10月，抢劫则由以前多发生于年初岁尾而转为无明显的季节性分布。据有的学者研究，我国暴力犯罪还呈一定的地带分布特征。杀人、伤害、强奸三种暴力犯罪以东北、华中、西南这一狭长地带居多，其中尤以黑龙江、吉林、辽宁三省突出。[①] 暴恐犯罪形势则以新疆最为严峻。

第四，从犯罪人性别来看，暴力犯罪在绝对数上男性多于女性，但是，据某省统计，女性暴力犯罪者在全部女性刑事犯罪者中所占比重却高于男性暴力犯罪者在全部男性刑事犯罪者中所占的比重。因婚恋和奸情而发生的女性暴力犯罪尤为突出；女性杀人、投毒和放火犯在全部女性暴力罪犯中所占比重高于男性同类罪犯在全部男性暴力罪犯中所占的比重。暴力犯罪中以青少年为多，20世纪中后期已出现的暴力犯罪低龄化趋势，近年来更趋明显。14

① 参见张远煌：《犯罪学原理》，法律出版社2001年版，第102页。

周岁以下的少年故意杀人(有的是强奸杀人)、故意伤害等恶性案件屡有发生,引起社会极大关注。2020 年 12 月 26 日第十三届全国人大常委会第二十四次会议通过、2021 年 3 月 1 日起施行的《刑法修正案(十一)》,将故意杀人罪、故意伤害罪的最低刑事责任年龄由原来的 14 周岁降至 12 周岁,其中第 1 条规定,“已满十二周岁不满十四周岁的人,犯故意杀人、故意伤害罪,致人死亡或者以特别残忍手段致人重伤造成严重残疾,情节恶劣,经最高人民检察院核准追诉的,应当负刑事责任”。第十三届全国人大常委会第二十四次会议还通过了修订的《预防未成年人犯罪法》,其中第 45 条第 1 款规定,未成年人实施刑法规定的行为、因不满法定刑事责任年龄不予刑事处罚的,经专门教育指导委员会评估同意,教育行政部门会同公安机关可以决定对其进行专门矫治教育。至此,《刑法》第 17 条以及修订前的《预防未成年人犯罪法》第 38 条规定的“收容教养”制度废止,取而代之的是“专门矫治教育”制度,继收容审查、收容遣送、劳动教养、收容教育等制度取消或废止后,收容教养制度正式退出历史舞台。专门矫治制度消解了收容教养制度中隐含的刑事惩罚意味。

第五,从犯罪人身份来看,暴力犯罪人以农民为多,社会闲散人员和工人居次。20 世纪中期以来的犯罪统计和调查显示,暴力犯罪人中 70% 以上是初犯,惯犯约占 8%,流窜犯约占 12%。但是,不少重大恶性案件都是惯犯和流窜犯所为。暴力犯罪成员中文盲半文盲约占 70% 左右,女性犯罪人尤甚,文盲半文盲约占 80% 以上;强奸罪作案人员以农民和低文化者为多,其中农民最多时占了 60% 左右。

第六,从犯罪对象(被害人)来看,不少暴力犯罪行为发生在熟人之间,家庭暴力最为典型。此外,近年来出现的一个值得注意的动向是,企业家等富人、卖淫女等风尘女成为抢劫、抢夺等暴力犯罪的作案目标。

第七,20 世纪中前期,因社会矛盾激化引起的群体性暴力犯罪(群体性事件)屡有发生,自 20 世纪下半期起,尤其是进入 21 世纪后,此类案件偶有发生,数量大大减少。

三、暴力犯罪的诱因及其发生机制

暴力犯罪大多是跨类型的,因而很难提出一套适合于解释一切暴力犯罪的理论。这里仅就杀人、伤害、强奸、放火、抢劫、抢夺等典型的个人对个人的暴力犯罪的诱因及其发生机制稍加讨论。

在现代西方理论界,对以暴力犯罪为典型形态的人类攻击性行为的发生机制,有两种主要的观点。一种是本能论。这一学说以弗洛伊德和康罗·洛伦兹等人为代表,他们认为,人类攻击性是先天遗传的,或者说是人类的一种本能。第二种是学习理论。学习理论有两个分支。一个分支是建立在“刺激—反应”学说基础之上的“挫折—攻击”理论,斯金纳、班杜拉等人是其代表。这一学说认为,人类攻击性是后天习得的,攻击行为是肌体对外界刺激作出的反应。另一分支是模仿论或社会学习论。这一理论认为,人的行为包括暴力行为是学习或者模仿来的,家庭、周围环境以及大众传媒都可以成为学习或模仿的来源;人在学习或模仿过程中,奖赏或惩罚起着重要作用,行为因奖赏而得到强化、因惩罚而避免或者消失。在本能论中,人是一种“生物人”;在建立在“刺激—反应”学说基础上的“挫折—攻击”理论中,人是一种“机器人”;在模仿论或社会学习理论中,人是一种“社会人”。

上述学说中,本能论最不可取。虽然不能否认人类具有某些本能,包括攻击性本能,但如果以人人具有的攻击性本能去解释千差万别的攻击性行为,则是无法获得正确结论的。我们认为,学习理论能够较大程度地解释暴力犯罪的发生原因和机制。压力与挫折、学习与模仿都可以成为暴力犯罪行为形成的诱因;奖赏与惩罚是强化或者抑制暴力行为的两个重要因素。有的暴力犯罪行为的发生遵循的是"挫折—攻击"模式,有的暴力犯罪行为的发生则是社会学习或者模仿的结果。

下述因素或者可以成为诱发暴力犯罪行为的诱因(挫折),或者可以成为暴力犯罪行为学习或者模仿的来源:

第一,不良的生活背景。不良的生活背景,在这里指压抑个性、妨碍人格正常形成和发展的生活经历和环境,如贫困、缺乏母爱的人生早期经验,缺乏理解与友爱的人际关系等。在这种不良的生活背景之下,极易形成一种反社会人格。尽管这种不良生活背景是作为人的直接环境而发生影响的,但它常常是社会矛盾的折射。研究表明,一个在非暴力环境下成长的少年,比在充满暴力的环境下成长的少年有更少暴力倾向。

第二,民事纠纷。民事纠纷常常作为一种强刺激导致杀人、伤害等犯罪行为的发生。当纠纷中有过错一方未受到应有的批评与处理,而无过错一方亦未得到适当的救济抚慰时,后者可能会采取过激行为以泄愤报复。纠纷中的一方或双方心胸狭窄,报复心重,更易发生杀人、伤害或其他攻击性行为。在处理民事纠纷过程中,领导的官僚主义、不依法办事或者不能持之以公,都可能导致矛盾的激化而引起恶性案件发生。据对 311 名男性杀人犯调查,其中因民事纠纷激化而杀人的约占 40%。

第三,婚恋挫折。婚恋挫折常常导致厌世、自杀或杀人。据对 311 名男性杀人犯调查,因婚恋问题而杀人的占 41.3%(其中包括奸情杀人)。易于导致婚恋挫折和纠纷的情况主要有:包办婚姻;一见钟情,草率结婚;喜新厌旧,第三者插足;未婚同居,"三角恋爱";恋爱中断,人财两空;等等。

第四,暴力渲染。心理学研究认为,暴力渲染具有一种心理暗示作用,看到过别人实施攻击性行为的儿童或成人,比没有看到过的人更易采取攻击性行为,并且具有较大的强度。如果他在某种场合下被激怒,那么,暗示的影响就会被激发出来。因此,报刊、影视对暴力事件的宣传报道,哪怕它并无意于教唆人去实施暴力行为,但可能实际上起着暴力犯罪的渲染作用。

第五,被害人的促动。"对社会上的犯罪所进行的任何意义的研究,都必须把对罪行的受害者和犯罪人的分析包括在内。在某些特定的罪行中,罪犯与受害者,有罪一方和无辜者之间,很难从法律上划清一条界线。这特别适用于某些暴力罪行"。[①] 暴力犯罪常常是在被害人与犯罪人的互动中产生的。个人品行不端,生活作风不严肃,首先实施挑衅行为等,往往成为个人被害的诱发因素。据国外犯罪学研究,通常人们认为被害人只是犯罪行为的被承受者,在暴力犯罪中则远非如此。首先,暴力犯罪人与被害人之间通常具有相似或相同的社会特征,比如属于同一个种族,具有相同的社会地位。其次,犯罪人与被害人之间先前可能具有某种关系,如亲友、邻居、相识等。再次,有些暴力犯罪是被害人激起的。因此,暴力犯罪又称熟人之间的犯罪。

第六,暴力犯罪人的个性缺陷。暴力犯罪人一般具有如下心理特征:易冲动,缺乏意志能力;性格孤僻,心胸狭窄,自卑感强,疑心重,报复心强;虚荣好胜,以自我为中心;文化水平低,

① 上海社会科学院法学研究所编译:《刑法》,知识出版社 1981 年版,第 92 页。

道德素质差。这些个性上的缺陷,降低了人的自我控制能力,而加大了对不良刺激的反应强度。

第七,社会结构性因素。社会结构性因素是影响社会暴力犯罪总体水平的一个根本性因素。在社会结构性因素中,婚姻家庭状况与流动人口是两个最为显著的因素。研究表明,当整个社会处于婚姻家庭解体状态下时,将出现不受家庭制约的"无根和漂浮的一代";当社会人口处于高速流动状态时,会形成漂浮于社会控制之外的社会人群。上述两类人都是暴力犯罪者的主要来源,并且不少重大恶性暴力犯罪都是这两类人所为。

四、暴力犯罪的防治对策

加强社会调节,解决社会问题,缓解社会矛盾。运用社会政策,加强社会调节,以克服社会体制、社会文化和社会经济方面的种种矛盾,解决各种社会问题,是预防暴力犯罪的基本环节。这些方面的措施具体包括:调整阶级关系、改善人际关系,切实解决工资、物价、交通、住房、就业等社会问题,公平调整不同利益阶层的权利和利益分配,等等。

加强道德教育和法制教育。加强道德和法制教育,对于培养健全的人格和自我控制能力具有重要作用,它能够使人以正确的态度和方法,去处理恋爱、婚姻、家庭问题以及各种人际关系。

解决民事纠纷,防止矛盾激化。首先,要动员整个社会重视解决民事纠纷,把解决民事纠纷纳入各级政府、机关、厂矿、学校的日常工作中去,做好疏导、教育、管理等工作。其次,要加强基层组织工作,健全居委会(村委会)、调解委员会、治安保卫委员会等群众组织,积极调处民事纠纷。

加强对新闻媒介和文化市场的管理,杜绝暴力渲染。应当把好书刊、影视出版作品的审批关,对于那些利欲熏心,通过非法出版、发行、传播渲染色情、暴力的作品获得金钱的不法分子,必须予以惩办。同时,在正面的宣传、报道中,也应充分估计到可能引起的社会心理效应,不要过多描述暴力犯罪的作案情节。

积极开展被害人学研究,采取必要的预防被害措施;教育公民自重自爱、自我防卫,减少被害机会。

发挥司法机关的积极作用,加强社会治安管理,打击暴力犯罪行为。其一,建立健全暴力犯罪的信息网络和报警系统,及时了解和掌握暴力犯罪的动向,做到信息畅通,耳聪目明。[①] 其二,建立同暴力犯罪作斗争的专门机构,如专门负责对暴力犯罪分子进行搜捕、追剿、堵截的防暴队,负责堵卡设网的防守力量,负责秘密侦查和搜集有关情报的秘密力量等。其三,加强对枪支弹药的管理和对重点人口、流动人口的监督与管理。其四,加强治安联防,组织力量进行巡逻、盘查等工作。其五,对那些公然蔑视社会秩序和法制的暴力犯罪分子予以坚决打击,以儆效尤。

对精神病患者要加强治疗和管理。对精神病患者加强治疗和管理的目的,在于防止他们给社会治安造成危害;对心理变态者,要加强教育、劝导、管理和治疗,矫正其不正常的心

---

① 例如,湖南省永州市冷水滩区是这样做的:一是在区公安局建立情报信息中枢,并确定由一名副局长具体负责;二是建立和疏通各种情报渠道,全区各派出所和保卫科、股确定一名副职专抓情报工作;三是在每个街道居委会、乡、村和复杂公共场所设一名情报员;四是充分发挥特情耳目的作用;五是动员干警把预防恶性案件作为自己的职责,注意收集情报,及时报告。

理结构,使其重新适应社会。

充分运用现代科技手段对付暴力犯罪。据国外预测,采用生化手段,控制由于不正常情绪而产生的暴力犯罪,可能会成为一种较为有效的手段。

第四节 性 犯 罪

一、性犯罪概述

(一) 性犯罪及其特点

性犯罪(sex crime,sex offense),是指与性欲的满足和性行为的进行有关的犯罪行为。从犯罪学研究来看,性犯罪有两个基本特点。

1. 与性欲和性行为有关

性犯罪首先是一类与性欲和性行为有关的犯罪行为。“性欲”,就是指人们进行性活动的欲望。对于人类来说,性欲通常是进入青春期之后产生的常见的生理和心理现象。性欲是一种本能,是推动个人活动的基本动力之一,人类的大量活动,都是在性欲的作用下产生的。“性行为”,就是为了满足性欲和获得性快感而进行的动作和活动。最狭义的性行为是指性交,此外,性行为也指手淫、接吻、拥抱、抚摸和其他因接受外部性刺激而产生的相关行为,如谈恋爱,阅读色情书刊,观看色情表演等。

从上述性犯罪的定义来看,典型的性犯罪大体上可以划分为两种类型:

(1) 与性欲的满足有关的性犯罪。这是指由于利用不适当的性欲发泄对象满足性欲而构成的性犯罪。例如,以儿童作为性欲满足的对象(嫖宿幼女、儿童性骚扰等),以血亲作为性欲满足的对象(乱伦等),以动物作为性欲满足的对象(兽奸等)。

(2) 与性行为的进行有关的性犯罪。这是指利用不恰当的方式进行性行为而构成的性犯罪。这类性犯罪主要包括强迫他人进行的性行为。例如,强奸犯罪;以变态的方式进行的性行为,如聚众淫乱行为,露阴行为,窥淫行为,摩擦癖行为,肛交行为,口交行为,性骚扰行为,侮辱妇女行为,性病患者卖淫嫖娼的行为等。

至于其他一些与性有关但是并不与犯罪人性欲的满足和性行为的进行有关的犯罪,则不属于犯罪学中所说的典型的性犯罪。这类犯罪包括制作、贩卖、传播淫秽物品的犯罪行为,组织淫秽表演的犯罪行为等,这些犯罪与性的关系仅仅在于,犯罪人利用人们的性需求非法牟取经济利益。

此外,在犯罪学研究中,对于强奸犯罪的类型划分是有交叉的。强奸犯罪毫无疑问属于性犯罪的范畴,但是,由于在进行强奸犯罪的过程中,犯罪人实施了不同形式的暴力行为,因此,有时候也将强奸犯罪划入暴力犯罪。

2. 具有社会危害性

性犯罪是具有社会危害性的性行为。人类的性行为是一类在动机、对象、方式和力度等方面都十分复杂的行为。在纷繁复杂的人类性行为中,只有那些对社会有害的性行为,才构成犯罪学上所说的性犯罪。一些性行为虽然在动机、对象、方式和力度等方面,与社会上普遍流行或者认可的情况不同,但是,只要它们不危害他人和社会,就不属于性犯罪。因此,在一些论著中,把所有的性变态行为都作为犯罪对待的观点,是不恰当的;只有那些对他人和社会造成危害的性变态行为,才有可能构成犯罪学中所说的性犯罪。

从历史上来看,是否将某种性行为当作犯罪对待,主要是从四个方面考虑的:①

第一,考虑性行为本身的特点。性行为本身的方式和特点,是考虑将性行为犯罪化的重要方面。例如,不顾他人和情境而进行的许多性行为,就有可能被看作城市犯罪行为。在许多地方,把肛交、口交看成犯罪行为。不过,由于性行为的复杂性,仅仅根据这个方面是很难确定某种性行为是否为犯罪的。

第二,考虑性对象的特点。性行为的对象是确定性行为性质的重要方面。一般来说,具有婚姻关系的成人之间的性行为,往往被认为是合法的。如果性行为不是以人为对象、以成年人为对象、以和自己具有婚姻关系的人为对象时,这样的性行为就有可能被当作犯罪对待。例如,在一些地方,禁止与动物之间的性行为(兽奸),禁止对儿童进行的性行为(奸淫幼女、儿童性骚扰),禁止与配偶之外的人之间的性行为(通奸)。当然,国际社会普遍禁止家庭血亲之间的性行为。例如,在大多数国家中,乱伦行为都要受到惩罚。

第三,考虑性行为发生的社会环境。一般认为,只有在隐秘的环境中私下进行的性行为,才是合法的性行为。如果在公共场所进行性行为,如在公园、餐馆、剧院、交通车辆进行的性行为,或者在其他可以被别人看见的地方进行的性行为,即使这种性行为是在合法的夫妻之间进行的,也有可能是犯罪。

第四,考虑是否相互同意。在传统上,人们认为成人之间相互同意的性行为,是比较符合社会道德的。相反,不管如何进行性行为,也不管在什么人之间、在什么地方进行性行为,如果性行为是在相互不同意的情况下进行的,或者是在一方不可能正确表示是否同意的情况下进行的,如性行为的对象是精神病人、儿童或者毒瘾发作的人,那么,这样的性行为就会被当作犯罪对待。不过,在许多地方,对于夫妻之间的性行为,没有这样的合法性要求,也就是说,不把丈夫强迫妻子进行的性行为看成是犯罪行为。

把上述四个方面结合起来,就可以全面地衡量某种性行为是否具有社会危害性。社会危害性是犯罪学中犯罪概念的核心内容,也是在犯罪学中衡量某种行为是否构成犯罪的最重要标准。在衡量性犯罪的社会危害性时,尤其要考虑性行为对于社会道德、社会价值观、社会风俗、社会秩序以及他人的人身健康和生命安全等造成的损害。

由于性行为的隐秘性、复杂性,世界各国对于性犯罪采取了不同的态度。除了对暴力性的性犯罪和针对儿童的性犯罪严加惩处之外,对于其他的性犯罪行为,一般都采取了比较宽容的态度,甚至社会道德中给予否定性评价的性行为,也很少被规定为犯罪。

(二)性犯罪人的特点

性犯罪是犯罪学研究中研究得较多的一种犯罪类型。长期以来,犯罪学家们对性犯罪的很多方面,都进行了大量研究。例如,犯罪学家们通过对性犯罪人的研究,发现性犯罪人一般具有下列特点:②

第一,大多数被判罪的性犯罪人都是危害很小的、轻微的违法者,而不是危险的"性魔鬼"(sex fiends)。

第二,只有很少的一部分性犯罪人(大约20%)对其被害人使用暴力或进行强迫。

---

① See Hugh D. Barlow, *Introduction to Criminology*, 5th ed., Scott, Foresman and Company, 1990, p. 363.

② See Albert Ellis, "The Sex Offender", in Hans Toch (ed.), *Psychology of Crime and Criminal Justice*, Holt, Rinehart and Winston, 1979, p. 414.

第三,如果不对他们进行心理方面的治疗,这些被判罪的性犯罪人就有可能重犯性方面的犯罪或者与性无关的犯罪。不过,性犯罪人的累犯率比其他犯罪人低。

第四,只有很少的一些性犯罪人会被诊断为“病态人格者”。同时,对性犯罪人进行大量检查时就会发现,许多性犯罪人是严重的神经过敏者、边缘性精神病患者、精神病患者或器质性脑损伤者。很多甚至大部分被判罪的性犯罪人有精神或情绪障碍,但是,这些障碍通常并不符合法律上的精神疾病定义。

第五,除了被判罪的强奸犯和乱伦犯之外,大部分性犯罪人在性行为方面是有抑制的和受约束的,而不是过度冲动和性欲亢进的。大多数性犯罪人都有一定程度的情绪不成熟特征。

第六,在被判罪的性犯罪人中,有很多人表现出较低的智力,有少数人的智力高于正常人。智力低的性犯罪人容易进行奸淫幼女、乱伦、兽奸行为,而很少进行强奸和露阴行为,也很少传播“淫秽”物品。

第七,大多数性犯罪人都很年轻,往往为十几岁或者20岁出头,50%~60%的犯罪人为未婚者。大多数性犯罪人所受的教育很少,而且社会经济状况较差。

二、性犯罪的主要种类

性犯罪是一类充满异质性的犯罪类型。在犯罪学中,属于“性犯罪”的许多犯罪,往往在很多方面都表现出极为不同的特点。同时,对于性犯罪的规定,也有很大的文化差异,在不同国家和地区所规定的性犯罪的种类,有明显的不同。例如,在加拿大刑法典中,除了规定常见的性犯罪之外,还规定了引诱性触摸罪(指触摸不满14周岁未成年人的性器官)、乱伦罪、肛交罪、兽奸罪等。在法国刑法典中,规定了露阴罪、性骚扰罪等。①

(一)中国的性犯罪种类

根据中国刑法的规定,符合上述定义的性犯罪主要包括:强奸犯罪,这是指违背妇女意志,以暴力、胁迫或者其他手段强行与妇女发生性交的行为;奸淫幼女犯罪,这是指与不满14周岁的幼女发生性交的行为;强制猥亵犯罪,这是指违背妇女意志,以暴力、胁迫或者其他强制方法对妇女实施性交以外的有伤风俗的性行为,如强行搂抱、接吻、抠摸以及手淫、露阴、窥淫等行为;强制侮辱妇女的犯罪,这是指违背妇女意志,以暴力、胁迫或者其他方法损害妇女的性羞耻心的行为,如强行拦截、追逐、调戏、打下流电话、邮寄淫秽书信、向妇女展示淫秽物品、撕拉妇女衣服使其当众出丑等;猥亵儿童犯罪,这是指为了满足性欲而针对儿童或者通过儿童实施的性交以外的性行为,如抠摸、搂抱儿童,玩弄儿童的生殖器,让儿童对自己口交等;聚众淫乱犯罪,这是指召集多人进行淫乱活动的行为;引诱未成年人聚众淫乱犯罪,这是指引诱不满18周岁的未成年人参加聚众淫乱活动的行为;性病患者卖淫嫖娼犯罪,这是指患有严重性传播疾病的人故意卖淫或者嫖娼的行为。

此外,还有一些与性有关的犯罪,如组织卖淫罪,强迫卖淫罪,协助组织卖淫罪,引诱、容留、介绍卖淫罪,组织淫秽表演罪等。

(二)外国的性犯罪种类

在外国文献中,人们对性犯罪的种类进行了论述。例如,美国学者詹姆斯·英西阿迪

① 参见李邦友、王德育、邓超:《性犯罪的定罪与量刑》,人民法院出版社2001年版,第2页。

(James A. Inciardi, 1993)从现象学的角度将性犯罪归纳为十七类:[①]

第一,暴力强奸(forcible rape),这是指违背妇女意志并通过使用暴力或者恐怖威胁与妇女性交的行为。

第二,法定强奸(statutory rape),这是指与未达到规定年龄(stated age,通常是16岁或者18岁,但有时候是14岁)的女性性交的行为。只要性交的女性未达到规定年龄,不管她是否同意,都构成这种犯罪。

第三,诱奸(seduction),这是指利用与其结婚或者其他虚假允诺引诱正派妇女发生性交的行为。

第四,私通(fornication),这是指未婚者之间发生性交的行为。

第五,通奸(adultery),这是指至少一方已经结婚的人之间发生性交的行为。

第六,乱伦(incest),这是指在父母与子女、同胞兄弟姐妹或者近亲之间发生性交的行为。

第七,非道德性变态行为(sodomy),[②]通常是指在男女之间发生的性行为之外的违反道德风俗的性变态行为。主要包括含阳(fellatio,即对男性性器官的口交)、舔阴(cunnilingus,即对女性性器官的口交)、鸡奸(buggery,即插入对方肛门的肛交行为)、同性恋行为(homosexuality,即同性别成员之间的性行为)、兽奸(bestiality,即与动物发生的性交行为)、鸡奸儿童(pederasty,即男人与儿童之间发生的非自然的性交行为)及尸奸(necrophilia,即与尸体发生性交的行为)。

第八,露阴行为(indecent exposure, exhibitionism),这是指在公共场合暴露性器官的行为。

第九,淫荡行为(lewdness),这是指可能导致社会堕落的下流性行为。

第十,淫秽(obscenity),这是指冒犯道德或贞洁并且会使接触者的心灵和道德败坏的东西(言论、行为和物品)。

第十一,色情作品(pornography),这是指按照社会道德标准来看是淫秽的性文学作品、艺术、电影和其他性物品。

第十二,重婚行为(bigamy),这是指已经缔结的婚姻在法律上继续有效时再次与他人结婚的行为。

第十三,多婚行为(polygamy),这是指有多个配偶的行为。

第十四,卖淫(prostitution),这是指为了金钱或者其他利益而提供性关系的行为。

第十五,猥亵儿童(child molesting),这是对儿童进行触摸、抚弄或者其他性接触的行为。

第十六,性侵害(sexual assault),这是指对配偶之外的人进行的,未经对方同意或者冒犯对方的任何性行为。

第十七,窥淫行为(voyeurism, peeping),这是指暗中观看他人裸体或者性行为的行为。

上述性犯罪行为,大体上反映了国外性犯罪的主要种类。

---

① See James A. Inciardi, *Criminal Justice*, 9th ed., McGraw-Hill, 2010, pp. 74-75.

② Sodomy一词通常翻译为"鸡奸",似不够准确,一方面不能准确反映这个术语的含义,另一方面也容易和buggery一词的译名相混淆。

第五节 法人犯罪

一般说来，犯罪学的研究往往以刑法确定的犯罪概念和司法实践提供的统计资料为基础。刑法理论对是否确认法人犯罪概念存在完全对立的观点，加之法人犯罪的立法规定至今既不普遍也不完善，关于法人犯罪的司法统计资料也很匮乏等原因，给犯罪学对法人犯罪问题研究带来很大困难。但是，犯罪学不同于刑法学的研究角度，使它完全可以接受法人犯罪概念，同时考虑到法人犯罪已经成为当今世界上引起广泛重视的客观社会现象，因此，犯罪学接受并研究法人犯罪是理所当然的。

一、法人犯罪的概念

这里所探讨的法人犯罪概念，实际上是指刑法上的法人犯罪。法人犯罪是现代社会出现的一种新的危害社会的行为。

古罗马刑法奉行"社团不能进行犯罪"的原则，认为法人没有刑事责任能力，不具备可罚性，完全否定法人的犯罪主体性。从那时起，它就成为一条不可改变的几乎通行于世界的原则。18 世纪末 19 世纪初兴起的现代刑法的罪责自负原则，更进一步否定了法人的刑事责任能力和可罚性。所以直到 19 世纪中叶以前，世界各国在刑法理论和刑事立法上都没有提出法人可以成为犯罪主体的问题。

19 世纪中叶以后，随着资本主义商品经济的日益发展，法人数量不断增加，法人活动范围逐步扩大，法人的力量和社会作用日益强大，法人危害社会的活动也相应地不断增多，而且日益严重，因而引起了有关国家的关注，并采取刑事惩罚手段，以刑法保护法人所可能侵害的客体，在法律上确定了法人犯罪的概念和对策。第二次世界大战之后，法西斯国家的战争犯罪和被占领国家的不法企业法人在战争期间为了获得企业利益而不惜出卖国家、民族利益而与法西斯占领者合作的犯罪，引起了反法西斯国家和人民的强烈关注。在刑事立法和刑法理论上承认法人的犯罪主体性和可罚性，成为取得反法西斯胜利的国家和人民迫切要求的潮流。这一潮流也有力地推动了法人犯罪概念在刑法理论和刑事立法中的发展。然而，由于传统的刑法理论与法人犯罪有着许多不同，所以至今国内外在刑法理论上对法人能否成为犯罪主体问题仍然存在分歧。

（一）国外关于法人能否成为犯罪主体问题的理论与立法

国外关于法人犯罪的主体性问题存在三种观点：

第一种是拟制论的观点。这种观点认为，法人是法律上的抽象概念，是拟制的生命体，没有刑事责任能力，不能成为犯罪主体。其主要理由是：从本质上看，犯罪是由身体运动的行为所形成的作为和不作为构成，法人本身没有任何行为能力，所以任何法人都不能成为犯罪主体；意识是责任的条件，故意和过失的罪过是刑事责任存在的直接条件。这是法人所不具备的，法人只能通过自然人即它的代理人才能具有意识；法人成立的目的是从事一切合法的商业活动，法人决策机关或责任人超越其章程业务范围所从事的任何违法行为都是越权的行为，法人没有任何责任；对法人科处刑罚违背罪责自负原则，因为在许多情况下，以法人名义进行的活动并不是法人的所有成员都参与的。如果处罚法人，实际上就处罚了没有参与违法犯罪活动的某些法人成员。

第二种是实在论的观点。这种观点认为，法人不是法律的抽象概念和虚构（拟制），它是具有组织器官的现实的生命体,像自然人一样,具有意识和行为能力,所以能够成为犯罪行为的主体。其主要理由是:既然民法中可以承认法人的法律主体性,那么,刑法中也就应该承认法人的主体性;法人通过决策者或直接责任人表达和反映自己的意识,就像在民事法律关系中一样,法人的意识能力就是其刑事责任存在的条件:因为法人成员有责任和义务监督和管理其代理人在其章程范围内进行活动,而且法人组织对代理人的犯罪行为常常是追认或者默许的;法人应对其代理人的动机和行为负法律责任。对法人适用的刑事处罚不是个人性质的,在某些情况下,刑罚的原则也不是不可改变的事情。因为,对犯罪的自然人科处的刑罚,常常不仅是对他们自己的,有时在很大程度上也是对其他人的,如对他们的家庭成员。

第三种是折中论的观点。这种理论的代表性的观点就是:法人能够成为犯罪主体,但是,那仅仅是在某些特殊的情况下。这种观点在第二次世界大战后表现特别突出。当时,追究参加这次战争的法西斯国家的刑事责任问题曾经是个极为迫切的问题,这种观点被当时的国际军事法庭的判决所采纳。这种理论的明显缺陷是对国家和法人可能产生的刑事责任不能提出准确的标准和条件。但是,这种观点却从方法论上提示人们:法律及其理论是由社会客观现实所决定并为其服务的。这实际上也应是认识和解决法人犯罪问题的基本方法和立场。法人犯罪问题争论的结局将取决于解决法人犯罪问题的社会客观需要。

现在,在英美法系、大陆法系和社会主义国家的法律体系中都有法人犯罪的规定。英美法系一些国家较早地创制和确认了法人可以成为犯罪主体并追究其刑事责任的立法,而且诉诸司法实践。1889 年英国法令中明确规定:对于刑法的运用,若无特别规定,对法人也一律予以处罚。这一原则在 1925 年和 1948 年的《刑事司法法》里也作了规定。美国 1890 年通过的《谢尔曼反托拉斯法》中有处罚法人违反该法的犯罪行为的条文。1909 年纽约州刑法和 1901 年加利福尼亚州刑法都有法人犯罪的规定。这些国家的立法对犯罪的法人规定了非常广泛的刑事责任,有的按大陆法系的观点只能由自然人负刑事责任的犯罪(如杀人、侮辱),法人也能够成为犯罪主体。对于法人及其责任人的刑事责任问题,英美两国的司法审判存在两种倾向:一种是在法人负一定责任的情况下,主要由法人责任人负责;另一种是在法人责任人负一定责任的情况下,主要由法人负责。美国 1962 年的《模范刑法典》总结了美国半个多世纪以来关于法人犯罪的立法与实践,综合了这两种倾向,规定了法人刑事责任的一般原则,并把法人犯罪分为三类。这些规定自 20 世纪 70 年代已陆续被美国一些州的刑法典所采纳。

大陆法系国家对法人犯罪持有较为保守的态度。但是,在立法和司法对法人犯罪人持否定态度的时候,理论界就已谨慎地开始了对法人犯罪问题的探讨。理论界曾多次举行国际会议,研究法人的犯罪主体问题。这些会议对法人犯罪主体申明了以下原则:在一定的法律体系规定的情况下,法人能够对其犯罪负刑事责任。通常适用的刑罚是罚金,但也可以科处其他的处罚,如遣散法人、停止业务活动、任命管理人员等。会议占主导的观点是:法人犯罪取决于本国法律体系是否有对犯罪法人的刑事责任的规定。法无规定不为罪的传统刑法原则支配了会议对法人犯罪的理论研究。但是,大陆法系国家对法人犯罪的理论探讨却日益加强,而且在立法上逐渐产生了一些新的变化:虽然刑法典仍不承认法人犯罪,但是,在经济法、商法、行政法等法规中却对法人犯罪及其处罚作出了规定。例如,日本 1968 年的《防止大气污染法》《噪声控制法》,1970 年的《关于处罚有关危害人身健康的公害犯罪的法律》《防止水质污染法》等都有处罚法人犯罪的规定。荷兰的经济刑法、租税刑法也都有法人犯罪及处罚的规定。

在苏联及其他东欧国家的主导观点是法人对于可能进行的犯罪完全不负刑事责任。所以在刑法学中对法人的犯罪主体性持完全否定的态度。这些国家的有关理论认为,法人是国家的助手,在国家机器中,惩罚法人的学说纯粹是法学上的胡说,因为:"国家不能惩罚国家自己"。在原来的社会主义国家中,南斯拉夫对法人犯罪问题的认识属于例外。这个国家在经济和行政法规中规定有法人犯罪。①

拓展阅读

论南斯拉夫的法人犯罪制度

(二) 我国关于法人犯罪的理论与立法

1997 年《刑法》修订以前,在我国理论界,关于法人能否和应否成为犯罪主体,也存在"肯定说"和"否定说"两种截然对立的观点。

随着改革开放政策的实行和经济体制改革,由于各种主客观上的原因,在经济领域出现许多法人犯罪现象,这严重地危害国家的社会主义现代化建设。在这种情况下,尽管理论界对法人能否成为犯罪主体问题争论激烈,国家立法机关根据客观实践需要,已相继制定了一些惩治法人犯罪的规定。例如,1987 年 1 月 22 日通过的《海关法》,1988 年 1 月 21 日第六届全国人大常委会第二十四次会议通过的《全国人民代表大会常务委员会关于惩治贪污罪贿赂罪的补充规定》和《全国人民代表大会常务委员会关于惩治走私罪的补充规定》规定了法人可以成为走私罪、受贿罪、行贿罪、隐瞒境外存款罪、非法倒卖外汇的投机倒把罪的犯罪主体。1997 年修订后的《刑法》增加了单位犯罪,实际上可以作为法人犯罪来理解。至此,我国法律正式确认了法人犯罪的概念。

(三) 法人犯罪概念

由于在理论上对法人犯罪存在着"肯定说"与"否定说"两种截然不同的观点,所以研究法人犯罪首先要解决的是法人犯罪概念是否成立的问题,也就是到底有无法人犯罪,法人犯罪是否就是自然人犯罪问题。

无论从犯罪学观点还是从刑法学观点看,法人犯罪概念都是成立的。

法人犯罪现象不是人为地杜撰或拟制出来的,它是社会上客观存在着的无法回避的客观事实。确定法人犯罪概念,惩治法人犯罪,是社会客观实际的迫切需要。法人犯罪在现代社会里已经成为相当普遍的现象,而且对社会的危害相当严重,有些远远超过自然人犯罪。这在当今世界各个国家都是有目共睹的事实;有效地惩治法人犯罪也是当今世界各个国家都很关心的问题。而到底如何看待和处理法人犯罪问题,在传统的刑法理论上却存在着很大的障碍。然而,法人犯罪的客观存在以及惩治法人犯罪的客观需要却超越了理论上的障碍。社会实践不仅在事实上承认了法人犯罪概念,而且采取措施惩治法人犯罪。这在有关法人犯罪的立法上明显地被反映和表现出来。现在,尽管在理论上对法人能否构成犯罪主体的争论依然激烈,但是在立法上却早见诸实践。

① 参见王牧:《论南斯拉夫的法人犯罪制度》,《比较法研究》1991 年第 3 期。

承认法人所进行的一定的危害社会的行为是犯罪、是客观存在的现象，并且应当以刑法手段进行惩治，这对“肯定”与“否定”两种学说来说都不成问题，法人犯罪“否定说”也是承认的。问题就在于“否定说”认为法人的行为归根结底是由自然人（代理人等）所为，所谓的“法人犯罪”其实就是自然人犯罪。这种观点实际上否定法人犯罪现象的存在；有的法人犯罪“肯定说”则认为法人犯罪虽然不是自然人犯罪，但是，关于自然人犯罪的理论、原则等也适用于法人犯罪，结果出现不能自圆其说、缺乏说服力的情况。上述可以看到这样一种情形，即两种学说都坚持在传统的刑法学理论、原则的范畴内来解决法人犯罪问题，其结果是在理论上都出现了障碍，不能合理而顺利地解决法人犯罪问题。所以，对法人犯罪问题的解决，必须冲破传统的刑法理论、原则和观念，把它放在整个社会大背景下，放在社会的整体的犯罪对策中来考察它的概念、性质，从而恰当地确定其解决办法。在这种方法论中就会看到，法人犯罪是一种不同于自然人犯罪的新的独立的犯罪形式，应当以新的措施或手段对其进行独立的处理。理由如下：

法人是现代社会能够进行有益于和有害于社会的一种新的社会行为主体。这种行为主体不同于自然人犯罪的单个自然人行为主体，它有许多不同于自然人主体的地方，可以说是社团行为主体。因此，作为行为主体，它不同于自然人，不是自然人行为主体，应当承认它作为行为主体的独立地位。如是，法人作为犯罪主体，它当然也区别于自然人犯罪主体的共同犯罪主体，因为共同犯罪的主体实际上是自然人，只要承认法人是不同于自然人的行为主体，那么就会清楚地看到，法人犯罪不同于自然人犯罪。“否定说”认为法人无行为能力，其作为是自然人所为，所以，所谓的“法人犯罪”仍然是自然人犯罪。这种观点否定了法人的行为主体性。确实，法人的行为必须通过自然人来表达，没有自然人的行为就没有法人的行为。但是，必须看到，如果这些自然人（代理人等）离开法人组织，不是法人的代理人，是无法进行和完成其作为法人代理人即法人的行为的。法人的行为尽管与自然人有关，但毕竟不是自然人的行为，法人是一种新的社会行为主体。

从犯罪方法和所涉及的范围看，法人犯罪的方法和所涉及的范围有很多是自然人犯罪所无法办到的。例如，法人的欺诈犯罪、环境污染犯罪等，就是一般的自然人无法实施的。从危害结果上看，法人犯罪，特别是法人所涉及的经济领域的犯罪，其侵害或涉及的数额往往比自然人犯罪大几倍到几万倍。特别是法人犯罪对经济秩序本身的干扰和破坏，有些是自然人根本无法办到的。在这个问题上，以公有制为基础的社会主义国家，往往由于法人的性质不同于资本主义国家的法人性质，而无法正确认识法人犯罪对经济秩序的破坏，只看到法人犯罪行为所侵害或所涉及的数字，而且还认为法人犯罪最终是“化大公为小公”，没出“公家”范围，性质没变。实际上从深层看，从法人犯罪行为方法、手段和所涉及的财产数额的背后的经济秩序上看，法人犯罪对整个国家经济秩序和经济建设的危害，是任何个人犯罪、集团犯罪所无法达到的。在对国家经济秩序的破坏性上，社会主义国家的法人犯罪与资本主义国家的法人犯罪是一样的。可见，法人的行为，无论是有益于社会的还是有害于社会的，都是自然人所无法比拟的，在行为的程度乃至性质上，二者都不同。法人行为与自然人行为的不同说明，作为其行为主体的法人和自然人是不同的，法人是种不同于自然人的新的社会行为主体。法人，作为“人”它是拟制的，而作为社会行为的主体则是现实的、客观的，不是拟制的。它所进行的行为也是与自然人行为不同的、现实的、客观的。可以肯定地说，作为行为主体，法人就是法人绝不是自然人。法人犯罪就是法人犯罪，绝不是自然人犯罪，是与自然人犯罪不同的新的独立犯罪形式。

法人犯罪不同于自然人犯罪的客观情况要求,不能完全用自然人犯罪的理论原则、构成条件和处理方法来衡量和解决法人犯罪问题;同时,也没有必要把法人犯罪解释为符合自然人犯罪的理论原则、构成条件和处理方法,以削足适履。应当脱离旧的窠臼,抛开传统的刑法学理论原则,站在整个社会犯罪对策的高度,以一个新的角度来思考法人犯罪问题,从法人犯罪既不是自然人犯罪、也不同于一般犯罪规则,而是一种新的独立的犯罪行为形式出发,来认识、对待和处理它,这是解决法人犯罪问题的唯一正确的途径。只有把法人犯罪作为一种不是、也不同于自然人犯罪的一种新的犯罪行为形式,承认它的存在,从其实际出发来认识它的特征,确定完全适合认识和解决法人犯罪问题的理论原则、立法规定和司法程序,才能摆脱目前解决法人犯罪问题的理论上的困境,避免争论不休、各自不服的局面,以顺利地解决法人犯罪问题。这有利于社会对付和治理法人犯罪现象,发展法人犯罪理论。应当看到,法人犯罪是现代社会产生的由不同于自然人的行为主体——法人而造成的新的犯罪行为形式、新的犯罪现象。法人犯罪就是法人犯罪。因此,用传统的犯罪构成条件、刑法理论原则和处理方法来评价和解决法人犯罪问题是不合实际也是不适当的;解决法人犯罪问题应有符合它的实际情况的不同于自然人犯罪的理论原则、构成条件和处理方法。一些大陆法系国家的立法者和学者,坚持在刑法典之外独辟蹊径来解决法人犯罪问题,其理论上的根据当在这里。而这种从实际出发解决问题的途径必将较快较好地促进法人犯罪问题的解决。法人是社会中新的行为主体,所以它可以成为犯罪主体。

在犯罪学范围内更应当承认法人犯罪。刑法学理论无论是在实践中还是在理论原则上,都紧密地关系到人的各种基本权利,刑法学的应用性决定了刑法学理论研究必须考虑到刑事司法实践中的操作性。无法操作或者容易出现错误结果的操作理论,对刑法学的学者来说都是不能接受的。因此,刑法学紧紧围绕刑法典的贯彻执行来研究犯罪是理所当然、义不容辞的。这样,在法人犯罪论、立法、实践都不够成熟的条件下,让刑法学完全接受法人犯罪概念自然是困难的。但是,不同于刑法学,犯罪学从整个社会的角度出发,为了预防和减少犯罪现象而研究犯罪的发生、发展和变化规律。为此,它不只关注解决犯罪的刑事法律手段,而且也关注整个的社会预防对策和措施,只要是有利于预防和减少犯罪的任何概念,犯罪学都能够也应当接受。法人犯罪概念的确定,有利于人们发现新的行为主体所实施的新的危害社会的现象,从而有利于对法人犯罪现象的预防和治理。所以犯罪学应当接受法人犯罪概念。

那么,对犯罪学来说,什么是法人犯罪呢?

法人为了获利而故意或过失实施的危害社会并应当受到处罚的行为,就是法人犯罪。但是,为了研究和治理法人犯罪,犯罪学在研究法人犯罪时,还应当研究以法人名义或利用法人而进行的自然人犯罪现象。因为,这种犯罪与法人这个社会行为主体有着不可分割的联系。但是,由于法人犯罪缺乏刑法学研究基础,所以,就世界范围看,犯罪学对法人犯罪的研究还很不够,应当以更大的努力来予以加强。

二、法人犯罪的现状

法人犯罪是商品经济条件下产生的一种新的犯罪形式,它与商品的生产和交换的发展程度有直接联系。商品经济的发展扩大了法人的数量和规模,提高了法人在社会生活中的作用,加剧了经济领域的竞争和冲突,为法人进行犯罪提供了广泛的条件、机会和手段。自伴随着商品经济出现到今天,法人犯罪已经成为各个国家都十分关注的问题。

(一)国外法人犯罪的现状

在美国,19世纪末,在经济生活中的个别领域就出现了引人注目的法人犯罪现象。当时在垄断或反托拉斯法规中规定了法人犯罪行为。近五十多年来,随着新技术革命的发展,法人犯罪的数量在增加,范围在扩大,形式和手段也变得多样化。现在法人组织的犯罪案件越来越多。法人犯罪的范围不断扩大,已经扩大到向国外分配、盈利、非法控制金融、广告失实、对欺骗性证券给予保险,在所得税申报书中弄虚作假、工作环境不安全、食品,药品的制作不安全、劳务剥削、非法进行政治性捐献、实行就业不平等、职业安全及环境污染等范围。[①]新技术革命使知识财产化。这样,一方面,知识成为犯罪侵害的对象,例如,公司企业千方百计盗窃或骗取竞争对手的技术情报、商业秘密、市场信息,甚至计算机软件等;另一方面,知识也成为犯罪的手段,如用计算机和电视等进行的欺诈活动。跨国界犯罪成为当今法人犯罪的一种重要形式,而且随着跨国公司的空前发展和国际经济交流的日益频繁,法人跨国界犯罪日益严重。诸如跨国垄断、国外投资欺诈等,其中国外贿赂最为突出。法人犯罪逐步扩大到职业安全和环境保护等新领域。在发达的国家无论是英美法系国家还是大陆法系国家,无论立法上是否承认法人犯罪,也无论有没有法人犯罪的统计资料,只要从国际、国内的经济活动中,就能充分看到,那里的法人犯罪是其必然的不可避免的产物,而且越演越烈。只不过是由于各种原因,例如,法律上不承认法人犯罪,或者虽然法律上规定了法人犯罪但由于这是与传统犯罪形式完全不同的新形式,而使得公众不视为犯罪,而更多的则是由于法人犯罪通常是由那些在“社会中居较高地位的人所为”,是种“文明的”富人犯罪,而得到国家的庇护,没有受到追究而已。

但是,由于法人犯罪对社会的危害日趋严重,已经威胁到统治者的根本利益,所以,各国对法人犯罪问题都很重视。在英美法系承认法人犯罪的国家,对法人犯罪的制裁趋于加重,对法人犯罪责任的理论研究不断发展,日趋严密;在大陆法系国家也出现了新动向,在理论上越来越多地讨论法人犯罪问题,承认法人犯罪的呼声日益高涨。在立法上,开始在环境、食品、药物等公害犯罪方面,出现了一些法人犯罪的规定。

(二)我国法人犯罪的现状

由于主客观上的各种原因,特别是实行改革开放政策以来,我国法人犯罪出现了如下一些情况:

第一,法人犯罪数量大增,一个时期甚至带有一定的普遍性。虽然我国没有法人犯罪的统计,但是从各种报刊的报道中可以看到,法人犯罪增长很快,而且相当严重。

第二,我国法人犯罪涉及的范围广,不但涉及经济生活的方方面面(主要是金融、建筑、粮食、供销、物资、外贸等系统),而且涉及职业安全和环境保护领域。

第三,手段多样、变化多端。法人犯罪不同于自然人,法人可以利用“合法”身份、“合法”程序掩盖和实现其犯罪活动。因而,其作案手段多种多样,如订立假合同,倒卖合同,或买空卖空,转手渔利,偷工减料;哄抬物价,缺尺短秤;制造、贩卖假药、伪劣商品和有毒食品;走私贩私,买卖外汇;偷税抗税,假冒商标,行贿受贿等。

① 参见[美]约翰·杰伊等:《法人犯罪》,张晓明译,《国外法学》1987年第3期。

第四,法人犯罪危害严重。法人犯罪严重地危害了我国的社会主义现代化建设,直接干扰和破坏了改革开放和经济体制改革,败坏了党风和社会风气,威胁和危害了人民群众的经济利益、生命安全和身体健康。我国法人犯罪涉及数额相当大,有的几百万元,甚至几千万元,更有甚者达到以亿元计算的规模。

现在,法人犯罪的社会危害性已逐步被人们重视,特别是引起国家和理论界的高度重视。国家刑法已经规定了惩治法人犯罪,理论界对法人犯罪的研究也越来越深入。但是整个社会对法人犯罪的严重危害性还是认识不足。

三、我国法人犯罪的特点

法人犯罪与自然人犯罪的区别是较为明显的,特别是由于法人与自然人行为能力以及由此而产生的社会影响的重大差别,法人犯罪表现出许多不同于自然人犯罪的特点。各国的法人性质、作用等不同,法人犯罪的特点也不同。这里主要论述我国法人犯罪的特点。

第一,行为的公开性。自然人犯罪往往秘密进行,而法人的许多犯罪常常打着“合法”的旗号明目张胆地进行。法人犯罪能够公开进行,主要是由于单位组织、行为程序、行为方式、目的结果等都具有一定的外在“合法性”,从而具有很大的欺骗性,掩盖了法人犯罪的实质。

第二,结果的特别严重性。法人犯罪所涉及的案值或造成的损失,往往比自然人犯罪大得多,大到几百倍甚至几万倍。

第三,动机的欺骗性。自然人犯罪一般都有恶劣卑鄙的个人动机,其危害显而易见并自然引起人们的愤恨和追诉。而法人犯罪则不同,特别是国有企业法人犯罪,往往打着“为国家”“为集体”的幌子进行,因而能够得到一些人的同情和支持,不易被揭露,不易查处,具有很大的欺骗性。法人犯罪有关人员的个人动机与自然人犯罪的恶劣卑鄙的动机没什么两样,所不同的是更狡猾、更隐蔽。以侵害国家利益为目标的违法犯罪活动绝不会来源于一个高尚的动机。

第四,手段的权势性。我国有些法人因手握权力,就利用自己的权力进行违法犯罪。控制和防止某些有权力的组织利用权力进行违法犯罪,应当成为我们防止法人犯罪的重要内容。

第六节　未成年人犯罪

为减少和预防未成年人和成年人的犯罪,保护未成年人的健康成长,鉴于未成年人生理和社会心理上的不成熟性,现代刑法明确地确定了未成年人的特殊的法律地位,以便于区别对待。为此,在法律上以年龄为标志对犯罪主体作了区别,把未成年人作为新的特殊的犯罪主体与成年人犯罪区别开来。现在,世界上绝大多数国家都对未成年人犯罪作了这种特殊的规定。有的作为刑法的一部分内容规定在刑法中,有的则设置专门法律、法规规定未成年人的(违法)犯罪问题。

一、未成年人犯罪的概念

未成年人犯罪又称为少年犯罪。从学科的角度说,犯罪学用“少年犯罪”这一词语更为合适。但是,因为未成年人犯罪概念的基本问题是未成年人的法律地位问题,犯罪学所要讨论的少年犯罪概念,所涉及的都是各国少年法律制度的问题,所以,在这里采用“未成年人犯罪”这一法律上的用语就更为合适。

我国法律上的未成年人犯罪概念比较简单。但从当今世界看,由于许多国家和地区建立了内容不同的少年司法制度,所以,就形成了内容颇为丰富的关于未成年人犯罪概念。类型犯罪概念一般都由两个要素构成,未成年人犯罪也不例外,要明确它的概念就必须研究构成这个概念的两个基本要素:与年龄有关的行为主体问题和行为形态(或范围)问题。

(一) 未成年人犯罪的行为主体:未成年人

"未成年人"概念的产生与少年儿童越轨行为的违法责任问题有关。

未成年人概念的核心问题是年龄。未成年人的概念主要是以人成长的成熟程度为标准,在刑法(或少年法)中如何确定其年龄界限的问题。在对未成年人年龄界限的确定上,一些国家的刑事立法只确定年龄上限,把未成年人和成年人区分开;而大多数国家的刑事立法不仅确定未成年人的年龄上限,把未成年人与成年人区分开,而且也确定未成年人的年龄下限,把未成年人与儿童区分开。

在不同的立法中,划分出成年人年龄上限和年龄下限的含义和意义是不同的。在一些国家的立法中,划分未成年人的年龄下限意味着排除这个年龄以下的人的一切法律(包括刑事)责任;而在有的国家的立法中仅仅意味着排除对这个年龄以下的人适用一般的惩罚措施。未成年人的年龄上限是对未成年人采取特殊的诉讼形式和特殊的惩罚教育措施的界限,意味着对未成年犯罪人要采取比成年犯罪人轻缓的处罚。

在当代各国刑法中,对未成年人年龄界限的确定大致有三种情况:第一,有些国家,一般地说不确定未成年人的年龄界限,如拉丁美洲的一些国家和欧洲的个别国家;第二,个别国家不用刑法规定年龄界限,而由法院依照《古兰经》,根据每个当事人具体的生理和心理成熟程度来确定,如也门和沙特阿拉伯;第三,绝大多数国家刑法既确定未成年人的年龄下限,也确定其年龄上限。从各国立法情况看,对未成年人年龄下限的确定是在 7 岁到 16 岁之间不等,而大多数国家都把这个年龄确定为 14 岁,如欧洲的多数国家和亚洲的中国、日本等。对未成年人年龄上限的确定差别也很大,在 15 岁到 21 岁之间不等,而包括我国在内的大部分国家均为 18 岁。在一些国家的立法中还把未成年人进一步划分为"大未成年人"和"小未成年人"两种类型,如法国、瑞士和原南斯拉夫等国。其实,我国也属于这种情况,有 16 岁之上和之下的区别,只是在理论和立法中没有使用这样的词语而已①。

对未成年人年龄界限的确定,应当从本国、本地区的实际出发,充分考虑那些真正影响人的生理、社会心理因素成熟早晚的各种社会文化、气候和其他因素,使这种年龄界限更趋向科学、合理。不过,无论是在立法上还是在司法实践上,这都是个很难确定的问题。

从法律上确定作为犯罪主体的未成年人的唯一标准就是年龄,例外的情况是极少的。在法律规定的一定年龄界限以下的未成年人,就意味着他们与成年人不同,在生理、社会心理因素上不成熟或意味着个性的不成熟。这虽然是世界上绝大多数国家所采用的标准,但是,它并不是一个完美的科学标准。尽管人的生理、社会心理因素的成熟程度与人的一定年龄有密切关系,但是,这种关系并不是绝对的。在很多情况下,未成年人的成熟程度与其年龄并不完全一致。面对这样的情况,司法实践出现了不同的做法。一些国家完全根据法律的规定,并不考虑未成年人的实际成熟程度。还有许多国家根据只以年龄界限确定未成年

① 参见王牧:《犯罪学》,吉林大学出版社 1992 年版,第 238—239 页。

人概念的不足而又无法取消年龄界限的情况，对未成年犯罪人采取综合的和其他一切高效率的监视、保护措施，以及选择更适合不同人的不同情况的惩罚教育措施，把犯罪人的年龄仅仅看作是一种不很重要的考虑因素。这种针对不同人的综合的恰当的处理方式，在一定程度上弥补了以年龄为标准处理未成年人问题的不足。不过，这种原则的实际运作需要具备一定的法律条件和客观条件。

在一些国家的立法中，在成年人与未成年人之间列入一个“小成年人”作为“过渡阶段”的主体。例如，有的国家把18岁到21岁的人称为“小成年人”，对这部分人在刑事责任和改造教育措施的适用上都有一些特殊的规定，这是值得借鉴的做法。从未成年人到成年人之间有一个逐渐发展成熟的过程。确定这样一个年龄段的主体符合人的生理、社会心理成熟发展的一般规律。这种符合客观实际的灵活做法使刑事责任的承担更加科学合理，既方便于司法实践，也有利于对违法未成年人的有效处理。

对未成年人年龄下限的确定是必要的、正确的。不过，目前许多国家对未成年人年龄下限的确定也不符合未成年人的实际成熟情况。在现代社会的经济生活条件下，物质和精神生活水平提高了，尤其是大众文化交往手段的增多，使得少年儿童的成熟过程加快，因而，使他们的生理、社会心理的成熟时间明显地提前。这样，那些把未成年人年龄下限确定在14岁或更高年龄的国家出现了越来越多未成年人以下的儿童犯罪的情况。这种情况说明，有些国家对未成年人年龄下限立法规定已经不符合实际。

在现代刑事法律制度中，对未成年人年龄下限的规定无论从哪个方面看，都显得不甚科学。但是，这种年龄的界限现在还不能取消。在现代社会条件下，年龄界限仍将作为对少年犯罪的法律调整的主要手段。不过，在建立有现代的独立的少年司法制度中，这种年龄界限的作用主要不是为了运用刑事惩罚手段，而是严格地限制其被滥用，限制打击面的扩大。简而言之，独立少年司法制度中的年龄界限的作用主要不是惩罚而是教育和保护。但是，作为刑法中的犯罪主体的未成年人的年龄下限是应当严格加以限制，不能模糊的。不过，如果把刑法中规定的未成年人犯罪的一些行为单列出来，不作为犯罪行为而作为违法行为进行教育性的处理，那么，这时对未成年人年龄下限就可以放宽一些来对待。对少年儿童进行专门立法的国家一般都是这样对待和处理的。

在现代刑事立法中，对未成年人犯罪的法律处理，在很大程度上放弃了惩罚性质的措施，而主要是采取社会帮助、教育和挽救措施，尤其是对未成年人里年龄偏小的人，更是采取这种社会教育和保护措施，把更多的注意力放到那些只是违法而尚未达到犯罪程度的人的身上，把犯罪对策和工作的重心从传统的对付“犯罪”转移到对付“违法”上，从而防患于未然。所以，建立独立的少年司法制度是解决这些难题的、预防未成年人犯罪的有效途径。

（二）未成年人犯罪的行为形式（或范围）

在建有独立少年司法制度的现代刑事立法中，许多国家对成年人的“犯罪行为”与未成年人的“犯罪行为”使用不同的词语表示。例如，在英语中，对前者使用“crime”表示，而对后者则使用“delinquency”表示。这种词语的不同是概念上不同认识的反映，表明未成年人的犯罪行为与成年人的犯罪行为存在“性质”上的不同。这种不同的性质不仅表现在不同主体的不同行为形式中，而且也表现在不同主体的相同行为形式中。在这种观念看来，成年人的“盗窃行为”与未成年人的“盗窃行为”在性质上是不同的，不属于相同性质的行为。因此，这种行为对成年人是“犯罪”（crime），而对未成年人则是“违法”（delinquency）。这种观念认为,成熟的人和未成熟的人不是仅具有由年龄上所表现出来的数量上的区别,而是其分别为两种性质上不同的行为主体,也就是说,成熟的人的行为和未成熟的人的行为具有性质上的区别,而这种区别是由行为主体的意识、心理上的成熟与否所决定的,行为的性质完全是因"人"而异的,同样的行为形式,不同主体所为就是不同性质的行为。行为是主体的行为,行为形式只反映行为的表象,而主体的意识、心理等状态才反映行为的性质。行为的性质是行为主体与行为形式的统一。

我国的法律文化、立法和刑法理论对这个问题的观点与上述观点不同。我国对违反刑法的应受处罚的行为形式不进行区别和划分,无论是自然人犯罪还是单位犯罪,无论是成年人犯罪还是未成年人犯罪,无论是故意犯罪还是过失犯罪,只要触犯刑法,就一律称为"犯罪行为"。换句话说,在我国,应受刑事处罚的行为中只有"犯罪行为"这样一种行为形式,没有第二种;即使违反刑法,"但是情节显著轻微危害不大的,不认为是犯罪"[①],在刑法理论和司法实践中则认为这种行为就是与"犯罪"有着极为严格的甚至是本质区别的行为,称为"违法"行为,以严格区别于"犯罪"。

在当代的许多国家里,由于未成年人与成年人的刑事法律地位的不同,所以,不仅对各自的违法犯罪行为使用不同的词语表示,而且在立法的规定上也有很大差别。未成年人犯罪概念在法律上和在理论上都存在着很大的差别。为了对各种不同的未成年人犯罪概念进行分析,大体上可以将其划分为三种基本类型:

第一种,以刑事法律的规定为出发点,认为未成年人只有违反了刑法对所有人的相关行为都规定为犯罪的法律规范,才构成未成年人犯罪。对未成年人犯罪与成年人犯罪只在犯罪人的年龄上进行区别,而不在行为形式上进行区别。在这种情况下,构成未成年人犯罪的行为,就是刑法上明文规定所禁止的行为,未成年人犯罪与成年人犯罪之间的区别只在于"人"而不在于他们的行为。这种观点实际上是认为,在行为的性质方面,未成年人犯罪行为与成年人犯罪行为没有本质区别,因而没有理由在行为上对这两种犯罪进行区别。我国就属于这种类型。通常,这些国家不专门立法规定未成年人的犯罪行为,而只是对未成年犯罪人的处罚作明确的减轻或从轻的规定。从处理措施看,除死刑等特殊的刑罚外,处理成年人的其他一切刑罚措施原则上也都适用于处理未成年人。从行为的形式上看,未成年人犯罪的法律定义包括在成年人犯罪的法律定义之中。这是狭义的未成年人犯罪概念。

第二种,把未成年人的罪错行为从违反刑法扩大到违反其他一切法律规范的范围,认为未成年人罪错行为是指未成年人违反刑法和其他一切法律规范的行为。这种观点是从法律规范出发,认为未成年人罪错行为就是一定的国家的法律规定为未成年人罪错的行为。这种类型在不同国家又有不同的法律规定,因而虽然都称为未成年"罪错行为",但是,其内容有很大差别。这种未成年人罪错行为概念,除了包括犯罪行为外还包括其他一切违法行为。

一般地说,这种未成年人罪错概念往往是在那些单独的未成年人法规中规定的。这种立法一般都是从保护未成年人出发,在更广泛的未成年人的违法行为上进行预防。这种未成年人罪错概念的扩大,不是扩大打击面,而是在违法与犯罪在原因上并无本质区别的认识基础上,出于"防患于未然"和"及时教育"的目的,在未成年人刚刚出现违法行为的时候,社

---

① 参见《中华人民共和国刑法》第13条。

会就及时采取措施进行教育,防止其扩大深化发展成为真正的犯罪人;同时,即使真正犯了罪,也能争取在未成年时使其改恶从善,不至于成为成年犯罪人。

第三种,把未成年人罪错概念扩大到违反道德规范的范围,即所谓未成年人罪错包括违反刑法和其他法律的行为的同时,还包括在一定社会文化环境下被认为是消极的未成年人的行为。如果说前两种情况下的未成年人犯罪(罪错)概念还是从法律出发,那么在这种情况下的未成年人罪错概念则是从社会出发,包括的范围极广。在犯罪学文献中还可以看到更广义的未成年人罪错概念,把未成年人罪错理解为最广义的与社会不相适应的一切背离社会的行为,既包括违法犯罪行为、不道德行为,还包括基于消极的生活条件形成的需要社会加以保护的荒诞的和不合社会需要的行为。

为便于评价,上述关于未成年人犯罪(罪错)概念的三种类型可以概括起来划分为广义与狭义两种基本类型。第一种是狭义的未成年人犯罪概念,后两种是广义的未成年人犯罪(罪错)概念。狭义未成年人犯罪是指未成年人实施了现行刑法规定为犯罪的行为。广义的未成年人犯罪(罪错)是指未成年人实施背离社会规范的一切不良行为。

毫无疑问,狭义的未成年人犯罪概念是最精确的,有利于在司法实践中正确认定犯罪和适用刑罚,防止滥用权力,可以避免出现司法混乱和专横。但是,这种狭义的未成年人犯罪概念的不足也是明显的。首先,这种概念把犯罪前的违法行为、违反道德行为排除在预防和教育之外。其次,这种未成年人犯罪概念的出发点是重视对未成年人犯罪的刑事司法打击和处理,而忽视对未成年的违法犯罪人的社会关心和保护。因为在这种概念中,社会的干预是在未成年人已经实施了犯罪行为之后,这时,摆在社会面前的任务是对未成年犯罪人的不得已的刑事法律处理,对其施以刑事惩罚是不可避免的,无论怎样考虑未成年人的特征,无论怎样轻缓处理,从社会角度上看,在很大程度上都已为时过晚。这与对未成年人实行有效的社会教育和保护,使其更健康成长的最终目的不相一致,有时甚至是背道而驰的。所以,无论是从有效地防止犯罪来说,还是从有效地保护未成年人来说,社会应当更关心的是对未成年人犯罪前的行为的干预,即对未成年人尚未给社会造成严重危害的一般违法行为和违反道德的行为的干预。从实际发生的情况看,社会关注的重点也应是未成年人的犯罪前的行为。因为,如果未成年人罪前的不良行为得不到及时纠正,往往很快就会使其和与他接触的其他人成为真正的犯罪人。所以,无论从行为的数量上看还是从其危害上看,社会都应当把重点放在对未成年人的一般违法、违纪、违反道德行为的预防和控制上。最后,这种狭义的未成年人犯罪概念混淆了未成年人犯罪行为与成年人犯罪行为的性质的不同。人的生理、心理和社会性的成熟与否,对行为的性质有着本质上的重要意义,直接影响行为的性质。从行为的性质上看,未成年人与成年人之间的区别不仅是表现在年龄上的量的差别,而且是质的差别。狭义未成年人犯罪概念只从行为一个方面来确定行为性质,忽视行为主体上的因素,具有一定的片面性。

第二种和第三种未成年人犯罪概念,是广义的未成年人犯罪概念,不但包括犯罪行为,还包括违法、违纪和不道德行为。所以,在我们看来,这种广义的未成年人犯罪概念至多只能用“未成年人罪错”来表示。这两种未成年人罪错概念都把行为范围扩大了,超出了刑事法律规范的范围,而把未成年人犯罪问题摆在一般法律范围乃至整个社会范围来认识和处理,其准确性要比第一种未成年人犯罪概念小得多,几乎包括了少年儿童的一切社会问题。从刑法学的观点来看,这是绝对不能令人接受的。但是,这并不意味着从犯罪社会学的观点看也是不能令人接受的。这种未成年人罪错概念的扩大,对罪与非罪界限的模糊,并不意味着对未成年人刑事法律制裁的扩大,不意味着把一般违法行为、不道德行为作为犯罪行为进行刑事处理,扩大和加重打击面;也就是说这不意味着把非犯罪问题作为犯罪问题处理,也不意味着社会对未成年人的罪错问题放任不管。恰恰相反,扩大未成年人罪错的出发点是未成年人的生理、社会心理的不成熟性,社会对其罪错的形成与发生有更大的责任,从某种意义上说,他们本身又是受害者。其主导精神是及时教育、挽救他们于犯罪发生之前,尽量预防和减少未成年人犯罪的发生,从而减少对未成年人的刑事法律制裁。另外,其中也包括淡化未成年人的犯罪问题,把未成年人的犯罪、违法、不道德行为混在一起作为非犯罪问题对待和处理,尽量减少和放弃传统的刑事法律的惩罚措施的运用,从单独的司法机构对这一问题的处理,扩大到其他社会保护、社会教育机构的处理,扩大对少年儿童的教育和保护,从而预防和减少其犯罪的发生。这种独立的少年司法制度是现代社会对待未成年人违法犯罪问题的基本发展趋势。

二、当代社会未成年人犯罪状况

(一) 外国的未成年人犯罪状况

未成年人犯罪在当代世界各国都是一个很突出的问题。在许多国家,特别是在发达国家,社会病态现象在未成年人中广泛蔓延,几乎成为一代人的严重社会问题,未成年人犯罪不断增长,这些又往往成为成年犯罪人的来源和“后备军”。所以,在预防犯罪活动中,各个国家对未成年人犯罪问题都倾注了极大的力量。

当代未成年人犯罪出现了以数量、质量同时增大为基本特点的各种新的形式。例如,出现最迅速而持久的增长,社会危害性远远超过过去,以暴力为基本特征的严重的犯罪行为越来越多,集团和帮伙组织增多,犯罪时故意进行破坏、依法不构成犯罪的一般违法行为增多,等等,而这些往往导致犯罪增加,犯罪人越来越多地来自社会地位高、收入多的家庭。这些新的未成年人犯罪形式,在一定程度上,正在整个世界各国不断地扩散着,在各个国家表现出不同的特点。影响其产生的主、客观因素都各不相同,不仅不同国家间不同,而且同一国家的不同地区也不同。

各国未成年人犯罪现象结构不同,存在区别,但也有一些共同的特征。一般说来,在未成年人犯罪种类中,财产犯罪比例占第一位;在财产犯罪中,盗窃犯罪往往最多。除财产犯罪外,未成年人犯罪种类按所占比例由高到低依次是性犯罪、交通肇事犯罪、过失杀人、伤害、伪造、对妇女的粗野侵犯和其他各种违反公共秩序等行政违法行为。

未成年人重新犯罪率也在增长。在一些国家里,未成年人重犯大幅度增长,在这方面尤其是以男性未成年人为最多。未成年人重犯的增加形成了成年人犯罪增加的稳定趋势。许多调查表明,一多半的成年犯罪人的犯罪“前途”是在其未成年时奠定的。许多成年犯罪人是由未成年时期的违法犯罪的继续重犯发展而来的。事实表明,在重新犯罪的人当中,年纪小的时候就开始进行犯罪的人明显比年纪大的时候才开始进行犯罪的人要多,这说明未成年人重犯的危害性更大。

在论述未成年人犯罪结构时,必须指出,在许多国家儿童参与犯罪的数量特别高,所占比例越来越大。美、英、法等国家的儿童犯罪大约占未成年人犯罪总数的一半。

在当代未成年人犯罪结构中,社会危害程度大、以暴力为其基本特征的犯罪数量迅速增长。这首先表现在杀人、抢劫、抢夺、重伤害、强奸等类似犯罪数量在增长。这在美、英、法、德等国家非常突出。

在未成年人犯罪中,故意进行破坏行为的犯罪活动越来越多,特别是在进行财产犯罪时,这种情况特别突出。

在未成年人犯罪中,集团和帮伙的犯罪数量在增长。过去,未成年人组成集团或帮伙进行犯罪的比较罕见,而现在这种犯罪则逐渐增多,特别是在大城市,未成年人集团和团伙犯罪数量增长很快,造成的危害越来越大,其表现形式也各不相同,有一般的团伙,有专门的团伙,还有比较松散的团伙。有的团伙仅仅具有违法行为,而有的团伙不仅有违法行为,也进行犯罪行为,还有的是具有明确的犯罪目标的比较牢固的犯罪集团或团伙。这些团伙的社会危害性很大。

统计资料显示,在社会发展比较快、生产和生活水平比较高的社会里,未成年人犯罪增加得更快。

(二) 我国的未成年人犯罪状况

我国的未成年人犯罪概念,是严格按照刑法的有关规定定义的,即未成年人犯罪就是指14周岁以上18周岁以下这个年龄段的人违反刑法而应当受到刑罚处罚的行为,属于狭义的未成年人犯罪概念。2020年12月,第十三届全国人大常委会第二十四次会议表决通过《刑法修正案(十一)》,对法定最低刑事责任年龄作个别下调,该修正案规定,已满12周岁不满14周岁的人,犯故意杀人、故意伤害罪、致人死亡或者以特别残忍手段致人重伤造成严重残疾,情节恶劣,经最高人民检察院核准追诉的,应当负刑事责任。

在新中国成立之初我国未成年人犯罪比例比较低。“文化大革命”期间没有统计;20世纪70年代末以后该比例开始上升。仅从未成年人犯罪看,1979年未成年人罪犯4 954人,占刑事罪犯总数4%。[①] 1988年未成年人罪犯占刑事罪犯总数8.9%,比上年增加13.8%。1989年未成年人罪犯42 766人,占刑事罪犯总数8.89%,有所下降。1991年到1999年未成年人的犯罪占犯罪总数的情况逐年依次为:6.58%、7.2%、7.2%、7.04%、6.6%、6.04%、5.78%、6.36%、6.64%,在曲线略有变化的情况下,基本稳定。进入20世纪则略有增加,2000年未成年人犯罪占犯罪总数的6.52%,2001年为6.68%,2002年为7.13%。进入21世纪,随着国家经济的发展和对犯罪治理的加强,国家整体犯罪呈现下降趋势,未成年人犯罪也在下降。根据中国法律年鉴披露的数据显示:自1984少年法庭创建以来,我国未成年人案件审判工作科学发展、不断进步。21世纪初始以来,未成年人犯罪发案先扬后抑,已出现总体下降趋势。2007年全国法院判处未成年罪犯87 506人,2008年判处88 914人,同比增长1.58%;2009年判处77 604人,同比下降12.7%。2010年判处68 193人同比又下降12.13%。到2017年未成年人作案数32 778件,被判处的犯罪人比以前就更少了。这充分表明,我国未成年人犯罪治理在不断进步。

从我国青少年(包括未成年人)犯罪结构看,各类严重刑事犯罪所占的比例都比较大。以1989年全国法院判处的青少年犯罪为例,青少年抢劫犯占全部抢劫犯的72.6%,流氓犯占75.29%,盗窃犯68.38%,强奸(含奸淫幼女)犯占56.28%,放火犯占50.71%,伤害犯占49.48%,杀人犯占45.97%,爆炸犯占44.73%,诈骗犯占35.36%,拐卖人口犯占35.04%,

① 以下关于未成年人的犯罪情况,参见中国法律年鉴社出版的相应年份的《中国法律年鉴》。

制造贩卖毒品犯占27.2%。从犯罪主体的身份看,农民占59.74%,工人占17.53%,社会闲散人员占12.77%,学生占3.19%,“两劳人员”[①]占1.94%,个体劳动者占1.77%,国家工作人员占1.09%。

在我国青少年犯罪结构中财产型犯罪比例一直占第一位,约占全部青少年犯罪的80%左右,而这其中盗窃罪又占第一位。这种情况同世界大多数国家的情况相一致。我国青少年暴力性犯罪占有相当比重;过去未成年人往往依附于成年人共同犯罪,现在已发展为独立地或完全由未成年人结伙进行犯罪。青少年犯罪低龄化趋势明显,少年犯罪的年龄段比10年前提高了2—3岁。北京、天津、湖北、吉林等省市都已发现有七八岁的儿童作案的情况,天津市曾抓获一个盗窃团伙,其成员最大的不过10岁,最小的仅7岁。从犯罪手段看,青少年犯罪日趋成人化、智能化。此外,女青年犯罪增多,少女违法犯罪情况更显突出。总之,我国青少年犯罪发展趋势也相当严重,已经引起各方面的关注,采取综合措施予以治理。

第七节 女性犯罪

一、女性犯罪概述

(一)女性犯罪的一般趋势和特点

顾名思义,女性犯罪是指由女性实施的犯罪。

犯罪一向被认为是“男人的事情”,在任何年龄段,女性犯罪均明显少于男性犯罪。这是古今中外的一个普遍现象。但是,进入工业化社会以后,女性犯罪的发案情况开始出现变化。在进入工业化社会以前,女性更多的是充当犯罪的受害者而不是犯罪实施者,女性犯罪率相当低。19世纪末20世纪初,欧美国家相继进入工业化社会以后,发达国家的女性犯罪连同少年犯罪以及白领犯罪一起迅速增长,一些正处于发展中的国家女性犯罪率也明显上升。在当代,发达国家以及发展中国家女性犯罪的增长速度甚至超过了男性犯罪的增长速度。据官方统计,发达的工业化国家女性犯罪占犯罪总数的10%~20%,发展中国家的女性犯罪占犯罪总数的3%~5%。据美国有关被害人调查表明,女性犯罪的实际状况比官方犯罪统计所显示的情形要严重得多,女性犯罪的实际规模与男性犯罪的实际规模之间的差距并不像官方统计所显示的那样大,在西方发达国家,女性犯罪占犯罪总数的35%。[②]

进入工业化社会以后,女性犯罪不仅发案率向男性犯罪趋近、增长速度超过男性犯罪,而且犯罪结构和犯罪方式上还出现了男性化的趋势,即女性犯罪的结构和方式越来越近似于男性犯罪。卖淫、杀婴等是典型的女性违法犯罪形态,这些犯罪形态在当代依然存在。除此之外,女性也越来越多地介入通常主要是由男性实施的财产犯罪、经济犯罪、毒品犯罪以及暴力犯罪甚至有组织犯罪。

根据大量的实证研究,女性犯罪具有下列一般特征:

在犯罪类型上,除卖淫、杀婴等违法犯罪行为外,女性更多实施的是偷窃(尤其是商店扒

---

① “两劳人员”指在监狱中服刑的罪犯(过去把一部分监狱称为“劳动改造机关”,因此将其中的罪犯称为“劳改犯”)和劳动教养人员。

② [德]汉斯·约阿希姆·施奈德:《犯罪学》,吴鑫涛、马君玉译,中国人民公安大学出版社、国际文化出版公司1990年版,第609—610页。

窃)等财产犯罪和贪污贿赂等经济犯罪,以及伪证、重婚、虐待、遗弃等犯罪,而较少实施暴力犯罪和有组织犯罪。近年来虽出现了女性犯罪男性化的趋向,但基本情形未变。

在犯罪手法上,女性很少介入凭借体力实施的犯罪行为,而更多地凭借机遇实施阻力不大、风险较低的犯罪。

女性虽然较少实施暴力犯罪,但一旦实施,便极可能演化为凶杀等恶性暴力犯罪。女性实施杀人犯罪,有诸多值得注意的特点:一是往往因情或因性而起,如因婚外情而起;二是往往存在由被害者向加害者转化的过程,如不堪家庭暴力而杀人;三是往往发生于家庭内部或者关系密切的人之间(如丈夫、情人、男友、家中老人、本人的孩子等);四是作案手法大多是投毒、放火或者用钝器击毙。

在年龄分布上,18~40岁是女性犯罪的多发年龄。其中,25~40岁是女性杀人案件的高发年龄。不过,值得注意的是,少女犯罪有增多的趋向。

与男性犯罪相比,女性犯罪较少受到刑事追究,因而女性犯罪具有较多的“隐案”或“黑数”。

(二)我国女性犯罪的状况

在我国,女性犯罪率明显低于发达国家,但是,自20世纪80年代初起,我国女性犯罪开始增多,并且出现了向发达国家女性犯罪率趋近的苗头。据有的学者估测,在20世纪末,我国女性犯罪人数在犯罪人总数中所占比例约为10%,最高年份为12%~15%。[①] 20世纪末至21世纪初,我国女性犯罪有加速增长之势。近年来女性犯罪增长之势稍有减缓。根据2019年《中国社会统计年鉴》,2019年全国在押罪犯1 659 550人,其中女性罪犯171 288人,占10.32%,但总体上看,我国女性犯罪的发案率和发案总数未回落至20世纪五六十年代以前的低水平。

我国女性犯罪除发案数和发案率上升外,还出现了犯罪结构和方式男性化的趋向,具体表现如下:女性职务犯罪尤其金融犯罪明显增多;女性暴力犯罪,尤其是杀人、伤害等恶性暴力犯罪明显增多;卖淫以及色情活动成为女性违法犯罪的主要类型;女性毒品犯罪增多;女性犯罪出现低龄化趋向,少女犯罪增多;以女性为成员主体或者以女性成员为“黏合剂”的犯罪团伙开始出现。

近年来引人注意的一个现象是,女性性贿赂屡有发生(官场或职场上的女性上级接受男性性贿赂的也有发生)。性贿赂的对象是官场或者职场的上级,因此,女性性贿赂均与贪贿犯罪或商业性的职务犯罪相裹挟、相牵连。我国现行刑法对于性贿赂(包括性行贿和性受贿)未予规定,对不与利益相关的不正当性关系,通常按道德问题予以政纪或党纪处理;对有利益相关的性贿赂也无法对性贿赂行为追究刑事责任,如果性行贿者与性受贿者共同涉及经济犯罪或者其他犯罪,则按相关共同犯罪处理。刑法中是否应当单设性贿赂罪,尚可讨论。

二、对女性犯罪的解释

如果可以把男性犯罪占绝对多数视为一种常规现象,那么,女性犯罪的增长及其结构、方式的男性化发展则无疑是一种特殊的社会警示,因为,它表明社会结构以及社会伦理正在或者已经发生某种令人警觉的变化。因此,当女性犯罪出现增长的变化时,不能不引起犯罪学的极大关注并将其作为一个特殊的犯罪类型加以研究。

如果从主体角度对犯罪进行分类,人类犯罪实际上只有两大基本类型——男性犯罪和

① 参见康树华:《犯罪学——历史、现状、未来》,群众出版社1998年版,第719页。

女性犯罪。这两大犯罪类型应当互为参照来展开研究。通过这种相互参照,不仅可以发现男性犯罪或者女性犯罪的独特性和特殊规律,而且能够发现人类犯罪的一般规律。对女性犯罪的研究和解释,事实上隐含了对男性犯罪的研究和解释。

对女性犯罪的解释,应当从五个层面来进行。一是解释女性犯罪发生的一般原因;二是解释女性犯罪何以较少的原因;三是解释女性犯罪何以增多的原因;四是解释女性犯罪何以表现出不同于男性犯罪的结构性特点;五是解释女性犯罪中的特殊类型,如女性杀人犯罪、女性卖淫等。

上述五个层面的解释,解释角度和所得结论有所不同,但人们在解释过程中也会不约而同地注意到一个共有因素,即性别因素。性别,不仅是人的一种生理和心理属性的定位,而且是一种社会角色定位。女性的性别角色(男性亦然),不仅有其生理基础,而且有其社会基础,它实际上是在一定的生理基础上由特定的社会和文化所赋予的,即通过社会化过程而获致的。因此,当解释女性犯罪时,我们无法忽视社会及其文化的影响。性别和社会文化,是解释女性犯罪的两个基本因素。在这两个基本因素中,生理上的性别基本上是稳定的(除非通过变性手术来加以改变),社会文化因素是常变的,而社会文化因素的变动可以引起人的心理上的性别角色的变化。从这个意义上说,女性犯罪的变化最终只能从社会及其文化的变迁中寻求解释。

关于女性犯罪的一般原因,有着多种解释。龙勃罗梭及其学生费雷罗(W. Ferrero)在其合著的《女性犯罪人》(The Female Offender, 1895)一书中,把女性犯罪归因于女性的体质结构,认为女性犯罪人的体质结构及其心智都较男人低劣,这种低劣的体质结构是隐藏在她们体内并促使其犯罪的一种危险装置。有的美国学者把女性犯罪归因于"经期紧张"(premenstrual tension, PMT)或"月经综合征"(premenstrual syndrome, PMS),认为女性月经前及月经期间出现的紧张、焦虑、血压不稳,会导致女性偏差行为或者犯罪行为。弗洛伊德把女性犯罪归因于女性因"阉割情结"而生出的对男性生殖器的嫉妒。当代女权主义犯罪学(feminist criminology)则认为是资本主义制度和男权对女性的双重压迫把资本主义社会的女性推上了犯罪道路。在上述解释当中,龙勃罗梭的理论显然不再有任何价值,现代生物学和生理学研究已经表明,女性在生理上的进化程度优于男性。月经综合征理论,或许可以解释部分女性激情犯罪或暴力犯罪,但绝大多数女性犯罪不能由此获得解释。弗洛伊德的女性对男性生殖器嫉妒的理论,只能是一种无法验证的假说。当代西方女权主义犯罪学,注意到了社会环境对女性犯罪的影响,这是其可取之处,但它带有明显的政治上的激进色彩,因而很难成为解释女性犯罪的通说。本书认为,婚姻家庭不幸福、经济压力、失业和缺乏合法的成功机会、邻里关系紧张、缺乏良好的受教育机会等,可能是促使女性犯罪的基本因素。经验研究表明,女性犯罪者中具有上述生活背景的较多。

关于女性犯罪少于男性犯罪的原因,同样有着多种解释。龙勃罗梭和费雷罗仍然以女性身体结构来解释,认为当男子的性腺十分活跃时,女性的卵细胞则处于停滞状态。因此,女性以卖淫替代了犯罪。20世纪60年代,西方某些犯罪生物学家把女性犯罪较少归因于女性体内所携带的性染色体(XX),认为由此决定女性的攻击性弱于携带XY性染色体的男性。当代女权主义犯罪学认为,女性的社会偏离倾向经常会转化为精神或者心理疾病,或者以卖淫的形式而得到表现,女性卖淫使女性更少参与犯罪活动。还有一种观点认为,女性犯罪较少的原因在于女性犯罪具有一种易被掩盖的特性,女性犯罪被发现或者告发的危险性小于男性犯罪。因此,看上去女性犯罪少于男性犯罪,并不是女性犯罪真的如此之少,而是由于社会和司法当局对女性要相对宽容。本书认为,解释女性犯罪较少的原因,必须借助于女性角色。社会文化赋予女性的特定的性别角色及社会角色,是决定女性较少实施犯罪的关键性因素。例如,传统社会文化要求女性要少参与社会活动,要照看家庭、相夫教子。

对于女性犯罪较少的原因的解释,实际上提供了破解女性犯罪增多的原因的钥匙。女性犯罪在工业化背景下明显增多,最清楚不过地反映了社会变迁与犯罪变化之间的关系。在工业化社会女性犯罪增多,显然是在社会结构以及社会价值急剧变迁背景下,在女权运动的助推下,妇女逐渐背离其传统的性别角色,越来越多地走出家庭参与社会活动而生出的一个副产品。因此,工业化背景下女性犯罪的增多,有其客观必然性。

第八节 经济犯罪

一、经济犯罪概述

"经济犯罪"(economic crime)与"白领犯罪"(white collar crime)大体上指称的是同一类贪利性犯罪行为,因此,这两个术语基本上是可以相互替代使用的。

但是,这两个术语之间也存在着一些细微的差异。首先,白领犯罪一词有刻意强调犯罪人身份之感,经济犯罪一词这方面的意思则相对较弱。其次,当代西方学者对白领犯罪概念的外延已经扩展得相当宽泛,最广义的白领犯罪,除了包括白领阶层的个人或公司在职业或职务活动中实施的贪利犯罪行为,甚至包括政府的一些政治性犯罪,如种族大屠杀;经济犯罪概念则显然是把上述政府犯罪(governmental crime)排除在外的。从对术语的实际使用来看,欧洲大陆国家更多使用的是"经济犯罪"或"商业犯罪"(business crime)一语,英美等国则更多使用的是"白领犯罪"或"体面人物犯罪"(respectable crime)一语。不过,近年来,英美等国也开始接受"经济犯罪"这一概念,由此显出在用语上渐有朝着"经济犯罪"统一的趋向。[①] 然而,"白领犯罪"一词不会因此而完全被弃之不用,在特定的语境下"白领犯罪"一词或许更能传达特定的语意。

美国犯罪社会学家萨瑟兰在20世纪三四十年代对白领犯罪的研究,被认为是西方犯罪学界研究经济犯罪的开端。在我国,经济犯罪从20世纪70年代末、80年代初开始大量增加,对经济犯罪的研究也正是从那时开始起步的。可以说,无论是在国内还是在国外,经济犯罪研究都还属于犯罪学园地中的一块新辟领域。

经济犯罪是犯罪学对犯罪进行的一种理论归类,而不是刑法或刑法学上的一种规范的

① 在西方犯罪学中,对经济犯罪的用语颇为混乱。"经济犯罪"或"商业犯罪"(business crime)是欧洲大陆国家的用语,英美国家则常以"白领犯罪"(white collar crime)或"体面人物的犯罪"(respectable crime)为经济犯罪的同义语。还有人以"职务上的犯罪"(occupational crime)、"组织犯罪"(organized crime)指称经济犯罪,组织犯罪实即"法人犯罪"(corporate crime),与由犯罪辛迪加实施的"有组织的犯罪"完全不同,但称谓上又极易相混。有的学者把白领犯罪(即个体经济犯罪)与组织犯罪或法人犯罪作为经济犯罪的两个基本类型,有的学者则把职业上的犯罪与组织犯罪或法人犯罪作为经济犯罪的两个基本类型。目前,英美学者也开始接受和使用"经济犯罪"这一术语。

犯罪分类。[①] 因此,中外犯罪学界均不存在对经济犯罪概念内涵与外延成熟一致的理解与界定。

在英美犯罪学中,白领犯罪被作为经济犯罪的同义词来使用。白领犯罪一词的创设者萨瑟兰为白领犯罪下的定义是,"由具有较高社会地位和体面身份的人在其职务活动中实施的犯罪"。[②] 这里所说的"犯罪",既包括刑事违法行为,也包括民事和行政违法行为。后来的一些美国犯罪学家对萨瑟兰的白领犯罪定义作了修正。

埃德赫茨(H. Edelhertz)在1970年出版的一本著作中把白领犯罪定义修正为,"以非体力的和隐瞒或欺骗手法获取钱物,逃避支付或者损失钱物,或者获取企业或个人好处的任何非法行为或系列非法行为"。[③] 这一定义不像萨瑟兰那样过分强调犯罪人的身份与社会地位。这一定义在美国司法界受到欢迎,美国国会在1979年制定的《改进司法体系管理法令》以及美国联邦调查局提出的白领犯罪工作定义,均基本采纳了上述定义。

不过,有的犯罪学家仍坚持萨瑟兰的原有思想,同时又对白领犯罪定义作如下修正,"由个人或团体在经济活动中或者体面合法的职务活动中实施的违法行为"。[④] 另一位学者则把白领犯罪定义为"由具有较高社会地位的体面人物或者法人在其合法职务或业务活动中实施的任何应受刑罚处罚的行为"。[⑤] 这一定义把白领犯罪概念的外延限定在刑法规定并列举的犯罪行为这一范围之内。还有的学者把经济犯罪笼统地定义为"为谋取经济利益而实施的犯罪"。[⑥]

另一位学者则认为几乎所有犯罪行为均具有贪利性,贪利性并非经济犯罪的典型特征或独有特征,应当把经济犯罪界定为"以与合法的、非犯罪的企业的经济活动极为相似的手法实施的犯罪"。[⑦]

犯罪学家弗雷德里奇(D. O. Friedrich)则采取更加广义的白领犯罪定义,他把白领犯罪界定为:占有合法、体面地位的人或者组织机构,为获取财产性利益或维护、扩增权力或特权,而违反私人或公共信用的违法行为。[⑧] 他把白领犯罪分为三种类型:

第一种类型是原生型白领犯罪(cognate forms of white collar crime),包括公司犯罪(corporate crime)、职务犯罪(occupational crime)、政府犯罪(governmental crime)。

第二种类型是混合型白领犯罪(hybrid forms of white collar crime),包括政府与公司的混合犯罪、公司与个人职业相混合的犯罪,如金融犯罪(finance crime)、科技犯罪(technocrime)等。

第三种类型是边缘型白领犯罪(residual forms of white collar crime),如具有合法形式而专门从事犯罪活动的有组织犯罪、白领工作者实施的与职业或职务无关的犯罪,如偷税漏

---

① 大多数国家的刑法中只在财产犯罪等罪种中零散地规定了若干具体经济犯罪行为,而没有把经济犯罪作为一个独立的罪种加以规定,也未指明哪种犯罪行为属于经济犯罪。有些国家虽然制定了专门的经济刑法(或称"经济犯罪法"),但这种刑法又兼具"行政刑法"的属性,它所规定的经济犯罪行为,不仅包括刑法规定为犯罪的某些行为,而且包括某些违反经济法、民法、行政法的违反经济秩序行为。

② E. Sutherland, *White Collar Crime*, Yale University Press, 1983, p. 7.

③ Martin R. Haskell, Lewis Yablonsky, *Criminology: Crime and Criminality*, 3rd ed., Rand McNally, 1983, p. 377.

④ Joseph F. Sheley (ed.), *Criminology: A Contemporary Handbook*, Wadsworth Publishing Company, 1991, p. 22.

⑤ John E. Conklin, *Criminology*, Macmillan Publishing Company, 1986, pp. 66-67.

⑥ Larry J. Siegel, *Criminology*, West Publishing Company, 1983, p. 308.

⑦ Sanford. H. Kadish (ed.), *Encyclopidia of Crime and Justice*, The Free Press, 1983, p. 671.

⑧ 参见许春金:《犯罪学》(修订三版),三民书局2000年版,第320—321页。

税、保险欺诈、贷款诈骗、买卖赃物等行为。

1932年，德国刑法学家林德曼（K. Lindemann）把经济犯罪定义为“一种针对国家整体经济及其重要部门与制度而违犯的可罚性行为”[①]。目前，德国（西德）犯罪学界及刑法学界关于经济犯罪概念的通说是，“经济犯罪是滥用经济交易的信任关系，违反规范经济活动的有关法规，危及或侵害整体经济秩序的不法图利行为”[②]。

我国台湾地区刑法学者林山田参酌各家之说，把经济犯罪定义为“意图谋取不法利益，利用法律交往与经济交易所允许的经济活动方式，滥用经济秩序赖以为存的诚实信用原则，违犯所有直接或间接规范经济活动之有关法令，而足以危害正常之经济活动与干扰经济生活秩序，甚至于破坏整个经济结构的财产犯罪或图利犯罪”。其中既包括刑法规定并列举的经济犯罪行为，也包括应处以行政罚或秩序罚的违反经济秩序行为。[③]

上述定义的表述方式不同，定义角度互异，对于认识经济犯罪的一般属性与规律，都具有一定的启发意义。参酌各种观点，结合我国经济犯罪的特点，可以对经济犯罪概念作如下界定：经济犯罪是指在经济领域的自然人或者法人以欺骗或隐蔽的手法，或者利用职务上包括政治上的优势与便利，谋取不法经济利益，从而违反经济管理法规，破坏社会主义市场经济秩序，违反行政管理法规和政府管制，破坏社会管理秩序，或者违反政纪规章，违法行政，妨害国家机关正常工作秩序的各种行为的总和。

二、经济犯罪的范围

经济犯罪概念的外延相当模糊。多数犯罪学家都对经济犯罪概念作广义理解，即不仅把它理解为应受刑罚处罚的经济犯罪行为，而且理解为应受民事、行政处罚的经济违法或经济越轨行为。不过，学者之间对于经济犯罪的具体内容认识并不一致。综合各家之说，大致可以把经济犯罪概括为以下十种：(1)税收犯罪；(2)诈骗犯罪；(3)证券、票证方面的犯罪；(4)垄断与不正当竞争；(5)破产犯罪，即利用破产程序进行经济诈骗，损害债权人利益；(6)侵犯商业秘密犯罪；(7)贪污、贿赂犯罪；(8)管理方面的犯罪，即违反行政管理或政府管制的犯罪，如走私、毒品犯罪、制售假药、制售伪劣产品坑害消费者、盗运珍贵文物出口、逃汇套汇、资本走私、企业违反劳动卫生及安全规则、企业向政府主管部门隐瞒或谎报经营情况等；(9)环境犯罪与破坏自然资源的犯罪；(10)计算机犯罪。

上述经济犯罪在我国现行刑法中大多有所规定。目前，我国犯罪学界以及刑法学界对经济犯罪的范围尚有不同理解，学术界公认为属于经济犯罪的主要是：(1)各种破坏社会主义市场经济秩序罪，具体罪种包括：生产、销售伪劣商品罪，走私罪，妨害对公司、企业的管理秩序罪，破坏金融管理秩序罪，金融诈骗罪，危害税收征管罪，侵犯知识产权罪，扰乱市场秩序罪，侵犯商业秘密犯罪等。(2)侵犯财产罪中的职务侵占罪、挪用单位资金罪和挪用特定款物罪。(3)妨害社会管理秩序罪中的破坏计算机系统罪以及利用计算机进行的各种犯罪，破坏环境资源保护罪。(4)贪污贿赂罪。(5)部分渎职犯罪。例如，擅自批准或者登记不符合法定条件的公司设立、登记申请或者股票、债券发行、上市申请罪，税务人员违法办理发售发票、抵扣税款、出口退税罪及违法提供出口退税凭证罪，国家机关工作人员在签订、履行合

① 林山田：《经济犯罪与经济刑法》（修订三版），三民书局1981年版，第13页。

② 许春金：《犯罪学》，三民书局1988年版，第344页。

③ 参见林山田：《经济犯罪与经济刑法》（修订三版），三民书局1981年版，第12页。

同中失职被骗罪,等等。

在我国犯罪学研究中,政府以及政府机关违法犯罪(包括司法腐败)是否应当纳入经济犯罪研究范围,是一个需要讨论的问题。

经济犯罪的组织形式,大体上分为个人(自然人)实施的职务或职业犯罪(occupational crime)和公司或法人实施的法人犯罪(corporate crime)两种基本类型。个人犯罪可以分为职务犯罪与非职务犯罪两个类型。计算机犯罪(computer crime)是跨职务或职业犯罪和法人犯罪的一个独特类型,具有一定的特殊性,有必要作为经济犯罪的一种予以单独考察。

三、经济犯罪的特征

经济犯罪是一种贪利犯罪,但是它与同样作为贪利性犯罪的传统财产犯罪又有着显著区别。传统财产犯罪的实施者大多为处于社会底层的体力劳动者,经济犯罪的实施者则大多是具有体面身份或较高社会地位的脑力劳动者或者作为经济实体的公司;传统财产犯罪大多发生在日常生活领域,经济犯罪则大多发生在生产、流通领域以及政治生活领域;传统财产犯罪的实施主要是凭借体力(甚至暴力)而非智力,经济犯罪的实施则主要凭借智力而非体力。

经济犯罪作为一种新的犯罪形态,有着诸多明显特征,正是这些特征将其与传统财产犯罪区别开来:

第一,经济犯罪大多是由立法机关通过立法规定的“法定犯罪”。传统财产犯罪则大多是基于犯罪人的“内在的恶”而实施、并被社会公认为恶的“自然犯罪”。

第二,经济犯罪的本质是对社会诚信的破坏。商业白领人员的职务或职业犯罪破坏的是个人诚信,政府及其公务人员(包括司法人员)的经济犯罪行为破坏的则是公共信用。

第三,经济犯罪是以被害人浑然不觉的方式(欺骗、钱权交易、隐瞒)获取钱物或者逃避支付与损失;传统财产犯罪则是一种掠夺性犯罪,采取与被害人公然对抗(抢劫、掠夺)的行为方式强取他人财物或盗窃等。

第四,经济犯罪是个人(自然人或者法人)对社会的犯罪,它所针对的是社会整体经济秩序、社会管理秩序以及国家机关正常工作秩序,因此,其被害人具有抽象性和不特定性;传统财产犯罪则是个人对个人的犯罪(person to person crime)或面对面的犯罪(face to face crime),所针对的是财产所有权,其被害人具有特定性。

第五,经济犯罪的方法主要是隐瞒、欺骗,或者凭借职务上的优势与便利,其获得成功主要凭借犯罪人的良好智力条件或专业知识,因此,又被称为非体力犯罪、智力犯罪;传统财产犯罪则主要是体力犯罪、街头犯罪。

第六,经济犯罪虽然不是某一特定社会阶层的独有现象,但大多数是由具有合法职业和良好声誉的个人或者合法成立的企业在职务活动或业务活动中以合法的形式为掩护而实施的;传统财产犯罪则与犯罪人的职业或业务无关。经济犯罪的这一特征,也将其自身与由职业罪犯(professional criminal)或者黑社会组织(或犯罪辛迪加)实施的相同性质的图利犯罪(即职业犯罪或有组织的犯罪)区别开来。

第七,某些经济犯罪(如公司税款诈骗、股票操纵、受贿)往往具有“准犯罪”性质。其具体表现是:尽管从法律角度看该行为属于犯罪,但是,由于它侵害的是抽象的“超个人利益”,所以社会公众有时非但不认为它是犯罪,反而予以较高评价,被害人也往往缺乏明确的被害意识,犯罪者本人则较少存在罪恶感,往往对自己的犯罪行为作合理化解释。

第八，经济犯罪具有高度的复杂性。具体表现是：犯罪手段多样，且大多经过周密计划；它往往与合法经济活动或者一般民事纠纷、经济纠纷交织在一起，罪与非罪难以辨别；它涉及面极广，不仅涉及刑法，而且涉及民法、行政法和纷繁复杂的经济管理法规，不仅涉及国内法，有时还涉及外国法或国际法，不仅大多发生在经济领域，而且可以发生在政治生活领域（如政治受贿），不仅往往以合法形式为掩护，而且经常通过各种方式寻求政治上的庇护。

第九，经济犯罪可以造成巨大的物质损失以及生命危害，其物质损害大于所有其他犯罪所造成的物质损害①；同时，它也造成极大的非物质损害，它不仅破坏政府的形象及其社会管理功能，而且会引起社会道德水准的普遍下降和腐败风气盛行。

第十，尽管经济犯罪的危害远大于传统财产犯罪和暴力犯罪，但是就总体上说，经济犯罪受到惩罚的机会以及所受惩罚的严厉程度却少于传统财产犯罪和暴力犯罪，因而具有极高的统计黑数。

四、我国经济犯罪的状况与特点

（一）基本状况

新中国成立之初，国民经济正处于全面恢复之中，这时出现了一次经济犯罪狂潮。由于革命胜利后滋生了骄傲自满和贪图享乐情绪，加上不法资本家的腐蚀拉拢和封建官衙作风余毒的影响，在国家工作人员中出现了大量贪污受贿、挥霍浪费、官僚主义等腐败现象。与此同时，一些不法资本家和私营工商业者先是在全国掀起四次涨价风潮，在人民政府以强硬手段平抑物价之后，他们又以各种方式拉拢腐蚀国家机关工作人员，猖狂地进行偷税漏税、盗窃国家资财、在国家订货中偷工减料、盗窃国家经济情报等违法犯罪活动。在这种情况下，在1951年年底和1952年年初，党中央先后发起了在国家工作人员中反贪污、反浪费、反官僚主义的“三反”运动和在私营工商业中反行贿、反偷税漏税、反盗窃国家财产、反偷工减料、反盗窃国家经济情报的“五反”运动，揭露和惩治大批经济违法犯罪行为。1953年年初到1956年年底是社会主义改造全面开始和基本完成时期。在这一时期，虽然围绕粮食统购统销、农村社会主义改造、城市私营工商业的社会主义改造等问题，发生了一些非法套购粮食，破坏、贪污或盗窃农村集体财产，城市资本家抽逃资金、偷税漏税等经济违法犯罪案件，但较之“三反”“五反”时期，经济犯罪的泛滥状况已经大大式微。从1957年开始，我国社会主义建设全面展开，中经“文化大革命”，在这段时期内，单一的公有制计划经济客观上抑制了经济犯罪的大量出现，虽然贪污、贿赂等经济犯罪也有发生，但刑事犯罪中的大部分是其他传统财产犯罪、暴力犯罪以及政治犯罪。20世纪70年代末是中国历史的一个重要转折点，也是中国犯罪变迁史上的一个重要关节点。1976年“文化大革命”结束，标志着一个时代的终结；1978年党的十一届三中全会召开，宣告新时期的开始。党的十一届三中全会以后，党和政府的工作重心转移到经济建设上来，实行对外开放、对内搞活的经济政策，计划经济体制逐渐向市场经济体制过渡，城乡经济建设焕发了前所未有的活力。然而，令人深思的是，也正是从这个时候起，我国经济犯罪大幅度增加，而且总体上呈不断上升趋势。据统计，1979年全国检察机关共受理经济犯罪案件784起，1980年增至15 964起，其中立案侦查10 031起，1981年全国检察机关受理和立案的经济犯罪案件分别为45 247起和16 934

① 据美国调查，1976年美国财产犯罪造成的物质损失是51亿美元，白领犯罪造成的物质损失则是440亿美元；1976年全年美国有30 000人死于公害，14 200人死于伪劣产品。

起,1982 年又分别跃升为 60 129 起和 33 000 起。为了遏制经济犯罪的蔓延势头,1982 年 3 月 8 日第五届全国人大常委会第二十二次会议作出《全国人民代表大会常务委员会关于严惩严重破坏经济的罪犯的决定》(已失效),在全国范围内开展严厉打击严重经济犯罪的斗争,经济犯罪的增长势头暂时受到抑制。1983 年全国检察机关受理和立案的经济犯罪案件分别下降为 44 428 起和 23 516 起,1984 年又分别降为 43 000 起和 22 000 起。但是,从 1984 年下半年起经济犯罪又呈迅速回升之势,这种势头一直持续到 1985 年的上半年。1986 年全国检察机关受理和立案侦查的经济犯罪案件分别是 52 729 起和 28 000 起,1986 年分别猛增至 81 591 起和 49 557 起,其中的大部分案件发生在 1984 年下半年和 1985 年上半年。1987 年全国检察机关受理和立案侦查的经济犯罪案件分别回落到 59 405 起和 30 965 起,但大案仍然不少。显然,经济犯罪增长势头并未被完全抑制住。1988 年 1 月第六届全国人大常委会第二十四次会议通过了《全国人民代表大会常务委员会关于惩治走私罪的补充规定》(已失效)和《全国人民代表大会常务委员会关于惩治贪污罪贿赂罪的补充规定》(已失效),从这一年的下半年开始,走私罪特别是贪污贿赂罪成为打击的重点。同年 9 月党的十三届三中全会召开,决定对当时中国经济环境与经济秩序出现的严重混乱局面进行治理整顿,其内容之一就是整顿 1986 年下半年以来成立的公司,惩治"官倒",为了有力打击企事业单位、机关、团体投机倒把犯罪活动,1989 年 3 月发布了《最高人民法院、最高人民检察院关于当前处理企业、事业单位、机关、团体投机倒把犯罪案件的规定》(已失效)。这显然是对当时贪污贿赂、走私、投机倒把犯罪猖獗和各种"公司"鹊起、"官倒"与法人犯罪成风的恶劣状况作出的立法反应。1988 年全国检察机关受理和立案侦查的经济犯罪案件分别是 66 300 起和 31 200 起,1989 年全国检察机关立案侦查的反贪污贿赂、偷税抗税、假冒商标、挪用公款等四类案件就达 67 585 起,1990 年全国检察机关立案侦查的上述几类案件又增至 69 851 起。1988—1992 年,5 年间全国检察机关立案侦查的反贪污贿赂、偷税抗税、假冒商标等三类案件就达 277 514 起,5 年间全国法院共审结一审经济犯罪案件 169 777 件。从上述数字可以看出,20 世纪 70 年代末 80 年代初以来,我国经济犯罪除了在 1983 年下半年到 1984 年上半年暂时受到抑制外,发案数字一直居高不下。实际上,上述数字只是经济犯罪实发数字中已被刑事司法机关掌握的那一部分,此外还有相当一部分经济犯罪案件不被刑事司法机关所知晓或者追诉,因此,经济犯罪的实际状况远比上述数字所反映的情况更为严重。

进入 21 世纪以来,在反腐倡廉的高压下,我国贪贿犯罪的增长势头得到遏制,但仍有少数贪贿者不收手,顶风作案,其他各种类型的经济犯罪依然多发。这一时期的经济犯罪还出现了一些新特点。一是公安政法部门人员收受贿赂、枉法裁判甚至充当黑社会保护伞的犯罪案件陆续被揭露,这些案件社会影响恶劣,严重损害了政府和公安政法机关的形象,破坏了公平正义和公众对法的信仰。二是企业家犯罪,尤其是民营企业家犯罪,成为一个引人注意的现象,这与我国近年来经济政策和市场秩序不断调整有关。为了防止打击民营企业家的积极性和保持市场经济活力,也鉴于民营企业家犯罪与转型期政策调整之间具有较为复杂的联系,我国在刑事政策上对民营企业家犯罪采取了较为慎重的态度,按不溯及既往(民营企业的"原罪")原则处理民营企业不规范问题,严格区分经济纠纷与经济犯罪,严格区分违法所得和合法财产,严格区分企业正当融资与非法集资,慎用查封和扣押冻结等手段,对民营企业家犯罪慎捕,法定刑在一定刑期以下的可以取保候审。三是医疗腐败现象屡有发生,一些医患纠纷因此而起。四是金融领域犯罪尤其是网络金融犯罪多发,成为社会关注的一个焦点。以电信网络为作案平台或渠道，几乎成为此时期发生的经济犯罪案件的共有特征。非法集资、“地下钱庄”洗钱、证券期货领域犯罪等金融领域犯罪引发广泛的社会关注。证券领域犯罪以及其他职务或业务犯罪大案要案、窝案串案多发，内外勾结、行业犯罪与职务犯罪相交织；电信网络成为非法集资、“地下钱庄”洗钱等金融领域犯罪的重要通道和平台，借助 P2P 等电信网络平台[①]以民间借贷、融资担保、投资理财等名义进行的非法集资犯罪案件井喷式增加。这种情况引起了国家有关部门的高度注意。五是食品药品犯罪依然多发，网络与物流成为其得以发生的主要平台和渠道。

（二）结构特征：类型与形式

当前我国经济犯罪种类繁多，手法多样，而且不时有新的犯罪形式和手段出现。比较多发的有以下几种类型：

（1）贪污贿赂犯罪。贪污贿赂大体上可以分为政治性贪污贿赂与商业性贪污贿赂两种情况。前者是政府官员、警察实施的贪污、受贿行为，往往与经济活动无关。例如，为了在诉讼中获胜而向法官行贿以及法官凭借自身地位收受贿赂，后者是在经济活动中由有关人员利用工作之便实施的贪污贿赂行为，如厂长、经理贪污。在我国经济犯罪案件中，贪污贿赂案件所占比重最大，而且大案要案突出。贪污受贿与各种腐败现象、行业不正之风密切相连。一些人利用手中的权力或者凭借行业垄断地位，大搞权钱交易，敲诈勒索，贪赃枉法，徇私舞弊，挪用公款等。目前，贿赂手段不断翻新花样。现金、实物、“黄货”、有价证券，以及单元房使用权、高档家具使用权、车辆使用权等均可用以贿赂；“资助”或“邀请”考察、民事馈赠、劳务报酬、回扣等，均成为贿赂的形式。行贿受贿双方为了逃避法律制裁，常常采用“一对一”接触方式，即行贿时无第三人在场、不落字据、不留痕迹；受贿方也往往“没发票不收”“在办公室不收”“有第三者在场不收”。据有关部门披露，金融部门、建筑工程发包单位、证券、期货贸易、房地产、劳动力和技术市场，以及粮食、供销部门，都是贪污贿赂犯罪的“热点领域”。尤其值得注意的是，贪污贿赂犯罪多发部位还集中到调控市场经济的重要行政执法部门，如工商、税务等管理部门。[②]

拓展阅读

贪贿犯罪死刑先废论辩驳

需要指出，无论是在理论界还是在实务界，对于经济犯罪的实际代价都有些低估，对于贪贿犯罪所造成的损害更有一种过分低估的倾向。一个典型的看法是，贪贿犯罪不涉及人的生命健康安全，因而应当在完全废除死刑之前先行废除其死刑（简称“贪贿犯罪死刑先废论”）。有学者对此种观点表示质疑，认为，贪贿犯罪不涉及人的生命健康安全的观点不仅不符合事实，而且不符合生活常识；贪贿犯罪不仅可能直接或间接地造成生命健康损害，而且其损害的程度可能比普通暴力犯罪造成的损害程度更大，与普通暴力犯罪相区别的是，它对人的生命健康的危害往往是间接的、隐晦的、假手于人的和指向不特定多数人的。该学者进而指出，贪贿犯罪死刑先废论的要害，不在于主张我国应当逐步有序地废除死刑直至最终全部废除死刑，而在于将贪贿犯罪死刑的废除放在了死刑废除顺序中较为优先的位置。其要

① P2P（Peer-to-Peer lending），国内译作“人人贷”，是借助互联网技术的网络信贷平台将小额资金聚集起来借贷给资金需求者的一种民间小额借贷模式，属于互联网金融产品。

② 参见《法制日报》1993 年 3 月 21 日第 2 版、1993 年 6 月 13 日第 1 版相关报道。

害主要是两个：一是对普通暴力犯罪及财产犯罪的危害性程度与贪贿犯罪的危害性程度的高低，作了颠倒性评价，在高估普通暴力犯罪以及财产犯罪危害性程度的同时，过分低估了贪贿犯罪的危害性程度，并错误地认为贪贿犯罪不会危及人的生命安全；二是事实上把贪贿犯罪人的生命权摆在了优越于其他普通财产犯罪人和暴力犯罪人的地位，反映了一种不平等的生命权利观。在我国腐败犯罪高发的形势下，优先废除贪贿犯罪死刑，是一种脱离现实的不正确的刑事政策选择。在当前形势下，贪贿犯罪不能优先于盗窃罪等普通财产犯罪以及其他经济犯罪废除死刑，更不能优先于普通暴力犯罪废除或事实上废止死刑。

（2）诈骗犯罪，尤其是金融诈骗，在整个经济犯罪中也占有较大比重。目前我国诈骗犯罪主要有以下几种类型或方式：

合同诈骗，即利用签订虚假购销合同的方式骗取对方预付款。这种犯罪多由无资金、无经营场所、无固定从业人员、无货源的“皮包公司”所为。据统计，这种犯罪占所有诈骗犯罪的50%以上。

诈骗货款，主要表现为以虚构事实、制造假象骗取货款，或者以行贿手段获取货款，任意挥霍或转作他用。

集资诈骗，主要方式是以兴办企业或公益事业为名，许以高额利息，吸引社会投资，任意挥霍或从事非法经营，或者携款潜逃。

诈骗存款，即以大大超过国家银行存款利率的方法，吸收大量现金存入“私人银行”或“地下银行”，据为己有。

诈骗保险金，其手法主要是制造保险事故、虚构保险事故、涂改保险单据等。

抵债诈骗，即利用经济合同骗取对方产品转手倒卖，然后以所获现金中的一部分低价购进其他产品冲抵所欠货款，将现金余额占为己有的行为。

合资诈骗，其常见手法为，高报进口设备价或以次充好；以代订原材料为名骗取货款订购商品，拖欠赖账；由总公司出面洽谈，而由具有独立法人资格濒于破产的子公司正式签订合同，使受害方无处索赔或追偿。

广告诈骗。例如，北京一些报刊曾刊登一则“交友热线”广告，该广告声称拨打热线电话可结交全国各地的朋友，同时广告中又玩弄文字游戏，在广告下方不起眼的括号中用小字注明须付国际话费，致使打“交友热线”的人花几百元乃至几千元，绕了个“国际弯子”，却只是同国内同学好友们聊天。

以办学、代办出国留学手续、提供信息资料等为名诈骗钱财。以大学生为目标的“裸贷”“校园贷”以及披着民间借贷外衣的“套路贷”等，成为近年来新出现的诈骗犯罪形式。

电信、网络诈骗是近年来较为多发的新型诈骗手段，主要是假借电信、网络平台，利用手机短信、互联网广告、互联网金融等方式进行诈骗。（参见“智能型犯罪”一节）

（3）税收犯罪。偷税、漏税、抗税、骗税、避税等税收方面的违法犯罪现象大量存在，国家税收流失相当普遍，有时还相当严重。目前，在我国肯定存在着一个规模难以估测的“隐形经济”（或称“地下经济”）。[①] 逃避税收的常用手段有以下几种：在发票上做手脚，如开大

---

① “隐形经济”或“地下经济”通常是指那些逃避政府管制、税收和监督的经济活动。美国有的学者以现金比率法测算，认为美国“地下经济”在国民生产总值中所占比重到1982年已达14.6%；据英国国家统计局测算，英国“地下经济”占国民生产总值的6%~8%。

头小尾发票，伪造、私印、私开、私售发票或者以废发票、其他非法票据或白条下账；伪造、变造账目，如编造和多列假领酬名单、多列支出而少列或不列收入；隐匿或销毁账簿；搞明暗两套账目；以物易物，不搞现金交易；以行贿手段获得减免税或者开具虚假完税证明，骗取国家出口退税款；暴力抗税或转移、隐匿应纳税财产。骗取出口退税犯罪大多由职业骗税集团所为。

（4）走私犯罪。20 世纪 80 年代，我国一些地区先后出现过几次走私风潮，经严厉打击与综合治理，均被控制住。走私的主要方式是：海上偷运；货运渠道伪报、夹藏；利用转关运输中途倒卖；陆路边境绕越设关地偷运；伪造、涂改单证等。

（5）洗钱犯罪。有关洗钱犯罪的内容，详见本章“智能型犯罪”部分。

（6）环境犯罪。环境犯罪主要是指在生产和消费过程中对自然环境污染和对自然资源掠夺式的开发和破坏，如非法采矿。我国正处于开启全面建设社会主义现代化国家新征程阶段，防止破坏自然生态安全的环境犯罪任重道远。

（7）垄断与不正当竞争，泛指在商业活动中与诚实信用、公平竞争原则相悖的各种行为。常见的垄断与不正当竞争行为有：欺诈性的交易行为，如假冒商标、商号、包装，隐匿或虚报标示产品质量、数量、性能等；诋毁、贬低竞争对手的商业信誉、商品声誉；不公平交易行为，如强买强卖；虚假广告；以悬赏方式影响消费者购物心理，如巨奖销售，窃取或泄露他人商业秘密；商业贿赂；联合限制竞争。上述不正当竞争行为，在我国已多有发生。例如，某厂生产的一种果茶，每瓶名义上标注为 245 毫升，实际净含量最多为 235 毫升，若照此计算，该厂每年就可从消费者口中“巧取”480 万元人民币。又如，某市三家最大的彩色扩印企业串通成立“行业协会”，联合涨价，致使该市彩扩费一夜间上涨 50%。

上面是从犯罪的内容和性质角度对经济犯罪进行的分类。除此之外，还可以对其作形式上的分类。

（1）职务犯罪（occupational crime）。经济犯罪大多是个人凭借职务上的优势、便利或者信任关系而实施的犯罪。滥用权力和职业上的信任关系是职务犯罪的一个基本特征。结合我国经济犯罪的实际状况，可以把职务犯罪区分为以下几种情况：凭借政治优势而实施的经济犯罪，最为典型的就是官员实施政治性贪污受贿、司法腐败、某些以权力为背景的“官倒”现象、官商不分或官商勾结现象以及各种官场腐败现象（如大吃大喝、公费旅游等）；凭借行业垄断地位而实施的经济犯罪，其典型表现就是各种行业不正之风；凭借职业上的信任关系而实施的经济犯罪，如监守自盗、借工作之机贪污、挥霍公款等；利用专业技术实施的经济犯罪，最为典型的是计算机犯罪；营业活动中的经济犯罪，如不正当竞争、部分偷税漏税、部分投机倒把、部分诈骗（如合同诈骗）、部分走私等。

（2）法人犯罪（corporate crime）。法人犯罪或称公司犯罪、组织犯罪、单位犯罪。[①] 法人犯罪全部是经济犯罪。关于法人犯罪能否成立，在中外刑法学界一直存在争论。不过，解决这一问题并不是犯罪学的任务，而是刑法学的任务。犯罪学只关心法人犯罪是否客观存在以及如何存在。就世界范围来看，法人犯罪是随着商品经济的形成与发达而出现的一种犯罪形态。在西方国家，英国法院早在 17 世纪就开始对那些不履行修复公路和桥梁等法律义务而造成危害后果的公司追究刑事责任[②]，而美国犯罪学家萨瑟兰对白领犯罪的研究则开

① 2020 年修正的《中华人民共和国刑法》中使用的是“单位犯罪”这一提法。

② 参见何秉松主编：《法人犯罪与刑事责任》，中国法制出版社 1991 年版，第 38 页。

辟了西方犯罪学中法人犯罪研究这一领域。在我国,1987 年 2 月第六届全国人大常委会第十九次会议通过的《中华人民共和国海关法》第 47 条首次对法人犯罪(法人走私)作出规定。然而,事实上,早在新中国成立之初的恢复国民经济和社会主义改造时期,法人犯罪就曾猖獗一时。[①] 社会主义改造基本完成以后,在单一的计划经济体制条件下,法人犯罪赖以存在的客观条件已不复存在,法人犯罪也因此销声匿迹。党的十一届三中全会召开以后,市场经济逐步建立,出现了大量的具有自主权的法人组织,尤其是从 1984 年第四季度起到 1988 年,各种"公司""中心"一哄而起,不少党政机关、事业单位也纷纷经商办企业,出现了大量官办公司,这种状况在 1988 年 9 月至 1991 年 9 月的治理整顿期间曾一度受到抑制。但在上述大的背景下,法人犯罪重新出现并且日益严重。从我国经济犯罪的实际情况看,绝大多数经济犯罪均可能由法人实施,其中发案较多、危害较大的是法人走私、投机倒把、税收犯罪、不正当竞争、公害犯罪、假冒伪劣等犯罪。值得注意的是,20 世纪 90 年代初的几年里,法人犯罪除原有犯罪类型仍大量出现外,还出现了一些新特点。一是发生于投机性强的经济活动(如房地产开发、证券交易)中的法人犯罪增多,这与当时形成的"泡沫经济"及通货膨胀有着内在联系;二是官员"下海"经商之风盛行,权力介入市场明显,"官倒"有重新泛起之虞;三是不正当竞争现象日渐突出;四是公害犯罪突出,急需重视。进入 21 世纪,我国法人犯罪出现了一些新的变化,其中值得注意的有:资本的无序扩张,以 P2P 等形式进行行业垄断;企业和企业家(尤其民营企业家)犯罪多发,如非法集资或贿赂"围猎"官员等,乃至企业尤其民营企业刑事合规问题成为近年来刑事法学界讨论的一个热点问题;企业或法人单位在经营过程中破坏自然生态环境案件屡有发生;等等。(参见本书"法人犯罪"一节以及其他相关章节)

(3)计算机犯罪,又称电脑犯罪。有关计算机犯罪的内容,详见本章"智能型犯罪"部分。

五、经济犯罪的原因

(一)经济犯罪的缘起

据载,我国早在原始社会末期就出现了类似于经济犯罪的现象。鲧治水无功而被舜"殛(流放)于羽山",是我国史书有载的最早的一个"经济犯罪"案例。这在当时来讲并非出于偶然,舜"殛鲧于羽山"与"流共工于幽州,放讙兜于崇山,窜三苗于三危"[②]表明了原始社会已经开始解体,阶级已经开始分化这一客观现实。

随着生产力水平的提高和剩余产品的出现,商品与货币、私有观念与私有制、阶级分化与阶级斗争,也随之一并出现。进入阶级社会以后,人们基于私有观念和在商品与货币的神秘力量的诱惑之下产生私欲,并基于这种私欲而产生某种贪利行为包括经济犯罪行为,就不足为奇了。据史料记载,我国早在夏朝就有了惩治贪污贿赂的立法,换言之,我国自奴隶社会之初就有了严格意义(法律意义)上的经济犯罪。[③] 这些经济犯罪与原始社会末期的"经

① 参见何秉松主编:《法人犯罪与刑事责任》,中国法制出版社 1991 年版,第 309—313 页。

② 《尚书·舜典》。

③ 《左传·昭公十四年》:"夏书曰,昏、墨、贼,杀"。"己恶而掠美为昏,贪以败官为墨,杀人不忌为贼"。墨,即贪污;墨吏,即贪官。《尚书·伊训》载,成汤之时,"制官刑,儆于有位",惩治染有"三风十愆"的官吏。"惟兹三风十愆,卿士有一于身,家必丧"。"三风"中的"淫风",是指"殉于货色,恒于游畋",所谓"殉于货色",是指贪恋钱财女色。迨至西周,对于官吏的"五过之疵",要"其罪惟均",即与犯人同罪。"五过之疵"具体是指惟官(畏权势)、惟反(打击报复)、惟内(内亲用事,接受说情)、惟货(行贿受贿)、惟来(徇私枉法)。"五过之疵",大都属于经济犯罪。

济犯罪”有着人类学上的渊源关系，同时彼此之间又有着质的区别。不过，二者的出现，均与生产力水平的提高、生产方式的变化，以及私有观念与私有制、阶级分化与阶级斗争的出现密切相关。

经济犯罪经历了一个由无到有、由少到多、由简单到复杂的变迁过程，这个过程与社会生产方式和经济形态的变迁过程相伴随、相一致。在自然经济条件下的奴隶社会，商品生产虽较之原始社会末期有所发展，但仍极为弱小，社会经济关系十分简单，加之奴隶阶级不具备法律上的主体资格，他们除了作为犯罪的对象或客体之外，不可能成为犯罪的主体。因此，官吏们的贪污、贿赂便成为奴隶制社会经济犯罪的主要形态。在自然经济条件下的封建社会，商品生产较之奴隶社会又有所进步，在末期甚至出现了资本主义商品经济的萌芽①，但在重农抑商政策的支配下，商品生产基本上仍停留在手工作坊的水平，经济活动极不活跃；农民虽然取得了法律上的主体资格并拥有少量土地和财产，但大多是靠耕种（或租种）土地交付租税、自给自足，只有少数小商品生产者和商人，以及少数富裕农民有能力介入市场交换。因此，当时的经济犯罪大体上包括两部分：一部分是在官僚富豪中间司空见惯的吏治腐败现象。另一部分则是伪造钱币、伪造度量衡、逃避赋税徭役、贩私铁私盐私茶等扰乱经济秩序行为。总之，在自然经济条件下的经济犯罪更多的是表现为凭借政治权力攫取钱财。单一的计划经济条件下的经济犯罪似乎也具有这一特征。商品经济条件下的经济犯罪与此前的经济犯罪相比，反差十分鲜明。在商品经济社会，虽依然保留着政治性贪污受贿等经济犯罪形态，但经济犯罪主要发生在经济领域（具体说是生产及流通领域）。

就世界范围来说，经济犯罪是在19世纪末20世纪初才开始引起犯罪学以及刑法学界的关注与研究的，在此之前，尚不存在“经济犯罪”这一概念。19世纪末20世纪初，正值资本主义国家完成由自由竞争的资本主义到垄断的资本主义的过渡，垄断竞争取代了自由竞争，国家资本主义发展为国家垄断资本主义。为了避免较之自由竞争更加激烈、残酷的垄断竞争导致生产发展和技术进步的停滞，国家不得不加大了直接干预经济的深度和广度，于是制定了大量的经济管理法规，并把某些违反经济管理法规的行为作为犯罪来处罚，渐渐地，便形成了“经济犯罪”这一概念。我国有的学者据此认为，经济犯罪是商品经济时代的产物，经济犯罪只能存在于商品经济运行过程之中。若对历史稍加考察，便可发现这其实是一种误解。从我国历史来看，在自然经济条件下照样存在经济犯罪，只不过其数量与结构有所不同罢了。因此，我们只能说，商品经济为经济犯罪提供了最为适宜的生存与增长条件。19世纪末20世纪初资本主义国家经济犯罪开始大量增加证明了这一点。当然，如果鉴于发达商品经济条件下的经济犯罪与自然经济（或简单商品生产）条件下的经济犯罪在数量上已经全然不同，而把前者作为一种全新的犯罪形态而单独予以考察，也未尝不可。这属于方法论问题，而不属于本体论问题，这样做并不能否认前者与后者之间“同宗同族”、一脉相承的关系。

（二）我国经济犯罪增多的原因

解释经济犯罪的本源（从无到有）与解释经济犯罪的变动（数量、结构的变化），是相互

① 我国在明朝末年出现了资本主义商品经济的萌芽，但其在鸦片战争以后受到了严重摧残。

联系着的两个问题。通过前面的分析我们知道，至少从人类历史进入阶级社会那一天起，便出现了经济犯罪并一以贯之地流传下来。从这个角度看，经济犯罪的存在本是一种不可避免的现象。然而，倘若这种现象在某一特定时期突然发生了变化，那么这种变化就可能是非规则的，对这种非规则现象作出解释可能更具有现实意义。

新中国成立之初和20世纪70年代末、80年代初以来，先后出现两次经济犯罪狂潮，已如前述。发生在新政权诞生之初的第一次狂潮，带有明显的政治反抗色彩和非正常性，它的出现与其说与当时的社会经济形态有关，不如说与当时的社会政治局势有关更为准确。第二次狂潮，是在由单一的计划经济体制向市场经济体制过渡的过程中形成的，其形势远比第一次狂潮严峻。对此，我们从以下两个方面加以探讨：

1. 旧体制的弊端与改革过程中的震荡相叠加

苏联著名法学家库德里亚夫采夫曾经对犯罪原因研究方法论问题发表过如下极有见地的看法：当客体（犯罪现象）稳定时，应当用大量变动着的条件（因素）中的相对稳定的因素加以解释；当客体变动时，应当用大量稳定条件中的相对变动的因素加以解释。他所表述的是一种求因果关系的共变法则。

纵观我国犯罪现象的变迁过程，我们发现，20世纪70年代末、80年代初到21世纪初经济犯罪的增多，显然与当时正在进行之中的体制改革和社会转型有着共变关系。我们认为，那段时期我国经济犯罪不正常增长不是改革自身造成的，而是由于改革进度过缓，旧体制固有的弊端与社会转型过程中的社会震荡和失误相叠加而造成的。

第一，市场经济发育不成熟，经济领域处于无序状态，这不仅客观上刺激了投机行为的发生，而且为投机者提供了过多的可乘之机。由市场经济或商品经济自身的固有属性所决定，在市场经济条件下必然存在一定数量的经济犯罪现象。例如，必然会出现偷税漏税等在计划经济条件下很难生存的非正式经济（或地下经济、黑色经济）；必然会出现在计划经济条件下无须施展的多种不正当竞争手段。习惯于单一计划经济的社会，一旦向市场经济转轨，在新旧体制交替过程中，必然会发生摩擦与碰撞，必然会出现许多制度上的“真空”与漏洞，经济领域会呈现暂时性的失范、无序状态，在这种情况下，经济犯罪也会合乎逻辑地有所增多，甚至异乎寻常地增多。例如，由于价格双轨制的存在，有人便会乘机倒买倒卖，甚至买空卖空；由于企业产权关系尚未明确，有人便成为企业承包者，大肆侵吞公有资产，化公为私，吃掉公有资产。待到市场经济发育成熟，经济领域呈现出一派规范而井然有序的状态之后，经济犯罪便会回落到合理、正常的程度。在我国由计划经济体制向市场经济体制转轨的过程之中，经济犯罪有所增多，应当说并不属于意外。主要问题在于改革进程推进得过慢，有时甚至徘徊不定，致使改革十余年来旧体制仍在一定程度甚至相当大程度上起着作用。这无疑延长和加剧了改革的社会震荡与阵痛，同时，客观上也造成了经济犯罪的恶性增加。

第二，政治体制改革掣肘经济体制改革，这不仅使原有的官僚主义、特权现象等政治生活中的弊端仍我行我素，而且使权力更有机会堂而皇之地进入市场。这一现象决定了当时我国经济犯罪表现出政治性腐败（凭借政治权利谋取私利）与经济性腐败（利用经济交往之便谋私利）两种成分杂糅参半的局面，使我国的经济犯罪较之成熟商品经济条件下的经济犯罪带有较浓的政治色彩与权力色彩。

经济体制改革势必牵动政治体制改革。理想的状态是政治体制改革与经济体制改革齐头并进，或者积极、自觉地顺应经济体制改革。政治体制改革滞后势必累及甚至拖后经济体制改革，并因此而产生种种矛盾与遗患。其危害是使政治权力有机会堂而皇之地进入市场，成为待价而沽的商品，或者成为可以换取任何好处的“一般等价物”。权力进入市场必然导致腐败现象的泛滥。贪污受贿、徇私舞弊、贪赃枉法、集团消费、“官倒”现象、“翻牌公司”，等等，无不是权力成为商品的外化形态。20世纪50年代，刘青山、张子善借“机关生产”之机大肆贪污这一事例，为我们提供了历史的镜鉴。

第三，价值混乱是社会急剧变动的精神代价，也是引起经济犯罪增多的深层原因。价值混乱是指原有社会价值准则遭到破坏，新的社会价值准则尚未形成，社会整体呈现出的那种无所适从状态。其基本表现就是社会整合程度降低，人们普遍感到无所适从。价值混乱必然导致人们社会适应能力下降，心理挫折感加剧。在这种情况下，极易发生越轨行为，包括经济犯罪行为。

社会急剧变动中，新的观念和新的生活方式汹涌而来，猛烈地冲击着传统的价值观念和生活方式，社会在作出新的价值选择之前，出现了一定程度的价值混乱实际上是社会价值重建的过渡与前奏，一旦社会结构趋于稳定，新的价值体系也随即确立。因此，从这个角度说，暂时的价值混乱未尝不是一件好事。然而，它又确实导致失范(anomie)行为的增多。这种价值混乱是引起经济犯罪增多的深层原因。

2. 犯罪人与被害人的互动

经济犯罪现象的整体变动趋势与速度，主要取决于宏观社会条件，犯罪者以及被害者的个人品质的影响微乎其微，几乎可以忽略不计。不过，经济犯罪现象毕竟是各个具体经济犯罪行为的总和，因此，在解释经济犯罪现象整体变动的原因时，有必要把具体经济犯罪行为纳入宏观社会背景之中，考察其发生的原因与机制。

第一，犯罪人的个性特征。与传统财产犯罪、暴力犯罪以及性犯罪相比，经济犯罪更为直观地反映了社会的病态或弊端。人们往往把传统犯罪的发生归咎于犯罪者的心理品质和生理素质，或者归因于经济上的贫穷，而经济犯罪则更多地使人联想到政治腐败、社会风气败坏、社会经济秩序混乱、政府调控能力降低，等等。经济犯罪人一般素无恶名。在西方犯罪学界，关于经济犯罪人是否像传统犯罪人那样具有较明显的人格缺陷，也存在着肯定与否定两种观点。尽管缺乏细致的经验研究，但我们仍然认为，经济犯罪人与传统犯罪人在整体人格结构上不会存在明显的差异。很难说杀人犯与贩卖假药、假酒或者制造公害的经济犯罪人之间谁的人格结构更趋近正常或者更偏离正常。不过，经济犯罪人的以下个性特征是颇为明显的：

(1) 个人物质需要的相对不足。这是经济犯罪人的个性需要特征。相对不足是个人对物质需要在主观上的不满足感，而不是绝对的不充足或者贫困。相对不足感往往表现为对更高物质生活水准的追求，推到极致，便是贪欲或者私欲的恶性膨胀。相对不足感一般是通过比较而获得的，日常交际、文化媒介等都是比较与模仿的途径。当人在交谈、观察、比较过程中产生难以名状的吃亏感、分配不公感、己不如人感时，相对不足感也就产生了。在强烈的相对不足感的驱动下，常常会产生“何不一试”的想法，不少经济犯罪的铤而走险便是这样发生的。显然，相对不足感是产生经济犯罪的重要驱动力。

(2) 无罪恶感。无罪恶感是经济犯罪人的一个普遍特征。传统罪犯犯罪完成之后往往会产生后怕、悔恨等情感，并感受到良心的谴责。经济罪犯则大多无悔恨、自责的感觉。犯罪之后，往往对自己的犯罪行为作合理化解释，如“人人都这样做”“我是出于好心”“是出于搞活经济的目的”“赚来的钱没装进我个人的腰包”，等等。有的经济罪犯虽然承认自己的行为属于违法行为，但不承认自己犯罪。

（3）自私自利。自私自利与无罪恶感一样，也是良心弱化或丧失的表现之一。它可能因相对不足感而生，也可能派生相对不足感。经济犯罪人心安理得地坑害消费者利益、以毁人商业信誉等不正当竞争方式攫取钱财等，都是极端自私自利的表现。

（4）具有特殊的智力条件。经济犯罪属于智力犯罪，经济犯罪人一般均具有较好的智力水平或者专业知识水平。可以出现低能者杀人，但低能者诈骗成功相对少。

第二，被害人的个性特征。在很大程度上，经济犯罪是被害人（自然人或法人）与犯罪人互动的结果。尽管大多数被害人与犯罪人主观上不存在犯罪的合意，但是其自身的个性与素质却往往招致自身被害。经济罪犯往往借助于被害人的下述特点而得逞：

（1）缺乏被害意识。经济犯罪的被害人往往对被害事实浑然不觉（如作为税收犯罪被害人的公众），或者对某些通过犯罪手段而暴富的人报以羡慕，或者对某些给自己带来某种好处的经济罪犯予以好评或者予以袒护（如所谓的“能人”犯罪）。公众的这种心理使得犯罪人无所顾忌，即使事情败露，也不觉得无脸见人。

（2）贪图小利。经济犯罪被害人（自然人或法人）往往是因贪图小利而被害，正所谓“偷鸡不成蚀把米”。一位国外学者曾经指出，经济犯罪被害人与经济犯罪人具有相同的人格特质。能被欺诈犯说服，认为投入资金可以获利2倍或3倍的人，他自己也具有欺诈犯的本质，因此，这种人实际上是被欺诈的欺诈犯。此言虽重，却也一针见血。

（3）轻信或无知，上当受骗。例如，一些老年人受“以房养老”所诱惑，受骗上当，房财皆失。

（4）麻痹大意，疏于防范。主要表现为财经制度不严或者日常管理松懈，导致屡屡被骗，支票犯罪的发生便是明显一例。明知被害，却不愿追诉。不愿追诉的原因多种多样。有的是以为损失不大，不值得劳神费力奔走于法庭之间，“堤内损失堤外补”算了；有的是害怕诉诸法律之后，法院对犯罪人判刑了事，经济损失仍难以追回，因而不如另谋他法追回或者补救损失；有的是为保全颜面，不事声张。

3. 法人犯罪解释上的特殊性

上述解释基本上是建立在自然人经济犯罪这一前提之下的，虽然法人犯罪的决策者和实际执行者均是自然人，上述解释大多对于法人犯罪同样适用，但是，由于法人犯罪是一种组织犯罪，需要引入组织理论（organizational theory）加以解释。对法人组织的规模、财力、组织形式、领导及其在竞争中所处的地位，均应予以考虑。

第九节 智能型犯罪

一、智能型犯罪概述

（一）智能型犯罪的定义

智能型犯罪是指滥用人类智能进行的犯罪。

智能又称为“智慧”，它是指人类的智力（intelligence），也就是人们顺利地从事多种活动所必需的各种认知能力的有机结合，其核心的抽象思维能力。智力是人类认识问题和解决问题的多种能力的综合，包括学习能力、思维能力、创造能力、适应能力等。智力的高低用智商(intelligence quotient,IQ)衡量。

智能型犯罪中的一些犯罪属于高科技犯罪(high-tech crime),即利用高级电子媒介实施的犯罪。通常把"高科技"(high technology)定义为当今普遍使用的一种复杂的电子设备,包括计算机、手机或其他数字通信形式。[①] 高科技犯罪就是利用这些电子设备进行的犯罪。

(二) 智能型犯罪的特点

智能型犯罪具有下列特点:

1. 犯罪主体的高智力性

智能型犯罪的犯罪主体,是一些智力发展水平较高的人,他们通常都具有较高的学历,掌握了专门的知识,或者能够利用复杂的技术和设备。[②]因此,这类犯罪人主要凭借其高智力进行犯罪活动,这是这类犯罪与其他传统犯罪的主要区别。

2. 犯罪活动的复杂性

人类智慧的不断发展和科学技术的日益进步,不仅为人类智力的积极开发利用创造了条件,也为一些人以更多的方式滥用人类智慧提供了可能性,从而导致智能型犯罪的种类不断增加,智能型犯罪的复杂程度不断加深。

尽管智能型犯罪的种类十分复杂,但是,大体而言,可以将纷繁复杂的智能型犯罪归纳为两种主要的类型:一类是滥用专门知识进行的犯罪,这是直接滥用人类智力进行的犯罪;另一类是利用先进技术进行的犯罪,这是间接滥用人类智力,也就是利用人类智力的创造物——先进技术,特别是计算机技术进行的犯罪。

3. 犯罪过程的快速性

智能型犯罪是一类充分利用现代科学技术进行的犯罪。在犯罪过程中,犯罪人滥用以计算机技术为核心的多种现代技术,包括利用现代交通工具、通信工具等,进行犯罪活动,使这类犯罪的犯罪过程表现出快速性的特点:犯罪活动往往在很短时间内完成,甚至有可能在瞬间结束。这与传统犯罪的犯罪过程持续时间较长的特点,形成了鲜明的对比。

4. 犯罪行为的隐蔽性

智能型犯罪是一类充分利用人类智慧进行的犯罪,这类犯罪具有很强的隐蔽性。

首先,犯罪人可以利用不易被别人判断为非法的手段进行犯罪活动。在很多情况下,尽管犯罪人实际上在进行犯罪活动,但是,别人无法根据其行为在当时的外部特征断定这类行为的违法性和社会危害性。

其次,犯罪人可以远距离进行犯罪活动,甚至可以在千里之外、异国他乡进行犯罪活动,使犯罪被害人难以察觉其犯罪。

再次,犯罪人利用本身并不具有破坏性的行为进行犯罪活动,犯罪行为本身往往不会留下明显的物质损害痕迹,使人们难以根据这样的痕迹追查犯罪人。

最后,犯罪过程的快速性,也增加了这类犯罪行为的隐蔽性,使人们难以在犯罪人实施犯罪行为的过程中,当场将其抓获。

---

① See Freda Adler, Gerhard O. W. Mueller & William S. Laufer, *Criminology*, 9th ed., McGraw-Hill, 2018, p. 275.

② 在国外犯罪学著作中,已经使用了"高技术犯罪人"(high-tech criminal)这样的术语,用以指称那些利用高技术进行犯罪活动的人。参见 Frank Schmalleger, *Criminology Today*, Prentice Hall, 1996, p. 411.

5. 犯罪动机的多样性

智能型犯罪是一类在多种犯罪动机的推动下进行的犯罪行为。对于大多数智能型犯罪来说,犯罪人突出的犯罪动机是牟利动机,即利用这类犯罪行为获得经济利益,满足犯罪人的物质和享乐欲望。但是,除了牟利动机之外,很多智能型犯罪是在其他犯罪动机的支配下进行的。例如,尽管一些计算机黑客(hacker)的行为造成了严重的社会危害后果,但是,他们的犯罪动机本身并不一定是消极的,其中可能包括游戏动机(把这种危害行为当作游戏或者恶作剧)、自我炫耀动机(通过这种危害行为显示其高超的计算机操作技能)、寻求刺激动机(从完成高难度的非法操作中追求快感和心理满足)等社会危害性并不明显的动机,也有可能包含泄愤报复动机(通过犯罪活动发泄自己的愤怒情绪,对他人和社会进行报复)等社会危害性明显的动机。随着智能型犯罪的发展,这类犯罪的动机不断多样化,出现了政治性动机(利用犯罪行为实现政治目的)、恐怖性动机(通过智能型犯罪造成社会恐怖)等。

6. 犯罪危害的严重性

智能型犯罪会造成极其严重的社会危害。从已经发生的一些智能型犯罪来看,这类犯罪造成的社会危害,是传统的犯罪远远不能相比的。例如,美国学者大卫·卡特(David Carter)在 1995 年对 200 家企业的研究发现,传统的每起企业欺诈所造成的平均损失为 2.3 万美元,而涉及计算机的每起企业欺诈所造成的平均损失为 50 万美元。[①]至于其他类型的智能型犯罪,如金融诈骗案件、证券犯罪案件等,也会造成十分严重的社会危害。

二、智能型犯罪的主要类型

(一)计算机犯罪

计算机犯罪又称为“电脑犯罪”(computer crime),是指通过计算机进行或者以计算机系统本身为对象的犯罪行为。

在当代社会中,计算机犯罪已经成为一种危害相当严重的犯罪类型,其具体形式包括破坏重要部门的计算机硬件系统,通过计算机诈骗银行等机构的资金、销售非法商品、盗窃经济和军事情报、非法获取服务、编制和扩散计算机病毒等。

大体而言,根据犯罪与计算机的关系,可以将计算机犯罪划分为三大类:

1. 利用计算机系统进行的犯罪

利用计算机系统进行的犯罪是指把计算机及其网络系统作为工具实施的犯罪行为。

这类犯罪具体包括下列类型:

(1) 数据欺骗(data deceiving)。这是指通过非法篡改输入、输出数据或者输入假数据的方式进行的犯罪行为。例如,通过篡改银行账号中的金额非法获取大量资金。

(2) 伪造(fabricating)。这是指通过建立虚假文件或者记录等非法手段进行的犯罪行为。常见的伪造对象主要是存折、信用卡或者其他具有经济和其他价值的磁卡等。

(3) 线路截收(intercepting)。这是指通过一定设备从通信线路上直接截取信息或者截取电磁波信号进行的犯罪行为,如利用计算机系统截留铁路客票牟利的行为。

(4) 废品利用(scavenging)。这是指从计算机或其周围的废弃物中获取有用信息并用来进行非法活动的犯罪行为。例如,从废弃的计算机资料、磁盘、磁带、硬盘等中搜寻有价值

① 参见王云斌编著:《网络犯罪》,经济管理出版社 2002 年版,第 88 页。

的信息，然后利用这些信息进行非法活动。

(5) 冒名顶替(impersonation)。这是指假冒他人身份进行的犯罪行为。这类犯罪行为主要表现为，首先非法获取他人的计算机密码、口令或者其他表明个人身份的信息，然后利用这些信息假冒他人进行诈骗等犯罪活动。

(6) 虚拟交易(imaginary deal)。这是指虚构并不存在的交易业务从中获利的犯罪行为。这类计算机犯罪主要发生在银行和证券交易业务中。

(7) 支持犯罪组织(support of criminal enterprise)。这是指通过建立数据库帮助犯罪组织进行犯罪活动的犯罪行为。根据凯瑟琳·康利(Catherine H. Conly)等人的研究，属于这类计算机犯罪的数据库主要包括：[①]支持毒品销售的数据库、支持放高利贷的数据库、支持非法赌博的数据库、保存非法客户交易记录的数据库以及洗钱数据库。

2. 把计算机系统作为目标的犯罪

把计算机系统作为目标的犯罪是指以计算机系统作为犯罪对象的犯罪行为。这类犯罪行为并不损害计算机系统，而是非法利用计算机系统实现自己的目的。这类犯罪行为主要包括盗版软件(software piracy)、盗窃计算机、盗窃计算机部件(如计算机芯片等)、盗窃计算机交易秘密。

3. 破坏计算机系统的犯罪

破坏计算机系统的犯罪是指通过破坏计算机系统本身进行的犯罪行为。这类犯罪主要包括两种形式：

(1) 破坏计算机硬件系统的犯罪。这是指利用物理方法破坏计算机硬件设备的犯罪行为。一般而言，这类犯罪的智能特征并不明显，犯罪行为主要是通过暴力行为实现的，因此，严格地讲，这类犯罪不属于智能型犯罪。

(2) 破坏计算机软件系统的犯罪。这是指利用制造和传播多种计算机病毒而破坏计算机运行程序，干扰计算机系统正常运行的犯罪。在国外，又将这类犯罪称为“内部计算机犯罪”(internal computer crime)。[②]犯罪人用来破坏计算机正常运行的病毒程序主要有：特洛伊木马(Trojan horse)，逻辑炸弹(Logic bomb)，活动天窗(Trap doors)，意大利香肠(Salami techniques)，超级冲杀(Superzapping)，蠕虫(worms)等。

(二) 证券犯罪

1. 证券犯罪及其特点

证券犯罪是指滥用证券方面的专业知识在证券市场上进行的犯罪行为。

证券犯罪是一类随着市场经济的发展而不断增多的犯罪行为。这类犯罪行为的突出特点是：

(1) 专业性。证券犯罪是一类需要丰富的专业知识才能实施的犯罪行为，这类犯罪人普遍具有大量的证券业务知识，熟悉证券交易的过程，精通证券交易的技术，滥用自己在证券方面的专业知识进行犯罪行为。

(2) 多主体性。多主体性特征表现为证券犯罪的主体身份具有多样性。从犯罪情况来看，既有普通证券交易人员与证券机构雇员(申报员、交易员、交割员等)相互勾结进行的犯罪行为，也有多个普通证券交易人员联合起来进行的犯罪行为，如大户联手造市。此外，多

①② See Catherine H. Conly & J. Thomas McEwen, “Computer Crime”, *NIJ Reports*, January/February, 1990.

主体性特征还表现为证券犯罪往往是多人联手进行的。虽然单独的一个犯罪人也可以实施证券犯罪，如证券机构的专业人员利用自己的专业知识和合法身份进行贪污等犯罪，但是，典型的证券犯罪往往都是多人联合起来进行的。

(3) 连续性。由于证券犯罪是利用专业知识和证券交易市场监管漏洞进行的，在犯罪当时难以被别人发现，犯罪人在获得非法利益、犯罪心理得到强化之后，往往会多次作案，不断获取非法利益。因此，证券犯罪造成的损害后果往往也是很严重的。

此外，证券犯罪还具有隐蔽性等智能型犯罪共有的特点。

2. 证券犯罪的种类

证券犯罪的方式多样，种类复杂。可以从不同角度或者层面对证券犯罪进行分类：①

(1) 从行为方式层面来看，由于证券犯罪的行为方式的差别，证券犯罪的具体形式很多，包括操纵交易价格犯罪，透支挪用犯罪，欺诈发行股票、债券犯罪，编造虚假信息诱骗投资者买卖证券的犯罪行为，非法开设证券交易场所的犯罪行为等。

(2) 从市场层面来看，由于实施犯罪的市场环节的不同，证券犯罪可以分为三种类型，即在证券发行中进行的犯罪行为，在证券交易中进行的犯罪行为，在证券监管中进行的犯罪行为。

(3) 从利益层面来看，由于获取非法利益的主体的不同，证券犯罪可以分为四类，即证券发行人实施的犯罪行为，证券经营和管理者实施的犯罪行为，中介组织实施的犯罪行为，投资者实施的犯罪行为。

(4) 从技术层面来看，根据实施犯罪中所利用的技术手段的不同，可以把证券犯罪分为三类，即市场禁入型证券犯罪（这是指利用不真实的和非法的证券进入证券市场的犯罪行为），信息型证券犯罪（这是指通过滥用信息或者信息操纵方式进行的证券犯罪），资金型证券犯罪（这是指利用资金实力或者直接盗用、侵吞用于证券交易的资金进行的证券犯罪）。

（三）信用卡犯罪

1. 信用卡犯罪及其特点

信用卡犯罪是指以信用卡为中介实施的犯罪行为。

信用卡（credit card）是指银行或者专业公司在审查申请人的资信之后发给客户使用的消费信贷凭证。从外观上看，信用卡往往是一种包含多种信息资料的塑料卡，客户可以使用这种凭证向约定的商店、旅馆、加油站、旅行社等购买和赊购不超过一定金额的货物和服务；有些信用卡还可以在约定的银行或者其代兑点支取一定的现金。持卡人使用信用卡可以先消费后付款。自20世纪50年代末人们开始使用信用卡以来，信用卡业务发展迅速，已经成为一种广泛应用的支付工具。随着信用卡的广泛使用，利用信用卡实施的犯罪行为也不断增多。

信用卡犯罪具有下列特点：

(1) 欺诈牟利性。总的来讲，信用卡犯罪是一种利用虚假信息进行诈骗，从而获取经济利益的犯罪行为。犯罪人进行欺诈的方式大体上可以分为两类：一类是利用伪造的信用卡进行欺诈；另一类是通过伪造信用卡中的信息进行欺诈。

---

① 参见白建军：《证券违法犯罪：实证分析和归责研究》，载白建军主编：《金融犯罪研究》，法律出版社2000年版，第549—556页。

（2）高技术性。大部分信用卡犯罪是一类高技术犯罪，其中包含着先进而复杂的技术，特别是伪造信用卡的技术不断发展，使这类犯罪呈现出高科技性的特点。例如，在 20 世纪 70 年代末期，变造信用卡，尤其是变造凸印文字是最主要的信用卡欺诈手段。1983 年，信用卡开始采用全息标识（holograms）之后，伪造信用卡变得困难起来，于是，犯罪人使用全息制作的箔片（holographically-produced foils）伪造信用卡，具有很强的欺骗性。1988 年，信用卡开始使用磁条。结果在 1989 年，就在泰国曼谷出现了第一张伪造的带有磁条的万事达信用卡。[①]随着制卡技术的不断发展，伪造信用卡的技术也会不断翻新。

（3）跨区域性。信用卡是一种全球性的支付工具，利用这种工具进行的犯罪，也具有跨区域性的特点，即犯罪人可以利用在某一个地方签发或者伪造的信用卡，到另外一个地方或者国家进行犯罪。

（4）有组织性。由于伪造信用卡需要很高的技术，使用伪造的信用卡进行诈骗往往也需要相关的条件，这类犯罪单个人往往难以实施，而很可能是由组织起来的多个人联合实施的。特别是从伪造信用卡的犯罪来看，这类犯罪的组织性更加明显，已经发现了伪造信用卡的地下工厂和利用信用卡进行诈骗犯罪的犯罪集团。

2. 信用卡犯罪的类型

根据信用卡犯罪的主体的特点，大体上可以将这类犯罪分为两种类型：

（1）特定主体实施的信用卡犯罪。这主要是指具有特定职业身份的犯罪人进行的信用卡犯罪。这类犯罪人主要是金融机构中从事信用卡业务的人员，他们可能会滥用信用卡进行贪污等犯罪行为。例如，金融机构的工作人员在提款机上取款之后，利用管理信用卡业务的便利，在银行计算机内储存的流水账中非法删除提款记录。

（2）一般主体实施的信用卡犯罪。这是指普通客户滥用信用卡进行的欺诈性犯罪行为。这类犯罪行为主要包括偷盗使用信用卡，即偷取别人的信用卡之后，通过伪造同信用卡上的信息相一致的身份证明进行诈骗犯罪；变造信用卡，即改变信用卡上的特征或者信息进行的犯罪行为；使用空白信用卡（white plastic），即利用伪造的只嵌入磁条或者压上凸印文字而没有其他信息的信用卡进行的犯罪行为；伪造信用卡，即利用多种技术伪造信用卡进行的犯罪行为；恶意透支行为，即故意提取超过银行存款限额的行为。

（四）洗钱犯罪

洗钱犯罪是指隐匿并转换违法所得使其成为合法资金的犯罪行为。

“洗钱”（money laundering）是一种形象的说法，就是将非法获得的“黑钱”“赃款”加以处理，使其变成合法资金的活动。一般来说，洗钱的过程包括三个阶段：(1)处置（placement）。这是指将通过非法手段获得的现金进入银行、赌博、证券等场所的过程。(2)分层（layering）。这是指通过各种复杂的银行转账、金融交易等过程分散犯罪所得，使其与最初来源脱钩的过程。(3)整合（integration）。这是指通过进一步的房地产交易、借贷、虚构进出口贸易等方式，将清洗后的资金与合法资金相混合，使犯罪收益合法化的过程。

洗钱犯罪是一类危害巨大的犯罪行为。对于国家和社会来说，洗钱犯罪的最大危害在于，洗钱使不同的犯罪之间产生相乘效应，使犯罪得以进一步繁殖。换句话说，对那些与财

① 参见唐应茂：《当代西方金融犯罪及防范措施》，载白建军主编：《金融犯罪研究》，法律出版社 2000 年版，第 300—301 页。

产有关的犯罪而言,洗钱是前一次犯罪的结果,同时又刺激着进一步的犯罪,为更多的犯罪提供了条件。[①]

具体来说,洗钱犯罪的社会危害性表现为:(1)洗钱犯罪为贩毒、恐怖活动、军火走私、有组织犯罪企业提供"燃料",给发现和证实犯罪的司法活动造成巨大障碍。(2)从国际上看,反洗钱立法比较薄弱的国家和银行所吸引的非法金融交易,带来了官员腐败等多种形式的犯罪污染。(3)洗钱犯罪破坏了税收制度,危害了正常的经济秩序。(4)洗钱给银行以及各类金融机构带来潜在的经营风险和法律风险,使其失去很多营利机会,造成巨大的信誉危机和支付危机,甚至有可能导致这些机构破产。根据西方七国集团及欧洲共同体于 1989 年建立的金融行动特别委员会的估计,仅仅在美国和西欧国家,每天需要投入清洗的贩毒资金就达 2.33 亿美元。[②]例如,国际商业信贷银行(Bank of Credit and Commerce International,BCCI)由于参与国际犯罪集团的洗钱活动,最终破产[③]。

洗钱犯罪的具体方式很多。一般来说,主要的洗钱方式有:[④](1)将非法所得带出境外,在境外兑换或者存入银行之后,再带回境内。(2)利用非法所得购买动产(珠宝、古董、艺术品等)或者不动产。(3)通过洗钱者经营的合法企业,将赃款混入合法收入中。例如,开办餐馆、商店、舞厅等洗钱。(4)利用金融机构洗钱。例如,在金融机构以假名开立账户,存入犯罪所得;用非法所得购买银行本票、汇票或者旅行支票;利用信用卡洗钱;利用汇款、股票洗钱等。(5)罪犯之间相互勾结,用高昂的价格购买已经中奖的彩票或者劣质商品、废料等,从而使非法所得合法化。(6)利用高新技术洗钱,主要表现为利用电子货币、电子汇款、电子指令、智能卡、网上银行等进行洗钱活动。

(五)其他犯罪

1. 电信犯罪

电信犯罪(telecommunication crime)是指利用计算机控制的电信系统进行的犯罪。

电信犯罪的主要类型是盗打电话(phone phreaking)。这是指非法利用高技术拨打免费长途电话的犯罪行为。这类犯罪人或者通过破坏长途电话公司的信息管理系统,拨打免费长途电话,或者盗用其他用户的电话号码免费拨打长途电话。在这类犯罪人使用的具体犯罪手段中,还包括盗码并机(盗用正常用户的移动电话号码,非法复制到另外一个移动电话上,然后盗卖这种移动电话)、窃取无线电电波源(犯罪人利用手提式电子"阅读器"截取周围用户的蜂窝电话代码,然后将这些代码输入偷来的或者临时装配的蜂窝电话中盗卖的行为)等。

此外,还包括电信欺骗(利用高技术窃取电信信息并用来进行实现个人目的的犯罪行为)等。

2. 伪造货币犯罪

伪造货币犯罪是指通过伪造或者变造货币获取经济利益的犯罪行为。伪造货币犯罪是一类需要很高技术手段才能实施的犯罪行为。作为充当一般等价物的特殊商品,货币能够

---

①② 参见白建军:《银行与洗钱》,载白建军主编:《金融犯罪研究》,法律出版社 2000 年版,第 529、531 页。

③ See Frank E. Hagan, *Introduction to Criminology: Theories, Methods and Criminal Behavior*, 4th ed., Nelson-Hall Publishers, 1998, p. 382.

④ 参见吴玲:《国外洗钱犯罪比较研究》,《犯罪与改造研究》2002 年第 5 期。赵可:《"洗钱"犯罪浅议》,载上海金融法制研究会编:《1995 年惩治和预防金融欺诈高级研讨会论文集》,第 141 页。

给人们带来各种现实的利益，因此，伪造货币（特别是纸币和其他纸质有价证券）就成为一类危害严重的犯罪行为。由于货币的制造中包含了大量尖端的先进技术，特别是在纸张质地、图案设计、印刷技术、油墨材料等方面，充分体现了人类智慧的高度发展和科学技术的发展精华，因此，伪造货币并不是一种轻而易举的事情，而是一种需要使用大量高技术手段的犯罪行为。

3. 核盗窃

核盗窃（nuclear theft）是指盗窃核武器和核材料的犯罪行为。

在当代社会中，随着人类利用核能技术的发展，核能源越来越多地用于制造威力不等的军事武器，同时，核能源也被越来越多地用于民用项目，如用于制造医疗器械、发电等。在这种情况下，核材料以及利用核材料制造的核武器，就成为犯罪的重要对象。在很多情况下，犯罪人盗窃核武器和核材料之后，将它们走私，以便在销售之后获得巨额利润。核盗窃是一类智能型犯罪，实施这种犯罪的人，必须具有丰富的核知识、相关的技能和技术设备等。

4. 网络犯罪

网络犯罪属于智能型犯罪，在计算机网络不断发展和普及的当代社会中，这类犯罪有发生得越来越普遍、给社会造成的危害越来越大的趋势。考虑到这种情况，本章将在第十节专门论述。

此外，智能型犯罪还包括利用医疗技术进行的犯罪（例如，犯罪人利用自己掌握的医疗技术、药物知识等进行犯罪行为），制造毒品犯罪（犯罪人利用自己掌握的专门知识合成、制造成瘾性管制药物）等。

第十节 网络犯罪

一、网络犯罪的概念及其特点

（一）网络犯罪的概念

网络犯罪（cybercrime）是指针对或者利用互联网信息网络实施的犯罪。

尽管网络犯罪是通过计算机实施的，与计算机犯罪之间有相似之处，很多犯罪的性质也相互重叠，但有人认为，计算机犯罪与网络犯罪还是有一些区别[①]：(1)侵害对象不同。计算机犯罪侵害的主要是特定的计算机单机系统；而网络犯罪侵害的对象广泛，既有可能是网络服务器，也有可能是各个工作站点。(2)危害程度不同。针对单个计算机实施的犯罪，其危害性一般不是很大，损失比较容易估计，危害也比较容易排除；针对网络系统实施的犯罪所造成的危害极大，损失不易估计，危害也很难彻底排除。(3)犯罪特点不同。针对计算机单机系统实施的犯罪行为，需要与该计算机直接接触，操作比较复杂，在实施犯罪行为的过程中容易被人发现，因而风险性较大；通过网络实施的犯罪行为，可以在该网络的任何站点进行，犯罪现场与损害地点之间存在时空间隔，犯罪行为不容易被发现，犯罪人所冒的风险相对而言较小。(4)犯罪趋势不同。从目前的情况来看，网络犯罪的数量要多于针对单个计算机实施的犯罪；从未来发展来看，网络犯罪的数量会越来越多，会成为计算机犯罪的主要

① 参见吴鹏森编著：《犯罪社会学》，中国审计出版社、中国社会出版社2001年版，第26—27页。

形式。

上述观点实际是将网络犯罪作为计算机犯罪的一个种类,认为计算机犯罪是网络犯罪的上位概念,两者是种属关系。不过,也有人认为,随着网络不断深入人们的生活,与计算机和网络相关的犯罪,存在一个从计算机犯罪到网络犯罪的演变过程,网络犯罪已经成为一个独立的犯罪种类。在计算机刚开始进入社会生活而出现相关犯罪的初期,人们将这种与计算机相关的犯罪称为计算机犯罪,并将计算机犯罪分为两种。一种是以计算机为对象的犯罪,这种犯罪可能表现为毁坏计算机的行为,这其实是毁坏财物的财产型犯罪;另一种是在非法侵入计算机信息系统以后,非法获取计算机数据、非法控制计算机信息系统或者制作、传播计算机病毒对计算机系统进行破坏,这种行为和传统犯罪相比则是一种新型的犯罪。在这个阶段,只有计算机犯罪的概念而没有网络犯罪的概念。此后,随着计算机技术的发展以及计算机运用的普及,逐渐形成互联信息网络,由此出现了网络犯罪的概念。在这个阶段,计算机犯罪的概念和网络犯罪的概念处于并存状态。当前,网络犯罪迅猛发展,新的网络犯罪形式不断出现,危害日益严重,利用网络实施的犯罪或者针对网络的犯罪无论在数量上还是在社会影响上与计算机犯罪相比都处于绝对优势,计算机犯罪的概念较少再被提及,网络犯罪成为被人们广泛接受的概念,因此,计算机犯罪这一概念逐渐被网络犯罪概念所取代。

(二)网络犯罪的特点

除了具有复杂性、快速性、隐蔽性、严重性等智能型犯罪的共同特点外,网络犯罪还具有下列特点:

1. 异地性

网络犯罪是一种针对或利用信息网络系统在另一地点实施的犯罪,在犯罪行为实施地点和犯罪结果发生地点之间,存在空间间隔,具有跨地区性甚至是跨国性的特点。

2. 无现场性

网络犯罪是一种缺乏传统意义上的犯罪现场的犯罪,没有犯罪人和被害人“面对面”的犯罪现场,犯罪人利用虚拟空间实施犯罪行为,不会在犯罪地点留下传统意义上的物质痕迹。

3. 高收益性

网络犯罪是一种典型的低成本、高收益的犯罪行为。犯罪人在实施这种犯罪行为的过程中,除了需要很高的专业技能之外,为了犯罪行为而直接投入的成本是很小的,所冒的风险也很小,但是,从中获得的非法利益极大。

4. 技术性

网络犯罪是一种需要计算机、信息网络专业技术才能实施的犯罪,是否利用现代信息网络技术是这类犯罪与传统犯罪的重要区别。但是,随着网络犯罪产业链的形成,对处于低级产业链的网络犯罪人的技术性要求逐渐降低。

5. 产业化

网络犯罪活动分工越来越精细,某些犯罪以利益为脉络,逐步形成了比较完整的产业链,甚至形成了“流水式”作业。上游犯罪往往能为下游犯罪活动提供强有力的帮助。上游产业的软件研究者制作黑客工具等出售牟利,中游的网络犯罪人使用上游研发的网络工具窃取终端用户的网络数据并出售牟利,下游的犯罪人则利用从中游犯罪人处购得的数据信息实施盗窃、诈骗等犯罪,从而形成了一个完整的产业链。

二、网络犯罪的主要形式

我国进入网络社会后,网络犯罪随之蔓延,信息网络既可能成为犯罪攻击的对象,也可能成为一些传统犯罪的工具和实施空间。网络犯罪大体可以分为下列类型:

1. 以信息网络系统为对象的犯罪

以信息网络系统为对象的犯罪,是指针对信息网络系统进行的犯罪行为,主要包括非法侵入计算机系统的犯罪,破坏计算机系统的犯罪(主要是破坏软件系统、制作和传播计算机病毒等),非法获取计算机信息系统数据、非法控制计算机信息系统的犯罪,擅自中断互联网信息系统的犯罪等。与这些犯罪相关联,还包括提供侵入、非法控制计算机信息系统程序、工具的犯罪。

2. 以信息网络为工具的犯罪

以信息网络为工具的犯罪是指把信息网络作为犯罪工具而实施的犯罪行为,主要包括:(1)利用信息网络实施的危害国家安全犯罪,如利用信息网络窃取、泄露、盗卖军事秘密,组织邪教活动等;(2)利用信息网络进行的危害公共安全犯罪,如利用信息网络买卖枪支、组织和实施恐怖活动等;(3)利用信息网络进行的经济性犯罪,如利用信息网络进行的伪劣产品销售、破坏商业信誉、侵害著作权、侵犯商业秘密、非法证券交易等;(4)利用信息网络实施的侵害公民人身权利、民主权利犯罪,如利用信息网络侮辱、诽谤他人,利用信息网络侵犯公民个人信息,侵犯他人通信自由等;(5)利用信息网络猥亵他人、猥亵儿童等犯罪;(6)利用信息网络实施的财产犯罪,如网络盗窃、网络诈骗、网络“套路贷”,以及犯罪分子自己或者雇佣网络黑客通过技术手段,对手机、电脑实施入侵、种植病毒,进而实施敲诈勒索的犯罪活动等;(7)利用信息网络进行的破坏社会管理秩序罪,如利用信息网络传播淫秽物品、色情直播、诱骗他人卖淫、传授犯罪方法、进行赌博、非法行医、寻衅滋事的犯罪活动等。

3. 以信息网络为空间实施的犯罪

以信息网络为空间实施的犯罪,是以网络空间为实施“场所”的犯罪,如故意编造、传播虚假信息犯罪,编造、故意传播虚假恐怖信息犯罪,帮助信息网络活动罪,拒不履行信息网络安全管理义务犯罪,非法利用信息网络犯罪等。

网络犯罪还可以分为纯正网络犯罪和不纯正网络犯罪。纯正网络犯罪是指只能通过网络技术才能实施的犯罪,如非法侵入计算机信息系统,破坏计算机信息系统,非法获取计算机信息系统数据、非法控制计算机信息系统,提供非法侵入、非法控制计算机信息系统程序、工具,帮助信息网络活动,拒不履行网络安全管理义务,非法利用信息网络等犯罪。不纯正网络犯罪是既可以通过网络技术行为实施,也可以不通过网络技术行为实施的犯罪。例如诈骗罪、盗窃罪、赌博罪、敲诈勒索罪、传播淫秽物品罪、猥亵儿童罪、侮辱罪、诽谤罪、寻衅滋事罪、侵犯公民个人信息罪等,即利用网络实施的一些传统犯罪。不过,这种分类更多在刑法适用中犯罪认定时发挥作用。

三、网络犯罪的防治对策

面对日益严峻复杂的网络犯罪形势,需要完善刑事法律的相关规定,对网络犯罪进行精准惩治,还需要司法机关、政府相关部门、互联网企业、电信运营商、金融机构通力合作,强化各自在防控网络犯罪中的职责,形成网络犯罪治理的合作机制,注重网络犯罪的社会共治。提高社会公众的防范意识,减少被害因素,防止被害。同时,还要加强国际合作。

（一）完善刑法，精准打击网络犯罪

面对网络犯罪的不断发展，我国对网络犯罪的刑法规制经历了一个历史发展过程。1979年《中华人民共和国刑法》以下简称《刑法》制定时，计算机在我国极少使用，信息网络尚未出现，因此，1979年《刑法》对计算机犯罪没有作出规定。但之后，计算机逐步出现，针对计算机的犯罪也相继发生，但种类有限。1997年《刑法》修正时，仅规定了两个网络犯罪，即《刑法》第285条第1款非法侵入计算机信息系统罪和第286条第1款破坏计算机信息系统罪。之后，2009年《刑法修正案（七）》增加了两个网络犯罪，即《刑法》第285条第2款规定的非法获取计算机信息系统、非法控制计算机信息系统罪，《刑法》第285条第3款规定的提供侵入、非法控制计算机系统程序、工具罪。2015年《刑法修正案（九）》又增加了三个罪名，即《刑法》第286条之一规定的拒不履行信息网络安全管理义务罪，第287条之一规定的非法利用信息网络罪和第287条之二规定的帮助信息网络犯罪活动罪。刑法对网络犯罪的规定逐步形成了一个较为完整的罪名体系。

我国刑法应对网络犯罪的罪名体系不断完善，基本能够适应惩治网络犯罪的要求，传统犯罪在进入网络空间后，虽然有些是利用信息网络实施的，但仅仅是犯罪方法和实施场所的一些变化，对这些犯罪的定罪量刑运用传统的罪名就基本能够做到。但是，随着网络犯罪的不断发展，实践中遇到的更多的情况是，一些新型的犯罪现象层出不穷，一些传统犯罪在网络中实施时也会出现新的问题，使刑法在应对中面临困难，需要作出进一步调整和完善。刑法在应对网络犯罪时存在的主要问题有：（1）一些犯罪的构成条件不够清晰，如网络黑恶势力犯罪的构成条件模糊不明；（2）对一些新型的可能构成犯罪的行为没有作出规定，如流量劫持的行为；（3）由于网络犯罪已经形成一个较长的黑色产业链，具有参与人数众多，互相匿名，关系并不紧密等特征，而目前共同犯罪的理论并不能很好对其作出处理，如网络水军的参与者就很难认定；（4）一些犯罪的刑罚设置不够合理，无法做到罪刑相适应；等等。为此，需要完善刑法的相关规定，以实现对网络犯罪的有效惩处。

（二）建立政府、行业、社会三方合作的综合治理机制，对网络犯罪进行多元化治理

单纯依靠刑罚不能很好地防控网络犯罪，因此，建立政府部门、行业、社会多方合作的治理机制，对防控网络犯罪尤为重要。首先，公安机关在防控网络犯罪时具有重要地位，应主动联合相关政府部门、电信运营商、银行及企业开展治理网络犯罪行动；政府相关主管部门应制定和完善相关法律，对重点人员、重点地区、重点行业加强行业监管，有效执法，及时发现网络违法犯罪行为并移送司法机关，做到源头治理。其次，网络服务提供者等互联网企业在防控网络犯罪中理应发挥重要作用。网络犯罪是一种高技术犯罪，在防控网络犯罪时，也需要使用技术手段。互联网企业可以将大数据、机器学习、人工智能、网络安全等新技术运用于网络安全防范体系的建设，发挥自身强大的技术优势，做到事前预警、事中阻断和事后溯源，最大化地防控网络犯罪。在互联网企业应对防控网络犯罪、维护网络安全承担更多责任，有效进行网络生态治理的同时，政府部门要加强对互联网企业自身的监管，防止其成为网络犯罪的帮凶，对拒不履行信息网络安全管理义务甚至参与网络犯罪的互联网企业，要依法及时查处。再次，电信运营商要承担自身社会责任，履行监管义务，尤其要强化电信线路违法出租、多重呼叫转移、电话改号软件、伪基站等方面的监督治理。最后，金融机构应严格落实银行卡开户数量限制的规定，加强对异常账户的甄别，强化对网上银行转账汇款等业务的审查，查处乱开卡、代开卡、买卖银行卡等各种违规现象，对资金频繁出入、存在异常的账

户严加监管,防止金融机构支付平台被网络犯罪人非法利用。此外,社会公众应积极参与网络犯罪的防控,对发现的网络犯罪应及时举报。

(三) 提高民众的网络犯罪防范意识,防止被害

网络犯罪在虚拟的信息网络中实施,许多犯罪尤其是网络财产犯罪,往往需要被害人的"配合",否则无法成功。因此,加强对社会公众的宣传教育,使其充分了解网络犯罪的社会危害;及时宣传网络犯罪最新作案手法,增强社会公众的防范意识,使其自觉抵制网络违法活动,防止自身成为网络犯罪的被害人,是预防网络犯罪的重要措施。

(四) 加强国际合作,积极参与网络犯罪的国际治理体系

网络犯罪是典型的跨国犯罪,仅靠一国的力量无法有效应对网络犯罪,只有各国大力合作,联合行动,协作配合,才能有效防控网络犯罪。因此,要加强国际合作,和相关国家共同防控网络犯罪。

第十一节　有组织犯罪

一、有组织犯罪的概念

有组织犯罪(organized crime)是世界各国面临的共同难题。尽管这一概念早已被人们所熟悉,即人们普遍认为有组织犯罪和传统的犯罪有所不同,有组织犯罪是一种独特的犯罪类型,各国也都采取了积极措施予以应对,但对有组织犯罪的定义一直没有统一。虽然给有组织犯罪作出统一的定义存在困难,但考察各国有组织犯罪的现实状况,寻找一些共同特征,以将有组织犯罪和传统的犯罪、恐怖主义犯罪作出区别是可能的。

(一) 有组织犯罪的主要特征

各国在界定有组织犯罪时,通常考虑以下因素:

第一,没有政治性目的。有组织犯罪将经济性利益作为主要目标。有组织犯罪的目的是获取金钱等经济性利益和在一定区域、行业非法控制的权力。在获取经济利益和非法控制权力时一般会采用违反法律和道德的方式,不受法律和道德原则的约束。有组织犯罪群体的行为动机不受政治信念、意识形态的影响。在运行过程中,尽管有组织犯罪也会和政治权力发生某种形式的关联,但这不是为了满足某种政治目的,而是为了寻求庇护,避免其非法行为受到法律追究。没有政治性目的是有组织犯罪与恐怖主义犯罪及具有政治诉求的有组织行为的主要区别。

第二,有层级性和组织性。层级性和组织性是有组织犯罪的重要特征,是有组织犯罪和传统个体犯罪、临时纠集起来实施犯罪的群体的主要不同之处。有组织犯罪群体有着垂直的组织结构,而不仅仅是由领导者和他的一些杂乱无章的追随者组成。有组织犯罪通常有三个层级:领导者、核心成员以及一般性成员。每个层级的成员都被赋予了一定的权力,可以对下级成员行使权威,发出指令。这种权威来自层级地位,与占据该层级的某个特定个人无关。有组织犯罪的成员由此形成了一个复杂的关系网络。层级性和组织性使有组织犯罪有更大的稳定性,能够将分散的力量进行整合,发挥更大效能,使有组织犯罪在实施犯罪时更容易成功,也使有组织犯罪具有更强的抗击打能力。

第三,成员具有稳定性。有组织犯罪的成员相对稳定,加入有组织犯罪有较为严格的限定,并非任何人都可以成为有组织犯罪的成员。加入有组织犯罪需要具备某种"资格",这种

资格通常包括家族亲属关系、同乡关系、犯罪记录、特定地域等。加入有组织犯罪后就必须遵守犯罪组织的各种规定，如服从命令、保守秘密并愿意实施犯罪行为等。加入有组织犯罪群体后要想脱离该组织并不容易。

层级性、组织性和成员的稳定性能够将有组织犯罪和临时性的群体犯罪区别开来。

第四，使用暴力或暴力威胁并对某一地区、行业形成非法控制。在有组织犯罪中，暴力或暴力威胁是经常使用的手段，使用这些手段的目的是获取最大化的经济性利益。有组织犯罪并不是通过合法竞争的方式获取经济利益，为了对某一区域、某一行业进行控制，会采用暴力或暴力威胁的手段达到目的。有组织犯罪并不完全排除使用合法方法获取利益，有时会采用合法方式和非法方式相结合的途径，但暴力和暴力威胁是更为重要的手段。在一些情形下，有组织犯罪会通过贿赂、威胁甚至暴力方式寻求政权组织的保护以达到目的。手段的暴力性是有组织犯罪与一些合法经营的组织的主要区别。

第五，有自己的规则和制度。有组织犯罪有自己的规则和制度，这一点和合法组织一样，对于其管理规则和制度，其成员必须遵守。

第六，有独特的亚文化并能够自我保持和发展。有组织犯罪有不同于正常社会文化的亚文化，如统一着装、佩戴特定标识、文身、特定的行为方式以及违反组织规则后的处罚方式等，其成员有时不将自己看作传统社会的一部分。有组织犯罪通过犯罪行为获取经济利益以保持自身的存在和发展，犯罪组织不会因为某个个人的退出或死亡而自动消失。①

具备上述几个或全部特征的犯罪类型可能被界定为有组织犯罪。

（二）我国有组织犯罪的概念

在我国，有组织犯罪不是一个法律概念，刑法并未规定有组织犯罪。但在谈及有组织犯罪时常常将其和刑法规定的犯罪集团、黑社会性质组织犯罪及司法文件中规定的恶势力犯罪、犯罪团伙等相联系，形成了不同类型的有组织犯罪概念：一是将犯罪团伙包括在有组织犯罪中的广义的有组织犯罪；二是将有组织犯罪等同于犯罪集团的狭义的有组织犯罪；三是仅指黑恶势力犯罪的有组织犯罪，认为有组织犯罪是黑社会性质组织犯罪和恶势力犯罪的合称，其中黑社会性质组织犯罪是典型的有组织犯罪。这是一种最狭义的有组织犯罪概念。刑法学中的有组织犯罪更多地指最狭义的有组织犯罪概念。

刑法学中的有组织犯罪和犯罪学中的有组织犯罪的概念可以不同，这是由两个学科不同的学科目的决定的。刑法学中确定有组织犯罪的概念是为了把握有组织犯罪的法律特征和构成条件，准确认定组织、领导、参加黑社会性质组织罪等具体犯罪，以准确适用刑罚；犯罪学中确定有组织犯罪的概念，是为了正确认识有组织犯罪的事实特征，分析其原因和形成机制、发展过程，对有组织犯罪进行有效预防和控制。在犯罪学语境下，一个典型的有组织犯罪组织是以谋取经济利益为目的，具有层级性的组织机构；是成员相对稳定，有自身的行为规则和管理制度，以暴力、暴力威胁、贿赂官员等方式对某一地区、行业形成非法控制的犯罪组织。由于有组织犯罪大多会经历由小到大的发展过程，其最初形态可能表现为没有组织形式的松散的犯罪团伙，随着实力不断壮大，发展为人数较多、经常纠集在一起实施违法犯罪的“恶势力”，并最终发展成为典型的有组织犯罪，因此，从预防和控制有组织犯罪的角

① See Howard Abadinsky, *Organized Crime*, 9th ed., Wardworth Cengage Learning 2010, p. 4.

度看，可以将犯罪团伙、恶势力犯罪等纳入有组织犯罪的概念之中。

二、我国有组织犯罪的状况与特点

基于同乡、家族等纽带形成的有组织的“帮会”在我国有着长久的历史，在20世纪二三十年代，上海的青帮、红帮代表着我国黑社会发展的顶峰。新中国成立后，各种帮会组织被彻底铲除。但是，改革开放以来，随着经济的高速发展，社会管理体系却无法同步发展，加上境外有组织犯罪的渗透侵入，过去的帮会文化有复活的倾向，并演化为有组织犯罪亚文化。在这些因素的共同影响下，各种团伙犯罪、集团犯罪日益严重，并逐步发展为相对成熟的有组织犯罪，成为严重危害社会治安、损害经济发展、侵蚀执政根基的犯罪类型。目前，我国有组织犯罪的基本状况与特点为：

第一，犯罪数量大，社会危害严重。由于有组织犯罪的严重情况，自2018年以来，全国范围内开展了为期3年的扫黑除恶专项斗争。据统计，截至2021年，全国共打掉涉黑组织3 644个，涉恶犯罪集团11 675个。全国公安机关共破获涉黑涉恶刑事案件24.6万起，带动破获2015年以前陈年积案8.08万起。全国检察机关起诉涉黑涉恶犯罪案件3.6万件（23万余人）；全国法院一审判决涉黑涉恶犯罪案件3.29万件22.55万人。[①] 由上述数据不难发现我国有组织犯罪的严重程度。虽然扫黑除恶专项斗争取得了巨大成就，但是如果不能将有组织犯罪形成的原因彻底消除或减少到最低限度，有组织犯罪就可能卷土重来，在数量上发生反复。

第二，有组织犯罪分布广泛，在全国各地均有发现。有组织犯罪在全国各省（自治区、直辖市）都有发现，在省（自治区、直辖市）内也较为普遍。在一些经济相对发达、有一定资源的地区以及一些农村地区，黑恶组织犯罪比较严重。例如，扫黑除恶专项斗争中，全国共打掉农村涉黑组织1 289个，农村涉恶犯罪集团4 095个，依法严惩“村霸”3 727名；共打掉欺行霸市等涉黑组织1 128个，打掉资产在亿元以上的涉黑组织653个[②]。另外，东南部沿海一些地区还出现了跨境有组织犯罪。

第三，犯罪手段以暴力为主，“软暴力”逐渐突出。通过暴力、胁迫等手段获取经济利益是有组织犯罪的常用手段。但是，近年来，为了在谋取不法利益或形成非法影响的同时逃避打击，对他人或者在有关场所进行滋扰、纠缠、哄闹、聚众造势等，足以使他人产生恐惧、恐慌进而形成心理强制，或者足以影响、限制人身自由、危及人身财产安全，影响正常生活、工作、生产、经营的“软暴力”成为有组织犯罪的重要手段。

第四，组织性更加严密，层级性更为明显，组织成员多为具有违法犯罪前科的人员且基于地域同乡、家族血缘关系、违法犯罪背景等结合在一起。有组织犯罪中，一般由组织者、领导者等核心成员，积极参加者等骨干成员以及一般参加者等组成一个组织严密、层次分明的金字塔形权力结构组织。其中，组织者、领导者负责领导整个有组织犯罪的运行，控制、谋划、策动整个有组织犯罪活动，而积极参加者指挥组织成员具体实施犯罪活动。从我国有组织犯罪的成员情况来看，大多具有故意伤害、抢劫、盗窃、敲诈勒索等违法犯罪前科，他们基于家族血缘关系、地域同乡等联系在一起。由于家族血缘关系在有组织犯罪运行过程中是一个重要的连接成员的纽带，一些有组织犯罪呈现出家族化的特征。近些年来，随着网络有

① 参见2021年《最高人民检察院工作报告》。

② 参见2021年《最高人民检察院工作报告》。

组织犯罪的逐步发展，除了金字塔形组织结构的有组织犯罪外，还出现了具有环状结构的有组织犯罪，和金字塔形组织结构的有组织犯罪并存。在环状结构的有组织犯罪中，虽然核心成员相对固定，但其权力结构形态的层级性相对较弱，成员之间没有明显的依赖和控制关系，其外围人员则更为松散，彼此之间基于技术、社交、智力等相互协作，共同在信息网络实施犯罪行为，在这种组织形式下，参加有组织犯罪活动具有较大的任意性。这是一种较为新型的有组织犯罪形式。

第五，有组织犯罪逐步企业化，一些合法企业逐渐出现有组织犯罪化情形。一方面，有组织犯罪在其发展初期，往往通过暴力等违法犯罪手段获得原始积累，在某一地域、某一行业形成非法控制。为了获取更大的经济利益，同时为了掩饰其犯罪面目，逃避司法打击，实现由低端向高端的发展，就需要不断整合犯罪资源，扩展控制领域，通过各种方式，使其具有合法的外观。因此，有组织犯罪逐步向合法运行的企业方向发展，或者通过合法企业的外观掩饰其有组织犯罪的实质，在组织形式、运作模式、人员构成、经营范围等方面表现出合法企业的样态。其具体途径为通过创办企业、投资入股等形式进行“洗白”，成为合法企业、公司，实现“以商养黑、以白洗黑”，并最终通过企业运营实现更大范围的区域或行业控制的目的。另一方面，我国还出现了合法企业逐渐蜕变为有组织犯罪之犯罪组织的情形，即合法企业因为涉黑涉恶等行为而转化为有组织犯罪组织。合法企业原本是为了盈利而设立的合法组织，其通过持续性、竞争性的经营活动获取利润。在我国，国有企业涉及有组织犯罪的极少，但是部分私营企业和混合所有制企业却出现了有组织犯罪化的情形。这在实践中主要表现为，一些私营企业和混合制企业通过暴力、胁迫等手段达到扩大经营、垄断市场、防止被害、解决纠纷的目的，或者借助于有组织犯罪为其提供保护，其自身也最终发展成为有组织犯罪组织。①

第六，有组织犯罪实施的具体犯罪多样，非法控制的行业广泛。除了传统的故意伤害、抢劫、敲诈、盗窃等违法犯罪外，有组织犯罪还从事色情交易、赌博、放高利贷、制贩毒品等地下经济行业，对这些地下行业进行控制，获取经济利益。通过一定程度的企业化，有组织犯罪还侵入合法行业谋取经济利益，获取巨额利润。我国有组织犯罪涉及的主要行业分布在娱乐、物流、建筑、房地产、矿产开采等领域。

第七，有组织犯罪多与公权力有关联，寻求公权力的保护，一些公职人员成为有组织犯罪的保护伞。为了逃避打击，谋求更大发展，有组织犯罪通过贿赂、威胁等方式，寻求国家工作人员的庇护，为其有组织犯罪活动提供保护的国家工作人员以政法干警、行政执法人员为主，娱乐、物流、采矿业的审批管理部门的工作人员较多，甚至在一些有组织犯罪中，国家公职人员本身就是有组织犯罪的成员，形成了“以政护黑”的现象。另外，有组织犯罪的成员还有向国家机关或基层组织渗透，成为基层组织的工作人员等情况。有组织犯罪和国家工作人员的职务犯罪紧密相连是我国有组织犯罪的一个重要特征。

三、有组织犯罪的原因

和普通犯罪相比，有组织犯罪严重损害人民的安全感和人身、财产利益，危及执政根基，具有极大的社会危害性。因此，有组织犯罪历来是严厉打击的对象。目前，尚没有一个统一

---

① 参见蔡军：《我国有组织犯罪企业化的路径及其表现分析》，《法学论坛》2021年第1期。

的理论对有组织犯罪作出完整解释。借助于犯罪学的现有理论,可以对有组织犯罪的成因作出一定程度的分析。在预防和控制有组织犯罪时,在有效惩治的基础上,还应当根据有组织犯罪的成因,采取更为科学有效的措施应对有组织犯罪。

第一,社会转型期的失序状态,成为有组织犯罪发生的宏观社会背景。我国自改革开放以来,生产力得以释放,人民各种需求不断增长,社会主要矛盾已经转化为人民日益增长的美好生活需要和不平衡、不充分发展之间的矛盾,由于社会发展无法满足所有人的需要,同时,由于法律制度的不健全,道德、习俗等对人们的约束相对减弱,人们需要膨胀和社会约束力量减弱的冲突极易造成包括有组织犯罪在内的各种失范行为发生。基于此,一方面,要通过建立健全法律制度和社会管理体系,形成有效的社会治理机制;另一方面,要通过发展经济,提供更多就业机会,最大化满足人们的合理需要,才能从根本上预防和控制有组织犯罪的发生。

第二,正式社会控制不足和犯罪亚文化的影响构成了有组织犯罪的中观社会环境。一方面,司法、行政管理部门在法律规定下对社会运行进行有效控制是维持社会安定、经济发展的重要条件。近些年来,我国司法机关、行政机关社会管理水平不断提高,走上法治化、科学化、精细化的轨道,但不可否认的是与满足社会现实的需要仍有差距。这些国家机关等正式社会控制力量的不足使得对一些区域、行业的监督无法有效进行,为有组织犯罪提供了土壤。例如,在一些农村地区,由于农村基层管理组织管理缺位,无法进行有效社会管理和控制,导致一些地方处于涣散状态,基于地域、血缘关系,社会闲散人员极易纠集在一起,从事违法犯罪行为,成为有组织犯罪的萌芽。另一方面,犯罪亚文化的存在为有组织犯罪提供了文化支持。犯罪亚文化是一种与社会主流文化相冲突的、存在于犯罪群体之中的非主流文化。我国有帮会文化的传统,虽然帮会文化一度受到打压,但并未完全消失。在类似于帮会文化的犯罪亚文化的支持下,有组织犯罪成员纠集在一起,形成共同的行为方式、组织规矩、价值观念等。犯罪亚文化在有组织犯罪中起着精神动力的作用,与有组织犯罪有着不可分割的内在联系。

基于有组织犯罪的上述成因,应当进一步加强、优化基层治理组织建设,提升基层治理能力;优化营商环境,重点关注有组织犯罪容易涉及的重点行业领域,加强对重点人口的管理。同时,要防止有组织犯罪向政权机关渗透,破除有组织犯罪的保护伞。还要积极进行文化建设,防止不良文化的消极影响。

第三,一些社会成员缺乏好的发展机会,没有满足其社会需要的正常途径是有组织犯罪的微观环境。根据美国犯罪学家默顿的紧张理论,在一个社会中,通常会为社会成员设置文化目标和达到目标的途径。大多数社会成员都会通过合法的途径达到这种文化目标。但是,并非所有的社会成员都具有达到社会目标的合法途径,社会目标和达到目标途径的缺乏会造成社会成员的"紧张",这时,社会成员就会通过犯罪这种"创新"手段去达到目标。从我国的实际情况看,还有大量受教育程度低、无正当职业和收入不稳定的社会成员,无法获得足够的就业机会,在求职中也缺乏竞争力,被不断地边缘化,从而面临较大生存压力,处于"紧张"的状态之中。这种紧张状态促使他们寻求其他途径满足自身需要,加入有组织犯罪寻求保护和"获得成功",成为缓解紧张的一种途径。这是有组织犯罪存在的个体因素。基于此,加强教育,创造更多就业机会,消除社会成员的"紧张",是预防有组织犯罪的重要措施之一。

第四,刑法相关规定不尽合理,无法对有组织犯罪进行有效打击。有组织犯罪大都经过了一个从小到大逐步发展的过程,如果不在早期对有组织犯罪进行惩治和打击,在一定程度上会促成有组织犯罪的发展壮大。刑法的相关规定不尽合理或不够完善,司法机关无法对有组织犯罪依法进行有效打击是我国有组织犯罪日益严重的重要原因之一。例如,从我国刑法立法的情况看,认定犯罪的条件设定较高、过于宽容,对一些轻微的暴力行为、滋扰行为无法进行刑法干预和惩处,导致一些轻微的暴力行为、滋扰行为泛滥,而这些行为是有组织犯罪的早期萌芽,不予干预就会不断发展,形成成熟的有组织犯罪。又如,对实践中有组织犯罪经常采用的"软暴力",刑法没有作出明确规定,导致司法机关在打击此类行为时出现困难。因此,一方面,应完善相关刑事法律,为有关机关提供打击、惩治有组织犯罪行为的法律依据,"打早打小"是预防有组织犯罪的重要手段;另一方面,要完善现有刑事法律对有组织犯罪的相关规定,避免打击有组织犯罪的扩大化,把惩治有组织犯罪纳入法治化的轨道上来。

第五,境外有组织犯罪的渗透、影响。有组织犯罪具有国际性和跨境性的特点,境外有组织犯罪的不断渗透对我国有组织犯罪具有重要影响,为此,履行我国已经参加的打击有组织犯罪的国际条约义务,开展国际和区域的执法合作和司法协助,在预防和控制有组织犯罪的过程中是必不可少的。

第十二节 无被害人犯罪

一、无被害人犯罪概述

无被害人犯罪(victimless crime)又称为"不道德犯罪"(vice crime),是指没有直接的被害人但被认为破坏了道德的犯罪行为。

无被害人犯罪是20世纪60年代出现的一个社会学、犯罪学概念。1965年,美国社会学家、犯罪学家埃德温·舒尔(Edwin M. Schur)在《无被害人犯罪》[①]一书中,首先注意到了无被害人犯罪问题。例如,堕胎、吸毒行为等,这些犯罪缺乏普通犯罪中一致存在的因素——实际的被害人。[②]根据舒尔的论述,无被害人犯罪具有三个特点:第一,一般人对于法律应当如何规定这类犯罪、如何实施这样的法律和如何惩罚这样的违法者,缺乏一致的看法。第二,具有交换性。这类行为是利用金钱和性等交换产品(如毒品、色情作品)或者服务(如赌博、性)的行为。第三,这类犯罪行为缺乏明显的危害性,仅仅可能对犯罪人自己有危害。[③]

通常认为,无被害人犯罪主要包括下列类型:[④](1) 成人之间双方同意的性行为(sex acts between consenting adults),包括卖淫行为、通奸行为等。(2) 销售和阅读色情作品的行为(pornography)。(3) 堕胎行为(abortion),又称为"人工流产",这是指人工终止妊娠的行为,也就是在胎儿发育到能独立生存的阶段(自受孕起至怀孕28周之间的任何时候)之前被

---

① See Edwin M. Schur, *Crimes without Victims*, Prentice-Hall, 1965, p. 25.

② See Dermot Walsh, Adrian Poole (eds.), *A Dictionary of Criminology*, Routledge & Kegan Paul, 1983, p. 235.

③ See Henry R. Lesieur, Michael Welch, "Vice, Public Disorder and Social Control," in Joseph F. Sheley (ed.), *Criminology: A Contemporary Handbook*, Wadsworth Publishing Company, 1991, p. 177.

④ 参见[美]D. 斯坦利·艾兹恩、[美]杜格·A. 蒂默:《犯罪学》,谢正权、邬明安、刘春译,群众出版社1989年版,第225—228页。参见 Freda Adler, Gerhard O. W. Muller, Williams S. Laufer, *Criminology*, McGraw-Hill, 1991, p. 311.

排出子宫外的过程。(4) 吸毒(drug use)。这是指人们使用受管制的精神药物的行为。(5) 赌博行为(gambling),(6) 其他妨害治安的行为,包括流浪行为、公开醉酒行为、乞讨行为等。

大部分无被害人犯罪具有一些共同特点:(1) 这些犯罪的参与者往往都不把自己看成是犯罪人,很多其他人也不把他们看成是犯罪人。(2) 这些行为都是参与者相互同意和自愿进行的,没有传统意义上那种遭到强迫的“犯罪被害人”。(3) 这些行为往往有法律允许的情况,有时候很难区分它们合法或者违法。例如,除了海洛因或者大麻外,在很多地方购买和销售酒类和咖啡因是合法的。又如,在很多国家和地区,销售和购买色情刊物是合法的。(4) 非法性行为和非法毒品是所谓“快乐”和巨额利润的来源。(5) 它们是有组织犯罪的主要目标,而且这些犯罪相互促进和交叉。例如,大量的非法性行为和毒品都被有组织犯罪集团所控制;许多卖淫者都吸毒成瘾,大多数女性吸毒成瘾者都从事卖淫行为。(6) 适用于性和精神药物的法律中充满了相互矛盾的内容,这些法律的实施中也充满了矛盾。(7) 这些行为都是卫道者们进行谴责的主要对象。卫道者们认为,这些行为败坏了社会道德。[①]

二、无被害人犯罪的犯罪化与非犯罪化

犯罪化和非犯罪化是立法机关在法律规范中对待社会行为的两种截然相反的过程,这种对立的过程在对待无被害人犯罪问题上,表现得很明显。“犯罪化”(criminalization)就是将一些行为规定为犯罪的过程。“非犯罪化”(decriminalization)就是将一些犯罪行为合法化的过程。

在传统上,立法中将大量无被害人行为规定为犯罪(犯罪化),这样做的主要理由是:(1) 维护社会道德。认为属于无被害人犯罪的这些行为,败坏了社会道德和社会风气,有伤社会风化,引起了社会危害后果。(2) 遏止其他犯罪。认为这些行为的存在,导致了其他的犯罪。例如,卖淫行为的存在,引起了介绍卖淫、组织卖淫等犯罪行为;吸毒行为的存在,引起了贩毒、制毒等犯罪行为。因此,把一些无被害人犯罪看成是滋生其他严重犯罪的源头犯罪。[②] (3) 保护被害人。无被害人犯罪虽然没有传统的法律意义上的被害人,但是,应当认为,这些犯罪人本身就是被害人,“娼妓是一种(社会环境的、她的拉皮条人的、或男人利用的)被害人”;[③]在吸毒案件中,也可以把吸毒者本身看成是一种长期的被害人,应当保护他们免受损害。[④] (4) 保护社会。虽然可能难以识别出无被害人犯罪的直接被害人,但是,这类行为与人们的道德信念和价值观相冲突,引起了普遍的社会危害,所以,应当用法律加以禁止。

但是,很多人都认为,将大量无被害人行为规定为犯罪是有问题的,因而主张将这些犯罪行为合法化(非犯罪化)。主要理由如下:(1) 无被害人犯罪没有对他人造成危害。无被害人犯罪就是没有实际被害人的行为,这些行为的实施都是双方自愿进行的,而且往往是希

① See Hugh D. Barlow, *Introduction to Criminology*, 5th ed., Scott, Foresman and Company, 1990, pp. 362-363.

② 参见李邦有、王德育、邓超:《性犯罪的定罪与量刑》,人民法院出版社 2001 年版,第 17 页。

③ [美]D. 斯坦利·艾兹恩、[美]杜格·A. 蒂默:《犯罪学》,谢正权、邬明安、刘春译,群众出版社 1989 年版,第 220 页。

④ See Joseph J. Senna, Larry J. Siegel, *Introduction to Criminal Justice*, 4th ed., West Publishing Company, 1987, p. 45.

望进行的行为或者得到的服务,因此,这类“犯罪”没有对他人造成危害,没有传统意义上的“犯罪被害人”,所以,不应当作为犯罪加以惩罚。(2) 法律不应该干预私人道德。列为无被害人犯罪的很多行为,都是属于私人道德领域的事情,尽管刑法应当加强社会道德规范,但是,法律不应当干预私人道德领域的事务。(3) 无被害人犯罪是“无控告人犯罪”。参与这些行为的人,都不认为自己是被害人,都不愿意控告对方,因为这些行为都是他们希望进行的。司法机关干预无人控告的“犯罪行为”,是多此一举。(4) 犯罪化只能导致更加严重的“派生犯罪”。不是这些无被害人行为导致了更多的犯罪,而是法律禁止这些行为才导致了大量更加严重的“派生犯罪”。例如,禁止吸毒导致了大量的贩毒、制毒、盗窃(为了满足毒瘾而盗窃)等犯罪行为;禁止卖淫导致了非法组织卖淫等犯罪。(5) 惩罚无被害人犯罪是对下层阶级的歧视。从无被害人犯罪的实际情况来看,从事这些行为的往往是下层阶级的成员。将这些行为犯罪化,体现了对下层阶级的歧视。(6) 被称为“无被害人犯罪”的那些行为,属于社会问题,有复杂的产生和存在原因,应当用解决社会问题的综合性方法处理。例如,对于公开醉酒、吸毒成瘾的人,应当提供医学治疗和心理治疗,而不应当简单地用法律手段加以禁止。(7) 惩罚无被害人犯罪要付出高昂的代价。这些代价包括执法代价(国家要为查处这类行为花费大量的人力、物力、财力),派生的犯罪开支(将这些行为犯罪化的结果,派生出大量更加严重的犯罪,国家要为处理这些派生犯罪花费大量的资源),警察腐败(警察在处理无被害人犯罪的过程中,会产生大量腐败,如接受贿赂,滥用自由裁决权),损害了公民的合法权利(警察部门在对无被害人犯罪进行侦查的过程中,使用大量非法手段,如窃听、诱供、使用告密者等,从而损害了公民的正当权利)等。

基于上述理由和其他原因,一些国家从很早就开始了将无被害人犯罪合法化的行动。1957 年,英国政府委托的一个委员会——同性恋犯罪和卖淫问题研究委员会[①],在对同性恋和卖淫行为进行研究之后发表报告建议,成人之间在私下进行的双方同意的同性恋行为,不应当再作为犯罪对待。这个建议在 1967 年制定的《性犯罪法案》中得到体现。从 20 世纪 20 年代开始,许多国家陆续宣布堕胎合法化。不过,直到 20 世纪末期,在堕胎问题上的犯罪化与合法化的争论和努力,还在继续进行。目前,色情行业、赌博业在许多国家和地区已经基本合法化,法律对于这些行为仅仅作了一定的限制,如区分成年人与未成年人,要求在一定地区或者按照一定形式从事这些活动等。在吸毒问题上,很多国家也已经将其合法化,特别是由于利用静脉注射方法吸毒导致了艾滋病(AIDS)的大量感染和流行,进一步加快了将吸毒合法化的进程:人们希望吸毒者可以合法地得到一些毒品维持其毒瘾,而不再使用危险的方法和高昂的代价去满足毒瘾。

【本章小结】

犯罪类型很多,本章从不同的角度,选择了有代表性的几种犯罪类型进行论述。财产犯罪和性犯罪所侵害的客体不同,暴力犯罪与智能型犯罪方式不同,法人犯罪与自然人犯罪不同,未成年人犯罪与普通成年人犯罪不同,有组织犯罪和一般的团伙犯罪、集团犯罪不同,智能型犯罪包括网络犯罪和无被害人犯罪,是现代社会出现的新犯罪类型。通过对不同类型

---

① 由于该委员会的主席是英国雷丁大学副校长沃尔芬登爵士,因此,该委员会通常简称为“沃尔芬登委员会”(Wolfenden Committee)。

犯罪的研究,可以更科学地认识各种具体的犯罪现象,同时也有利于从整体上认识和把握犯罪现象,这样可以更精确地认识各种具体犯罪现象的本质、规律,有利于根据不同的犯罪现象提出针对性更强、效果更好的犯罪现象对策。

【本章思考题】

1. 犯罪现象分类的概念、意义和标准是什么?
2. 简论财产犯罪。
3. 简论暴力犯罪。
4. 简论性犯罪。
5. 简论未成年人犯罪。
6. 简论女性犯罪。
7. 简论经济犯罪。
8. 简论智能型犯罪。
9. 简论网络犯罪。
10. 简论无被害人犯罪。

【本章参考文献】

1. 杨力平编著:《计算机犯罪与防范》,电子工业出版社 2002 年版。

2. [美]M. T. 布里提(Marjie T. Britz):《计算机取证与网络犯罪导论》(第三版),戴鹏、周雯、邓勇进译,电子工业出版社 2016 年版。

3. [英]蒂姆·欧文、韦恩·诺布尔、法雅·克丽斯特贝尔·斯皮德:《网络犯罪新视角》,程乐、叶宁、丁皓、吴昕蔚译,中国民主法制出版社 2020 年版。

4. 刘明祥、冯军主编:《金融犯罪的全球考察》,中国人民大学出版社 2008 年版。

5. 康树华:《犯罪学》,群众出版社 1998 年版。

6. 宋浩波主编:《犯罪学新编》,中国人民公安大学出版社 2003 年版。

7. 张旭:《犯罪学》,法律出版社 2003 年版。

8. 王恩海:《无被害人犯罪研究》,法律出版社 2009 年版。

9. 刘白驹:《性犯罪:精神病理与控制》(增订版),社会科学文献出版社 2017 年版。

10. [德]汉斯·约阿希姆·施奈德:《犯罪学》,吴鑫涛、马君玉译,中国人民公安大学出版社、国际文化出版公司 1990 年版。

第四篇

犯罪现象对策论

第十一章　犯罪对策概述

犯罪现象在一定的时空范围内是可以控制和减少的,因此,犯罪学研究犯罪对策是其必然的逻辑要求。在犯罪学和犯罪对策学诞生地欧洲,由于犯罪对策作为独立的学科存在,所以,绝大部分犯罪学只研究犯罪原因而不研究犯罪对策。我国虽然已经有犯罪对策学,但是,无论是作为学科还是作为理论,我国犯罪对策学都还有待社会和学界的大力扶持,特别是由于本书突破了传统的犯罪学理论框架,把犯罪现象作为一种客观存在来对待,如果忽视对犯罪对策的研究,就势必会造成一种犯罪现象不需要防治的错觉。因此,犯罪学必须研究犯罪对策。

虽然我国犯罪学界对"刑事政策"概念有不同的理解,但是无论是从"刑事政策"概念的原意,它在逻辑上的位置,还是社会实践对它的需要来看,"刑事政策"概念的基本含义都应当是"犯罪对策"。犯罪对策分为刑事惩罚对策和社会预防对策。

第一节　犯罪对策的概念

一、犯罪对策的概念

犯罪对策是动态的、发展变化的,反映它本质的概念也应当是变化的。历史地看,对犯罪对策概念有不同的理解,概括起来主要有狭义和广义之分。一种观点认为犯罪的唯一对策就是惩罚;另一种观点认为除了惩罚之外还应有预防。最早的时候,人们所理解的犯罪对策就是单一的惩罚对策,这就是狭义的犯罪对策概念。后来,随着人们认识不断深入,犯罪对策的内涵也得到丰富,除了包括刑事惩罚对策之外,还包括社会预防对策,这就是广义的犯罪对策概念。犯罪对策概念的内容从一种措施发展为两种措施,这是一种社会进步,也是历史的必然。犯罪对策概念的这种变化正确地反映了它本身的客观变化,也正确地反映和表达了实践对正确的犯罪对策的需求。

由于研究者主观上的不同认识,造成对犯罪对策概念有各种不同的理解。犯罪对策是实践中运用的客观的制度事实,包含社会需要的价值选择,也就是说,犯罪对策不是单一的理论问题,同时还是一个实践问题。所以,这些不同的观点,在与实践结合起来的时候,就有正确或合适与否的问题。因而,对犯罪对策概念的研究和确定就显得尤其重要,应当认真对待。

犯罪对策的概念是随着欧洲刑法改革运动的出现而在 20 世纪初出现的,其作为犯罪对策术语的出现,要早于作为犯罪对策概念的出现。

犯罪对策这个术语(Kriminalpolitik 或 criminal policy)最早出现于欧洲学术文献中,日本早于我国开展相关研究,将这一术语用日文中的汉字译为"刑事政策",我国后来延用下来,在文献中也用"刑事政策"来表达。但是,从原意上看,在我国的语境下,这个概念用"犯罪对策"来表达比较合适,而用"刑事政策"来表达往往容易产生误解,难以使人正确理解这个概念的原意,以为这是个狭义的犯罪对策概念,即单一的惩罚犯罪的对策,严重违背了这个概念产生的初衷。这个概念产生的初衷就是在刑罚之外增加社会预防,即作为广义的犯罪对策概念使用。

在我国的语境下,"刑事政策"中的"刑事"应理解为"犯罪现象","政策"应理解为"对策",这样才比较合适,不至于招致误解。西语原意的"刑事政策"(criminal policy)中的"刑事",不能简单地理解为就是刑法上的"犯罪",它除了包括刑法典中规定的犯罪之外,还包括所有危害社会的各种现象,如可能引起犯罪发生的违法现象等;至于"政策",也确有通常我国所理解的"政策"的含义,但又不仅仅限于"政策"的含义,它比"政策"的含义更广。在我国的语境下,在"对策"的意义上来理解它最为合适。所以,所谓的"刑事政策",不是指一个具体的人犯了罪以后,在刑法的范围内如何处理,而是要从整个社会的角度来看,犯罪问题应当如何防治,也就是除了刑事惩罚之外,如何进行社会预防。最初的犯罪对策概念正是在摆脱单纯地利用刑法的惩罚、重点强调社会预防的意义上提出来的,它提出的宗旨和核心正是强调社会预防,没有社会预防的内容,就不能揭示最初犯罪对策概念的本质。法律理论概念的翻译和理解主要不在译文词义上,而重点在于对待译概念在其理论体系中的实质内容上,并且,翻译词语的选择要充分考虑待译词语所处的语境。

犯罪对策概念晚于犯罪对策术语的出现。犯罪对策这个术语最早出现在 19 世纪,然而到 20 世纪初,当社会预防对策出现后,犯罪对策的概念才真正产生。

"犯罪对策"这个术语是 19 世纪初开始使用的,对于其最早在哪里出现,学界有不同认识。有的学者认为这个术语是 19 世纪法国一些学者开始使用的,而更多学者则认为"犯罪对策"术语是德国刑法学家费尔巴哈在其 1804 年著的《刑法学教科书》中第一次使用的,以后由于亨克和李斯特等学者的普遍使用而逐渐被欧洲其他国家学者所采用,最后竟形成了一门独立的"犯罪对策学"学科,以致后来德国、日本和我国台湾地区的一些学者,竟然把它当作"犯罪学"对待。当然,随着它发展程度的提高,也可以将其作为"犯罪学"的分支学科而独立出来。本书使用的"犯罪对策"这个术语,不是在学科的意义上使用的,而是将其作为广义的"犯罪学"的归宿的一部分内容,即作为防治犯罪对策使用的。

如果说犯罪原因是"犯罪学"的出发点,那么,犯罪对策则是"犯罪学"的归宿点。犯罪对策在逻辑上应当是"犯罪学"的部分内容。当然,随着它的发展程度的提高,也可以作为"犯罪学"的分支学科而独立出来。本书使用的"犯罪对策"这个术语是指防治犯罪的对策。

在现代文献中,有关犯罪对策概念存在狭义和广义两种观点。狭义的犯罪对策是指国家为打击和防止犯罪而运用刑事法律武器与犯罪作斗争的各种手段、方法和措施。它涉及的内容主要是刑事立法、司法和司法机关的刑事惩罚对策,不包括惩罚之外的社会对有关犯罪的各种其他对策,仅限于直接地以防止犯罪为目的的刑事惩罚对策。广义的犯罪对策是指国家为打击和防止犯罪而与犯罪作斗争的各种手段、方法和措施。它不仅包括以直接防止犯罪为目的的各种刑事惩罚对策,还包括能够间接防止犯罪的各种社会对策。这种观点实际上认为,犯罪对策包括目的在于抑制犯罪的一切活动。在现代文献中,持这种观点的人越来越多,占主导地位。

如何定义犯罪对策概念是困扰我国学术界的一个难题。出现众多不同犯罪对策概念(或定义)的主要原因就是没有找到为犯罪对策概念下定义的根据。

那么,什么是为犯罪对策概念下定义的根据,或者说,根据什么给犯罪对策概念下定义?本书认为,预防和减少犯罪现象的客观需要,就是给犯罪对策概念下定义的根据。换言之,预防和减少犯罪现象所需要的一切,就是犯罪对策本身。犯罪对策概念是思维中的事物,而犯罪对策则是实践上的事物。为犯罪对策的概念下定义,不应该是对学者们关于犯罪对策概念的已经存在的各种理论观点的综合或概括,而应该是根据预防和减少犯罪现象的实践上的需要,来确定应然的犯罪对策的基本内容,并在此基础上揭示其本质。也就是说,研究“犯罪对策是什么”的问题,不是在研究它在观念中已经“是什么”的问题,而是要研究它在实践中“应该是什么”的问题。这是因为,犯罪对策不仅是一个实践上的事物,而且是一个有客观需要、并需要进行价值选择的问题。对犯罪对策概念的研究不是一个单纯的学术问题,实质上是个实践的问题。在这个意义上可以说,犯罪对策主要不是一个科学事实,而是一个价值事实。所以,犯罪对策概念应当是个应然的概念。如果离开各种所谓的理论观点,而从社会实践对犯罪对策的需要考虑犯罪对策应该是什么,也就并不难以判断了:对预防和减少犯罪现象所起作用、有效果的各种手段、方法和措施就是犯罪对策。因此,这种手段、方法和措施的数量越多越好,质量越高越好。判断、确定犯罪对策概念的根据和标准是社会实践的需要,而不是其他什么东西。

如何正确地确定犯罪对策,应当进行广义理解还是进行狭义理解,自然也不应根据学者们的理论兴趣,而仍然是要根据预防和减少犯罪现象的实际需要来确定。据此,对犯罪对策作广义的理解当然是正确的。因为,犯罪是由社会造成的,它不仅是法律上的犯罪问题,同时更是个复杂的社会问题,只靠惩罚不可能取得更大的成效,更不可能根除犯罪,只有从社会着手,以各种社会对策措施与惩罚相配合,才能更好地防止犯罪,所以犯罪对策应该是广义的。

在犯罪对策概念没有提出之前,犯罪对策就是刑罚,刑罚是唯一的犯罪对策。因而,虽然有犯罪对策的实施,却没有犯罪对策的概念。广义犯罪对策(或称现代犯罪对策)概念产生于20世纪初,其标志是犯罪对策中的犯罪社会预防对策的形成和明确。犯罪对策概念的出现,实际上与犯罪学理论和方法的推动有很大关系,是经过实证研究而充分地感受到刑法(尤其是古典刑法)无能为力的情况下而另寻出路的结果。

对犯罪对策可以从理论上进行各种划分,其中从内容上可以划分为刑事惩罚对策和社会预防对策。刑事惩罚对策就是运用刑事法律对犯罪进行惩罚,其中主要表现为运用刑罚对犯罪进行的惩罚。刑事惩罚对策之外的对策都可以视为广义的社会预防对策。对犯罪已经发生后的制裁,属于刑事惩罚对策,对犯罪发生前的防范,属于社会预防对策。在刑罚之外寻找犯罪对策,属于社会预防的范畴。在“惩罚”和“预防”这两个基本概念的比较中,可以清楚地发现它们各自明显不同的价值取向。从理论上看,犯罪对策的概念中当然包括运用刑事法律对犯罪所进行的刑事惩罚,但是,现代犯罪对策概念的提出,在本质上天然地就与刑事惩罚相对立。这就是说,虽然犯罪对策概念在逻辑上包括刑事惩罚,但是,这个概念的基本理论蕴涵和价值取向却是在排斥并超越刑事惩罚。所以说与惩罚相对立的“预防”是现代犯罪对策的核心。不能简单地把犯罪对策理解为“惩罚”和“预防”并举,更不能按照我国政治生活中对“政策”概念的理解,把犯罪对策概念理解为应对犯罪的各种“政策和策略”,尤其是不能把犯罪对策仅仅理解为运用刑事惩罚的政策,这种理解本质上说是错误的。

二、犯罪对策的目的

犯罪对策是社会总对策的一部分,它与社会总对策的性质、原则是一致的。总的说来,犯罪对策的目的,在实质上是恢复和保卫被犯罪行为所侵害和可能侵害的社会价值。这是犯罪对策的最终目的。具体地说,犯罪对策的目的就是减少犯罪和尽可能地缩小犯罪存在的范围,并逐渐减少和消除犯罪。

对犯罪性质的不同认识，致使对犯罪对策目的也有不同观点。西方学者从资本主义国家社会学的观点出发，认为犯罪是社会永恒存在的、不能消灭的必然现象，而社会主义国家的学者则认为，犯罪是种历史现象，它不是从来就有的，也不是永恒存在的，它是从奴隶制社会才开始出现，到共产主义社会就将被消灭，是阶级社会特有的现象。

对犯罪对策具体目的的不同认识，还有犯罪概念上的问题。马克思主义认为犯罪可以最终消灭，这里的犯罪是从阶级、法律的意义上而言的。马克思主义同时也认为在无阶级、国家和法的原始社会和未来的共产主义社会里，作为社会学意义上的"罪"也还是存在的。

三、犯罪对策的内容

犯罪对策在具体内容上涉及理论和实践两个方面。在理论方面主要包括：运用犯罪学、社会学和其他学科的研究成果和成熟的经验，提出符合客观实际的、能有效治理危害社会行为的理论。其主要是通过对法律规定的犯罪进行立法和对策方向上的分析，对法律规定的原则、对策进行评价，从而在理论上指导治理犯罪的实践。实际上主要是对防止、减少犯罪的原则、对策等进行理论评价，以影响立法和刑法制度，完善犯罪对策的实践体系。在实践方面主要包括：根据犯罪对策理论和社会实践的可能性，执行和实现刑事惩罚和社会预防方面的各种活动、方法和措施。实际上就是在社会实践中实现刑罚手段和社会预防措施，也就是刑事司法机关、其他国家机关和有关社会机构，在社会实践中有效地实现犯罪对策的各项方法和措施。

总之，犯罪对策包括在与犯罪作斗争，保卫社会价值的总的方向和范围内的各方面的活动，即该社会的犯罪对策的总的宗旨、原则和决定的设想；刑事立法的完善；犯罪的控告、审判和惩罚问题，司法机关的活动；惩治系统的完善和补充；犯罪人的改造；社会预防及其基地建设；打击和抑制犯罪的公众舆论问题；刑事法律、刑法制度、打击和抑制犯罪的方法、措施及社会预防机制的效率；运用外国犯罪对策经验的调查研究等。

从犯罪对策的手段看，现代犯罪对策包括两大方面内容：刑事惩罚对策和社会预防对策。

第二节　刑事惩罚对策

刑事惩罚对策根源于打击犯罪的实践之中。从历史上看，刑事惩罚对策是最先产生的犯罪对策，在很长的历史时期中，它几乎成为唯一的犯罪对策。即使是在强调民主、人道主义和预防对策的今天，这种对策在世界各国犯罪对策中仍然概无例外地占着首要的地位。因此，许多刑法学者都认为，刑事惩罚是与犯罪作斗争的核心概念，是犯罪对策的基本手段。

一、刑事惩罚对策的概念和内容

刑事惩罚对策是指国家机关运用刑事法律与违法犯罪作斗争的一切手段、方法和措施。它涉及的主要内容有：刑事立法的政策原则和立法实践活动，揭露犯罪事实和犯罪人，追究、惩罚犯罪和刑罚的执行。这些活动可以划分为刑事立法对策、刑事司法对策和刑事执行对策。具体地说，在我国目前，刑事惩罚对策主要包括两方面内容，一是刑事立法活动，二是刑事司法活动。刑事立法活动是指一定的国家机关依一定的程序创制、修改、补充刑事法律规范的活动，其中，最高国家权力机关制定和颁布的刑法、刑事诉讼法，其他国家机关制定的与违法犯罪作斗争的有关法规、条例、补充规定以及有关的司法解释，均属刑事立法范畴。刑事司法活动是司法机关以刑事立法为指导，打击和惩处犯罪，改造犯罪人的实践活动。它包括公安机关依法揭露犯罪事实和犯罪人的活动，检察机关的起诉活动，法院的审判活动以及司法部门教育改造罪犯的活动。刑事立法与刑事司法二者是有机联系、不可分割的整体。刑事立法实现了追究犯罪、科处刑罚的法制化，是刑事司法的依据，有关部门与违法犯罪作斗争要以刑事立法为指导，严格依法办事；同时，刑事立法目的只有在现实的司法实践活动中才能够得以实现，也只有在对犯罪和犯罪人进行揭露、科处刑罚和改造的实践中才能发挥刑事立法的功能和威力，使刑事立法在司法实践中得到检验，从而得到进一步修改、完善和补充，使之更适应同违法犯罪作斗争的需要。

二、刑事惩罚对策的地位和作用

关于刑事惩罚对策的作用，历来存在着两种明显对立的观点。一种观点认为，必须坚持惩罚对策，因为只有惩罚对策，才能起到减少犯罪的作用。证明这种观点的有说服力的事实是，当加强惩罚对策的时候，犯罪率就会下降。另一种观点认为，刑事惩罚对策不是一项最好的对策，不可能从根本上解决犯罪问题。有的犯罪学家认为：根据长期的传统经验，把刑罚作为与犯罪作斗争的唯一手段，以镇压的方法来消除犯罪，是种不成功的对策。他们经常以下面的事实来证明自己的观点：有悠久历史而又严厉的刑罚从来没有能够解决犯罪问题，而且犯罪问题越来越严重。

但是，有一点是共同的，那就是，作为与犯罪作斗争的犯罪对策之一的刑事惩罚对策，其必要性是显然的，不可否认的。它是社会预防对策能够得以顺利实施的基础和前提条件，尤其是在治安问题突出的时期，如果没有对违法犯罪的严厉打击和惩治，就不能及时扭转不良的社会治安状况，无法增强人民群众同违法犯罪作斗争的信心和勇气，从而对违法犯罪的社会预防也就难以取得良好成效，甚至无法进行。只有坚决打击犯罪，使犯罪得到及时揭露，并受到应有的惩罚，维护稳定的社会秩序，才有可能使以政治、经济、教育、行政等手段为基础的社会预防工作顺利进行下去。因此，尽管作为“治标”措施的刑事惩罚对策不能从根本上解决犯罪问题，但它在同违法犯罪作斗争中所处的基础地位和作用是绝不能忽视的。

> **拓展阅读**
>
> 论刑罚概念：从“本质”到“意义”

首先，刑事惩罚剥夺了犯罪者继续违法犯罪、侵害国家和人民群众合法利益的条件，使其在法律的尊严和威力面前得到应有的惩罚。刑罚所具有的震慑作用是任何其他措施都无法替代的，通过惩罚可以使罪犯认识到，惩罚是犯罪的必然而直接的结果，任何犯罪都无法幸免逃脱，从而发挥刑罚教育改造的功能，最终达到防止罪犯再次犯罪，使罪犯认真接受改造的目的。

其次，对于社会上的不法人员来说，刑事惩罚具有威慑和警戒作用。人一般出于本能都有一定的趋利避害的心理，刑罚正是在这一心理效应的基础上发挥其威慑和警戒作用的。通过对罪犯适用刑罚，会使社会上那些有违法犯罪倾向的不法人员认识到，受到刑罚处罚无论在身体上还是在精神上都是一种痛苦，从而消除犯罪意念，不去实施违法犯罪。当然，刑罚的威慑作用并不是在所有的情况下都能取得成效的。一般来说，对于有明确动机、目的或经过精心策划的犯罪，刑罚有可能发挥其威慑作用；而对于感情用事、动机不甚明确、一时冲动的犯罪，对于那些穷困潦倒、地位低下、对前途不抱任何希望的人来说，刑罚的威慑作用就显得有些微弱。

再次，对于普通公民来说，刑罚是对违法犯罪行为的一种否定评价，其从另一个侧面，起到了对于公众行为的导向作用。相关部门通过对违法犯罪行为的界定和判处一定的刑罚，告诉人们应该做什么和不应该做什么，从而指导普通公民遵纪守法，增强法制观念，并用以规范自己的行为。同时，刑事惩罚还可以强化社会正气，鼓舞广大人民群众同违法犯罪作斗争，扭转不正常的社会风气，从根本上创立良好的社会风气和社会秩序。总之，运用刑事惩罚对策，才能够最终达到预防和减少犯罪的目的，使社会预防对策具有可靠的基础，发挥其应有的作用。

最后，刑罚是预防措施的基础保障。如果没有刑罚，犯罪的预防措施也很难发挥作用。

第三节 社会预防对策

预防犯罪的思想很早以前就存在。古代许多中外思想家都曾提到过这种思想，以强调犯罪的事先预防。而对于采取什么对策对犯罪进行事先预防，则观点各异，且在不断发展变化。在古代，主要强调以刑法作武器，用刑罚方法来防止犯罪。而到近现代社会，则更多地强调对犯罪的社会预防。

一、犯罪社会预防概述

（一）犯罪社会预防的概念

犯罪的社会预防是指消除和削弱形成人的消极个性的引起犯罪的原因、条件和因素，从而防止和减少犯罪的社会活动。

从性质上看，犯罪的社会预防属于社会调整领域的专门活动，是社会自我调整和完善的过程。社会的进步和发展依赖于两方面的活动：一是为促进社会的发展而采取的一系列积极的、主动的、建设性的措施和手段，从而推动社会的不断进步；二是预防性的活动，是为保证社会正常运行而采取的社会自我调整和完善的措施，犯罪的社会预防就属此类。它是社会管理的一个特殊方面，是一种特殊的社会导向形式，在社会自身发生紊乱和出现不完善时，采取一系列的调整措施，排除故障，消除弊端，保证社会健康协调地发展。这种社会管理活动与其他社会活动紧密相连，互相衔接，二者的目的和要求是一致的。犯罪的社会预防是为了保证社会的整体协调发展；在制定社会整体发展规划和社会对策时，也应重视解决社会治安问题，把维护社会的和谐稳定置于整个社会发展的重要位置。

犯罪是复杂的社会现象，它有着大量的复杂的原因和条件，产生于各种社会环境之中。它不仅涉及宏观社会环境因素，如社会政治、经济、文化，教育等问题，还涉及家庭、学校、社区等微观社会环境因素。因此，犯罪的社会预防措施也应当是具有同一目的的互相联系的各种大量有效的措施所构成的统一体系。各个措施之间密切联系，同时，每个具体措施又有着自己的特点和个性，而其共同的指向则是消除社会上引起犯罪的各种消极影响，消除犯罪产生的基础，切断犯罪人实施犯罪行为的道路，以期达到预防和减少犯罪的目的。

（二）犯罪社会预防的意义

犯罪的社会预防是犯罪对策体系的重要组成部分，在预防、控制和减少违法犯罪的斗争中具有重要意义。

首先，犯罪的社会预防是一种社会性的对策，其优势是可以动员和组织全社会力量，协同作战，做好控制和预防违法犯罪的工作。犯罪涉及社会的方方面面，因此，控制和预防犯罪也要动员全社会力量。社会预防措施符合同违法犯罪作斗争的规律和特点，在社会各个部门、团体和机构的参与、配合下，在广大人民群众的支持下，采取大量综合性的措施预防违法犯罪，才能取得巨大的成效。

其次，犯罪的社会预防措施能够起到"防患于未然"的作用，它能够在犯罪行为发生之前，阻止犯罪行为的发生，从而使治理违法犯罪的工作更加积极、主动。它不是针对已经发生的违法犯罪，"头痛医头，脚痛医脚"，被动应付日益增多的违法犯罪，而是主动出击，积极预防，采取多种措施从整体上予以防范，从而避免和减少了那些可能发生的犯罪给社会所造成的直接或间接损失，进而也可减少国家和社会为惩治犯罪而投入的大量人力、物力和财力。

最后，相对于刑事惩罚措施来说，社会预防措施是一种"治本"的措施，是从根本上解决社会上存在的违法犯罪问题，具有重要的战略意义。犯罪作为一种社会现象，产生于社会本身，是社会不良运行的产物。因此，要从根本上减少和消除违法犯罪现象，就要从社会自身入手，通过社会的自我调整和自我完善，改革其弊端，消除其障碍；并通过社会自我完善措施与其他社会发展措施相互联系和衔接，将社会预防违法犯罪的措施纳入国民经济和社会整体发展的体系之中，从而在具有战略意义的层次和高度上预防违法犯罪的发生并促进社会的发展。

二、犯罪社会预防措施的种类

犯罪社会预防措施可以按不同标准进行分类，这对于计划和组织社会预防活动、充分实现犯罪社会预防的功能和作用是十分重要的。与系统结构的犯罪原因相适应，犯罪社会预防措施也应是分层次的。犯罪社会预防应当针对不同层次犯罪原因提出不同层次的预防措施。从这种意义上，社会预防犯罪措施可划分为三种：一般社会预防措施、专门社会预防措施和个别社会预防措施。

三、犯罪社会预防的原则

为了有效地与犯罪作斗争，达到社会预防的预期效果，犯罪的社会预防必须遵循一定的原则。

（一）法制原则

犯罪的社会预防要坚持法制原则。这是指犯罪的社会预防必须在法律的基础上进行，严格依法办事，不能与法律规定的精神相抵触。

（二）人道主义原则

犯罪的社会预防要坚持人道主义原则。这一原则要求，在选择犯罪社会预防措施和方法的时候，必须充分考虑到宪法保障的人的基本权利的不可侵犯性。

（三）调动公众参与的原则

犯罪的社会预防要坚持调动公众参与的原则。要使犯罪的社会预防工作发挥更大的作用，取得更大的成效，必须有广大人民群众的参与和合作。充分调动广大人民群众参与社会预防犯罪工作的积极性和热情，使他们都积极投身于犯罪的社会预防工作，这是现代犯罪对策的一大特征，体现了犯罪对策的发展趋势。

（四）具体化的原则

犯罪的社会预防要坚持具体化的原则。这一原则要求，在犯罪的社会预防工作中，各个主体必须有明确而具体的职能、职责、任务和目标,不能是抽象和笼统的,对不同的主体要有所区别,有不同的要求。

（五）统筹协调的原则

犯罪社会预防要坚持统筹协调的原则。这一原则要求各种社会预防主体及其所采取的措施和行为,要统筹兼顾、协调一致。

（六）科学化原则

犯罪的社会预防要坚持科学化原则。这一原则要求,犯罪社会预防体系内各要素和行为必须有科学的基础,必须建立在对犯罪的科学分析基础之上,并以此为指导,制定各种社会预防措施。

（七）动态性原则

犯罪社会预防工作要坚持动态性原则。犯罪社会预防措施的成效,取决于对引起犯罪原因、条件和因素的准确针对性。因此,为确保社会预防措施的有效性,就必须根据引起犯罪原因、条件和因素的变化,及时调整犯罪社会预防的措施和方案,使其符合形势的发展变化和客观实际情况,以充分发挥其成效。

【本章小结】

本章论述了犯罪对策的概念、目的和内容。"刑事政策"这一术语的原意是犯罪对策。犯罪对策包括两个方面的内容,即犯罪的刑事惩罚对策和犯罪的社会预防对策,其核心内容是犯罪的社会预防对策。刑事惩罚对策具有基础性的地位,而最有效的犯罪对策是社会预防对策。

【本章思考题】

1. 如何定义犯罪对策的概念?
2. 犯罪对策的内容和目的是什么?
3. 什么是刑事惩罚对策? 有哪些内容? 它的地位和作用如何?
4. 刑事惩罚对策的宽严标准是什么?
5. 刑事惩罚对策实施的基本原则是什么?
6. 犯罪社会预防对策的内容和意义是什么?
7. 犯罪社会预防措施的种类有哪些?
8. 犯罪社会预防对策的原则是什么?

【本章参考文献】

1. 王牧:《犯罪学》,吉林大学出版社 1992 年版。
2. [法]米·戴-马蒂:《刑事政策的主要体系》,卢建平译,法律出版社 2000 年版。
3. [日]大谷实:《刑事政策学》,黎宏译,法律出版社 2000 年版。

第十二章　刑事惩罚对策

刑事惩罚对策是指科学地惩罚犯罪与犯罪人的政策和措施。人类进入文明时代后，为了有效地遏制犯罪行为的发生和保护整个社会的安宁，必须对犯罪和犯罪人予以惩罚。但是，这类惩罚不能按照本能感觉和情绪冲动进行，而应当讲究科学性。刑事惩罚对策包括刑事立法对策、刑事司法对策和刑事执行对策。刑事惩罚对策实际上是科学运用刑罚的措施，因此，在论述刑事惩罚对策时，首先要对刑罚问题进行深入全面的探讨，然后再论述刑事惩罚对策的实现途径和主要方面。

第一节　概　述

一、刑罚的概念

刑罚是"刑事惩罚"的简称，是惩罚的一种。惩罚又称为"制裁"，就是给特定对象施加痛苦和约束的措施与活动。在社会生活中，为了达到一定目的，个人和社会组织往往通过一定的措施与活动，对特定的对象进行惩罚。由于所使用的措施与活动的性质的不同，惩罚可以分为不同的类型，如道德惩罚（根据道德规范对不道德者进行的惩罚）、纪律惩罚（根据组织的纪律规范对违纪者进行的惩罚）、法律惩罚（根据法律规定对违法者进行的惩罚）、社会惩罚（社会组织和社会公众依据一定规则进行的惩罚）等。

同样，法律惩罚也可以分为不同的类型。根据法律惩罚所依据的规范和事实的不同，可以将法律惩罚分为民事惩罚（根据民事法律对民事违法行为的实施者进行的惩罚）、行政惩罚（根据行政法律对行政违法行为的实施者进行的惩罚）、刑事惩罚（根据刑事法律对刑事违法行为的实施者进行的惩罚）等。刑事惩罚又称"刑事制裁"，它是指国家专门机关根据刑法对犯罪人施加的最严厉的惩罚。刑罚是所有惩罚中最为严厉的惩罚类型。

刑罚的主要特点是：

第一，刑罚机关具有专门性。刑罚是由国家专门机关决定和执行的一种惩罚措施。这是刑罚与其他法律惩罚的共同点，也是法律惩罚与道德惩罚和纪律惩罚的不同点。根据目前中国法律的规定，适用刑罚的专门国家机关是审判机关，也就是各级人民法院；执行刑罚的专门国家机关是监狱和其他有关的国家机关。①

第二，刑罚依据具有法定性。刑罚是依据国家的专门法律和法律规定的特定事实适用的。适用刑罚的法定依据包括两类：(1) 法律依据。这是指对特定对象适用刑罚的法律规定。具体说来，就是国家立法机关制定的刑法、刑事诉讼法和其他刑事法律。(2) 事实依据。这是指对特定对象适用刑罚的法律事实。具体说来，就是违反刑事法律规定的犯罪行为。

---

① 许多刑法学著作把刑罚机关仅仅局限为"刑罚裁量机关"（即人民法院），这是不准确、不完整的；刑罚机关还应该包括"刑罚执行机关"。正确地裁量刑罚仅仅是完成刑罚任务的一部分，如果没有刑罚执行机关的工作，刑罚就不可能得到实际的落实和体现。执行刑罚的机关除了监狱外，还包括看守所以及社区矫正机构等。

第三,受罚对象具有特定性。刑罚处罚的对象是实施了刑事法律规定的犯罪行为的人。根据我国刑法的规定,尽管犯罪人包括自然人和单位,不过,应当看到的是,自然人是犯罪人的典型形态,而单位是犯罪人的补充形态。因此,在犯罪学的研究中,主要关注的犯罪人是作为自然人的犯罪人。

第四,刑罚措施具有严厉性。刑罚措施是所有惩罚措施中最严厉的。刑罚措施的严厉性主要表现为两个方面:(1) 国家强制力作保证。刑罚是以国家强制力作后盾的,它通过专门的国家机关适用和执行。对于受罚对象来说,必须服从刑罚,否则,就会受到警察、监狱等国家机器的强制。(2) 刑罚内容的严厉性。刑罚的受罚对象不仅要遭受精神痛苦、经济和财产损失,行动受到限制,而且会失去人身自由,甚至会被剥夺生命。这种严厉程度是任何其他惩罚措施都不能达到的。

二、刑罚种类

刑罚种类就是法律规定的具体刑罚方法的类别,也就是通常所说的"刑种"。

对于刑种,人们有不同的划分。例如,在法律上,我国将刑罚的种类划分为两类:(1) 主刑,这是指对犯罪人独立适用的刑罚方法,包括死刑、无期徒刑、有期徒刑、拘役和管制;(2) 附加刑,这是指对犯罪人可以独立适用和附加适用的刑罚方法,包括没收财产、剥夺政治权利和罚金。在理论上,有的学者把刑种分为四类:生命刑(指死刑);自由刑(包括终身自由刑和有期自由刑);财产刑(主要指罚金刑);资格刑(包括剥夺一定权利、禁止担任一定职务等)。[①] 本书认为,从刑罚的性质、历史演变和发展趋势等方面来看,可以将刑罚划分为四种类型。

(一) 身体刑

身体刑又称为"肉刑",是指对犯罪人的身体施加肉体痛苦的刑罚。肉刑的具体形式包括鞭笞、拷打、烙印、断肢、弄瞎眼睛、套上木枷等。随着 18 世纪启蒙运动在欧洲的进行,人道主义的思想在社会中发生越来越大的影响。在这种情况下,人们不断对刑罚进行改革,导致肉刑逐渐被废除。身体刑或者肉刑曾经是最重要的刑罚方法之一。在目前,仅有少数地方还存留着一些肉刑。

(二) 生命刑

生命刑是指剥夺犯罪人生命的刑罚方法,也就是一般所说的死刑。这是最严厉的刑罚。死刑曾经是人类社会中使用的最普遍的刑罚方法之一。目前,世界上大部分国家已经废除死刑;保留死刑的国家主要是伊斯兰国家和其他一些国家,其中包括美国、中国、印度、日本、俄罗斯等国。[②] 可以说,死刑已经不再是当代世界刑罚领域的主要刑种。

(三) 监禁刑

监禁刑是指以剥夺犯罪人的人身自由为主要特征的刑罚。由于这种刑罚以剥夺犯罪人的人身自由为主要特征,因此,又称为"自由刑"。被判处自由刑的罪犯,通常被监禁在监狱或其他矫正机构中服刑。监禁刑主要包括无期徒刑(或者终身监禁)、有期徒刑、拘役等。从 19 世纪末期开始,监禁刑取代肉刑、死刑和流放,成为刑罚领域的主要刑罚,刑罚演化史进入以监禁刑为核心的监禁刑主导阶段。

---

① 参见陈兴良:《刑法适用总论》(下卷),法律出版社 1999 年版,第 127—275 页。

② See Henry J. Steiner, Philip Alston, *International Human Rights in Context: Law, Politics, Morals*, 2nd ed., Oxford University Press, 2000, p. 32.

（四）非监禁刑

非监禁刑是指在监狱之外对犯罪人使用的刑事制裁方法的总称。[①] 其主要包括警告、赔偿、罚金、没收财产、管制、社区服务、剥夺资格或者权利以及缓刑、假释等。大约从20世纪70年代开始，在刑事立法和司法实践中逐步大量地采用非监禁刑，使非监禁刑在刑事制裁体系中的地位逐渐提升。刑事制裁的沿革进入监禁刑与非监禁刑并重、并且逐步向着非监禁刑过渡的阶段。从这个阶段开始，刑罚执行的方式发生了重大的变化，在很多国家中，执行非监禁刑的重要方式——社区矫正[②]，逐渐成为与监禁矫正并列的刑罚执行方式。

同时，恢复性司法（restorative justice）的兴起，也对刑罚的使用与司法活动的发展趋势产生了重要影响。[③]

三、刑罚功能

刑罚功能是指国家创制、裁量和执行刑罚可能产生的积极的社会作用。刑罚功能主要表现在三个方面。

（一）刑罚对犯罪人的功能

刑罚是对犯罪人使用的惩罚措施，这种措施的适用和执行，对于犯罪人来说，可以起到下列作用：

1. 惩罚作用

刑罚的适用与执行，使犯罪人遭受到一定的痛苦或者受到一定的约束，从而对犯罪人产生惩罚作用。例如，使犯罪人丧失人身自由、行动自由和财产，使犯罪人丧失一定资格，甚至使犯罪人丧失生命等。让犯罪人遭受一定的惩罚，是刑罚最基本的、也是最重要的功能，刑罚的其他功能都是从这种功能和作用派生出来的。

2. 限制作用

限制作用是指刑罚限制了犯罪人从事一定活动的能力和资格的作用。刑罚不仅惩罚犯罪人，而且也限制犯罪人，使犯罪人不能从事一定的活动。这种限制作用，不仅可以限制犯罪人从事犯罪活动，如被判处监禁刑的犯罪人不能到社会上实施犯罪行为；而且也可以限制犯罪人从事其他可能危害社会的活动。例如，剥夺政治权利或者取消某种从业资格，就可以使犯罪人难以从事一定的活动，从而也难以通过这样的活动对社会造成危害。

3. 改造作用

改造作用是指刑罚具有教育和转变犯罪人的心理和行为的作用。首先，通过适用刑罚，可以改变犯罪人的认知和其他观念，使他们明确认识到合法行为与犯罪行为的界限，认识到从事犯罪行为的法律后果。其次，通过适用和执行刑罚，可以改变犯罪人的不良行为习惯，使他们在以后的社会生活中，可以避免因此而发生违法和犯罪行为。最后，在执行刑罚的过程中，通过对犯罪人的法制教育、文化教育和职业技能教育等教育活动，帮助犯罪人完成再社会化，成为守法的、能够自食其力的公民。

（二）刑罚对被害人的功能

被害人是直接遭受犯罪行为侵害的人。对犯罪人适用和执行刑罚的活动，对被害人来

① 参见吴宗宪、陈志海、叶旦声、马晓东：《非监禁刑研究》，中国人民公安大学出版社2003年版，第24页。

② 参见吴宗宪主编：《刑事执行法学》（第三版），中国人民大学出版社2019年版，第249—350页。

③ 参见郭建安、郑霞泽主编：《社区矫正通论》，法律出版社2004年版，第297—330页。

说是有积极功能的，主要包括两个方面：

1. 安抚作用

安抚作用是指通过对犯罪人适用和执行刑罚在被害人心理上产生的宣泄消极情绪和抚慰精神创伤的作用。在遭受犯罪行为侵害的过程中，同时在遭受犯罪行为侵害之后，被害人心理上往往会体验到不同程度的痛苦、愤怒、抑郁、绝望等消极情绪和精神创伤。对犯罪人适用和执行刑罚的活动，可以使被害人的这些消极情绪得到宣泄，精神创伤得到缓解，从而获得内心的安慰和满足，恢复被犯罪行为扰乱的心理平衡。生命刑、监禁刑和一些非监禁刑的适用和执行，都可以对被害人产生这样的安抚作用。

2. 补偿作用

刑罚对被害人的补偿作用是指对犯罪人适用和执行刑罚能够弥补被害人遭受的损失的作用。在遭受犯罪行为侵害的过程中，被害人不仅会遭受到肉体痛苦和精神创伤，也会遭受到经济和财物方面的损失。对犯罪人适用和执行刑罚，不仅可以使被害人遭受到的痛苦和创伤得到安抚与缓解，也可以使被害人得到实际的经济补偿，将他们遭受的损失降到最低限度。

（三）刑罚对社会的功能

刑罚对社会的功能是指适用和执行刑罚对于社会及社会上其他人可能产生的积极作用。这类作用主要表现在下列方面：

1. 补偿作用

刑罚对社会的补偿作用是指适用和执行刑罚可以减轻社会遭受的损失的作用。犯罪行为会对社会秩序、社会财产造成损失（如犯罪行为对经济秩序、社会生活秩序等的破坏，犯罪行为对公用设施的损害），还会因为查明和处理犯罪而消耗大量社会资源（如侦查机关、起诉机关、审判机关和刑罚执行机关为处理犯罪问题而耗费的人力和物力），从而使社会遭受多种损失。因此，通过对犯罪人判处刑罚，可以补偿和减轻社会遭受的损失。例如，通过对犯罪人判处财产刑（如罚金、没收财产），可以直接降低社会遭受的经济与财物损失；通过对犯罪人判处监禁刑，可以通过犯罪人的劳动间接减低社会遭受的经济和财物损失。

2. 威慑作用

威慑作用是指国家通过创制、适用和执行刑罚阻止其他人进行犯罪行为的作用。国家通过创制、适用和执行刑罚，可以使社会上的潜在犯罪人认识到犯罪行为带来的消极后果，内心受到震慑，产生对刑罚的恐惧心理，从而不敢轻易实施犯罪行为。

3. 教育作用

教育作用是指国家通过创制、适用和执行刑罚而让公众了解犯罪与刑罚的作用。国家通过创制、适用和执行刑罚，可以向一般社会公众表明什么是犯罪行为、犯罪行为可能会产生的有害后果等，使他们认识到刑事法律的内容，了解到国家法律所禁止的犯罪行为，从而使自己避免进行犯罪行为。

4. 鼓舞作用

鼓舞作用是指国家通过创制、适用和执行刑罚而鼓励公民与犯罪作斗争的作用。国家通过创制、适用和执行刑罚，使广大公民认识到：一方面，他们为了使国家、公共利益、本人或者他人的人身、财产和其他权利免受正在进行的不法侵害而采取的制止不法侵害的行为，不受刑罚处罚，从而鼓励公民积极同犯罪作斗争；另一方面，国家创制、适用和执行刑罚的活动，也会鼓励广大公民自觉遵守刑法，避免进行犯罪行为。

四、刑罚的局限性

尽管刑罚对于犯罪人、被害人和社会都具有重要功能,在维护社会秩序、保护公民合法权益、促进经济建设和社会发展等方面,发挥着不可替代的重要作用,但是,刑罚也有局限性。

(一)单纯依靠刑罚不能控制犯罪

以往的研究表明,单纯依靠刑罚并不能控制社会中的犯罪。这是因为:

第一,司法机关能够侦破的犯罪是有限的。从中国目前的司法实践看,刑事司法机关(特别是)公安机关的破案数量有限,大量已经报案的犯罪难以侦破,因此,很多犯罪得不到惩罚,刑罚的功能也得不到发挥。

第二,由于多种因素的影响,很多犯罪发生之后,被害人和其他人不愿意报案,这也影响了对犯罪人的惩罚,使刑罚的一些功能得不到实现。

第三,几乎所有的刑罚都是以报应为主要出发点的,而不是以预防犯罪为主要出发点的,因此,主要从报应出发判处的刑罚,不可能最大限度地发挥刑罚在预防犯罪方面的作用。

第四,在司法实践中,往往难以做到完全的罪刑相适应,量刑畸轻畸重的现象时有发生。这种不适当的刑罚适用往往会给人们以错误的暗示,从而大大削弱刑罚在控制犯罪方面的积极作用。

第五,由于法律意识、法律宣传等方面的问题,良好的刑罚适用活动不可能被所有社会成员所认识,部分社会成员可能无法从刑罚适用活动中得到正确的启发,这也制约了刑罚在控制犯罪方面的作用。

因此,在确立科学的刑罚政策的过程中,必须认识到刑罚的局限性,对刑罚政策进行准确的定位,贯彻预防为主、惩罚为辅的思想。只有将预防和惩罚有机地结合起来,合理地使用预防措施和刑罚手段,才能有效地控制犯罪。

(二)刑罚具有副作用

研究已经发现,不仅单纯依靠刑罚不能有效控制社会中的犯罪,而且刑罚本身也有很多的副作用。根据美国犯罪学家萨瑟兰等人的论述,刑罚的副作用或者局限性主要表现在下列方面:①

第一,刑罚会妨碍犯罪人适应社会生活。刑罚往往将受到处罚的犯罪人孤立起来,使其变成社会的死敌,犯罪人还会影响到其他的人。当对犯罪人作出的唯一反应就是刑罚时,就会将犯罪人从守法群体中隔离出去,犯罪人不能理解这些守法群体,这些守法群体也不能理解犯罪人。社会对犯罪人的憎恨导致了犯罪人对社会的憎恨。社会对犯罪人的孤立和排斥,使犯罪人只能有两种选择:一是和其他犯罪人交往,从其他犯罪人中寻求认可、获得声誉和学会进一步犯罪的方式;二是变成一名精神紊乱者、精神病态者或者不稳定者。这些都不利于犯罪人回归社会,妨碍他们适应社会生活。

第二,刑罚会使犯罪人变得谨慎狡猾。像刑罚一类的痛苦体验,会使大多数人变得谨慎狡猾,在进行类似行为之前"三思而行",采用更加隐蔽的行为方式达到自己的目的。惩罚犯

① See Edwin H. Sutherland, Donald R. Cressey, *Criminology*, 10th ed., General Hall, 1992, pp. 337-339. 参见[美]埃德温·萨瑟兰、[美]唐纳德·克雷西、[美]戴维·卢肯比尔:《犯罪学原理》(第11版),吴宗宪等译,中国人民公安大学出版社2009年版,第十五章第三节。

罪人的活动,也会产生类似的效果,即惩罚犯罪人不一定能够使犯罪人得到"改造",但是,却有可能使犯罪人变得谨慎狡猾,用更加隐秘的方式进行新的犯罪行为。这会增加查明犯罪的困难性。

第三,刑罚会使犯罪人和社会公众产生其他意想不到的消极态度。即使刑罚能够产生预防犯罪行为的结果,也不能必然地证明这种预防效果和刑罚能够促进社会福利。即使对犯罪人判处刑罚能够预防犯罪,也应当注意到,对犯罪人的惩罚性反应,往往会使犯罪人和社会公众产生意想不到的消极态度和情绪体验。例如,削弱犯罪人对法律的尊重,使其缺乏爱国精神,不愿意为国家做出牺牲,缺乏首创精神。对犯罪人进行惩罚的最严重的后果,可能就是使犯罪人丧失自尊,这是犯罪人继续进行新的犯罪行为的最重要心理基础之一。

第四,刑罚会提高犯罪人的地位。犯罪人受到刑罚处罚的经历,可能会产生提高犯罪人地位的效果。在一些地区和一些亚文化群中,进监狱服刑是男性特征的一种标志,这种经历会提高犯罪人在人们心目中的地位。而且,犯罪人服刑监狱的警戒度等级越高,监狱的管理越严格,犯罪人在监狱中服刑的时间越长,似乎越能够提升犯罪人在释放之后的"社会地位"。这种社会心理想象,形成了对犯罪人的一种"社会奖赏",使他们不思悔改,以犯罪为荣,进而助长其继续犯罪的倾向。

第五,刑罚一般会阻止建设性活动。如果一个群体以仇恨的心态对犯罪人施加刑罚,那么,这个群体的成员就会从惩罚犯罪人中获得安慰和满足,就会安于现状,不思进取,不谋求用积极的行动解决犯罪和其他问题。而且,严厉的刑罚会抑制人们的创新精神,使人们为了避免受到惩罚而循规蹈矩,不敢进行可能冲破现有规范却具有创造性的活动,这对社会的发展是不利的。同样,对于犯罪人来说,刑罚只能引起他们的恐惧心理,除了恐惧心理之外,刑罚并不能改善犯罪人的性格、人格和行为,不能促使犯罪人形成正确的态度、价值观和理想,因而也不能激发犯罪人进行改善自己的建设性活动。

此外,刑罚活动与人们建立和谐社会的社会发展目标是有冲突的。建立和谐社会的发展目标,①是中国政府在吸取了过去强调"斗争哲学"的深刻教训的基础上提出的,体现了中国政府执政理念的重大转变。建立和谐社会实际上也是刑事司法活动的终极目的。尽管在相当长的历史时期,犯罪和其他社会冲突事件是不可避免的,在一定程度上需要采用刑罚政策解决这类问题,但是,在解决这类事件的过程中,仅仅依靠刑罚是不能实现建立和谐社会的目标的。过分严厉的刑罚在震慑犯罪人的同时,也会加剧社会矛盾和社会对立,导致社会不稳定和削弱政权基础。

第二节 刑罚目的及其实现

一、刑罚目的学说

(一) 概说

刑罚目的就是"刑罚的目的",又称为"刑罚的正当理由",它是指国家创制、适用和执行刑罚所希望达到的结果。

---

① 参见2004年9月19日党的十六届四中全会上通过的《中共中央关于加强党的执政能力建设的决定》、2013年11月12日党的十八届三中全会上通过的《中共中央关于全面深化改革若干重大问题的决定》。

“刑罚的目的”与“刑罚的功能”是一组含义相近、难以区分的概念。在很多刑法学著作中,虽然作者试图区分这些概念之间的差别,但是,在理论上并没有阐述清楚,在论述中内容相互交叉重叠。这些概念之间确实有很多相同之处,要加以严格区分,的确是很困难的。如果一定要加以区别的话,可以认为,“刑罚的功能”是指创制、适用和执行刑罚的活动本身所具有的属性和结果,而“刑罚的目的”是指人们附加上的、希望通过创制、适用和执行刑罚的活动能够获得的预期结果。有的作者表达了类似的见解。例如,陈浩然教授认为:“刑罚的功能是刑罚本身所产生的社会效果,而刑罚的目的则是刑事立法寄予刑罚的基本希望。”①

尽管人们提出的刑罚目的学说多种多样,但是,归纳起来,这些目的学说可以分为报应性目的学说和功利性目的学说两类。

(二)报应性目的学说

报应性目的学说认为,刑罚就是对犯罪人实施的犯罪行为的回报,是犯罪行为的必然后果,是犯罪人应当受到的报应。在历史上,德国哲学家康德、黑格尔等,都曾经论述过报应主义的刑罚目的学说。

在现代犯罪学中,一些人倡导公平惩罚学说(just deserts doctrine),或者称之为“公平模式”(justice model),其主要观点是:②(1)刑罚要体现公平性。具体表现为,犯罪人在犯罪之前就已经知道对其犯罪规定的具体刑罚;罪刑相适应,重罪重罚,轻罪轻罚。(2)犯罪比犯罪人更重要。在报应性目的学说中,集中关注的是犯罪行为,而不是犯罪人的特征。要根据犯罪的严重性,而不是根据改造犯罪人的需要,对犯罪人判处刑罚。(3)不大关注刑罚的结果。刑罚的目的不是预防犯罪,而是恢复被犯罪行为破坏了的平衡。适用刑罚是为了让犯罪人遭受痛苦,而不是为了改变犯罪人的行为。

报应性目的学说被看成是早期的刑罚目的学说,在当代社会中,已经很少有人支持这样的观点。

(三)功利性目的学说

功利性目的学说认为,对犯罪人判处刑罚是为了实现一定的社会目的,通常是为了预防未来的犯罪行为。一般认为,刑罚预防犯罪的功利目的,要通过三种机制来实现,即威慑、剥夺犯罪能力和改造。不过,通过刑罚对人们进行道德教育,也应该是刑罚的功利性目的之一。

1. 威慑

威慑是指通过向犯罪人施加痛苦或者其他不利后果来预防未来犯罪的刑罚观念和措施。简言之,就是通过法律惩罚的威胁预防犯罪。从一定意义上讲,人们之所以不敢犯罪或者不敢再次犯罪,就是因为害怕受到法律规定的刑罚的处罚。

威慑分为两种:③

(1)特别威慑(specific deterrence),又称为“个别威慑”(individual deterrence)。④ 这是指受到刑罚处罚的犯罪人由于害怕法律惩罚而不敢再次犯罪的现象。

① 陈浩然:《理论刑法学》,上海人民出版社2000年版,第371页。

② See Robert F. Meier, *Crime and Society*, Allyn and Bacon, 1989, p. 355.

③ “特别威慑”和“一般威慑”是英语国家学者们较多使用的术语,在欧洲国家的论述中,更多地使用另外两个对应的术语:“特殊预防”(specific prevention)和“一般预防”(general prevention)。参见[挪]约翰尼斯·安德聂斯:《刑罚与预防犯罪》,钟大能译,曹智安校,法律出版社1983年版,引言第2页。

④ See Tim Newburn, *Criminology*, 3rd ed., Routledge, 2017, p. 552.

（2）一般威慑（general deterrence）。这是指以惩罚犯罪人为榜样阻止其他人进行犯罪行为的现象。

2. 剥夺犯罪能力

剥夺犯罪能力（incapacitation）是指从身体上或者地理上消除犯罪人继续犯罪的能力的刑罚观念和措施。

从最广泛的意义上讲，剥夺犯罪人的犯罪能力可以采用两类方法：（1）与犯罪人的身体有关的方法，是指通过去除犯罪人的肢体或者影响犯罪人的身体使其不能继续犯罪的方法，包括断肢（如砍去盗窃犯罪人的手）、阉割（尤其是对性犯罪人和严重暴力犯罪人使用）、外科手术、精神药物等。（2）与地理空间有关的方法，是指通过将犯罪人限制在一定地理空间之内，使其不能继续犯罪的方法。例如，将犯罪人监禁在监狱或者其他类似机构内，把犯罪人驱逐出境，对犯罪人采取流放措施等。

不过，在现代社会中，采用剥夺犯罪人犯罪能力的第一类方法的已经十分罕见；即使在使用剥夺犯罪人犯罪能力的第二类方法时，也主要是使用监禁的方法，其他方法的使用不是很普遍。

另外，根据剥夺犯罪能力的对象的不同，人们将剥夺犯罪能力划分为两类：[①]（1）集体性剥夺犯罪能力（collective incapacitation），是指对实施某类犯罪的所有犯罪人都判处同样的监禁刑罚的刑罚观念和方法。这种观念和措施的应用，会造成监狱中罪犯人数大量增长、建造监狱的成本增加等问题。为了克服这些问题，人们提出了选择性剥夺犯罪能力的观念。（2）选择性剥夺犯罪能力（selective incapacitation），是指有选择地剥夺那些具有高度危险性的犯罪人的犯罪能力的刑罚观念和方法。例如，将那些长期多次实施犯罪行为的“慢性犯罪人”监禁起来，剥夺他们的犯罪能力。不过，这种观念和方法，也存在着如何科学地确定犯罪人的危险性等问题。

3. 改造

改造（rehabilitation）是指通过适当的措施和活动改变犯罪人的犯罪行为和态度的刑罚观念和措施。对犯罪人的改造既可以在监狱中进行，也可以在社区中进行。不论在什么环境中，改造的主要的内容，是利用各种方法影响和转变犯罪人的犯罪态度、犯罪动机、价值观、自我概念、生活方式等，这些方法具体包括职业培训，文化和其他教育，心理咨询，个别心理治疗，集体心理治疗等。

4. 道德教育

刑罚也可以具有对人们进行道德教育的目的。刑罚代表了对违法者在道德上进行的社会谴责。通过创制、适用和执行刑罚，可以使人们明确道德行为和犯罪行为的界限；增强人们的道德观念和道德意识；鼓励人们进行符合道德的守法行为，阻止人们进行违反道德的非法行为。

（四）中国刑法学者的观点

一些中国刑法学者区分两类刑罚目的，认为这两类刑罚目的有不同的内容。[②]

---

① 参见吴宗宪：《当代西方监狱学》，法律出版社2005年版，第134—136页。

② 参见何秉松主编：《刑法学教科书》，中国法制出版社1997年版，第462—476页；马克昌主编：《刑罚通论》（第二版），武汉大学出版社1999年版，第60—67页。

1. 刑罚的根本目的

刑罚的根本目的是国家创制、适用和执行刑罚所期望达到的最终目标。在中国刑法中，刑罚的根本目的就是保护广大公民的合法权益和社会秩序，保障社会主义建设的顺利进行。

2. 刑罚的直接目的

刑罚的直接目的就是通过创制、适用和执行刑罚所希望达到的直接结果。刑罚的直接目的就是预防犯罪，这种目的是通过两种机制实现的：(1) 一般预防。这是指预防社会上可能犯罪的人实施犯罪。也就是通过创制、适用和执行刑罚，防止社会上的潜在犯罪人走上犯罪道路。(2) 特殊预防。这是指预防犯罪人本人重新犯罪。也就是通过对犯罪人适用和执行刑罚，预防其再次进行犯罪行为。

二、刑罚目的的实现

刑罚目的要通过多种途径，通过社会各方面的努力，特别是通过刑事司法机关正确有效的专门化活动才能实现。从我国的情况来看，要实现刑罚目的，特别要重视下列方面：

(一) 通过刑事政策

实现刑罚目的，必须确立科学的刑事对策、特别是科学的刑事惩罚对策。科学的刑事惩罚对策应当反映人类社会发展的普遍趋势，体现人类文明进步的智慧成果，融合人们对于刑罚功能、刑罚目的的科学认知。在这样的刑事对策的指导下，才能进行科学的刑事立法和司法工作，才能对这类工作进行有效的监督，从而保证这些工作的科学性。

(二) 通过刑事立法

要最大限度地实现刑罚的目的，必须科学地开展刑事立法活动。为了建立科学的刑事法律制度，必须关注一系列相关的问题。首先，应当确立科学的刑罚对策，用科学的刑罚对策指导刑事立法工作。其次，必须发展良好的刑事司法制度，创造一种各个部门之间相互配合、相互制约、高效运行的刑事司法体系。再次，应当建立合理的刑罚体系，为法官恰当适用刑罚提供前提条件。同时，应当对犯罪规定合理的刑罚，使犯罪人能够从内心真诚地接受刑罚处罚，也使刑罚的适用和执行活动能够得到社会公众的理解和支持。最后，要关注非刑罚化和轻刑化，使刑事立法与时俱进，反映时代特点，体现人类的文明与进步。

(三) 通过刑事司法

为了实现刑罚的目的，必须正确地进行刑事司法。首先，要在刑事司法活动中，确立科学的政策，用它们指导刑事司法活动的合理进行。其次，要严格依法进行司法活动，特别是严格依法进行侦查、量刑等活动。再次，要认识刑罚的局限性，对刑罚对策进行准确的定位，既要反对忽视刑罚作用的观点，又要避免高估刑罚作用的倾向。最后，要在刑事司法活动中，包括在刑事执行过程中，坚持一些科学原则，从而保证刑事司法活动能够最大限度地实现刑罚目的。

(四) 通过有效监督

监督就是监视和督促。监督机制是现代社会顺利运行的重要机制之一，是促进社会公正、实现社会正义和提高活动效率的重要手段。在刑事法律活动中，监督具有同样重要的作用。缺乏监督的刑事法律活动，是不完善的刑事法律活动，这样的刑事法律活动容易滋生腐败和不公平等现象。因此，为了实现刑罚目的，必须加强和改善对刑事法律活动的监督。

从目前我国的情况来看，应当特别注意从下列方面加强对刑事法律活动的监督：

1. 加强刑事立法监督

刑事立法监督是指对刑事立法活动的监督。在我国,全国人民代表大会及其常务委员会是国家最高权力机关,也是国家最高立法机关。应加强对刑事立法工作的监督,保证在刑事立法和立法修改工作中,充分体现科学和正义,从而制定出科学合理的刑事法律。国家最高权力机关在监督刑事立法工作的过程中,尤其要重视监督"部门立法"现象,即以一些主管行政部门为主制定刑事法律的现象。部门立法现象的存在,会不可避免地在立法中出现不恰当地强调部门利益,夸大一些部门权力的情况;从维护部门利益出发设计刑事法律制度,损害刑事法律的科学性与公正性;为了维护狭隘的部门利益而排斥进步、科学的刑事法律理念,保护落后的刑事法律制度等弊端和问题。因此,必须发挥国家最高权力机关在立法工作中的权威性作用,使刑事法律更能体现时代精神、突出公平正义。

2. 公布刑事司法信息

对刑事司法活动进行监督的重要前提之一,就是准确了解刑事司法活动的状况,包括刑事司法工作中取得的成绩和存在的问题。为此,必须公布详尽的刑事司法信息,包括完备的刑事司法统计资料和具有重大社会影响的典型案件资料,使有关部门和社会公众根据准确的刑事司法信息,对刑事司法活动进行监督。但是,目前在这方面存在很多问题。例如,刑事司法信息的公布渠道缺乏权威性;所公布的刑事司法信息内容简略、残缺不全,存在重大遗漏或者隐瞒了重要的事项;公布刑事司法信息的时间周期太长,使人们不能及时了解刑事司法活动的情况等。这些问题的存在,极大地妨碍了对刑事司法活动的有效监督,应当大力改进。

3. 改革法律监督制度

我国刑事司法活动的主要法律监督机关是检察机关。检察机关担负着监督刑事诉讼和刑事执行活动的重要任务。但是,在目前情况下,检察机关的法律监督力度和效果仍有待提升。主要问题有:第一,检察机关在人、财、物方面受制于地方,难以独立地依法开展监督活动。第二,职能庞杂,疲于应付。目前,检察机关除了履行法律监督职能之外,还担负着提起公诉、自行侦查大量案件、反贪等职能。但是,检察机关的人员和能力是有限的,胜任所担负的各项职能存在较大挑战。第三,科学机制有待完善,以进一步提升监督效率。虽然法律规定人民检察院要进行立案监督、侦查监督、审判监督和执行监督,但是,实践中有效开展这些监督的科学机制有待完善,以避免发生一些方面的监督流于形式,效率不高的情况出现。第四,应进一步加强对检察机关自身活动的监督。因此,必须针对存在的问题改革刑事法律监督制度,增强对刑事司法活动进行法律监督的效能,促进刑罚目的的实现。

4. 强化舆论监督

舆论监督是由公众和新闻媒体进行的监督。在现代社会中,电视、报刊、广播、网络等新闻媒体发挥着越来越大的反映民意、沟通信息和社会监督作用。在对刑事法律活动的监督中,要充分发挥舆论监督的作用,新闻媒体在科学反映民意的同时,既要积极报道刑事立法活动,促进刑事立法活动的健康进行,更要大力报道刑事司法活动,尤其要揭露刑事司法活动中的违法犯罪行为和其他不当做法,推动刑事司法活动向高效廉洁的方向发展。

5. 发挥律师的监督作用

在刑事司法活动中,律师在维护当事人合法权益、促进刑事司法活动的公正与合法方面,发挥着重要的作用。这些活动在一定程度上可以起到监督刑事司法活动的作用。应当切实保障并扩大律师的辩护权利。例如,严格保障一般刑事案件的犯罪嫌疑人在被拘捕后

48 小时内与律师会见的权利，保障律师会见服刑罪犯的权利等，重视利用律师的执业活动监督刑事司法活动的合法进行。

第三节 刑事惩罚对策的主要方面

一、刑事立法对策

刑事立法对策是指导国家立法机关科学地制定和修改国家刑事立法的刑事政策。刑事立法活动是指国家立法机关依照一定程序创制、修改和补充刑事法律规范的活动。

体现在刑事立法活动中的刑事惩罚对策，主要包括下列内容：

1. 确立科学的刑罚哲学

刑罚哲学又称为"刑罚理念"，是指导刑罚制定、适用和执行活动的基本观念。要制定科学的刑事立法，首先必须确立科学的刑罚哲学。只有在科学的刑罚哲学的指导下，才能制定出科学的刑事法律。从历史来看，刑罚哲学观念多种多样，人们对刑罚哲学观念的表述有很大的不同。例如，诺曼·卡尔森(Norman A. Carlson)等人认为，基本的刑罚哲学有四个：惩罚、控制、治疗和预防。[①] 拉里·梅斯(G. Larry Mays)等人认为，指导矫正计划、矫正机构的刑罚哲学有八种，它们在不同的历史时期支配着矫正系统。这八种刑罚哲学是：报应、威慑、改造、隔离、剥夺犯罪能力、重新整合、赔偿、恢复。[②] 但是，归纳起来，这些刑罚哲学大体上可以分为两类：惩罚哲学和改造哲学。在刑事立法过程中，要恰当认识惩罚与改造的关系，恰当确立刑罚政策的基本价值取向——强调预防和改造，而不是强调惩罚和报应。

2. 发展良好的刑事司法制度

良好的刑事司法制度，应当是一种在刑事司法系统各个部门之间既相互配合、协调运行，又分工负责、相互制约的制度。刑事司法系统的各个部门之间的合理关系，必须是一种既合作又制约的关系，只有在立法中确立了这样的关系，才能保证刑事司法系统的科学高效运行。刑事司法制度的发展，应当围绕这个目标进行。但是，从目前我国的情况来看，刑事司法系统各个部门之间的关系还缺乏科学性，无论是在相互配合、协调运行方面，还是在相互分工负责、相互制约方面，都存在不少问题。例如，在司法实践中，普遍存在着刑罚执行机关缺乏对其他刑事司法机关的有效制约；对于报请法院审核裁定减刑和假释的事项，监狱部门缺乏相应的制约机制。应当通过对刑事立法的修改，切实解决这些问题。

在发展良好的刑事司法制度方面，尤其要特别注意完善刑事执行的法律制度，即行刑的法律制度。

第一，要明确行刑权和行刑机关的法律地位。行刑权就是国家专门机关依据生效的判决强制犯罪人执行刑罚的权力。尽管在一些学术著作中论述了行刑权[③]，把它作为刑罚权的一种，但是，在相关立法中，看不到对行刑权的明确肯定，缺乏对行刑机关法律地位的恰当规

① See Norman A. Carlson, Karen M. Hess, Christine M. H. Orthmann, *Corrections in the 21st Century: A Practical Approach*, West/Wadsworth, 1999, p. 19.

② See G. Larry Mays, L. Thomas Winfree, *Contemporary Corrections*, Wadsworth Publishing Company, 1998, pp. 2-10.

③ 参见何秉松主编:《刑法学教科书》，中国法制出版社 1997 年版，第 454 页。马克昌主编:《刑罚通论》(第二版)，武汉大学出版社 1999 年版，第 19 页。

定。例如,《宪法》第140条规定,"人民法院、人民检察院和公安机关办理刑事案件,应当分工负责,互相配合,互相制约,以保证准确有效地执行法律。"这一条没有对行刑机关在办理刑事案件中的地位和作用作出明确规定。《刑事诉讼法》第3条第1款规定:"对刑事案件的侦查、拘留、执行逮捕、预审,由公安机关负责。检察、批准逮捕、检察机关直接受理的案件的侦查、提起公诉,由人民检察院负责。审判由人民法院负责。除法律特别规定的以外,其他任何机关、团体和个人都无权行使这些权力。"这一条法律对侦查权、检察权、审判权及其行使机关作了明确的规定,但却没有明确提及行刑权与行刑机关。因此,为了建立完善的刑事法律制度,应在相关立法中明确行刑权与行刑机关的法律地位。

第二,要整合行刑资源。目前,不仅法律没有肯定行刑权及行刑机关的法律地位,而且也没有一个统一的刑罚执行机关。根据现行法律的规定,我国的刑罚执行工作处于一种分散零乱、多头负责的状态之中:公安机关执行宣判时剩余刑期在3个月以下的有期徒刑、拘役以及剥夺政治权利;人民法院执行死刑、罚金、没收财产;监狱执行死刑缓期2年执行、无期徒刑、有期徒刑;社区矫正机构执行管制、缓刑、假释以及暂予监外执行。这种状况既不符合分工负责、相互制约的法律原则,更不利于提高刑罚执行工作的水平。因此,从加强法制建设水平和提高刑罚执行效能的角度来看,应整合行刑资源,将刑罚执行工作统一起来,由专门的国家机关负责,结束目前这种分散执行的混乱局面。

3. 建立合理的刑罚体系

根据科学的刑罚哲学建立合理的刑罚体系,是完善刑罚政策的重要体现。为了建立合理的刑罚体系,应当注意下列两个方面的问题。一方面,要消除刑罚规定中不合理的现象。在刑罚体系的建设中,要尽力避免和消除刑罚规定不合理的现象。例如,过分的犯罪化(将一些没有必要利用刑罚处罚的行为规定为犯罪)、不足的犯罪化(将一些应当利用刑罚方法加以制裁和遏止的行为,仅仅规定为行政违法行为)、刑罚规定的不平等性(对危害程度类似的犯罪行为规定了相差悬殊的刑罚措施)以及不符合人类文明进步和发展的基本趋势,规定大量落后、残酷的刑罚方法等。另一方面,要丰富刑罚种类。为了充分发挥刑罚的社会效应,必须不断发展刑罚方法,丰富刑罚种类。随着社会的发展和科技的进步,逐渐抛弃一些落后、残酷的刑罚方法,创造出一些适应时代特点的新的刑罚种类,并及时将它们吸收到刑罚体系中来,为科学适用刑罚提供更多的选择。

4. 对犯罪规定合理的刑罚

罪刑相适应是现代刑法的最基本原则之一。根据这个原则,要重罪重罚,轻罪轻罚,刑罚的轻重与犯罪的轻重相匹配,科学利用刑罚资源控制和预防犯罪,避免出现重罪轻罚或者轻罪重罚的不合理现象。为了达到这一目的,有必要对犯罪的轻重和刑罚的轻重进行量化的实证研究,明确人们对犯罪轻重和刑罚轻重的基本看法,然后,给严重的犯罪规定严厉的刑罚,给轻微的犯罪规定宽和的刑罚。在这方面,学者们已经进行了一些有益的研究。例如,在国外,自美国犯罪学家索尔斯坦·塞林(Thorsten Sellin)和马文·沃尔夫冈在1964年出版《少年犯罪的测量》,发表了他们对141种少年犯罪按照严重性进行排序研究的结果以来,在这方面已经进行了很多的研究。[①] 在国内,白建军教授曾经对犯罪轻重和刑罚轻重进

① James Q. Wilson, Richard J. Herrnstein, *Crime and Human Nature*, Simon & Schuster, 1985, pp. 22-23.

行了量化分析[①],这是很好的研究尝试,对于提高刑事立法中的罪刑相适应水平具有重要的意义,在刑事立法和刑事法学[②]中都应当重视对这类研究成果的吸收。

5. 关注非刑罚化和轻刑化

刑罚是一种需要谨慎而经济地使用的资源。刑罚资源是一柄“双刃剑”,既有显著的效果,又有严重的弊端,因此,对于这种资源的使用,必须持一种十分慎重的态度。要继承中国古代自周公以来的“明德慎罚”的思想,在治理国家中重视道德教化,慎用刑罚,力争用最少的、最轻的刑罚达到最大的控制犯罪的效果。在刑事立法中,不仅要考虑非犯罪化的趋势,将一些社会危害性减轻甚至消失的犯罪行为合法化,不再用刑罚去调整,改用其他的法律手段去调整,在刑事立法中体现非刑罚化,也要考虑轻刑化的普遍趋势,在刑事立法中减少对残酷刑罚的使用,特别是要限制死刑的使用,更多地使用惩罚性较轻、影响效果较好的轻刑处理犯罪行为,尤其是要考虑更多使用非监禁刑处理犯罪行为,在刑事立法中贯彻轻刑化的理念。人类社会刑罚的演化历史表明,残酷、严厉的刑罚并不是遏止犯罪的最有效手段,严刑峻法只能加剧犯罪的严重性,“以暴止暴”的愿望是不可能实现的,所以,在刑事立法中,应当关注和体现刑罚不断朝着非刑罚化和轻刑化方向发展的大趋势。

二、刑事司法对策

刑事司法对策是指导国家刑事司法机关科学地进行刑事司法活动的刑事对策。对于刑事司法,人们有不同的理解。广义上的刑事司法是指警察、检察、审判和司法行政机关及其查明犯罪和处理犯罪人的活动;狭义上的刑事司法,仅仅是指审判机关及其适用刑法的活动。刑事司法对策贯穿于侦查、起诉、审判和行刑过程。[③]

发展良好的刑事司法对策,应该关注下列内容:

1. 确立合理的刑事诉讼理念

从一定意义上讲,刑事诉讼是行使国家刑罚权的活动。确立合理的刑事诉讼理念,对于正确行使刑罚权具有重要的意义。在刑事诉讼程序各个环节的设计上,要确立恰当的刑事诉讼理念。我国的刑事诉讼程序,包括侦查、起诉、审判和执行等环节,在立法中设计这些环节的衔接、相互关系的处理、有关资源的配置等内容时,要坚持处理好公正、秩序和效率的关系,确立公正优先、重视秩序、兼顾效率的刑事诉讼理念。“公正”,既指公正地惩治犯罪(实体公正),也指诉讼程序本身要符合公正标准(程序公正)。“秩序”,既指通过惩治犯罪维护社会秩序,也指惩治犯罪的活动本身要有序进行。“效率”,是指投入一定的司法资源所能处理的刑事案件的数量。以较少的资源投入处理较多的刑事案件,意味着效率高;反之,以较多的资源投入处理较少的刑事案件,则意味着效率低。在刑事诉讼中,不能为了惩罚犯罪人而忽视办案活动的合法性,办案活动必须同时符合实体公正和程序公正的要求。办案活动不能在无序状态中进行,必须有利于维护社会秩序。在刑事诉讼中决不能片面追求效率,既不能为了加快办案速度而牺牲办案的准确性,也不能为了惩罚犯罪人和提高办案效率而忽视对当事人合法权益的有效保护。实现社会公正,维护社会秩序,是刑事诉讼的最高理念,只有在这个基础上,才能考虑提高效率的问题,而不能颠倒它们之间的关系。

① 参见白建军:《犯罪轻重的量化分析》,《中国社会科学》2003 年第 6 期。

② 参见白建军:《论刑法教义学与实证研究》,《法学研究》2021 年第 3 期。

③ 鉴于刑事执行对策的特殊性,其主要内容将在下文中单独论述。

2. 保证侦查的合法性

在查明犯罪行为的过程中,公安、检察部门的侦查机关既要努力查明刑事案件的事实,保护国家和社会的权益,又要保障犯罪嫌疑人的人权,遵循法律规定的程序,使用法律规定的方法。决不能为了查明刑事案件事实而违法操作,如刑讯逼供、超期羁押等;不能为了追求实体正义而牺牲程序正义,必须克服长期以来流行的偏重实体正义、忽略程序正义的偏向。

3. 增强量刑的合理性

量刑过程是体现刑事司法对策的最关键环节之一,必须努力增强量刑的合理性。从目前我国的情况来看,增强量刑的合理性,要特别重视下列几个方面:

(1) 推进审判体制的改革。要通过审判体制的改革,努力解决审判机关在人事安排和经费保障等方面受制于地方机关的问题,使审判真正独立,确保在审判中公正裁判,克服地方保护主义的弊病。要使法官有更大的公正裁判的权力,克服"审而不判"和"判而不审"的问题,确保法官依照自己对法律的理解正确处理刑事案件。

(2) 提高法官素质。法官的法律修养和职业道德,对于正确定罪量刑有着至关重要的作用。因此,不仅要通过国家统一法律职业资格考试等手段,严把法官执业的资格关,保证具有较高法律素养的人担任法官职务,而且要十分重视对法官职业道德的培养和监督,严惩枉法裁判的法官,坚决将不称职的法官清理出去,确保法官队伍的高素质和纯洁性。

(3) 缩小量刑差异。应当通过完善量刑指导意见、发布典型指导案例、进行审判业务培训等方式,缩小不同法官在量刑方面的差异,保证不同法官对类似犯罪适用基本相同的刑罚,确保量刑公正、罪责刑相适应,维护刑事法律的统一性。

4. 遵循必要的基本原则

在刑事司法活动中,应当坚持下列基本原则:

(1) 刑罚公平性原则。这是指对犯罪人适用刑罚要公正、平等和适度的原则。[①] 根据这项原则,在适用刑罚时,要依法办事,严格按照法律规定的程序追究犯罪人的刑事责任,坚决贯彻罪刑法定原则,避免法外用刑和枉法裁判。要用同样的标准对待所有的犯罪人,在适用刑罚方面人人平等,反对量刑中的歧视现象和不平等做法。要努力做到罪刑相适应,重罪重判,轻罪轻判,恰当量刑;在刑罚判决中,认真考虑和体现法律规定的量刑情节;依法判处缓刑和裁定减刑、假释。

(2) 刑罚及时性原则。这是指在犯罪行为发生之后要迅速查明案情和适用刑罚的原则。在刑事案件发生之后,只有高效地开展侦查活动,迅速查明案情和适用刑罚,才能在犯罪人和其他人心理上形成犯罪与刑罚之间的观念联系,使人们认识到犯罪行为带来的不利后果,从而充分发挥刑罚的威慑作用,利用刑罚阻止人们进行犯罪行为。同时,只有在犯罪行为发生之后迅速查明案情和适用刑罚,才能安抚被害人,缓解和消除被害人的愤怒情绪和复仇动机,从而既能够伸张社会正义,又可以防止被害人的报复性行为。

(3) 刑罚必然性原则。这是指犯罪人在犯罪之后不可避免地要受到刑罚处罚的原则。这项原则意味着,任何人只要实施了犯罪行为,就肯定会受到刑罚处罚,没有任何例外。这

---

① 参见王牧:《犯罪学》,吉林大学出版社 1992 年版,第 389 页。

项原则可以发挥增强刑罚威慑力的作用。刑罚必然性原则的落实,可以使人们对犯罪与刑罚之间的关系产生明确的认识,意识到只要犯罪就会受到刑罚处罚,这样就可以消除人们对犯罪行为的侥幸心理,使人们慑于刑罚的威严而不敢轻易进行犯罪行为。同时,这项原则也能够更好地体现公平正义。这项原则表明,任何人只要进行犯罪行为,就难以逃避刑罚的制裁,从而有力地体现了法律面前人人平等的思想,有助于维护社会的公平正义。①

(4) 刑罚个别化原则。这是指在适用和执行刑罚中要根据犯罪人的不同特点区别对待的原则。犯罪是一种复杂的社会现象,在犯罪的原因、犯罪的情节以及犯罪人的生理和心理特点等方面,都存在很大的差别。因此,在贯彻刑事司法对策的过程中,只有认真考虑这些差别,恰当适用和执行刑罚,才能最大限度地实现刑罚目的。刑罚个别化是刑罚合理化、科学化的体现,是真正实现法律面前一律平等思想的必然要求,是犯罪学发展的重要成果。这一原则的贯彻落实,会有力地发挥刑罚的教育改造功能。

(5) 刑罚人道化原则。这是指在刑罚适用和执行过程中体现人道主义思想的原则。人道主义思想是人类文明进步的产物,其核心是重视人的价值,尊重他人人格,维护他人权利,相信人的可教化性和发展能力。在刑事司法活动中,贯彻人道主义原则具有重要的意义。刑罚人道化原则要求,在刑罚适用过程中,要避免单纯惩罚罪犯的倾向,要根据改造罪犯和预防犯罪的目的适用刑罚;在刑罚执行过程中,要立足于改造罪犯的需要执行刑罚,尊重罪犯的人格和尊严,维护罪犯的合法权益,搞好罪犯的生活卫生,公平对待所有罪犯,相信和激发罪犯的自我转化能力,利用一切积极有效的方法促进罪犯的改造。

三、刑事执行对策

刑事执行对策是指导国家刑罚执行机关科学地进行刑罚执行活动的刑事对策。刑事执行对策简称"行刑对策"或者称为"行刑政策",具体表现为指导刑事执行活动的一些基本观念、原则、方针和措施等。

在死刑的执行中,应当确立"依法办事、文明行刑、人道待人"的政策。要根据法律的规定,严格履行法定程序,确保死刑执行的合法性与准确性,防止发生错案。在死刑执行活动中,要体现人类文明进步的要求,避免不文明的甚至是野蛮残忍的活动。例如,将死刑犯游街示众,对死刑犯进行没有必要的、过分的身体约束,对死刑犯进行肉体虐待甚至残害死刑犯身体的活动等。要用人道主义的态度,对待被判处死刑的犯罪人,对于犯罪人在临刑前提出的一些符合人情常理的请求,如会见近亲属或其他有关人员、与家人拍照留念、在食物和衣着方面的请求等,只要是法律没有明确禁止、也不危害行刑活动的秩序与安全的,应当允许;对于执行死刑后的罪犯尸体、骨灰以及其他遗留物,也要本着人道主义的精神,妥善处理。

在监禁刑的执行中,应当切实贯彻"惩罚与改造相结合,以改造人为宗旨"的行刑对策,重视对犯罪人的教育改造,重视培养犯罪人的良好行为习惯和职业技能,坚决摈弃那种为了追求局部的经济利益和物质利益而迫使罪犯进行超强度、超体力、超时间的"三超"劳动的做法,避免用体力劳动代替其他的教育改造活动的简单做法,真正在刑罚执行工作中把改造罪犯放在第一位。同时,要坚持"给出路政策",对认真遵守国家法律和监狱规则,具有良好表现的罪犯,应当及时给予减刑、假释和其他奖励,鼓励他们在希望中服刑改造。

① 刑罚的严厉性、及时性和必然性,是犯罪学古典学派确立的有效刑罚的基本特点,意大利学者贝卡里亚(Cesare Beccaria)对此进行了精辟的论述。有关内容参见吴宗宪:《西方犯罪学》(第二版),法律出版社 2006 年版,第 37—40 页。

在非监禁刑的执行与社区矫正中,要树立“监督管理与教育帮扶相结合、专门机关与社会力量相结合”的行刑对策。刑罚执行活动既要体现法律对于犯罪人的惩罚,通过依法监管等措施让犯罪人遭受一定的限制、剥夺和痛苦,又要重视对犯罪人的改造,帮助犯罪人解决所遇到的问题和困难,促使犯罪人心悦诚服地认罪伏法,放弃犯罪心理,戒除不良习惯,遵守国家法律。

在对无罪判决以及免于刑罚处罚等非刑罚内容的刑事判决和裁定的执行过程中,要贯彻“有错必纠”的行刑政策,坚决依法纠正冤假错案,并且根据国家法律的规定,恢复冤假错案当事人的名誉,对他们进行合理的赔偿和补偿。

【本章小结】

刑罚是指国家专门机关根据刑法对犯罪人施加的最严厉的惩罚措施。这类惩罚措施既有多方面的积极作用,也有明显的局限性和副作用。

为了有效实现刑罚目的,必须确立科学的刑事对策,进行合理的刑事立法和司法活动,对刑事立法和司法活动进行有效的监督。

刑事惩罚对策是指科学地惩罚犯罪与犯罪人的对策。换言之,刑事惩罚对策就是科学运用刑罚的对策,它包括刑事立法对策、刑事司法对策和刑事执行对策。

【本章思考题】

1. 谈谈刑罚及其功能和局限性。
2. 简述刑罚目的及其实现途径。
3. 简述刑事立法对策。
4. 简述刑事司法对策。
5. 简述刑事执行对策。

【本章参考文献】

1. [美]埃德温·萨瑟兰、[美]唐纳德·克雷西、[美]戴维·卢肯比尔:《犯罪学原理》(第11版),吴宗宪等译,中国人民公安大学出版社2009年版。

2. 吴宗宪:《当代西方监狱学》,法律出版社2005年版,第四章。

3. [挪]约翰尼斯·安德聂斯:《刑罚与预防犯罪》,钟大能译,曹智安校,法律出版社1983年版。

4. [美]大卫·E. 杜菲:《美国矫正政策与实践》,吴宗宪等译,中国人民公安大学出版社1992年版,第一、二、七章。

5. [美]D. 斯坦利·艾兹恩、[美]杜格·A. 蒂默:《犯罪学》,谢正权、邬明安、刘春译,群众出版社1989年版,第十三、十六章。

6. [俄]С. С. Босхолов(谢尔盖·谢苗诺维奇·博斯霍洛夫):《刑事政策的基础》,刘向文译,郑州大学出版社2002年版,第九、十、十一章。

第十三章　社会预防对策

社会与人的完善，或曰社会与人的全面发展，是预防和减少犯罪的根本性条件；良法善治，好的社会政策/公共政策①是最佳的犯罪预防策略。本章从环境（主要是社会环境）与人两个方面来探讨犯罪的社会预防策略，强调通过制度设计来创造有利于化解、克服犯罪问题的宏观社会环境，以降低犯罪率、减少犯罪总量；通过教育教化来培养或养成个人遵德守法的意识和习惯，以预防和减少个人犯罪。第一节"一般社会预防"，探讨通过社会本体建设和制度设计来创造有利于克服和减少犯罪的宏观社会环境。第二节"专门社会预防"，讨论通过空间环境设计消除犯罪目标，减少犯罪机会，降低犯罪风险。第三节"个别预防：教育与教化"，讨论通过教育、教化来帮助社会成员养成自觉守德守法的健全人格，以免其陷于犯罪。

第一节　一般社会预防

一般社会预防，又称"一般社会预防对策"，即宏观社会预防，是旨在通过制度设计完善社会本体建设，创造一个能够最大限度地抑制和克服犯罪现象的宏观社会环境的全部计划和措施的总和。一般社会预防是整体性、全局性的预防犯罪对策，有两个主要特征：其一，一般社会预防直接指向的是社会本体而不是犯罪现象，与其说一般社会预防是一套犯罪预防计划和措施，不如说其是一种社会本体建设和制度设计，准确来说，是旨在获得预防和减少犯罪这一特殊"收益"的政治、经济、文化等方面的社会建设活动。其二，一般社会预防不依赖于刑罚压制或者技术防控手段，而是强调政府②的主导作用甚至决定性作用，依凭政府的"有形之手"——社会政策/公共政策主动化解或避免犯罪问题。

一般预防融贯并实现于这样一种宏观社会环境的创造过程之中：国家富强，社会经济平等和共同富裕；政治民主法治，政府清正廉洁；社会治理良法善治，法德兼济，法治德治并重，立法司法公平正义；传统文化根脉永续不绝，全社会有共同的文化信仰、价值目标和强大的内在凝聚力；较高的社会文明程度，公民信守道德诚信、充满爱国热情、社区情怀③和公益精神；社会道德资本（道德与诚信）丰沛，家庭及社区内部保持自然和谐的情感联系，道德、舆论、邻里、社区等非正式监督力量得以保持并与法律、司法等正式监督力量相对平衡。说到底，这是一种社会与人的全面健康发展的社会局面。这样的社会局面，与社会主义核心价值

---

① 社会政策/公共政策是国家和政府所作的价值选择和权威性分配，在这里，是指国家和政府制定的法律法规、方针政策、决议决定、规划计划的总和。社会政策与公共政策两个概念之间稍有区别，此处不予强调。

② 这里所说的政府，是指包括执政党、国家行政机关、立法机关和司法机关在内的广义的政府。

③ 所谓社区情怀，是指社区成员对社区怀有的亲切感情，这种感情类似于家庭成员对家庭怀有的亲切、依恋感情。社区情怀的主要特征是：有归属感、有自律自治精神、有邻里互助精神和公益精神。

观相符合。[①]

一般社会预防是治本之策，比任何"设计精致"的专门预防策略更加有效。我们认为，国民经济和社会发展规划事实上是一般社会预防的总纲领，预防犯罪的目标、策略和计划应当包容于国民经济和社会发展规划以及其他社会政策/公共政策之中。国民经济和社会发展规划以及所有的政府决策，都应该科学、审慎地评估其可能产生的道德成本和预防犯罪效应。正因此，犯罪学研究便具有了为政府提供决策建议的价值和功用。

一、一般社会预防对策的依据

犯罪现象的本质和规律客观上规定了其对自身的应对策略，实践中采取怎样的犯罪预防策略，则取决于行动主体对犯罪现象本质和规律的主观认识，即取决于一定的犯罪观以及社会观。正确认识犯罪现象的本质和规律，也就找到了控制和预防犯罪的有效策略。一般社会预防策略应基于对犯罪现象本质和规律的以下认识：

（一）犯罪是一种根源深植于社会内部的社会现象

中世纪以前的超自然主义犯罪观早已经被摒弃。认为犯罪"隔代遗传"的意大利犯罪人类学理论，也已经丧失其主流地位，影响式微。如今的一个共识是，犯罪是一种人类社会现象。法国社会学家和犯罪学家迪尔凯姆把犯罪归因于社会失范（anomie）的一种后果和典型表现。在他看来，失范（包括犯罪）是人类社会无法克服的病态现象——它危害人类社会，却又无法完全被人类克服。美国犯罪学家默顿把犯罪行为归因于社会价值目标与合法成功手段（机会）之间相脱节。文化冲突论把犯罪归因于不同社会群体之间的文化冲突。美国犯罪学家萨瑟兰把犯罪行为归因于复杂多元的人际交往和学习过程（不同联系）。西方激进犯罪学理论把犯罪归因于社会阶层之间的利益冲突。马克思和恩格斯对犯罪本质作如下揭示："犯罪——孤立的个人反对统治关系的斗争，和法一样，也不是随心所欲地产生的。相反地，犯罪和现行的统治都产生于相同的条件。"[②]这句话指出，犯罪本质上是现存社会秩序的一种巨大的破坏性力量。马克思和恩格斯对犯罪本质的理解适合于解释资本主义社会中的底层阶级的犯罪行为，具有指导意义。

对于犯罪这种人类社会现象，只能到人类社会内部去寻找其存在根源以及发生条件，并据以设计出有效的应对策略。无疑，犯罪现象的根源和发生条件，与特定的社会制度、结构、文化密切相关，与特定的生产力水平、生产关系和生产方式密切相关。因此，完善社会本体建设，实行良法善治，创造一个有利于抑制犯罪发生的宏观社会环境，是解决犯罪问题的根本之路。

犯罪作为一种人类社会现象，当然与人类自身相联系，即与人类一般属性以及单个人的个性特点相联系，因而，设计犯罪预防策略，不能忽略"人"这一基本因素，在微观层面必须着眼于人的个性培养和内在完善，在宏观层面则必须符合并顺应于人类的一般属性和一般需要，而不能相反。

（二）犯罪现象变化与社会变迁之间具有密切的相关性

犯罪现象的变化是社会发展和转型的一个晴雨表。犯罪现象的变化与社会变迁之间存

① 党的十八大提出，倡导富强、民主、文明、和谐，倡导自由、平等、公正、法治，倡导爱国、敬业、诚信、友善，积极培育和践行社会主义核心价值观。其中，富强、民主、文明、和谐是国家层面的价值目标；自由、平等、公正、法治是社会层面的价值取向；爱国、敬业、诚信、友善是公民个人层面的价值准则。

② 《马克思恩格斯全集》第3卷，人民出版社1960年版，第79页。

在内在联系,犯罪行为发生率和社会存量、犯罪现象的结构和犯罪圈的大小,都因社会变迁而不断发生变化。从犯罪史来看,大多数国家的犯罪均因社会变迁和转型而经历了这样一个变化过程:犯罪率不断上升、新的犯罪类型不断出现、犯罪圈不断扩大、由自然犯占绝大多数的自然犯时代过渡到了法定犯占绝大多数的法定犯时代。例如,在早期中国刑法史上,刑法只规定了杀人、性犯罪(包括和奸、强奸、猥亵、通奸等)、盗窃(包括贿赂、强盗、抢夺等)和针对国家或皇权的政治犯罪(包括谋反、谋大逆、谋叛、大不敬等)等少数几类罪名,犯罪类型很少,犯罪圈很小。随着社会变迁,犯罪情况逐渐发生变化。在我国当代,新的犯罪类型不断出现,作为必要的反应,刑法调整范围即犯罪圈明显扩大,除普通暴力犯罪、财产犯罪和性犯罪之外,经济犯罪(包括法人犯罪)、金融犯罪、破坏自然生态环境犯罪、食品药品犯罪、网络犯罪等犯罪类型被纳入刑法的调整范围。西方国家也都经历了或正在经历犯罪圈逐渐扩大的过程。罗马法就经历了一个"私犯"逐渐被"公犯"化的过程。犯罪现象的上述变化,不是单纯的刑事立法变化的结果,而主要是社会变迁造就的结果。

现代化进程对犯罪现象变化的影响最为深刻而明显,乃至"犯罪现象的当代观察家和犯罪历史学家都把工业革命的出现看作是犯罪发展的分水岭",19 世纪成为西方世界犯罪类型的转折点。① 现代化进程使传统农业社会的犯罪与现代工业社会和城市社会的犯罪有了鲜明的差别。

我国是发展中国家,20 世纪 70 年代末开始的改革开放,是我国向社会主义现代化国家和现代化社会迈进、转型的关键节点,亦是我国当代犯罪现象变化的重要拐点。在社会转型过程中,我国社会结构与文化、生产生活方式、价值观念均发生了深刻变化,与此同时,我国犯罪现象的发生率、总量和类型结构也均发生明显变化。总的状况是犯罪率明显上升,犯罪总量明显增加,经济犯罪、智能型犯罪等犯罪形态占犯罪总量中的绝大多数,基本完成了由自然犯时代向法定犯时代的过渡。在此背景下,要想有效预防犯罪,需要加强文化和道德建设,统一社会价值目标,减少社会失范,避免社会解组。

(三)社会政策/公共政策是政府应对和解决犯罪问题的"有形之手"

无可否认,刑罚是社会应对犯罪的一个必要手段,是一种"必要的恶"。但是,刑罚的作用是有限的,不是犯罪的治本之策。不可过分对其倚赖,应当保持谦抑。刑罚的有限性主要表现在两个方面:一是刑罚的威慑功能会随着刑罚投放量的逐渐加大而出现衰减即边际递减(边际威慑);二是刑罚会给犯罪人贴上"犯罪者标签"或烙上"刑罚烙印",从而使之在心理和感情上难以复归社会。仅凭刑罚,不能真正有效地解决犯罪问题。用来控制犯罪的技术预防手段,必要且有效,但作用同样有限。如果不在制度或政策上堵塞犯罪漏洞,犯罪技术会与防控技术竞相发展、水涨船高。

社会政策/公共政策是政府调整社会关系、引导社会方向的"有形之手",也是应对和解决犯罪问题的"有形之手"。政府通过制定正确的社会政策/公共政策来化解或克服犯罪问题,其有效性非刑罚手段或者技术预防手段可比。通过制定好的社会政策/公共政策,可以堵塞制度漏洞,从根本上化解或者避免犯罪问题的发生。在现代社会,尤其是自 20 世纪中期以来,犯罪问题不再仅仅是一个法律问题,也不再是一般的社会问题,而越来越成为一个

① [美]路易丝.谢利:《犯罪与现代化——工业化与城市化对犯罪的影响》,何秉松译,罗典荣校,群众出版社 1986 年版,第 34 页。

社会政策/公共政策问题或政治性问题。犯罪类型的变化、犯罪率的升降、犯罪圈的涨缩等，均与社会政策/公共政策的变化或者好坏密切相关。因此，良法善治，运用好的社会政策/公共政策化解或克服犯罪问题，是最为有效的犯罪预防策略。

拓展阅读

比较犯罪学：目的、方法与结论

（四）从比较犯罪学研究中获得的启示

犯罪学家关于发达国家低犯罪率以及低犯罪率国家社会结构特征的比较研究，对于制定犯罪一般社会预防对策具有一定的启发和借鉴意义。[①]

比较犯罪学研究发现，瑞士和日本是低犯罪率发达工业国家的典型。它们能够保持较低的犯罪率，与其社会结构和文化类型密切相关。瑞士保持着相当低的犯罪率，原因在于其保持着这样一种社会结构状态：水资源和能源充足，随处可得，受惠于此，瑞士的工业遍布全国各地，布局均匀，发展平衡；存在社会解组区（socially disintegrated areas）的那种集合城市（conurbation）[②]尚未发育。尽管瑞士是一个工业化和城市化国家，但瑞士人仍然保有自治精神和社区情怀（autonomy and community spirit），还没有变得像瑞典人那样对政府行政产生依赖性，因此，瑞士是靠强有力的和自愿的非正式社会控制而得以保持低犯罪率的。瑞士的青少年人很好地融入了社会。在日本，尽管有组织犯罪猖獗，但其仍保持着相对低犯罪率，其原因在于日本社会结构的某些独有特质：日本社会是一个同质性（homogeneous）[③]很强的社会，日本人的价值观念和行为方式特别地相似和一致；群体精神（the group feels）制约着群体成员的个人行为，个人忠于团体，倘若因自己的行为使所在群体、家庭、学校或者团队蒙受耻辱，这个人就会感到颜面无存；在工业化和城市化地区，大公司的员工社区（the staff communities of the companies）已经在相当大程度上取代了乡村社区（the village communities）；日本的刑事司法制度深受公众的尊重和拥护，社区把警察视为自己的一分子而全力支持，警察则将自己视为社区的一分子而努力维持与社区的密切关系。公众把参与刑事司法机关的活动视为分内之事。

比较犯罪学研究还发现，低犯罪率国家的社会结构通常具有以下三个主要特征：

第一，通过社会群体，如家庭、邻里、学校、工作单位以及消遣组织等实施的非正式控制，在防止犯罪中起着重要作用。预防和控制犯罪不仅仅是刑事司法机关和正式控制机构的事情，相反，人们应当有一种自我责任感。

第二，公民热心公益事业的精神至关重要。在公民热心于公益的国家，其社会结构的典型特征表现为低犯罪率。

第三，在低犯罪率社会结构中，刑事司法制度受到高度尊重。警察努力维持与社区的密切关系，公民则积极协助警察、法院或者监狱等部门开展工作。监狱中的罪犯尽可能地放到社区中监督和矫治，因而那种反映罪犯价值观的监狱亚文化无法形成。自由刑很少被适用。

---

① 参见［德］汉斯·约阿希姆·施奈德：《比较犯罪学：目的、方法与结论》，赵宝成译，《中国刑事法杂志》2003 年第 4 期。

② 集合城市是指那种拥有若干卫星城的大城市。

③ Homogeneous 是一个生物学词汇，指因遗传而构造相似。通常汉译为“同质的”“同源的”或“纯系的”。

上述比较犯罪学研究至少提示我们，社会结构的稳定性和文化传统的连续性，公民的道德水平、公益精神和社区情怀，正式社会控制力量与非正式社会控制力量之间的相对平衡以及民众与司法机关的协作，对于预防和减少犯罪具有重要意义。这些正是社会改革和政府进行社会决策/公共决策时需要认真考虑的。

二、社会改革：社会本体建设与完善

社会本体（社会制度、经济文化以及结构）的建设和完善，是社会克服犯罪的物质基础和精神基础。社会本体建设与完善的基本途径是社会改革，即在既定的基本社会制度之下守正创新，改革和完善社会管理体制。社会本体改革是党和政府政治选择和公共决策最为重要的内容，它要求，既要创新也要守正，在守正下创新，在创新中守正，不走歪路邪路。

以下几个方面的社会改革，具有重要的犯罪预防意义：

（一）推动物质文明、政治文明、精神文明、社会文明和生态文明建设综合协调发展，提高全社会的整体文明程度创造人类文明新形态

犯罪状况，与物质文明、政治文明、精神文明、社会文明以及生态文明的发展水平之间存在着复杂的联系。从历史上看，犯罪率的降低，不完全取决于物质文明、政治文明、精神文明、社会文明以及生态文明发展的绝对水平，更不完全取决于五个文明中的某一方面的片面发展（这种片面发展实际上最终是不可能实现的），而是主要取决于五个文明发展的协调程度和综合水平的提高。在西方国家，进入工业化社会以后，犯罪率明显上升，其原因之一，是在社会物质文明水平获得极大提高的同时，精神文明程度没能相应提高。

分别地看，物质文明、政治文明、精神文明、社会文明和生态文明各自的发展程度，对于预防犯罪影响程度各有不同。例如，物质文明程度提高，可以使人感受到现行社会制度的优越性并对之产生信任感甚至依赖感，可以为人的全面健康发展提供物质上的条件与可能，可以为国家应对犯罪提供充足的物质保障；精神文明程度提高，有益于培养民主政治以及美德善行；政治文明程度提高，可以使社会充满昂扬向上的激情和对政府的信任感。然而，不论是物质文明、精神文明抑或是政治文明，其中任何一方面的片面发展，都不是抑制犯罪、培养善行的充分必要条件。物质文明、政治文明、精神文明、社会文明和生态文明之间是一种相互支撑、相互制约的关系。只有当五者之间协调发展时，社会才会形成和谐、安宁、稳定的状态。如果其中的某一方面（常常是物质文明方面）获得突进式的发展而另一方面明显滞后，社会发展则可能出现不均衡、不协调现象，出现各种社会矛盾和不安定因素。总的说来，一条重要的规律是：社会犯罪率的降低取决于五个文明协调发展和综合水平提高。

20世纪末21世纪初，我国社会正处于变革和转轨的关键时期，实现中国式现代化即以人的全面发展为核心、五个文明协调发展的现代化，成为中国特色社会主义事业发展的努力方向和历史性追求。从犯罪学角度看，努力实现这个历史性追求，堪为克服或减少犯罪的一个“政治密码”。

需要特别提醒，在经济与社会发展中，应当警惕现代化陷阱和城市病。从世界范围看，现代化进程产生了两个主要成果即工业化和城市化，深刻改变了传统社会结构、价值观念和生活方式，同时也带来了城市病和犯罪率上升的结果。“犯罪现象的当代观察家和犯罪历史

学家都把工业革命的出现看作是犯罪发展的分水岭。"①我国在改革开放和经济与社会建设中也应当清醒地注意到这一现象。我国正在实施乡村振兴战略,农村社会结构、价值观念和生活方式势必或者已经发生深刻变化,农村犯罪率上升以及农村"类城市病"很难避免,对此应该格外警惕。农村土地经营是走集体化、集约化道路,还是走个体户、分散化的道路,是一个需要认真考虑的问题;一刀切式地毁掉村庄,强赶农民进城"上楼"的做法应当慎行。我国迄今仍然是一个农业大国,传统文化或曰传统伦理的根脉深植在农村社会,这条根脉不应该被伤害。

还需提醒,在经济与社会发展进程中,一方面要慎重对待和处理民营企业家违法犯罪问题,厘清民事纠纷、经济纠纷与经济犯罪之间的界限,尤其不能以刑事司法手段介入和干涉民事、经济纠纷;另一方面,应该警惕行业垄断和为富不仁,警惕资本"绑架"政府、"围猎"权力。政府决策一旦受到资本的过度渗透、影响或者干扰,让掌握财富的极少数人操控政治和权力,势必造成官员贪腐和政府失灵、市场垄断和竞争无序、两极分化和社会撕裂的后果。

(二)深化社会治理体制改革,革除社会弊端,不断完善社会主义制度

社会治理体制是建立在社会基本政治制度和经济制度之上的社会经济、文化、教育等方面的具体管理制度和管理形式。

从历史上看,在任何一种社会制度和国家政权之下都不可能人人皆为罪犯,但是,社会基本制度的性质,有时确与犯罪问题联系紧密。

我国社会主义制度具有西方国家的资本主义制度不可比拟的巨大优越性,但是在一些具体组织形式和管理方式上,即在社会治理体制上,还存在着一些弊端和缺陷。这些弊端和缺陷的存在,妨碍了社会生产力的迅速发展和社会主义制度优越性的充分发挥,在一定意义上说,也成为影响我国社会治安形势的一个因素。例如,少数党员干部身上存在着的不正之风、官僚主义、特权现象以及贪污受贿等腐败犯罪现象,与社会治理体制上的弊端和缺陷存在着直接或间接的联系。因此,社会治理体制的改革和完善,不仅是社会运行和社会主义社会自我完善的重要形式之一,而且是预防犯罪的根本性措施之一;不仅必要,而且应该贯穿于社会主义建设始终。

社会治理体制改革对于预防犯罪的意义,主要表现在以下几个方面:其一,它本质上是一种社会规划和社会运行机制的调整活动,有助于形成社会政治和经济良性运行机制和对社会政治、经济领域内违法犯罪行为的抑制机制;其二,它有助于创造出一个高效能的政府,提高政府的政治威信和社会行政能力,从而使国家政权和社会制度能够最大化地发挥其社会整合和社会控制功能;其三,它旨在建立一个民主、法治、科学、公正、尊重人的价值与尊严的社会,这样的社会及其政府不仅会赢得公众的拥护和顺从,而且有助于人的心理平衡和人格的健全发展;其四,它可以大大解放生产力,迅速提高社会生产率,使人民群众的物质、文化需要不断得到满足,为人的全面发展提供必要条件。

经济体制和政治体制改革是我国社会治理体制改革的中心,由此会引发和推动其他各方面的社会改革,尤其是文化变革。我国的社会治理体制改革尤其是经济体制改革已经取得了重大进展,但无论是从改革的自身要求还是从预防犯罪的需要角度看,还需特别注意以

---

① [美]路易丝·谢利:《犯罪与现代化——工业化与城市化对犯罪的影响》,何秉松译,罗典荣校,群众出版社1986年版,第34页。

下三点：

第一，无论是经济体制改革还是政治体制改革，还有待进一步深化。社会治理体制改革意味着打破旧有的社会治理模式和制度，当旧的体制已被打破或者受到触动而新的体制尚未建立起来时，社会就会出现暂时性的失范或无序状态，这种无序状态客观上为经济犯罪和腐败现象提供了机会。我国社会治理体制改革采取的是一种渐进模式，有效地避免了过于剧烈的社会震动，但这种渐进式的改革也可能使社会失范或无序状态延续的时间较长。因此，要进一步完善各项经济立法，使我国经济形成良性竞争、充满活力的有序化格局；要在加强政府对经济发展宏观调控的同时，尽可能减少行政权力对经济领域的介入。

第二，正确理解和妥善处理法治与德治的关系，加强法治建设的同时不弃德治，德法兼济。社会治理需要良法，也需要善治；需要正式监督，也需要道德、舆论等非正式监督；需要法治的刚性监督，也需要道德的"柔性监督"。现代社会的一大特征是，法律等正式社会控制越来越强大，而道德、舆论等传统的非正式社会监督力量趋于弱化，社会变得越来越机械、刚性和物质化。包括犯罪在内的诸多社会问题的增多，都与此有关。面对西方社会日益增长的犯罪状况，西方一些学者开始呼唤重启在传统农业社会中发挥重要社会控制功能的非正式社会监督机制，如邻里监督、道德谴责等。这的确发人深思。较之西方社会，我国传统文化中蕴含着丰富的伦理道德资源亦即非正式控制资源，充分挖掘和合理利用传统文化中的非正式控制资源，是我国整合社会控制的一大优势。同时，也必须看到，在现代社会，过分寄望于公众的自我约束或者以群众运动式的手段来解决犯罪问题，肯定也行不通。在不废弃道德、舆论等非正式监督和刑罚威慑这一正式监督形式的同时，我们需要寻找一种介于二者之间的更加有效而经济的"柔性监督"形式。政府制定的好的公共决策可以起到"柔性监督"的作用，舆论、道德也可以起到"柔性监督"的作用。通过适当的公共政策和道德、舆论来实现对社会的"柔性监督"，是一种德政善治。这种德政善治，与刚性的法律之治相结合，可以构成一种合理顺畅的社会运行机制。"柔性监督"与我国传统的"德主刑辅"思想颇有相通之处。

习近平法治思想在总结人类历史经验和把握治国理政规律的基础上，精辟阐明了法律和道德、法治和德治的辩证关系，强调依法治国和以德治国相结合，一手抓法治、一手抓德治，将社会主义核心价值观融入法治建设，形成依法治国和以德治国相辅相成、相得益彰的良好局面。[①]

第三，必须正确理解和妥善处理发展与稳定的关系。不能只强调稳定而不发展，也不能只图增长而牺牲稳定，更不能以放弃公平、正义等社会价值原则而换取经济的一时增长。改革要积极而稳妥地进行，做到这一点需要有科学的理论和正确的方针、政策作指导。改革应当尽可能地减少矛盾的发生和激化。允许新矛盾发生的原则应当是：不可避免；弊小于利，并以不致瓦解社会伦理价值和社会安宁秩序为限度；能够随着改革和发展的深入而逐渐地得到克服和解决。尤其应当反对两种观点或倾向：一是以社会治理体制改革需要探索、需要"交学费""付代价"为借口，迷失方向，忘记初心，突破社会道德底线和法律框架，容忍贪污腐败、瓜分国有经济、败坏社会道德、丧失社会诚信、破坏公平正义制造贫富两极分化、破坏自然生态环境、放任"黄赌毒"泛滥等种种社会乱象；二是对改革开放以来犯罪率上升的原

① 参见《习近平法治思想概论》编写组：《习近平法治思想概论》，高等教育出版社 2021 年版，第 294 页。

因作合理化或者悲观论解释，即所谓的“代价论”或“同步论”。

（三）加强社会主义文化建设，巩固社会道德，明确价值目标，增强社会凝聚力

“文化是一套共享的理想、价值和行为准则……正是由于这个共同准则，使个人的行为能为社会其他成员所理解，而且赋予他们的生活以意义”。① 文化是民族之魂，决定了民族性和民族特征。文化是价值尺度和行为准则，规定了民族及其成员的基本价值取向和行为特点。文化是社会团结的精神力量。

1. 文化与个体犯罪行为的联系

从社会学和文化史角度看，犯罪是一种文化现象，犯罪现象与人类文化或文明的诞生、变迁相同步。文化（价值观）与个体犯罪行为以及宏观犯罪现象之间均存在着密切联系。第一，文化和价值观不但以“社会潜意识”的形式深刻制约着该社会的结构（体制）模式，而且深刻影响着该文化背景下的群体或个人的行为和态度，包括对犯罪的容忍度以及犯罪的行为方式。第二，文化和价值观是特定民族和社会的“精神黏合剂”，文化认同和社会价值目标保持一致，不仅可以使社会成员获得归属感，而且可以保障社会团结有序，否则，社会将陷入迷茫和无序状态（亦即失范状态），甚至形成激烈的文化冲突与对抗，陷入社会族群或社会阶层之间撕裂的状态。第三，犯罪率是衡量社会资本量的标准之一。犯罪率上升意味着社会资本量的流失或缺乏。② 文化是一种重要的社会资本，文化资本流失，意味着道德崩溃和社会诚信缺失，其结果之一是犯罪率的上升。第四，文化是一种信息符号，不良文化信息的传播可能成为学习犯罪的途径。20 世纪 70 年代末改革开放以来的一段时期内，我国社会和文化发生了急剧而深刻的转型和变迁，人们的生活方式和价值观念也随之发生变化，新的价值体系尚在建立中，社会上一度出现了一定程度的价值混乱或曰整体性迷失。一方面表现为，因道德与法律规范暂时缺位，人们一时缺乏清晰明确的价值指引，好与坏、善与恶、美与丑的标准与界限变得有些混沌模糊甚至颠倒错位；原有的社会结构、社会秩序和社会角色发生变化或者转换，人们一时难以为自己找到准确的社会位置和行动方向，因而开始变得有些迷茫甚至慌乱。另一方面表现为，随着国门打开，西方文化涌入，一些人逐渐失去了对祖国传统文化的自信，迷恋和模仿西方文化成为许多年轻人的一种时尚。法国社会学家迪尔凯姆（Emile Durkheim，1858—1917）把这种现象称作“失范”（anomie/anomy/anomia）③，我国社会学家和犯罪学家则时常用“道德滑坡”“道德真空”“价值崩溃”“社会整体性迷失”“盲目崇拜西方文化”等词语描述这种社会道德状况。其后果之一，是社会秩序紊乱、悖德行为和违法犯罪行为增多。

失范的发生，通常是日常性的、潜移默化的、非自觉的和缓进式的。比日常性失范或者

---

① ［美］威廉·A. 哈维兰：《文化人类学》（第十版），瞿铁鹏、张钰译，上海社会科学院出版社 2006 年版，第 36 页。

② 参见［美］弗朗西斯·福山：《大分裂：人类本性与社会秩序的重建》，刘榜离等译，中国社会科学出版社 2002 年版，第 32—33 页。

③ anomie/anomy/anomia（失范）一词，由前缀 a-和词根 nomos 组成，normlessness 或 lawlessness 成为该词的应有之义。在社会学理论中，失范意味着一种“异常的”“病态的”“偏差的”或“疏离的”倾向。我国台湾地区学者通常将 anomie 一词译作“迷乱”，颇能达意；我国大陆学者则常以“道德滑坡”“道德真空”或“价值崩溃”来指称失范状态。在法国学者迪尔凯姆看来，一方面，失范惯常表现为反社会（asocial）状态，是社会病态的征兆；另一方面，在社会转型期，即由传统的机械团结型社会（mechanical solidarity）向现代有机团结型社会（organic solidarity）转变的过程中，失范又是一种无法避免（合乎规则或规律而存在）的紧张状态。失范的反义词是“同范”（synnomie）。

违法犯罪亚文化更加危险的是文化叛离。文化叛离,是指有理论的、自觉的和有目的的文化背离和反抗。文化叛离比日常性失范或违法犯罪亚文化的性质和危害更严重,因为叛离者与祖国文化、政府以及法律不仅不再有认同感与亲和感,而且自觉地、有理论地、有目的地否定和反抗传统文化、反抗政府和法律。文化叛离可能成为背叛祖国或者其他政治性犯罪的先兆,对此不可不加警惕。

2. 加强文化改革和建设

无论从社会建设和发展角度考虑,还是从预防犯罪角度考虑,都必须加强文化改革和建设,克服文化自卑,树立文化自信;传承和弘扬中华优秀传统文化,守正创新,统一价值目标,建立社会主义核心价值观。

(1) 继承和弘扬中华优秀传统文化,树立文化自信。

第一,要认识中华文化之善美。一些人对中国传统文化自卑和对西方文化盲目迷信或者迷恋,很大程度上是由于对中国优秀传统文化缺乏了解和领悟。正确认识和评价中华传统文化,领悟中华传统文化的优秀特质和基本精神,感悟中华优秀传统文化的善、美、智、博,是树立中华文化自信的重要前提。

中华文化不仅塑造了中华民族的民族性格,而且为中国独具特色的社会与国家治理模式奠定了丰厚的文化底蕴。中国共产党领导下的当代中国之治,对外,主张和平共处,号召全世界人民团结起来共同构建人类命运共同体;对内,以民为本,一切以人民为中心,全心全意为人民服务。当代中国之治为人类社会发展提供了宝贵的中国智慧和中国经验,它不仅以马克思主义为思想源泉,而且受到了中华传统文化的滋养。

中国社会能够保持远低于西方国家的犯罪率,与中国传统文化强调天人合一、社会本位、重义轻利,追求自我修养、"内圣外王"的人格境界这种特质具有密切关系。认识、领悟中华文化之善美,方能建立文化自信和发自内心地认同、热爱中华文化。因此,培养文化自信需要从细微处着手,使国人能够具体认识和领悟中国文化之博大精深、充满智慧和善美。

第二,要看清西方文化①之实质。客观地认识和评价外来文化尤其是西方文化的长短优劣,是树立文化自信的另一个前提。要在守住中华民族之魂、延续中华文化之根脉的前提下,学习借鉴外来文化之优长。

西方文化以性恶论人性观为基础,讲究"狼性文化""丛林法则",主张个人权利至上,容易导致极端个人主义,其天然地包含着自私性、侵略性和掠夺性基因,剥削与压迫、侵略与争霸、战争与军备竞赛、干涉别国人权与制造"颜色革命"、国内犯罪与群体骚乱是其天然的产物。相较之下,中华文化倡导的是全人类和平共处、人与自然和谐共存,是一种更加成熟的善与美的文化类型,"人类命运共同体"这种崇高理想,只能在明德向善、和谐包容、诚实友爱、深沉博大的中华文化中孕育,而很难在崇尚个人主义和"丛林法则"的西方"狼性文化"中萌发。在认识西方文化时须注意两点:一是西方文化以性恶论为基础,缺乏内在的良善观念作支撑,缺乏引导人类向善的内在动力,确如杜维明先生所说,作为人类社会共享的价值,仅有民主、自由、人权、法治等观念还不够,除此之外,仁、义、理、智、信也是普世价值。② 二是

① 马克思主义在中国也属于外来文化,但它在与中国革命和建设的具体实践相结合过程中不断地实现中国化并形成了一系列理论成果,如毛泽东思想、中国特色社会主义理论体系、习近平新时代中国特色社会主义思想,因此,不可把马克思主义与这里所说的西方文化相等同。

② 参见杜维明、卢风:《现代性与物欲的释放:杜维明先生访谈录》,中国人民大学出版社 2009 年版,第 195—196 页。

西方国家对民主、自由、人权、法治的实际践行具有明显的“双标性”和虚伪性：它只在其本国内部适用，对外则成为恃强凌弱、争霸掠夺和干涉别国主权、内政、人权的工具；正如有学者所说的，法律可能或者实际上成为资本的统治工具，制造不平等。[①] 以美国文化为代表的西式民主、自由、人权、法治之所以会在光鲜外衣下掩盖着腐臭的法治实践和道德实践，盖因其骨子里缺乏中华文化所具有的那种良善观念，而只是机械性地或曰工具性地存在和运行，一遇利益冲突，即刻会脱去光鲜外衣，露出“性恶”的本色。[②] 西方文化（哲学）是一种“出世”文化（哲学），西方人听凭所谓“上帝”的指示而进行行为选择，本质上是他律；中国文化（哲学）是一种既“入世”又“出世”、充满人文关怀的善的文化（哲学）和美感文化（哲学），中国人基于内心天然的道德与良知进行行为选择，是真正的自律。

（2）弘扬中华优秀道德传统，用社会主义核心价值观凝心聚力。2013 年 12 月 23 日中共中央印发《关于培育和践行社会主义核心价值观的意见》，2017 年 1 月 25 日中共中央办公厅、国务院办公厅印发并实施《关于实施中华优秀文化传承发展工程的意见》。这表明，弘扬中华优秀道德传统，树立社会主义核心价值观，对中国特色社会主义经济社会建设和文化建设，具有深远的历史意义和重大的现实意义，也是预防犯罪的重要措施。

从犯罪学角度看，犯罪行为（以及人类的一切行为）不仅要受到一定社会的文化特质的制约，而且取决于社会群体以及社会价值的整合程度。当社会形成统一的价值目标或曰形成一种强大的主流文化时，社会就会呈现出一种稳定有序的状态，违法犯罪率就会降低；当社会丧失了统一的价值目标或者主流文化受到严重冲击和动摇时，社会就会发生混乱，违法犯罪率就会上升。因此，通过社会文化建设或者变革来实现文化整合、弘扬优秀道德传统，可以有效避免社会失范，减缓文化冲突，防止违法亚文化群形成，从而减少违法犯罪行为的发生。社会主义核心价值观的确立，对抑制或减少违法犯罪行为以及悖德行为发生具有重要作用。

培育和践行社会主义核心价值观，需要从以下几个主要方面入手：

一是公民教育。公民教育即民德教育或国民素质教育，其目的在于启民智，修民德，培养公民意识，激发爱国热情，提高公民素质和文明程度。文化与科学知识教育是公民教育首要的和前提性的内容，其主要目的在于开启民智，提高文化和科学素养。诚信与基本伦理道德教育是公民教育基础性内容，其主要目的在于帮助公民养成守伦理、遵道德、讲诚信、有良知、知荣辱、晓善恶、辨美丑的自觉或者能力。文明和美学修养教育是基础性公民教育的必要内容，公民懂得了审美和具有一定的审美能力，便不会醉心于审丑，那些低俗文艺、丑陋建筑以及怪诞邪恶的言行举止便失去了存在空间。民主与法治教育是公民教育不可或缺的内容，其主要目的在于帮助公民养成法治意识、权利意识以及与违法犯罪行为作斗争的勇气。革命传统教育、理想信仰和世界观教育也是公民教育的重要内容，其目的在于培养公民的文化自信心和昂扬向上的人生理想。

---

① 2019 年普林斯顿大学出版社出版了哥伦比亚大学法学院教授卡塔琳娜·皮斯托（Katharina Pistor）的著作《资本的编码：法律如何制造财富与不平等》（*The Code of Capital：How the Law Creates Wealth and Inequality*）。该书揭示了金融资本在西方世界扩张的进程以及法律是如何为其推波助澜、沦为资本拥有者谋取私利的工具的。参见吴双：《法治成了资本的统治工具，西方学者却开出这样的药方》，载观察者网，https://www.guancha.cn。

② 中华人民共和国国务院新闻办公室 2021 年 3 月 24 日发表的《2020 年美国侵犯人权报告》，系统而深刻地揭露了美国侵犯人权的斑斑劣迹：疫情严重失控酿成人间悲剧；美式民主失序引发政治乱象；种族歧视恶化少数族裔处境；社会持续动荡威胁公众安全；贫富日益分化加剧社会不公；践踏国际规则造成人道灾难。

二是良法善政，政治引导。良法善政是重整道德和树立社会主义核心价值观之钥。制定良法良策，司法公平公正，政府模范守法，官员清正廉洁，其道德引领和示范作用无可估量。全面推进社会主义法治建设，依法治国，德法兼济，对于弘扬中华优秀道德传统和树立社会主义核心价值观具有关键性意义。

三是扭转社会风气，净化文化（文学、文艺）环境。实现社会价值整合，较为紧迫的事情是抑制社会上的不正之风和各种落后、不良意识，实现社会风气的根本好转。社会上的不正之风和流氓意识属于亚文化现象甚至反文化现象，准确说，属于与社会主流文化相悖的违法/犯罪亚文化现象。树立社会主义核心价值观，必须掌握舆论和文艺宣传阵地，加强道德教化和审美教育。应当整顿文艺创作和文艺演出市场，净化网络环境，清除那些低俗色情、戏说恶搞、炫富追星、哈美哈日（哈韩）、亵渎英雄、庸俗丑陋、奢靡堕落、娱乐至死、愚人堕志的文学艺术形式和作品，如“鲜肉文艺”“饭圈文化”“审丑文化”等。

四是清除极端功利主义和实用主义的不良影响。极端功利主义和实用主义几乎成为当下流传的一种“心灵之毒”，为害甚深。极端功利主义和实用主义往往与极端个人主义相“结盟”，其一旦“结盟”，往往使某些人义利颠倒，不辨良善，不分美丑，背弃道德，践踏法律，不择手段地去追逐私利。极端功利主义和实用主义使一些人削弱了应有的道德判断力和审美能力，唯利是图，成为粗俗贪婪或者精致贪婪的功利主义者。无论从社会主义建设角度还是从预防犯罪角度看，必须努力清除极端功利主义和实用主义的贻害。

（四）恰当调整阶层关系，改善人际关系，构建和谐社会

调整阶层关系和人际关系是社会改革的一个特殊领域。阶层关系和人际关系是社会结构的组成部分，社会改革必然引起或包含对阶层关系和人际关系的调整。理顺社会结构和社会阶层关系，缓和社会矛盾，构建和谐社会，把社会矛盾控制在所能容忍和承受的范围之内，是实现社会安定的一个重要条件。

随着我国经济进入新常态，社会结构进入转型时期相对稳定的常态。为社会注入更多活力，其重要性在于保持社会流动通道畅通，让每一个社会成员都拥有合法成功的机会，能够以合法手段（而不是以非法手段）去实现自己的理想和找到自己适当的社会位置。促进机会平等，一靠教育，即让每一位适龄者都有机会接受中小学教育甚至大学教育。二靠用人制度平等，破除任人唯亲、“裙带关系”以及用人任事中的种种“潜规则”。后者是社会财富分配平等问题，其重要性在于让每一位社会成员在内心都有经济社会发展和改革开放成果的获得感、公平感、幸福感，并由此产生较高满意度，自觉地成为道德、法律和制度的拥护者和守护者。美国社会学家和犯罪学家默顿在分析机会不平等与美国社会犯罪现象之间的关系时指出，在均衡发展的社会（a well-balanced society），价值目标与实现价值目标（成功）的合法手段之间是协调一致的；价值目标与实现价值目标的合法手段之间相脱节，将导致越轨和犯罪，美国社会的犯罪问题就与并非人人能够平等获得实现合法成功的手段有关。[①] 默顿的话具有启发意义。缩小贫富差距，完善收入分配体制等，一要坚定地走共同富裕之路，通过

① 罗伯特·默顿认为，在美国社会存在着合法成功的机会不平等，即价值目标与合法成功手段相脱节，这是引起社会底层成员违法犯罪的原因；当人们无法以合法手段实现主流社会所倡导的价值目标时，就会以非法手段去实现目标。默顿借用了迪尔凯姆的概念，把这种机会不平等现象也称作“失范”。不过，默顿的失范概念与迪尔凯姆的失范概念内涵大不相同。迪尔凯姆所说的失范，是指无价值、无规范可循（规范缺失和社会失序，normlessness 或 lawlessness）；默顿所称的失范，则是指有主流价值（即上流社会的价值标准）可循，但底层社会成员很难获得合法手段去实现主流价值目标，因而放弃主流价值目标，转而以非法手段去实现自己的理想或价值目标。

工资、税收、物价以及产业布局等公共政策来调节社会分配，切实缩小城乡差距、不同行业（职业）以及不同地区之间的收入差距，在国有企业内部建立相对公平的工资制度和奖励制度并限制企业领导层薪资水平过高，改变文体明星收入畸高现象，以“零容忍”态度坚决惩治贪污受贿和借国企改革之机瓜分国有资产的经济犯罪行为，坚决遏制网络、金融等领域的垄断和不正当竞争。二要着力发展民生事业和社会保障事业，扶贫减贫，解决民生问题，减轻或消除低收入群体的生活困难和生存压力，推进新农村建设和改革，振兴农村经济与文化，进一步提高农产品价格和农民收入水平，进一步改善农民工待遇，大力发展农村地区的教育和医疗卫生事业。三要在经济和社会发展中政府主动作为，对经济发展和社会分配格局依法适当调控和监督，避免政府失灵，防止垄断和不正当竞争，警惕出现为富者不仁甚至资本“绑架”政府、“围猎”权力的情形。

人际关系实际上是个人生活的直接环境和情感气氛。它在很大程度上影响着个人的行为方式，不少犯罪行为与不良的人际交往和多种矛盾纠纷有着密切联系。保持正常的、紧密融洽的人际关系，不但是人格获得健康发展的重要条件，而且有助于减少和避免多种矛盾和纠纷。在人际交往日益频繁但感情却日渐淡漠的现代社会，这种正常的人际关系越发显得珍贵。因此，采取多种社会措施，润滑和协调人际关系，实际上成为社会控制和预防犯罪的一个重要方面。

三、社会政策/公共政策：社会问题的控制阀

（一）概说

社会政策/公共政策是党和政府制定的旨在协调社会关系，解决社会问题，保证经济与社会平稳、均衡发展的方针、原则和计划的总和，包括经济政策、人口政策、社会保障政策、文化教育政策、民族政策等多个方面。社会政策/公共政策是党和政府组织、管理社会的重要手段和工具。从这个意义上说，目前犯罪问题是一个社会政策/公共政策问题，只有通过制定好的法律和社会政策/公共政策，良法善政，方能化解。

拓展阅读

犯罪问题是一个公共政策问题

社会政策/公共政策的预防犯罪价值，主要如下：一方面，社会政策/公共政策是一种社会关系“调节器”，它的正确与错误将直接影响社会秩序稳定与否。进入工业化社会以来，西方国家出现了大量的社会问题，如城市贫民问题、住房问题、就业问题等，为了应付和解决这些社会问题，政府不得不陆续出台大量的相关政策即社会政策/公共政策，社会政策/公共政策成为西方国家解决工业化背景下的社会问题的重要工具。我国的社会和公共事务管理同样需要社会政策/公共政策这个工具。新中国成立以来，我国政府制定了大量的社会政策/公共政策。制定社会政策/公共政策的初衷在于解决社会问题，然而社会政策/公共政策犹如一柄“双刃剑”，好的社会政策/公共政策总是有助于社会问题包括犯罪问题的解决，坏的社会政策/公共政策则可能导致社会问题的丛生或恶化。社会问题包括犯罪问题需要运用好的政策工具来解决，但犯罪问题以及其他社会问题的发生或恶化，又往往与相关社会政策/公共政策的失误或者滞后有关。

另一方面，社会政策/公共政策的预防犯罪价值优于刑事政策（狭义），前者可以治本，后者则只能治标。刑事政策是国家用来对付犯罪的专门手段，其主要目的和作用是通过对犯罪行为的事后回顾（惩罚、报复和矫正）来实现特殊威慑和一般威慑。刑事政策不但不能够

触动产生犯罪的原因和条件,而且其一般威慑和特殊威慑作用也相当有限。最好的社会政策/公共政策就是最好的刑事政策。社会政策/公共政策虽非对付犯罪的专门手段,却具有治本之效。社会政策/公共政策的基本目的和功能在于调整、润滑社会关系,避免和减少社会问题的发生。因此,不少犯罪学家将社会政策/公共政策纳入广义刑事政策的范畴;许多社会政策/公共政策的决策者则往往将刑事政策纳入社会政策/公共政策体系中统筹考虑。两种做法异曲同工。从治世方略角度考虑,当党和政府有足够的能力和自信通过社会政策/公共政策的完善来从容对付犯罪等社会问题时,更应该倾向于启用社会政策/公共政策,而不是过于依赖于刑罚手段。对付犯罪,社会政策/公共政策是首选,刑事政策是末选、是补漏。

(二) 社会政策/公共政策的完善

社会政策/公共政策的完善,是一件相当复杂的事情。从过程上看,需要有一个民主、科学的决策机制,这是政治体制和决策机制问题;同时,需要有一个高效能的行政机构将政策付诸实施,这主要是政府的执政能力问题。

从犯罪预防角度讲,制定和完善社会政策/公共政策需要遵循以下原则:

1. 经济与社会协调发展原则

经济与社会发展计划是最重要的社会政策/公共政策。制定经济与社会发展计划,需要方向明确、顶层设计,而不能目标短浅,急功近利。

促进经济与社会协调发展,应当是社会政策/公共政策的一个宗旨。经济与社会协调发展,就是经济发展与社会的政治、文化教育、科研等社会事业的发展以及与人的个性的发展均衡、协调地展开、运行,而不是经济的片面增长;经济增长与社会以及人的发展,相互促进,彼此支持,而不能以牺牲社会事业以及人的个性的全面发展为代价来换取一时的经济增长。总之,经济与社会协调发展原则的本质要求是,任何时候都不能以破坏自然生态环境为代价换取经济的一时发展,任何时候都不能以牺牲、抑制人的个性全面发展为代价换取经济的片面发展。

在犯罪预防领域中,坚持经济与社会协调发展原则的具体体现是,制定科学的国民经济和社会发展规划,并使预防犯罪规划成为它的一个组成部分。为此,应当做到以下两点:一是国民经济和社会发展规划的各个方面应当协调配套,国民经济和社会发展的规模与速度、国民经济重大比例关系的安排,都必须有利于社会的安定与和谐,使国民经济和社会发展规划本身成为更为宏大的克服犯罪总体规划。二是应当把专门的预防犯罪规划纳入国民经济和社会发展总体规划中去考虑,像安排国民经济重大比例关系那样来安排预防犯罪和社会治安工作,并分配充足的专项经费。

2. 效率与公平兼顾原则

效率与公平是一对矛盾。效率意味着竞争与发展,在严格的经济学意义上,效率就是资源的有效配置,其目的在于通过竞争来刺激人们去追求更快的经济增长和更大的经济收益。公平则意味着均衡与正义,在经济学意义上,公平是指社会成员在分配上的均等化,其目的在于缩小贫富差距,消除社会对抗和冲突。如何协调效率与公平的关系,不仅是经济政策,而且是所有社会政策/公共政策面临的一道难题。社会发展史证明,单纯强调其中某一方面而忽视另一方面,或者以牺牲某一方面为代价来换取另一方面,都难以构建一个理想的社会。应根据实际情况需要,将其中某一方面摆在优先地位,同时兼顾另外一方面。这样做既可以使社会保持一定的活力，又可以避免社会矛盾的激化。例如，《中华人民共和国国民经济和社会发展"九五"计划和2010年远景目标纲要》中明确表示，我国在分配和再分配机制上，坚持效率优先、兼顾公平的原则。这一原则的确定，既考虑了我国的实际国情，又考虑了我国社会稳定的现实要求。在当时的历史背景下，这一原则的确立具有现实意义。

效率与公平问题，矛盾的主要方面是如何实现社会公平问题。社会公平主要表现在两个方面：一是分配平等，避免贫富两极分化，防止少数资本拥有者为富不仁；二是机会平等，让每一个人能够获得合法成功的机会。分配平等和机会平等对于犯罪预防都十分重要，在给定的社会条件下，机会平等有时显得更为重要。当一个人无法以合法手段追求或实现其价值目标时，就有可能选择非法手段去达成目的。教育平等、就业平等、医疗平等是实现机会平等的最基础性的环节。

2021年10月，习近平总书记在《求是》杂志上发表《扎实推动共同富裕》的文章，指出，必须把促进全体人民共同富裕作为为人民谋幸福的着力点，坚决防止两极分化，防止社会阶层固化。实现共同富裕，对于促进社会公平，促进社会和谐稳定，化解社会阶层矛盾，预防和减少违法犯罪，具有战略性意义。

3. 内在一致原则

内在一致，就是各项社会政策/公共政策在总的价值目标上保持一致，在内容上协调统一、前后连贯。坚持这一原则，可以避免因社会政策/公共政策的频繁变更或者相互矛盾而出现社会动荡，还可以引导社会公众对社会形势作出清醒的价值判断，形成一致的社会价值取向和稳定的社会心理。

4. 成本/效益原则

成本/效益原则也可称为最优化原则。这一原则要求，特定的社会政策/公共政策必须是为实现特定目标而作出的最优选择，即按照这种政策行事，能够以最小的成本（代价）实现最优的社会效益。成本/效益分析可以影响决策者对社会治安问题重要性的判断和治世手段的选择，因此，在公共决策中坚持这一原则，对于维护社会治安具有意义。例如，通过成本/效益分析，可以发现，通过社会政策调整来解决社会问题、消除犯罪原因与条件，从长远看，其政策成本（代价）较之单纯依赖刑事政策的成本更低而效益更高；通过增加对教育的投入来提高人口素质、缓解社会资源分配不均和社会阶层固化状况，相对于通过税收政策和社会福利政策调节社会分配关系和阶层关系，效益更高而成本更低。

在公共决策中，对犯罪及其预防进行成本/效益分析，具有直接的犯罪学意义。

拓展阅读

立法的道德代价

法律和社会政策/公共政策是社会道德的指引器。不良的法律和社会政策/公共政策，会产生一定的道德代价或机会成本，如损害社会公平、解构传统道德和文化自信等。这些道德代价或机会成本意味着社会道德资本或文化资本的严重流失，可能引发诸多社会问题，其严重后果远非经济代价或成本所能比。制定公共政策和法律，应该力避这种情况。

四、道德、法制和政府行政：社会控制的三种主要力量

道德、法制和政府行政是组织和管理社会，实现社会控制，抑制违法犯罪或者悖德行为的三种主要力量。

（一）道德

一般来说，道德是一套评价善恶的规则和标准。在客观上，它凭借社会舆论等道德评价和道德制裁而得以执行；在主观上，它通过个人的良心以及对道德责罚的畏惧而被遵从。

不仅那些在西方犯罪学中被称为“恶德犯罪”（vice crimes）的卖淫、乱伦、色情传播等行为以及强奸、杀人等暴力犯罪行为大多是出于个人道德败坏，那些由“体面人物”实施的贪污、受贿、商业欺诈等“体面的犯罪”同样有其道德上的根源。很难相信一个贪官在道德上是高尚的。事实证明，运用道德控制来调节社会关系和预防犯罪有其必要性。

道德，在主观上表现为人的良知，在客观上表现为对人的品行的评价尺度。道德对人的行为具有强制力和约束力。除非是精神病态或智力发育迟滞，几乎人人都可以感知到道德规范和道德强制的存在，即使是再凶恶的犯罪人，在其内心深处也仍然会残存着对道德规范的认知或感知。许多善行的发生或者违法犯罪行为的收敛，可以在一定程度上归因于社会道德标准明确和道德强制力巨大，或者可以归因于个人道德情感成熟。在某些方面，尤其是对于私生活领域，道德控制的有效性为法律所难企及。德国哲学家康德认为，法律调整人们的外部关系，而道德则支配人们的内心生活和动机。现实中虽然未必完全如此，但人的私生活领域更多是靠个人道德感来调节却是事实。道德强制对于某些违法犯罪行为的抑制特别有效，在某些时候（尤其是在如乡村和小城镇等熟人社会）或者对于某些人（尤其是名重位显者）来说，让违法犯罪活动者在其隶属群体中间或熟人面前名誉扫地，比任何其他制裁更为有效、造成的内心羞耻感更为强烈。虽然不能说道德可以完全抑制犯罪，但它至少是人类社会置于法律之先的一道重要的社会控制阀。

运用道德力量预防犯罪，主要在两个方面着手：一是加强道德建设和道德教育。道德建设是指对道德规范体系的确立，形成全社会一致的价值目标。道德教育是指对道德规范的宣传和灌输。道德教育除了政治信念的灌输，更主要的是对基本伦理规范的传授，如良心、恻隐心等。二是道德规范的执行，主要表现为普遍的社会监督和舆论谴责。

法律是一种正式监督力量，道德则是一种凭借良知和舆论而发挥作用的非正式监督力量，在社会治理中，德与法、正式监督与非正式监督二者不可或缺。德法兼济、德法共治，形成一种“刚性监督”与“柔性监督”相结合的良法善治，才是理想的社会治理方式，也是最为有效的预防犯罪方法。因此，在运用道德力量预防和控制犯罪时，必须注意两点：一是道德控制作用的有限性。完好的社会调控需要道德、法制和权力之间的兼济互补，仅凭道德，无法有效彻底地维护社会秩序。二是道德控制的适度性。道德控制也应该有度。中国历史上封建礼教对人性的压制已经为我们提供了历史镜鉴。近现代心理学研究证明，过分的道德抑制（按照弗洛伊德的精神分析理论，就是“超我”过于强大）可能会造成人的精神崩溃。道德控制的松弛与过度都不利于社会的安定。

（二）法制

法制，是指国家和政府制定的用以调整社会关系、管理经济发展以及其他社会公共事务的法律、法规和制度的总和。法制是社会政策/公共政策的一个重要组成部分和表现形式。

法制完善是实现法治社会的一个重要前提。法制与道德的一个基本区别是，前者是一种正式的社会控制力量，后者则是一种非正式的社会控制力量。法制的作用在于它确定了行为的是与非、可与否、合法与非法的明确标准，划定了人的自由、权利的确切范围和界限，赋予并且限定了国家机关（尤其是行政机关）的权力边界，使国家处于法治状态，防止或减少权力的滥用。此外,它还明确预告了特定行为的法律后果和责任,使人们能够清醒地作出行为选择。总之,法制能够保障社会安宁秩序维持在必要的(哪怕是最低的)水平。如果说道德是历史凝结而成的社会"黏合剂",那么法制便是国家有意结成的维系社会完整的"秩序之网"。

法制完善是社会完善的标志之一,同时也是实现社会整合、预防和控制犯罪的重要力量之一。完善法制应当抓住以下主要环节:

(1) 立法环节。要尽快完善适应中国国情和现代化建设需要的社会主义法制体系。完善法律制度不意味着必然走向法律繁苛,而是意味着法律制度在体现社会正义和人性要求的前提下部门齐全、赏罚适度、疏密有致。例如,进一步完善经济法律制度,弥补经济生活中的法律漏洞或制度漏洞;进一步完善行政法律制度,在保证政府对经济进行宏观调控和对社会公共事务实施有效管理的同时,对行政权力予以适当的限制和收缩,减少权力直接介入和干预经济,减少权力"寻租"的机会。

(2) 执法环节。要加强执法队伍的组织建设、业务建设和廉政建设,消除执法不严、执法不公、地方保护以及以罚抵罪、以官抵罪等现象。要统一执法标准,既做到立法上的人人平等,也做到法律适用和执行中的人人平等,既要做到实质正义,又要做到程序正义。对于执法队伍中的少数败类,必须坚决予以清除,尤其要坚决而彻底地查处执法人员与犯罪分子相互勾结的案件和有关人员。

(3) 法制宣传和教育环节。必须加强法制宣传和教育。法制宣传和教育不应搞成单纯的宣讲案例和普及法律常识,而应当努力向社会公众灌输法律意识和守法观念。公众法律意识和守法观念的形成,不仅会使其自觉遵守法律规范,而且会培育其权利意识和与腐败现象、刑事犯罪作斗争的勇气。应当特别重视对刑事犯罪分子尤其是腐败分子依法惩处的现实教育意义。对那些官高位显的腐败分子以"零容忍"的态度严肃查处、毫不手软,比单纯在理论上宣讲"法律面前人人平等"更具教育意义。

(三) 政府行政

预防犯罪需要高效率的政府行政。政府行政是政府依法对社会公共事务实施组织管理的过程。这一过程既是政府创制政策法规的过程(具体表现为发布行政法规和命令),也是政府执行和遵守国家有关政策、法律法规的过程,还是政府机关对有关社会事务行使一定"自由裁量权"的"准司法"过程。政府行政对于保证社会秩序有条不紊起着相当重要的作用。

政府行政的效率受国家政权性质以及社会管理体制制约。为了保证政府行政的高效率,应当特别强调以下三点:

第一,政府行政应当保持高度的权威性,政府行政工作应当保持必要的强度。政府行政的高度权威性和保持必要的强度,不仅要有强大的国家机器作支撑,而且应当建立在这一基础上面:立党为公、从政为民,政府及其工作人员具有良好的政治威信和道德形象;政府及其工作人员具有高超的行政工作能力。例如,政府应当有能力对国民经济实行宏观调控,当社会出现通货膨胀等现象时,政府有足够魄力和办法予以解决。

政府行政应具有权威性和保持必要的强度,但为了保持社会活力,政府权力也应有其边界。为此,推行国家公务员制度、实行国家行政机关的精简、进行廉政建设等,十分必要。

第二,制定好的社会政策/公共政策,加强行政立法和行政执法工作。执行国家法律和政策、制定和发布行政法规和命令,是政府行政的基本形式。为了保持政府行政的高效率,必须做好这方面的工作。应当进一步建立和完善行政处罚制度。工商、税务、物价、海关、医疗卫生监督、技术质量监督等部门以及行使政府管理职能的行业管理部门,应当认真履行法律赋予的行政执法职权,维护正常的经济及社会秩序。

第三,加强农村乡镇、城市街道等基层政权建设(包括基层党组织建设),充分发挥基层政权组织在处理公共事务和开展社会工作等方面的作用,把社会主义核心价值观融入基层社会治理之中。实践证明,基层政权和基层组织对于维护社会治安稳定具有十分重要的作用,凡是基层政权建设搞得好的地区,民间纠纷大多能够及时得到妥善解决,社会控制较为奏效,社会秩序较为稳定。

第二节　专门社会预防

犯罪专门社会预防或称微观社会预防,是以社区、群体以及个人为单位进行的预防犯罪活动。其主要目的在于减少犯罪目标,消除犯罪机会和条件,加大犯罪行为的困难程度和风险程度。从被害人学角度说,犯罪专门社会预防的任务是减少特定社区、群体或者个人的被害可能性。专门或微观社会预防具有一定的技术性和可操作性。

在西方犯罪学中,专门或微观社会预防措施属于社区预防、情境预防或者被害预防。西方犯罪学中的日常活动理论是微观社会预防的重要理论根据之一。日常活动理论认为,犯罪行为的发生必须具备三个条件:犯罪人(具有犯罪动机和犯罪能力的犯罪人)、犯罪目标(便于着手的适当的犯罪目标)和犯罪机会(便于着手的适当的犯罪机会,即缺乏犯罪抑制因素的机会或场合)。从上述三个方面入手采取适当措施,可以有效地阻止犯罪行为的发生。被害人学研究及理论是微观社会预防的另一个理论根据。被害人学研究表明,犯罪行为是在犯罪人与被害人互动中发生的,许多犯罪行为的发生与犯罪被害人的自身缺陷(疏于防范,或自身个性存在缺陷,或由自己的先前加害行为而招致被害)有关。这说明,社区、群体或者个人努力提高对犯罪的防范意识,消除自身的被害可能性,是预防犯罪的重要一环。

一、环境设计与防卫空间

通过环境设计预防犯罪,是一种具有较强应用性的犯罪预防方法。这一方法的主要目的在于利用工程建筑学方法来规划和建设物理环境,创造一个不利于犯罪发生的防卫空间。换言之,通过环境设计预防犯罪,目的在于控制和消除犯罪发生的空间场和时间场。

通过环境设计预防犯罪,其科学基础是犯罪行为发生的生态分布规律或曰时空分布规律。犯罪的类型和发案率总是与具体的时空条件相联系,这表明,特定的时空条件对于犯罪行为的发生具有诱发或刺激作用。由此得出的一个结论是,应当通过环境设计来消除作为犯罪诱因或强化物的时空条件。

通过环境设计预防犯罪的思想在犯罪学史上早有端倪,不过,直到20世纪70年代初,才作为一种系统的犯罪预防理论被明确提出。美国犯罪学家C. R. 杰弗瑞所著的《通过环境设计预防犯罪》一书和美国格雷厄姆·纽曼所著的《防卫空间:通过城市设计预防犯罪》一书是系统提出和阐述这种理论的代表之作。

通过环境设计预防犯罪的具体方法多种多样。例如,在城市规模和建筑布局的整体规划中考虑到社会治安的要求,适当控制城市发展规模;在街区和住宅设计中,利用灯光照明设备等消除环境“死角”,加强通道监控;在居民楼房设计中,保留居民公共活动中心,以便社会监督;等等。当然,需要特别注意的是,基于社会控制和犯罪预防目的而进行的环境设计,应当以不妨碍或者侵犯公民私生活和个人隐私权为限。

通过环境设计预防犯罪,作为一种预防犯罪方略,亦可为我国预防犯罪实践所采行。

二、群体和个人对犯罪预防的参与

社区、群体(包括组织)和公民个人是社会的基本单位。在社会生活中,他们/它们既要接受政府的统一组织管理,又要积极地自治;在预防犯罪活动中,既要支持和配合预防犯罪的国家行动,又必须作为主体而积极采取自卫行动。社区、群体(包括组织)和公民个人对犯罪预防活动的积极参与,有助于强化非正式社会控制,可以起到弥补正式控制(刑事立法、刑事司法以及社会行政等所有国家行动)之不足的作用。

(一)社区参与

社区可以被定义为由聚集在某一地域并具有集体情感的人群所构成的社会单位。村镇、城市街区等均可称为社区。社区具有重要的社会组织功能,“一般说来,一切社会活动都在一定的具体的社区里进行,社会普遍存在的一些现象都可以在某一社区内反映出来”①。因此,社区历来是社会控制的基本单位,社区参与预防犯罪和制定以社区为基础的预防犯罪方案越来越受到各国政府和有关国际组织的鼓励和支持。

鼓励社区参与预防犯罪是我国预防犯罪实践中的一个成功做法。在我国,社区参与预防犯罪的具体形式和做法主要有:(1)开展安全文明小区建设活动。例如,以村镇、街道、住宅小区等为单位,开展精神文明的“警民共建”“军民共建”活动、警民联防活动、有益于身心健康和增强社区集体情感的文化体育活动等。(2)开展社会工作和社区服务。例如,开展对违法犯罪人员的社会帮教活动,开展婚姻介绍、扶困助残等工作,兴办社会福利事业等。(3)制定乡规民约、城市文明公约等群众自律性的行为规范。

(二)群众自治

群众自治是指群众有组织进行的自我管理和自我保护活动。具体形式主要有:(1)治安联防,如夜间巡逻、值班守望等。治安联防活动在公安派出所指导下由居委会(或村委会)及其治保委员会组织进行。居(村)委会及其治保委员会是基层群众的自治组织。(2)人民调解。对于民间纠纷,在人民法院指导下由居(村)委会下设的人民调解委员会负责调解,以避免矛盾激化。人民调解委员会是基层群众的自治组织之一。(3)共青团、妇联、工会等群众自治组织对其成员进行的各种组织和教育活动。

(三)企业、事业单位的自我管理和自我保护

企业、事业单位以自我管理和自我保护的形式参与预防犯罪活动。企业、事业单位的自我保护的具体形式主要有:(1)在法律和政策规定的业务和职责范围内开展经营和业务活动。(2)建立健全工作纪律和经营管理制度,如财务制度、安全生产制度等。(3)加强对本单位职工和工作人员的管理和教育,经常开展法制教育、职业道德教育。(4)加强本单位的治安保卫工作,建立单位治安保卫组织和人民调解组织,健全治安保卫制度,积极协助公安司法部门调查和处理本单位内部发生的违法犯罪案件。

---

① 杨心恒、宗力:《社会学概论》,群众出版社1986年版,第214页。

（四）公民个人的自我约束和自我防卫

公民作为社会的主体,有责任以实际行动参与犯罪预防活动。公民个人参与犯罪预防活动的具体形式是:(1) 遵守法律和社会道德规范,自我约束。(2) 增强自我防卫意识和能力,采取必要的财产保护和人身保护措施以及报警求助措施,减少被害的可能性。(3) 勇于与犯罪行为作斗争。一方面,在面对犯罪分子的时候,要勇于凭借自身体力和智力与犯罪分子周旋或搏斗,并尽可能地取得外界援助;另一方面,要见义勇为,积极地协助公安司法机关和被害人同犯罪作斗争。(4) 被害事件一旦发生,要及时向司法机关报案,不使犯罪分子逍遥法外。

第三节　个别预防:教育与教化

一、个别预防的概念及原理

（一）个别预防的概念

个别预防,是指通过文化与科学教育和伦理与法制教化,培养健全人格,消除或者避免人格发展中不良因素或曰人身危险性的措施的总和。犯罪个别预防的目的和意义,就是促进人的全面发展,使人获得一种对犯罪的“天然的人格免疫力”。西方犯罪学中“发展性预防”与本节所讲的个别预防在旨趣上有相通之处。

一般社会预防和专门社会预防指向的是宏观或微观环境,而个别预防指向的则是人,其基本目的是通过伦理教化和文化教育培养个体健全人格,培育人的道德、良知和内在的善美,增强人的道德判断力、审美能力和自我控制能力。

与一般预防一样,个别预防也非一套专门用来对付犯罪的计划,而是社会成员养成人格的长期而缓慢的过程,它期待个人在健康人格指引下自觉地选择守法与善。从本质上说,个别预防既是人的社会化过程,也是人的个性化过程,通过这个过程,养成充盈、健康的人格(或个性),并使人成长为适应社会的合格的社会成员;有望通过这一过程收到的“综合性效益”是使人避于陷入犯罪。个别预防措施主要适用于尚处于社会化和个性化过程之中的青少年,尤其是未成年人。

犯罪行为是在特定的社会背景和具体情境下发生的,既受宏观和微观社会环境的影响和制约,也受人的个性倾向和自由意志的制约或支配。因此,在强调宏观社会预防和微观社会预防重要性的同时,也应重视个别预防的重要性。

个别预防有两方面的科学依据:

一是人性依据。人是一种精神性存在。人的理性和意识的存在,为旨在使个体人格健康完善的个别预防提供了人性基础。人不仅有本能和直觉,而且有理性和意识(或自我意识)。[①]人的理性和意识(或自我意识),不仅使得人类及其个体能够观察、认识自然与社会并在一定程度上选择性地接受外界环境的影响与制约,而且使人类能够进行自我观察、自我评价、自我修养和自我控制,从而在特定的环境下表现出一定的自我完善能力和行为选择能力。外界环境的影响和人的自我修养,共同塑造了人类个体的特定人格,而特定的人格倾向

① 人的理性和意识并不总是同人的本能和直觉相对立,前者以后者为根底,后者融入并通过前者而得以显现。因此,理性和意识无疑包含了本能和直觉。

一旦形成，一方面会支配个体的行为选择并通过行为选择而得以呈现，另一方面会在环境的不断影响下和自我意识的不断修正下继续发生变化——更加健康或者趋于非常态。因此，通过教育与教化来影响、干预人的成长与发展，使个体形成健全的人格和良好的自我意识和理性能力，就成为预防个体犯罪的一个重要方法。

二是事实依据。犯罪人往往表现为人格品质的欠缺或者变异，正是由于这种欠缺或变异，导致他们的社会认知能力、社会适应能力和自我控制能力低下或者丧失，导致他们在一定的社会背景和具体情境下选择了违法犯罪行为。就具体犯罪行为而言，有的可能是犯罪人利弊权衡的结果，有的可能是出于难以自制的某种情感或本能冲动，有的则可能是出于心理变态或者精神疾病。然而，无论哪种情形，均与行为人的人格品质欠缺或者变异有关。

作为信仰犯罪或者“确信犯”的政治犯罪，其发生原因也许很难完全用人格欠缺或者变异来解释，但也不能完全排除行为人的个性品质对其选择一定的政治道路和政治信仰（包括政治犯罪行为）会产生一定程度的影响。

（二）个别预防的原理（特点）

第一，犯罪个别预防以人（而不是环境）为指向，其核心目的是培养健全人格，实现人的完善和内在充实。

健全人格，是指人的内在充实状态，即人格结构中的各种成分，包括爱的情感、道德情操、世界观以及（性格、气质、能力等）个性特征等，获得充分而协调的发展。①

人格获得健全发展的标志之一，是具有良好的社会认知能力和适应能力。具有健全人格的人通常能够冷静应对来自外界环境的压力或诱惑，能够建立良好的社会交往关系，并能够使自身价值得到实现和创造力得到发挥。换言之，他们通常能够以积极的姿态、合于常理和规范的行为方式来获得自我实现。心理学家马斯洛指出：“自我实现型人的特点之一，是他们对自然和社会环境的相对独立性……这种相对于环境的独立表示了面对严重打击、刺激、挫折、剥夺等恶劣环境而显示出的相对镇静态度。在使得其他人可能自杀的情况下，这一类型的人却能保持相当的宁静感和幸福感。因此他们也被称为‘自我控制’型人。”②

第二，犯罪个别预防不赞成那种“物质般加在个体身上”③的纯粹的外在控制，而是特别强调人的内在自我控制与外在社会控制之间的相对均衡。

人格的形成和改变，取决于外部环境（社会与自然）的影响、塑造（教化）和人自身的自我养成（内省和自我修养）这两个方面。如何理解和处理二者之间的关系，不仅会导致一定的心理后果，而且会导致一定的社会政治后果。个别社会预防理论不主张单纯凭借“物质般加在个体身上”的纯粹外在控制来塑造个体人格，而是主张通过社会塑造与人的自我修养共同完善个体人格，并希望这两个方面的强度和作用相对均衡。在这一问题上，个别预防理论坚持以下两个观点：(1) 个别预防承认人的内在自我控制的重要性，并以增强人的自我控制能力为最终目的。自我控制能力是作为精神性存在的人所特有的能力，它是由人的道德感、

① 对于健全人格的概念，有着不同的理解。奥地利心理学家弗洛伊德把它视为一种“本我”“自我”和“超我”三者和谐统一的状态；瑞士心理学家荣格把它视为能够发现和展现精神中被压抑的“无意识阴影”的人格状态，即自我展现状态；存在主义者把它理解为能够表现出“存在的勇气”的人格状态。

② 马斯洛：《动机与人格》。转引自［美］詹姆斯·O. 卢格、［美］杰拉德·L. 赫尔希：《生活心理学》，陈德民等译，黑龙江人民出版社1988年版，第12页。

③ 参见林秉贤：《社会心理学》，群众出版社1985年版，第298页。

社会责任感、良心、羞耻心等组成的人的一套自我调节和行为缓冲的机制,能够使人在复杂的情境中或者当某种行为处于发生的临界点时表现出充分的理智和冷静,不致发生过激行为。(2) 在上述前提下,个别预防特别强调人的自我控制与社会控制之间保持相对平衡。“适度”,是维持这种平衡的基本条件。那种把犯罪预防仅仅理解为作用于个人的纯粹外在社会控制而忽视人的主体作用的行为主义观点是不科学的,其逻辑后果可能是酷刑和可出现就更多的变态人格者、自杀者或者罪犯。个别社会预防的真谛,在于实现个人与社会之间相互协调、内在自我控制与外在社会控制相对平衡,即在于个人与社会之间的均衡、良性互动。培养健全充实的人格是实现这种协调与平衡的关键。这一观点,蕴含了尊重人格与人权的观念。

第三,个别预防需要通过完整而漫长的社会化(包括继续社会化)过程和个性化过程来实现。健全的人格、良好的自我控制能力和社会适应能力都是在社会化过程中获得的,因而人的社会化和继续社会化过程顺利完成是最好的犯罪个别预防。文化教育和伦理教化是社会化的两个基本手段,人的自我修养则是人接受教育与教化的内在根据,因此,个别预防需要通过社会对个人的教育、教化过程和人的自我修养过程来偕同实现。

第四,家庭、学校、集体(群体)、邻里、社区是人实现社会化和个性化的重要执行者,也是人实现社会化和个性化的重要外部环境和氛围,因而也是个别预防的主要执行者和主要力量。

第五,犯罪个别预防是一种积极预防,在这一过程中,人既是对象,也是主体。作为个别预防对象和主体的,主要是未犯罪的正常人,而不是罪犯、变态人格者或者精神病患者。当然,罪犯、变态人格者以及精神病患者身上存在更多的心理问题和个性缺陷,更需要采取一系列手段予以治疗和矫正。但是,根据成本/效益原则和“防病优于治病”原理,必须把主要精力投放到未犯罪的健康人格者身上,使每一个社会成员都始终保持良好的人格状态,而不是更多地投放到对罪犯或者处于犯罪“临界点”的变态人格者和精神病人的“抢救性”矫治上来。如果我们“把更多的时间用于帮助健康人而不是帮助严重患者,那么少量的时间就会取得更大的收益”①。

二、个别预防的基本途径

(一) 社会化与个性化:个体人格的社会塑造

个体社会化与个性化过程的顺利完成,是个别预防的基本途径之一。

社会化(socialization),又称社会教化或社会教养,是个人学习社会规范和价值、生产生活知识和技能,习得特定社会角色并形成独特的个性(人格)的过程。个性化是指个体在社会化和自我修养过程中形成独特并适应于社会的个性或人格的过程。在人的成长过程中,社会化与个性化其实是同一的,或者说是同一个过程的两个侧面。在这个过程中,个人与社会互动,个人自我学习过程与社会教化过程相统一、个性形成过程与社会角色获得过程相统一。

作为个别预防基本途径之一的社会化/个性化过程,主要表现为个体对社会伦理规范以及文化及生产生活知识的不断接受、吸纳的过程,家庭、学校、集体(群体)、邻里、社区对个体的教育、传授以及在上述环境中的人际互动,成为个体接受和吸纳社会规范和文化及生产生

① [美]弗兰克·戈布尔:《第三思潮:马斯洛心理学》,吕明、陈红雯译,上海译文出版社 1987 年版,第 92 页。

活知识的重要途径。为了保证个体社会化过程顺利完成,应当特别强调以下三个方面的工作:

第一,不断完善社会,创造有利于人格健全发展亦即人的全面发展的社会文化环境。人格的健全发展需要具备良好的社会文化条件,一定的文化背景和社会政治经济背景对于社会成员的人格发展有着潜移默化的影响。民主、科学、公平、正义、法治、充分尊重人的价值、能够充分满足人的物质文化需要的社会文化环境,有利于人格的健全发展亦即人的全面发展。在这样的社会文化环境中,社会与个人协调一致,社会主流文化和主流价值不是物质般地施加于个人的纯粹外在控制,而是与个人的道德意识、价值观念相吻合的文化滋养。

第二,通过家庭教育、学校教育、大众传媒以及适当的组织纪律约束、健康的人际交往互动,传授社会文化和社会规范。掌握社会规范,学习社会文化,是参与社会并成为合格社会成员的重要条件。

传授、学习社会文化和社会规范的主要内容包括:(1)道德规范。道德规范的传授与学习应当包括如下层次:基本道德的教育与学习,如责任感、良心感、羞耻心、怜悯心以及尊重他人、礼仪孝道的教育与学习;艺术与审美教育即美的修养、美的观念和美的情操的教育与学习;爱国教育;劳动观念、劳动习惯与劳动技能的教育与学习;等等。其中基本道德的教育与学习尤为重要,它更能教会人们应当如何做个“好人”。基本道德教育应当与传统文化教育以及文化自信培养相融合。(2)法律规范。法律知识贫乏、法制观念淡漠,是犯罪人的共性特征之一。因此,对公民特别是青少年进行法制教育,是心理预防的一项重要措施。法制教育告诉人们如何不成为“坏人”,但是,法律知识的贫乏并不必然使人成为“坏人”,反过来说,掌握法律知识也不必然地使人成为“好人”。法盲犯罪和知法者犯罪(如司法人员、律师、法学教授以及法律研究人员的犯罪),从不同的角度证明了这一点。法盲犯罪的深层原因可能是道德品质或者人格方面欠缺,而不是不知法。在犯罪行为中表现出来的个性品质,并不能证明有什么一般的法律意识缺陷,却明确地表明有具体的道德心理缺陷(贪婪、残忍性、社会违拗症等)。知法者犯罪的深层原因可能更是由于道德品质或者人格上的欠缺,与法盲犯罪所不同的是,熟谙法律知识可以成为他们钻法律空子和规避法律责任的有利条件。因此,一般说来,缺乏法律知识并不注定使人陷于犯罪,单纯具备法律知识也不注定使人避免犯罪,“人们根据法律规范行事并非慑于惩罚的威力,也并非由于熟知刑法、规定、法律概念,而是社会化的结果,即他们接受了社会的价值观和适应社会的行为方法。个人的法律社会化就是把受当时社会法律保护的价值纳入个人的价值规范体系。这种价值规范体系正是组成个人的法律行为基础”。[①] 由此可见,法制教育的关键是要把法制教育作为道德教育的特殊组成部分,实现“法律的社会化(个性化)”,使法律意识成为个人道德意识的重要组成部分。人们经常强调法律信仰的重要性,然而,如果不能把法规则内化为个人良知,法律信仰便是一句空话。[②] (3)社会习俗与行为模式。熟悉社会风俗,掌握社会行为模式,学会为

① [澳]约翰·布雷思韦特:《犯罪、羞耻与重整》,王平、林乐鸣译,中国人民公安大学出版社2014年版,第102页。

② “法律必须被信仰,否则形同虚设”,这句话时常被援引,几乎成为一句法谚。据说,这句话是梁治平先生从美国学者伯尔曼(Harold J. Berman)所著《法律与宗教》一书中的一句话翻译过来的。有人说,梁治平先生对伯尔曼的话作了妙笔生花式的“误译”。伯尔曼的原话是“Law has to be belived in,or it will not work”,其本义是“人们应该相信法律,否则它就发挥不了作用。”“信仰”与“相信”二词的含义大不相同。伯尔曼在书中所说的“信仰”是指对宗教的信仰,而不是世俗意义上的“相信”。参见熊秉元:《把书读对》,《读书》2014年第7期。

人之道，是个体参加特定社会并被该社会所接受的必不可少的条件。如果不学会这些，很难避免遭到特定社会在文化上的排斥而成为心理上的孤独者，从而产生心理冲突和挫折，甚至走上反社会的道路。(4)文化与科学知识。掌握文化与科学知识的意义不仅在于可以使人"有知识"，而且在于可以修养人格、文明达理，使人较好地适应社会生活。

第三，开展心理卫生工作和心理健康咨询活动。心理卫生工作和心理健康咨询活动，是维护人的心理健康、培养健全人格的重要途径，也是犯罪心理预防的重要途径。政府拨出一定经费，培训心理健康咨询专门人才，设定心理健康咨询机构，开展多种形式的心理健康咨询活动（如心理咨询门诊、心理健康电话咨询、报刊专栏咨询和信函咨询、儿童问题指导等），制定一系列培养健康人格的原则、标准和措施，预防心理变态等精神疾患，对于犯罪心理预防具有积极意义。现代社会，生活节奏加快，竞争加剧，人际关系更趋复杂，威胁人类心理卫生的"病毒"越来越多，人的心理更容易失衡。因此，心理卫生工作和心理健康咨询也就更加重要。

（二）自我修养：人格的自我养成和完善

随着年龄的增长和社会化过程的进行，人逐渐由出生时的"生物个体"成长为"社会个体"，逐渐形成较为清醒的自我意识以及良心和整个人格结构。自我意识的形成，标志着人的自我观察、自我评价、自我修养和自我控制能力的形成。已经形成清晰的自我意识的个体，凭借其理性和自我意识，积极进行自我修养和自我完善，增强自我控制和自我调节能力，是健康人格自我养成的途径之一，也是个别预防的基本途径之一。

（三）变态人格的矫治

培养健全人格，意在使个体人格不严重偏离正常。变态人格矫治，则意在使明显偏离正常的人格（人格异常和变态人格）恢复正常。心理预防主要强调对健全人格的培养（不使偏离正常），变态人格矫治只是心理预防的一项补救性措施。异常人格和变态人格有多种矫治方法，如物理疗法（理疗）、精神分析疗法、行为疗法、人本主义疗法、生物反馈疗法、认识领悟心理疗法（中国心理分析）等。具体内容，此处从略。

【本章小结】

社会与人的全面发展，或曰社会与人的完善，是预防和减少犯罪的根本性条件；良法善治，好的社会政策/公共政策是最佳的预防犯罪策略。这是本章的两条基本认识。基于上述认识，本章强调通过制度设计创造有利于化解、克服犯罪问题的宏观社会环境以降低犯罪率、减少犯罪总量，通过教育教化养成个人遵德守法的意识和习惯实现预防和减少个人犯罪行为的目标。第一节讲的是通过社会建设和制度设计创造有利于化解、克服或者避免犯罪问题宏观社会环境；第二节讲的是通过环境设计，消除犯罪目标，减少犯罪机会，加大犯罪风险；第三节讲的是通过教育教化养成个人遵德守法的意识和习惯。

【本章思考题】

1. 如何理解和认识社会改革（社会本体建设）在预防犯罪中的意义？
2. 如何理解"通过社会政策/公共政策解决犯罪问题"这一命题的含义？
3. 如何认识社会价值重整、文化自信对于预防犯罪的重要意义？
4. 如何认识和评价中华传统文化与犯罪预防之间的关系？

5. 如何认识和理解机会平等在犯罪预防中的意义？
6. 谈谈社会化与人的自我修养在预防犯罪中的作用。
7. 如何认识基本伦理教育在预防犯罪中的意义？
8. 如何理解法律意识和法律知识与犯罪预防的关系？

【本章参考文献】

1. 王牧:《犯罪学》,吉林大学出版社 1992 年版,第十三章。
2. 许春金:《犯罪学》(修订三版),三民书局 2000 年版,第十九章。
3. [澳]约翰·布雷思韦特:《犯罪、羞耻与重整》,王平、林乐鸣译,中国人民公安大学出版社 2014 年版 。
4. 杨士隆:《犯罪心理学》,教育科学出版社 2002 年版。
5. 林秉贤:《社会心理学》,群众出版社 1985 年版。
6. 中国社会科学杂志社编:《社会科学与公共政策》,社会科学文献出版社 2000 年版。
7. [英]迈克尔·希尔:《理解社会政策》,刘升华译,商务印书馆 2003 年版。
8. 杨伟民编著:《社会政策导论》,中国人民大学出版社 2004 年版。
9. 徐和平、李明秀、李庆余:《公共政策与当代发达国家城市化模式:美国郊区化的经验与教训研究》,人民出版社 2006 年版。
10. 赵宝成:《犯罪问题与公共政策——制度犯罪学初论》,中国检察出版社 2012 年版。
11. James F. Gilsinan, *Criminology and Pubilic Policy*: *An Introduction*, Prentic-Hall, 1990.
12. 王发曾:《城市犯罪分析与空间防控》,群众出版社 2003 年版。
13. [日]伊藤滋编:《城市与犯罪》,夏金池、郑光林译,群众出版社 1988 年版。

第十四章　少年司法制度

少年司法制度是对少年的罪错行为[①]进行教育和矫治,以独立的少年法所规定的,弱化对罪错少年的惩罚、强化教育和保护,改善其成长环境,以使其健康成长的特殊的司法制度。这是一种不同于成年人刑事司法制度的独特的司法制度,其特殊性在于,将有罪错行为的少年从成年犯罪人中区别出来,尽量不对他们采取惩罚性的制裁措施而代之以教育保护性的处遇措施,避免成年人刑事司法制度对少年造成负面影响,保障少年的正当权益,使其重新回到正常社会生活的轨道上来。少年司法制度对防止未成年人犯罪具有重大意义,是国家预防和减少犯罪的重要战略措施。

第一节　少年司法制度的简要历史

历史地看,伴随着对少年及其行为包括犯罪行为认识的不断深入,对少年犯罪行为的处理经历了不同的发展阶段,形成了不同的法律制度。第一种法律制度是将少年的犯罪行为和成年人犯罪等同对待,不作区分,即适用于成年人犯罪的处罚方法,也同样适用于少年。如在17、18世纪的欧洲,就有对儿童和少年适用死刑的情况。在这种法律制度下,刑罚的目的仅在于惩罚和吓阻。第二种法律制度是把少年犯罪与成年人犯罪规定在同一刑事法典中,但对少年的犯罪行为与成年人的犯罪行为在量刑上进行区分,即在对少年犯罪进行处罚时比照成年人犯罪作从轻或者减轻处罚。和前一种制度相比,这种制度对未成年人犯罪的处理有了很大变化,是一种进步,但是,这种制度依然没有认识到少年的犯罪行为与成年人的犯罪行为有本质不同。[②] 第三种法律制度是认为少年的行为与成年人的行为有本质的不同,将少年违反刑法的行为从成年人犯罪中区别出来而作独立的对待和处理。[③]

把少年违反刑法的行为从成年人刑法中分离出来,与少年的违法行为一起,作为"少年罪错"而不是"少年犯罪"来对待和处理,且规定在独立的法律中,在实体和程序上,都与对

---

① 我国相关法律中使用的是"未成年人"这一概念,其年龄界限相对明确。但理论上在论及少年司法制度时,较多地使用"少年"这一概念,本章也使用了"少年"这一概念,但在谈到我国相关的法律制度时也会使用"未成年人"的表述,在有的地方和引用相关文献时,还可能使用"儿童"这一概念。"罪错"这一概念在我国法律中基本没有出现,但理论上使用较多。从少年司法制度的角度看,在我国语言环境下,"罪错"不同于"犯罪",也不同于"违法",有其独立的意义,且各国或地区使用的概念各不相同,如日本称为"少年非行",我国台湾地区称为"少年事件"。本书在论述少年司法制度时,采用"罪错"这一概念,谈到其他国家和地区的相关制度时,也会使用"少年非行""少年事件"等表述。为方便论述,特别是在论及我国现行刑事法律制度时,还会使用违法犯罪的概念。关于少年及少年罪错概念的理解,请参阅本书第十章第六节"未成年人犯罪"部分。

② 认为少年的行为和成年人的行为具有本质不同,是伴随着对少年认识的不断深入而出现的一种观念。长期以来,人们一直认为少年是"小大人",是未长大的成年人,但是,后来人们逐渐认识到,少年时期是人类发展过程中独立存在的一个时期,这一时期的少年是一个独立的存在,而不是未长大的成年人。在这种观念的影响下,人们认为少年的行为尽管在外在表现上可能和成年人的行为相同,但实际上不能将少年的行为和成年人的行为等同对待。

③ 参见王牧:《我国应当尽快建立少年司法制度》,《人民法院报》2003年1月6日。

待和处理成年人犯罪有根本的不同,是人类应对少年罪错行为的司法制度的一个重大发展。在这种制度看来,基于少年的生理和心理特点,仅把少年的罪错行为比照成年人的违法、犯罪行为作量刑上从轻和减轻对待和处理是不够的,而应作完全不同的对待,以突出少年独特的社会和法律地位,保护少年的健康成长。由此,现代少年司法制度得以产生。

从世界范围看,美国伊利诺伊州于1899年制定了《少年法庭法》,并在芝加哥市设立了少年法庭。这是世界上第一部独立的少年法和第一个少年法庭。美国伊利诺伊州《少年法庭法》的制定被认为是少年司法制度产生的标志。其主要内容是:少年法庭负责审理少年或儿童案件,其管辖对象是16周岁以下无人抚养的儿童、16周岁以下被遗弃的儿童和16周岁以下有罪错行为的儿童;少年法庭在审理少年儿童案件时,必须通知被审理的少年或儿童的家长、监护人或者亲属参加诉讼;少年法庭除设一名少年法官外,还设一名或几名义务监督员,其主要职责是在审理案件前根据法庭要求对少年进行调查,在审理案件时可以代表被审理少年的利益出庭,在审理前和审理后负责照管被审理的少年或儿童。

美国伊利诺伊州《少年法庭法》颁行之初,曾遭到部分警察和法官的反对,其理由是少年法庭法放纵了少年犯罪,不利于防止犯罪。但是实践证明,《少年法庭法》中保护少年权利的基本精神是正确的。受美国伊利诺伊州《少年法庭法》的影响,在20世纪上半叶,不仅美国几乎所有的州均制定了少年法庭法、建立了少年法庭,而且英国、法国、德国、意大利、比利时、瑞典、西班牙、瑞士以及日本等国也纷纷效仿美国,制定了少年法(或儿童法)并设立少年法庭或者少年法院。[①] 如今,世界上大多数国家都制定了独立的少年法。

第二节 少年法的特征和类型

少年司法制度的法律依据是少年法。但是,少年法是一个具有多重含义的概念,在不同的场合,所包含的内容也不相同。因此,明确能够使少年司法制度得以建立的少年法的基本特征和类型就十分必要。

一、少年法的基本特征

首先,少年司法制度的少年法应当独立于成年人刑事法,是独立存在的法律。将少年法从成年人刑事法律中独立出来,是少年具有不同社会地位和法律地位的基本要求。如果将少年的罪错行为及其处遇措施规定在成年人刑事法中,采用和成年人犯罪相同的处理方式,或者仅作量刑的差别而从宽处理,就没有突出少年独立的社会地位和法律地位,就无法对他们进行有效的教育和保护。早在1950年,海牙国际监狱会议的决议就指出,关于未成年人犯罪之法律,无论为实体法,为手续法[②],均不能以适用于成年人之规定为标准。此种法律,应特别就未成年犯罪人之需要、其社会关系及不妨碍彼等将来之更生等节,为重要之考虑。少年司法制度的少年法必须独立于成年人刑事法律,是少年司法制度不同于成年人刑事司法制度的重要体现。

其次,少年司法制度的少年法,应当有关于少年罪错及其处遇措施的规定。少年司法制度的主要特征之一就是将少年违反刑法的行为从成年人犯罪中区别开来,和在成年人刑事

① 参见王牧主编:《新犯罪学》(第二版),高等教育出版社2010年版,第337页。

② 即程序法。编者注。

司法制度看来不一定有社会危害性或者危险性的行为一起称为少年罪错,并规定在少年法中,这是人类法律史上的一次革新,体现出人们对少年特殊社会地位的认识,是这种认识在法律上的重要体现。这充分显示出人们已经不再把少年触犯刑罚法律的行为作为“犯罪”来对待,而将少年的一些在成年人刑事法律看来不是犯罪的行为纳入少年司法之中,模糊了少年“犯罪”与“违法”之间的界限,这些规定的根本目的都在于淡化惩罚、强化教育。在这个意义上,少年司法的重点在于“少年”,而不在于“犯罪”;在教育保护少年,以使其健康成长,而不是惩罚其行为。如果一个国家的少年法中规定的依然是少年犯罪,依然把少年违反刑法的行为当作和成年人犯罪性质相同的行为来对待和处理,就表明这种法律的重点依然在规定“犯罪”,而不是关注“少年”,这就无法体现出少年的特殊社会地位。因此,这种少年法无论对少年犯罪规定得多么详尽,都不能使少年司法制度得以建立。

少年司法制度还为少年罪错设置了独特的处遇措施。在成年人刑事司法制度中,犯罪的主要后果是刑罚,而在少年司法制度中,对少年罪错的处遇措施则主要是教育保护性的处分措施。

最后,少年司法制度的少年法,必须使少年司法组织能够据此对少年罪错案件作出司法裁判,这就要求少年司法制度的少年法不能仅仅是宣示性法律,而应当为少年司法组织作出司法裁判提供程序性规则。因此,少年司法制度的少年法应当具有司法法的特征。司法法的特征在于裁判,没有独立的程序性规则,就不能作出司法裁判。缺乏为司法机关提供程序性规则的少年法不能使独立的少年司法制度得以建立。

具备上述三个特征的少年法是少年司法制度的基本标志和关键,欠缺这些特征的少年法不能建立少年司法制度。

二、少年法的类型

从建立了少年司法制度的各国情况来看,少年司法制度的少年法主要有两种类型。

第一类是单一型的少年法。这种类型的少年法从其内容上来看,明确规定了少年法院(少年法庭)的组织、少年罪错及其处遇措施、对少年罪错的审理程序等,因而可以使少年司法制度得以确立。这种类型的少年法是一种狭义的少年法。《日本少年法》《德国少年法院法》《加拿大罪错少年条例》以及我国台湾地区的“少年事件处理法”都属于这种类型的少年法。

第二类是综合型的少年法。这种类型的少年法除了对单一型的少年法所具有的内容作出规定以外,还包含保护少年的其他内容,甚至包含少年享有的各项权利和义务、少年福利等内容。这种类型的少年法是一种较为广义的少年法。这种类型的少年法比较典型的有《斯里兰卡儿童与少年法令》《新加坡儿童与少年法》等。对于少年司法制度而言,哪种类型的少年法并不重要,重要的是对少年法院(少年法庭)的组织、少年罪错及其处遇措施、对少年罪错的审理程序等是否单独作出规定。

第三节 少年司法制度的主要内容

少年司法制度的主要内容包含少年罪错的范围、处遇措施、保护程序(处分程序)、少年审判组织等。这些内容主要规定在独立的少年法中。

一、少年罪错的范围

少年罪错的范围，指少年的行为被纳入少年司法裁判的范围，这些行为由少年司法组织根据一定程序施以一定处遇措施。因此，少年罪错的范围也就是少年司法组织的管辖范围。

从各国或地区的法律规定来看，少年罪错的范围大致有两种规定：一种是仅包含少年触犯刑法的行为，德国、奥地利等一些欧洲国家采用这种方式；另一种是除了包含少年触犯刑法的行为外，还包含针对实施某种行为的不良少年，足以认为有触犯刑罚法令之虞的，即学理上所谓“虞犯”（pre-delinquent）的相关规定。美国一些州、日本、我国台湾地区均采用这种方式。前者如德国少年法院法规定，少年法院管辖少年或者未成年青年触犯刑法的行为，而虞犯行为则没有纳入少年法院的管辖范围之内。后者如我国台湾地区“少年事件处理法”规定，少年法院的管辖范围包括以下几类情况：（1）少年有触犯刑罚法律之行为者；（2）少年有下列情形之一，依其性格及环境，而有触犯刑罚法律之虞者：经常与有犯罪习性之人交往者；经常出入少年不当进入之场所者；经常逃学或逃家者；参加不良组织者；无正当理由经常携带刀械者；吸食或施打烟毒或麻醉药品以外之迷幻物品者；有预备犯罪或犯罪未遂而为法所不罚之行为者。[①]

从上述国家或地区的规定看，将少年触犯刑罚法律的行为纳入少年司法组织的管辖范围之中，相关规定比较一致，而对少年的虞犯行为是否应该纳入少年司法组织的管辖范围、由少年司法组织施以一定处遇，不同国家或地区的规定则不相同。一般认为，将虞犯作为少年司法组织管辖的内容，是因为“不良少年是常习犯的后备军，因此，应当说，真正重要的是，在不良少年阶段就消除其犯罪的萌芽。在对少年的刑事政策上，必须将其看作是未来的常习犯罪人，从保护社会和少年自身的两方面来考虑，因此，有必要将不一定有社会危险性或侵害性的行为或品行把握为不良行为，并把它作为对少年进行处遇的契机。”[②]因此，将虞犯纳入少年司法的管辖范围，体现了早期发现、早期预防的理念，以在犯罪尚未发生时便将其制止。

二、处遇措施

少年司法制度对纳入少年司法管辖范围的少年罪错设置了独特的处遇措施。在有的国家和地区，这种处遇措施又被称为保护处分。保护处分不同于刑罚，是一种针对罪错少年适用的、为了促进其健康成长而设置的具有教育保护内容的处分，其目的不在于对罪错少年的惩罚，而是重在对少年的保护、教育，通过对少年生长环境的调整，人格的矫正，使他们能够重新回归社会，融入正常的社会生活。保护处分是对罪错少年最为重要的处遇措施。

建立有少年司法制度的国家或地区为罪错少年设置了不同种类的处遇措施。例如，日本少年法规定的保护处分有三种，即保护观察、移送儿童自立设施或儿童教养设施、移送少年院。其中，保护观察是将非行少年送交其家庭使其能够维持正常的社会生活，但由保护观察所进行监督和指导的处遇方式。移送儿童自立设施或儿童教养设施是将非行少年收容在儿童福利法所规定的儿童自立设施或者儿童教养设施内进行教育保护的一种处遇方式。移送少年院是将非行少年收容于少年教养院而对其进行教育和教养的保护措施。又如，我国台湾地区“少年事件处理法”规定的保护处分主要有：训诫并得予以假日生活辅导；保护管束

① 我国台湾地区“少年事件处理法”将少年法院管辖范围内的各项内容总称为少年事件。

② ［日］大谷实：《刑事政策学》，黎宏译，法律出版社 2000 年版，第 327 页。

并得为劳动服务;安置辅导;感化教育。其中,训诫是最轻微的保护处分,即以言词对罪错少年当面进行训谕、劝说、开导,由少年法官当庭指明罪错少年的不良行为,使其能认识到其行为的错误之处,决心改过迁善。对罪错少年适用训诫时,可同时宣告假日生活辅导。假日生活辅导是少年法院在对罪错少年适用训诫的情况下,在训诫执行完毕后,将少年交付少年保护官或其他适当机构、团体或者个人在假日期间,对少年施以个别或者群体道德教育,辅导其学业或其他作业。保护管束是少年法院将罪错少年交付少年保护官或其他适当机关、团体、个人,加以监督、管束、辅导与保护的教育措施。被保护管束的罪错少年,在保护管束期间,应当保持善良品行,不得与品格不良者进行交往,服从少年法院或执行保护管束者的命令,不得对被害人、告诉人或其他告发者寻衅,应将其身体健康、生活情况及工作环境等告知执行保护管束者,非经执行保护管束者的同意,不得离开受保护管束地 7 日以上。与训诫、假日生活辅导、保护管束等非收容性处遇相比,安置辅导是一种收容性处遇,即将罪错少年交付于专门设立的福利或教养机构,使其获得妥善的保护、教养、矫治与辅导;感化教育同样为收容性处遇,是将罪错少年交付于少年辅育院,对其施以改变其性格、身心及生活环境的教育措施。另外,我国台湾地区“少年事件处理法”规定,在对罪错少年适用上述保护处分之前或者同时,如果罪错少年染有烟毒或吸用麻醉、迷幻物品成瘾或有酗酒习惯,可以令入相当处所实施禁戒;如果罪错少年身体或精神状态显有缺陷,可以令入相当处所实施治疗。

少年司法组织在对罪错少年施以处遇时,优先考虑适用保护处分,这被称为保护处分优先原则。其主要内涵是对于未成年犯罪人应侧重于帮助、教育而不是压制、惩罚,惩罚只是最后手段,应把促进罪错少年的健康和幸福作为少年司法的根本目的。对于虞犯少年,由少年司法组织施以保护处分而不能施以刑罚。而对于少年实施的触犯刑法的行为,经少年司法组织审理,优先考虑适用保护处分,只有在保护处分无法取得良好效果的情况下,才经由少年司法组织的舍弃管辖①而由成年人刑事法庭按照刑事诉讼程序施以刑罚。

三、保护程序

(一) 保护程序概述

司法机关在对案件作出裁判时必须遵照一定的程序性规则,这是司法制度的应有之义。少年司法组织在对罪错少年施以处遇措施时,同样应当遵照程序性规则。少年司法中的程序性规则不同于成年人刑事诉讼程序,有其独特性。少年司法制度以对少年施以保护处分的少年罪错案件为重点,因而各国或地区少年司法制度都重在对处理少年罪错案件的程序性规则作出规定。这种程序一般称为保护程序,而对少年可能施以刑事处分的案件,在少年审判组织舍弃管辖之后,其程序性规定则在不违反少年司法制度基本理念的基础上参照刑事诉讼法的规定执行。

各国或地区保护事件的程序性规定,大都以少年的生理和心理特征为依据,体现出尊重少年、保护少年的价值取向,而不同于成年人的刑事诉讼程序,主要体现在:(1) 专设少年法院或少年法庭审理少年案件。(2) 设置少年调查官和少年保护官。在案件受理后,首先由少年调查官根据心理学、社会学、教育学等专业知识就少年有关的行为、少年的品格、经历、身心状况、家庭情形、社会环境、教育程度等进行调查,制作调查报告,以资法官作出正确的

① 舍弃管辖一般是指经少年法庭审理,认为少年的罪错行为危害严重或少年恶性重大,不宜施以保护处分,而将罪错少年交由成年人法院予以审理的制度。舍弃管辖需经相关程序决定。

裁判;案件审理后,如对少年施以保护处分,则少年调查官和少年保护官参与到保护处分的执行之中,并设有心理测验员、心理辅导员为少年调查官和少年保护官提供专业帮助。(3)非万不得已,对少年不采取强制措施。(4)调查与审理不公开。审理不采传统的庭审模式,而以恳切和蔼的态度为之,并且可以不在法庭内进行,法官对审理有较大的自主权。(5)庭审大多不以少年行为的审查为重心,而侧重于是否需要对少年采取必要的保护措施。(6)检察官一般不参加少年保护事件的审理。(7)处分决定形式多样。在对少年有可能施以刑事处分的案件中,即使是参照刑事诉讼法的规定,对少年也有特殊规定。

(二)保护程序的阶段

保护程序一般包括受理、调查、起诉、转向、审判、处分决定等阶段,下文将重点介绍受理、调查、转向、审判和处分决定的相关内容。

1. 受理

受理是保护程序的开端。在少年司法制度中,少年法院虽然对于少年案件具有审判的权力,但是少年法院并不能主动审理案件,只有在法律规定的情形出现之后,少年法院才能开始保护程序,对少年案件进行审理。各国或地区少年法律规范对少年法院受理案件依据的规定不尽相同。例如,我国台湾地区"少年事件处理法"第17条规定:不论何人知有少年触犯刑罚法律之事件者,得向该管少年法院报告;第18条第1款规定,检察官、司法警察官或法院于执行职务时,发现少年有触犯刑罚法律之行为或虞犯行为时,应移送该管少年法院;第18条第2款规定,对于少年有监督权人、少年之肄业学校或从事少年保护事业之机构,发现少年有虞犯事件,亦得请求少年法院处理之。因此,少年法院受理少年事件主要是基于知情人的报告(第17条),检察官、司法警察官或法院的移送(第18条第1款),和请求权人的请求(第18条第2款)三种情形。

2. 调查

少年法院(法庭)在受理少年案件后,首先要开始调查。调查是大多数国家或地区少年司法制度中的通行做法,也是少年司法制度的重要特色之一。其特征为:(1)调查起始于开庭审理之前。(2)调查的内容不局限于少年罪错的事实,但凡与少年有关的各种情形都在调查的范围之内。(3)为了得到更精确的结论,调查主要由专门设立的少年调查官或专业人员主持进行。(4)调查结论是少年法官作出裁决结论的重要依据。例如,我国台湾地区"少年事件处理法"第19条规定,少年法院在受理案件后,"应先由少年调查官调查该少年与事件有关之行为、其人之品格、经历、身心状况、家庭情形、社会环境、教育程度以及其他必要之事项,提出报告,并附具建议"。

3. 转向

转向(diversion)是安排罪错少年离开少年司法审判系统,对罪错少年不作正式的裁判而采用非正式的方式对罪错少年进行处理。通常认为转向制度具有以下优点:一是同将罪错少年交付某个执行机构执行的处遇相比,转向制度相对宽松,并且可以避免司法程序造成的标签效应;二是可以降低司法机关因处理案件而造成的巨大投入,从而节省司法资源;三是通过转向处理,将一部分案件排除在司法程序之外予以解决,会减轻司法机关的工作负担。由于具有上述优点,转向制度被许多国家或地区的少年司法制度所采用。但是,对于如何"转向",各国或地区的规定却差异较大,主要有三种模式:以警察为基础的转向制度、以社区为基础的转向制度和以法院为基础的转向制度。在上述三种模式中,以法院为基础的转向制度最为重要。例如,日本少年法所规定的转向处理包括以下几种情况:(1) 考验观察。根据日本少年法的规定,考验观察是家庭裁判所为了审判而认为有必要时,可以将给予保护处分的可能相对较大但没有必要立即作出这种处分的非行少年交付家庭裁判所调查官或者解送少年鉴别所,在一定期间内由调查官或少年鉴别所对少年的生活态度进行考察,同时对少年采取指导、劝导等措施,然后根据具体情形再作出终局性决定的处理措施。(2) 决定不开始审判。决定不开始审判是家庭裁判所认为非行少年没有保护处分的必要或者保护处分的必要性十分微弱,没有必要对其采取任何措施,从而不开始审理就终结案件。(3) 移送儿童福利机关。家庭裁判所根据调查的结果,认为对非行少年依儿童福利法的规定采取措施更为适宜时,必须作出决定将案件移给有管辖权限的指示或儿童商谈所所长。(4) 不处分决定。这种情况多数是由于采用考验观察从而使保护处分的必要性消失。

4. 审判

各国或地区的相关规定对保护程序中的审判程序没有作出过于详细的规定而只有一些原则性的规定。大致有如下几项:(1) 审理一般不公开。(2) 主持庭前调查的调查官或观护官应当出庭。(3) 审理方式应当符合少年的特性。实践中多由少年法官自行决定,根据具体情况灵活运用。例如,我国台湾地区"少年事件处理法"第35条规定:"审理应以和蔼恳切之态度行之。法官参酌事件之性质与少年之身心、环境状态,得不于法庭内进行审理"。(4) 罪错少年的监护人、法定代理人、保护人等应当出庭。从以上规定可以看出对少年案件的审理方式不必拘泥于严肃威严的传统庭审模式,其庭审方式的选择应由法院根据案件及少年的具体情况作出适当调整,只有这样才能更好达到教育、保护少年的目的。

5. 处分决定

少年法院经开庭审理后,根据少年的罪错事实以及要保护性的强弱,由少年法官作出终局决定,对少年宣告适当的保护处分或作出其他终局决定。

四、少年审判组织

对于少年罪错,是否必须由专门设立的司法机构进行审理,各国或地区的情形并不一致,有的是由专门设立的少年法院进行审理,如英国;有的是由专门的少年法庭负责审理,如德国;有的是由家事法院负责审理,如日本;有的则是由普通刑事法院负责审理,如美国的一些州等。尽管各国审理少年罪错的司法组织不尽相同,但相同的是,各国大多有一个不同于成年人刑事法院的司法组织负责审理少年罪错案件,这是少年司法制度与成年人刑事司法制度的重大不同之处。其原因是少年具有特殊的社会地位。为了突出对罪错少年的特殊保护就应当建立独立于成年人刑事法院的少年审判组织对少年案件进行裁判。不仅如此,少年审判组织的构成也不同于成年人刑事法院,这主要表现在各国或地区少年审判组织大多设置有少年调查官和少年保护官。少年调查官可以依职权在庭审前或者庭审中利用其专业知识对罪错少年的个人情况展开调查,并制作调查报告。调查报告对法官作裁判具有重要的参考价值;少年调查官和少年保护官还可以参与到保护处分的执行之中。除此之外,一些国家和地区的少年法院还设有心理测验员、心理辅导员等专业人员为少年调查官和少年保护官提供专业帮助。独立的少年审判组织,尤其是独立的少年法院"在少年司法制度中扮演着关键角色"[①],这是少年司法制度产生的标志之一。美国学者庞德(Roscoe Pound)曾称伊

① Larry J. Siegel, Joseph J. Senna, *Juvenile Delinquency*, West Publishing Company, 1994, p. 398.

利诺伊州少年法院的诞生为英美司法制度自1215年英国大宪章以来最重大的进展。

第四节　我国少年司法制度的建设与完善

一、我国还没有建立现代少年司法制度

客观地说，尽管我国各级司法机关进行了许多有益尝试，但我国没有建立起独立的少年司法制度，其原因在于我国没有独立的能使少年司法制度得以建立的少年法。

我国刑法有未成年人犯罪及其刑罚的特殊规定，刑事诉讼法有未成年人刑事案件诉讼的特别程序，但这些规定不足以构成我国的少年司法制度。这主要表现为这些规定欠缺独立性。相关规定还没有将未成年人的犯罪作为与成年人犯罪有本质不同的问题来对待和处理，在刑法和刑事诉讼法中只规定了对未成年人犯罪比照成年人从轻和减轻处理，以及一般不公开审理等特别诉讼程序。这些规定没有从本质上对未成年人犯罪行为与成年人犯罪行为区别对待和处理。因此，将未成年人犯罪与成年人犯罪一起规定在刑法典中，依然突出的是惩罚而不是教育保护。由于这些规定不具有独立性，没有体现出未成年人独特的社会和法律地位，因此其不能构成独立的少年司法制度。

我国目前已经制定了独立于成年人刑事法的少年法，如《中华人民共和国未成年人保护法》《中华人民共和国预防未成年人犯罪法》，这些法律独立于成年人刑事法律，有很多类似于独立少年司法制度中少年法的一些规定，体现了国家对少年保护和预防未成年人犯罪的高度重视，是我国少年立法工作的重大进步，这是值得肯定的。但是，这些法律没有规定独立司法机关对少年罪错行为进行裁判的司法程序，没有程序法的规定，就不能进行司法裁判，因而还不能形成独立的少年司法制度，这对我国预防和减少少年犯罪，对我国整体犯罪的治理都是不利的。期待尽快建立起我国成熟的少年司法制度。

拓展阅读

《中华人民共和国预防未成年人犯罪法》

建立我国少年司法制度的关键在于制定一部独立的少年司法制度的少年法，最好采用实体法和程序法结合的方式，不仅要有不同于处理成年人犯罪的实体法，而且必须要有不同于处理成年人犯罪的程序法，即司法法。缺少这种少年司法法，就无法建立我国独立的少年司法制度。

二、我国制定少年法应当重点关注的问题

少年法具有司法法的特征，制定我国的少年司法法，应当重点关注以下问题：

（一）少年司法组织的设置

少年司法组织是少年司法制度的标志之一，在少年法中应当对少年法庭的职权、组成等作出明确规定。经过长期发展，我国各级人民法院已经设立了独立的少年刑事案件审判庭，或者在刑事审判庭中设立了专门的少年合议庭，也有的地方设立了少年案件综合审判庭。设置独立的少年法庭在矫治犯罪少年、减少重新犯罪方面取得了明显的成效和良好的社会效果。但是，近年来，由于人民法院普通刑事案件数量大而未成年人犯罪案件数量少等原因，少年法庭的数量有逐步萎缩的趋势。但是，为了预防和减少未成年人犯罪，有必要保留少年法庭并在少年法中予以明确规定。在少年法庭的人员构成上，应当由熟悉未成年人身心特点，具有心理学、教育学、社会学知识背景的人担任少年法官，设立独立的少年调查官、

少年观护官等，使少年法庭更加适应少年罪错案件的审理和裁判。

（二）少年罪错范围的确定

确定少年罪错的范围，就是划定少年法庭司法裁判的范围。根据我国刑法、未成年人保护法、预防未成年人犯罪法等法律的规定，我国将少年违法行为分成了三个不同的层次，即一般不良行为、严重不良行为和犯罪行为，比较全面地概括了少年违法行为的现状。我国在确定少年罪错的范围时，应当根据少年实施的行为危害程度和国家介入的必要性，将少年触犯刑法的行为和严重不良行为纳入少年司法组织的管辖范围，由少年司法机关施以一定的处分，以达到既保护少年的健康成长，防止其进一步实施更为严重的危害行为，又保护社会不受其进一步侵害，对被害人进行适度安抚的目的。第一，对于少年的严重不良行为，可一律由少年法庭进行审理，施以保护处分等相应处遇措施。第二，对于少年实施的违反刑法的行为，原则上应先交由少年法庭，由少年法庭按照保护程序进行审理，在符合条件的情形下，首先考虑施以保护处分，以贯彻保护处分优先主义的原则。如果经过少年法庭的审理，认为其实施的犯罪性质比较严重，危害较大，少年亦表现出较大的恶性，或者案件出现复杂的事实、证据等情形，而施以保护处分尚不足以对其进行教育和挽救，应当通过舍弃管辖，将其交给成年人刑事法庭按照刑事诉讼的程序进行处理。第三，对少年的一般不良行为，可不纳入少年司法的管辖范围，交由家庭、学校或者其他少年福利机构进行处理。一方面，对于少年的一般不良行为，由于其社会危害性小，尚不足以显示出其具有较大的人身危险性而具有司法干预的必要性，交由其他社会机构进行社会性的、非司法性的处理方式较为适当。另一方面，如果将一般不良行为的少年纳入少年司法体系，会增大少年司法机关的工作范围，其效果可能反而难以令人满意。另外，将少年不良行为纳入少年司法机构的管理范围而产生的标签效应，还有可能给少年造成不良影响。因此，可不将具有一般不良行为的少年纳入少年罪错的范围，诉诸家庭和学校教育予以有效矫正，或交由其他社会机构处理较为适当。

（三）处遇措施体系的构建

为罪错少年设计独特的保护处分等处遇措施是少年司法制度的重要特征。保护处分是出于保护少年的目的而专门为罪错少年所设立的一种教育保护措施，对于预防和矫正少年违法犯罪具有重要的现实意义。在构建我国保护处分的体系时，既要借鉴国外的先进做法，也要从我国的现实情况出发，结合我国在预防少年违法犯罪中的成功经验，将现有的类似保护处分的、有实际效果的措施纳入保护处分的体系之中，建立起轻重衔接、有机配合的保护处分体系，由少年司法机关根据罪错少年的行为情况及少年要保护性的强弱具体选择。

（四）少年保护程序的设计

要设计少年案件裁判的程序，为少年法庭提供裁判的程序规则。保护程序是一个复杂的整体性的程序构造，主要包括受理程序、调查程序、审理程序的启动、审理程序、判决、执行等具体程序。应当科学规划、合理论证每一个具体的程序环节，既能使少年罪错案件得到公正审理，又能在审理少年罪错案件的过程中对少年进行充分教育，寓教于审，还要能保证罪错少年的权利得到最大限度的保障。对少年保护程序应当予以特别关注。

由于少年法涉及的问题很多很广，也很复杂，制定独立的少年法不可能一蹴而就。但是，为了国家和民族大计，为了青少年的健康成长，为了解决我国的犯罪问题，制定独立的少年法应当提到立法议程上来。

【本章小结】

本章概括介绍了少年司法制度的简要历史，并对少年法的特征、类型、基本内容作了说明。我国目前尚未建立起现代意义的少年司法制度，少年法应当具有司法法的特征，制定我国的少年司法法是一项重要的立法工作。制定少年法应当重点关注设置少年司法组织、确定少年罪错的范围、构建处遇措施体系、设计少年保护程序等问题。

【本章思考题】

1. 少年司法制度的少年法有哪些特征？
2. 少年司法制度的主要内容是什么？
3. 制定我国的少年法应当重点关注哪些问题？

【本章参考文献】

1. 王牧：《我国应当尽快建立少年司法制度》，《人民法院报》2003 年 1 月 6 日。
2. [美]巴里·C. 菲尔德：《少年司法制度》（第二版），高维俭、蔡伟文、任延峰译，中国人民公安大学出版社 2011 年版。
3. [日]大谷实：《刑事政策学》，黎宏译，法律出版社 2000 年版。
4. Larry J. Siegel, Joseph J. Senna, *Juvenile Delinquency*, West Publishing Company, 1994.

第十五章　社会治安的综合治理

犯罪问题是各种社会矛盾的综合反映，综合治理是解决犯罪以及其他社会治安问题的根本途径。综合治理是党和政府在改革开放、社会转型这一新的历史条件下作出的一项总的刑事政策选择，是我国解决犯罪以及其他社会治安问题的基本方针。党的十八大以来，我国进入社会主义建设的新时代，随着社会变迁和社会治理形势变化，综合治理也在丰富和完善。

第一节　综合治理方针的基本内涵及其实践

一、综合治理方针的基本内涵

综合治理，就是在各级党委和政府的统一领导下，动员和组织全社会的力量，运用政治的、法律的、行政的、经济的、文化的、教育的等多种手段，打防结合，预防为主，标本兼治，对违法犯罪问题进行综合性整治，从根本上预防和减少违法犯罪，维护社会秩序，保障社会稳定。

综合治理是党和政府在总结新中国成立以来社会治安工作的实践经验，科学认识犯罪现象产生、存在和变动的原因与规律并准确判断新时期我国社会治安以及犯罪形势的基础上作出的基本的刑事政策选择，它表达了我国党和政府在整治犯罪问题以及其他社会治安问题上的基本态度和基本方略，即把综合治理作为解决犯罪以及其他社会治安问题的根本途径。

作为一个总的刑事政策选择，综合治理被定位为我国解决犯罪和其他社会治安问题的总方针。作为总方针，它对于整治犯罪和其他社会治安问题具有方向性、全局性的指导意义，对犯罪的惩罚或者社会预防必须在这一方针指引下进行。

二、综合治理方针的提出

20 世纪 70 年代末、80 年代初，我国社会治安形势明显恶化，社会道德秩序、经济秩序严重混乱，尤其是青少年犯罪率急剧上升。党和政府清醒地认识到，犯罪以及其他社会治安问题是社会各种矛盾的综合反映，社会治安问题不仅是一个社会问题，也是一个重大的政治问题。基于上述认识，党和政府提出，解决犯罪和其他社会治安问题必须坚持综合治理方针。

1979 年 6 月，针对青少年犯罪率明显上升的情况，中宣部、教育部、文化部、公安部、国家劳动总局、全国总工会、共青团中央、全国妇联等八个单位联合向党中央提出《关于提请全党重视解决青少年违法犯罪问题的报告》，报告中提出，“必须实行党委领导，全党动员，书记动手，依靠学校、工厂、机关、部队、街道、农村社队等城乡基层组织来进行教育。全党都来重视关心青少年的工作，把它作为一项重要的政治任务，抓紧抓好”。同年 8 月，中共中央批转了这个报告，并在批转通知中明确指出，“从现在起，各级党委都要把加强对青少年的培养教育，包括解决其中极少数人的违法犯罪问题，放在重要议事日程上来。主要领导同志要亲自过问，党委分管青少年工作的同志，要督促、帮助共青团组织把这一项工作认真抓起来。还要统一组织宣教、政法、财经等部门和工会、妇联等人民团体齐心协力,有计划有目的地进行调查研究,及时交流情况,总结经验,按照各自的职责范围,努力做好工作,切切实实抓出成效来”。这里虽还未使用“综合治理”一词,但其中显然已包含了较为清晰的综合治理思想。

1981年5月中共中央政法委员会召开了京、津、沪、穗、汉等五大城市治安座谈会,讨论了当时我国社会治安的形势、任务、政策和措施,座谈会纪要中明确提出要全党动手,实行全面综合治理。中共中央批转了座谈会纪要,对“全党动手,实行全面综合治理”的提法予以了肯定和确认。至此,综合治理作为我国预防犯罪和治理社会治安的总方针被确定下来。中共中央以及中共中央政法委员会等中央有关部门在以后下发的有关文件和所作的有关指示中,对综合治理的内容作了进一步的阐发和完善。

1991年2月19日,中共中央、国务院发布《关于加强社会治安综合治理的决定》,提出社会治安综合治理的方针是解决中国社会治安问题的根本出路。1991年3月2日,第七届全国人大常委会第十八次会议通过了《关于加强社会治安综合治理的决定》,强调社会治安问题是社会各种矛盾的综合反映,必须动员和组织全社会的力量,运用政治的、法律的、行政的、经济的、文化的、教育的等多种手段进行综合治理,从根本上预防和减少违法犯罪,维护社会秩序,保障社会的稳定;加强社会治安综合治理,是解决我国社会治安问题的根本途径,要把社会治安综合治理作为全社会的共同任务,长期坚持下去。全国人大常委会作出的该决定,不仅规范了综合治理概念,而且明确提出了社会治安综合治理的指导思想、基本原则、主要任务和工作措施,标志着我国的综合治理工作已经开始步入法制化、规范化的轨道,也标志着我国犯罪预防的总体思路和战略更趋成熟。党中央、国务院和全国人大常委会分别作出的关于加强社会治安综合治理的决定,后来被合称为“两个决定”。在上述“两个决定”颁布之后,社会治安综合治理工作在全国普遍展开。

自“两个决定”发布以后,党和政府的一系列重要相关文件都对综合治理工作给予了高度重视和强调。1992年,党的十四大把“加强社会治安综合治理,保持社会长期稳定”作为中国共产党的一项重要工作任务写入了新修改的《中国共产党章程》的总纲。1995年9月,党的第十四届五中全会审议通过的《关于制定国民经济和社会发展“九五”计划和2010年远景目标的建议》,强调“加强社会治安综合治理,维护社会长期稳定,保障人民群众安居乐业。积极防范和依法严厉打击各类严重刑事犯罪和经济犯罪活动,坚决扫除各种社会丑恶现象,把社会治安综合治理的各项措施落实到城乡基层单位”,并将此作为全党的奋斗目标之一。1997年9月12日,党的十五大报告提出,加强综合治理,要坚持“打防结合,预防为主”的指导思想。

进入21世纪以来,我国面临着错综复杂的国内外政治、经济、军事形势以及复杂的国内犯罪形势,鉴于此,2001年9月5日,中共中央、国务院提出了《关于进一步加强社会治安综合治理的意见》,这是一个与前述“两个决定”具有同等重要意义的综合治理指导性文件。该意见指出,“实践证明,加强社会治安综合治理是建立和保持良好的社会治安秩序、维护社会政治稳定的基本方针,是解决社会治安问题的根本途径”。在新的形势下,“全党必须认真学习贯彻江泽民同志的重要讲话精神,以‘三个代表’重要思想为指导,始终坚持社会治安综合治理的方针,积极探索新形势下做好社会治安综合治理工作的新方法、新措施,切实维护社会政治稳定,努力为改革开放和社会主义现代化建设创造更好的社会治安环境”。

中共中央、国务院《关于进一步加强社会治安综合治理的意见》除了重申和强调前述“两个决定”中所明确的综合治理基本任务、基本原则和制度外，还有一些新的提法值得注意：(1) 强调要把社会治安综合治理工作作为一项重要任务，纳入各地经济社会发展的总体规划和年度计划之中，各级政府在安排财政预算时，对社会治安综合治理的经费要予以保证。(2) 综合治理的工作方针在基本内涵虽无实质性变化，但作了新的表述，由过去的“打防并举，标本兼治，重在治本”表述为“打防结合，预防为主”。(3) 提出要进一步健全和完善全社会齐抓共管的社会治安综合治理工作机制。

为了具体指导全国社会治安综合治理工作，1991 年 3 月 21 日，中共中央政法委组织成立了中央社会治安综合治理委员会（以下简称“中央综治委”）。中央综治委单独或者会同其他有关单位陆续制定了一系列综合治理的规划、工作要点、意见、规定等规范性文件。

为了规范本地区的综合治理工作，各省、自治区、直辖市还分别制定了综合治理地方性法规（社会治安综合治理工作条例）。

三、综合治理的工作方针和实践原则

在综合治理实践中，还应当遵循一些具体的工作方针和原则。

第一，打防并举，标本兼治，重在治本的工作方针。[①] 这一工作方针着重解决了打击与防范、治标与治本之间的关系，并确定了综合治理工作的基本目标和方向。其基本内容和要求是：打击犯罪是综合治理的首要环节，必须毫不动摇地依法从重从快严厉打击严重刑事犯罪活动，整治治安混乱地区，解决突出的治安问题，把集中打击、专项整治和经常性打击结合起来，始终保持对各种犯罪活动的高压态势；要避免重打轻防，坚持以预防为主，一方面要加强治安防范，另一方面要努力找出并解决诱发犯罪的深层原因。

第二，专门机关与人民群众相结合的原则。这一原则是我党的民主作风和群众路线的体现。这一原则要求，在综合治理工作中，公安政法等专门机关必须发挥骨干作用和承担起主要任务，同时必须广泛发动和组织群众，取得广大人民群众的支持与配合，并且指导人民群众进行自我管理和自我防卫。在发动和组织群众方面，各级党委和政府应承担起应有的责任。各级人民政府应当动员和组织城镇居民和农村村民以及机关、团体、企事业单位建立群众性自防自治的治安保卫组织，开展各种形式的治安防范活动和警民联防活动；市、县人民武装部门要积极组织民兵参与维护社会治安；要加强基层组织建设和制度建设，把各项措施落实到基层单位，形成群防群治网络；要充分发挥村民委员会、城市居民委员会维护社会治安的积极作用；地方各级政府要切实加强对群众性治安保卫组织的指导和监督，治保组织应严格依法办事，保护公民的合法权益。

第三，法制原则。这一原则的具体要求是，综合治理工作必须依据宪法和法律进行，犯罪预防的任何一项措施都不应当构成对社会主义法制的破坏；综合治理工作必须实现规范化和法制化，即必须制定相应的制度和规范，使犯罪预防成为有关单位和人员的法定义务。

第四，党委和政府统一领导原则。

---

① 综合治理工作方针的这一提法，是 1991 年 3 月 2 日第七届全国人大常委会第十八次会议通过的《关于加强社会治安综合治理的决定》中的规范性表述。2001 年 9 月 5 日，中共中央、国务院发布《关于进一步加强社会治安综合治理的意见》，把综合治理工作方针表述为“打防结合，预防为主”。两种提法在表述上虽有不同，但基本精神一致。

四、综合治理的领导体制与工作机制

(一) 综合治理的领导体制

综合治理工作是一项宏大的社会系统工程,为了保证其顺利进行,必须坚持党委和政府的统一领导。实践中,综合治理工作实行党委和政府统一领导,专门办事机构具体指导和协调,各部门、各单位各负其责的领导体制。其具体要求是,犯罪预防和综合治理工作实行"条块结合,以块为主"的属地管理原则,各级党委和政府在思想政策、组织协调和具体工作上对综合治理实行统一领导,并设立专门的领导机构(综合治理委员会)具体组织实施,以保证各部门、各单位、各方面各负其责,齐抓共管,积极参与。各级党委和政府应当采取组织措施,协调、指导有关部门和方面做好综合治理工作,并且要建立综合治理目标管理责任制和领导责任制,把抓好社会治安综合治理工作、确保一方平安作为各级党委、政府和各部门党政领导干部的任期目标之一,并同政绩考核、晋职晋级和奖惩直接挂钩。各级人大常委会对政府的社会治安综合治理工作实行监督和检查,县级以上的社会治安综合治理领导机构对本辖区内的各部门、各单位行使综合治理一票否决权。

社会治安综合治理委员会是综合治理工作专门的组织领导和办事机构,并对同级政府以及党委负责。根据有关规定,从中央到地方各省(自治区、直辖市)、市、区(县)都要建立社会治安综合治理委员会,城市街道、农村乡镇以及机关、团体、部队、企业事业单位也要相应地设立专门的综合治理领导和办事机构(如综合治理领导小组或推动小组等)。1991 年成立的中央综治委,是党中央、国务院领导全国综合治理工作的常设机构和办事机构,负责组织、协调、指挥全国的社会治安综合治理工作。[①] 其主要职责是:(1) 根据全国社会治安状况,就有关的方针、政策和重大措施向党中央、国务院提出决策建议;(2) 对一个时期的全国社会治安综合治理工作作出部署,并督促实施;(3) 指导、协调、推动各地区、各部门落实社会治安综合治理的各项重大措施;(4) 总结推广综合治理实践经验,深入调查研究,探索综合治理工作的新路子;(5) 办理党中央、国务院交办的有关事项。

(二) 全社会齐抓共管的综合治理工作机制

经过多年的实践,综合治理工作已经初步形成了党政统一领导,综合治理委员会组织协调,各部门各方面各负其责、齐抓共管,广大人民群众积极参与的工作格局。

这一工作格局有以下主要特征:(1) 各级综合治理委员会积极协助同级党委、政府,协调各部门和社会各方面参与社会治安综合治理,不断推动工作的深入开展。(2) 实行目标管理责任制,建立奖惩制度。党政军各部门各人民团体实行"谁主管谁负责"的原则,各负其责,充分发挥职能作用,积极参与综合治理工作;企事业单位包括非公有制经济组织按照"属地管理"原则,自觉服从所在地党委、政府的统一领导,接受综合治理机构的指导、协调和监督,加强单位内部的治安管理和防范工作,并积极参与所在地区的社会治安综合治理工作。(3) 逐步建立和完善"打、防、控"一体化的工作机制。其中,从重从快打击严重刑事犯罪是首要环节,加强社会面的流动人口控制是重要手段,"打出"犯罪原因,从根本上预防犯罪发

---

① 1991 年 3 月 21 日,中共中央决定成立中央社会治安综合治理委员会,作为协助党中央、国务院领导全国社会治安综合治理工作的常设机构。2011 年 9 月 16 日召开的中央社会治安综合治理委员会第一次全体会议宣布,中央社会治安综合治理委员会更名为中央社会管理综合治理委员会。2014 年 7 月,中共中央决定将中央社会管理综合治理委员会恢复为中央社会治安综合治理委员会,目的是为了集中精力抓好平安建设。

生则是最终目标。(4) 加强综合治理工作的宣传和理论研究。(5) 社会治安综合治理工作与社会主义精神文明建设相结合,与民主法制建设、实施依法治国基本方略相结合,实现综合治理工作的规范化、法制化。

(三) 综合治理的力量体系

在我国,预防犯罪是整个社会的共同责任,动员整个社会力量是社会治安综合治理的一个基本内容和要求,因此,不论是作为社会组织管理者的国家(包括作为执政党的中国共产党),还是作为社会组成部分的社会团体、组织以及公民个人,都应当是预防犯罪的行动主体。国家(执政党以及国家立法、司法、行政机关)、社会团体和组织以及公民个人共同构成了综合治理的力量体系。总的来讲,在综合治理实践中,国家始终居于主导地位并承担主要责任,国家政法机关是骨干力量,其他社会团体、组织和公民个人则以积极自卫和努力同犯罪作斗争的实际行动参与进来。

第二节　新时代的综合治理

综合治理方针是20世纪70年代末、80年代初提出来的。党的十八大以来,中国特色社会主义进入新时代。在新的时代,综合治理的内涵和措施得到进一步丰富和完善。

一、犯罪综合治理与新时代社会建设

新时代我国面临各种风险与挑战。这些风险与挑战,既有来自国内的各种问题与矛盾,也有来自国外敌对势力的渗透与破坏;既有人为风险,也有来自大自然的风险;既有源于人类自身认识局限性的风险,也有科技发展过程中带来的科技风险;既有传统安全风险,也有非传统安全风险。所有这些风险与挑战,无不与我国社会治安形势和犯罪状况存在着一定程度的联系。

党的十八大以来,在党中央领导下,全国开展党纪政纪整饬,高压遏制贪腐,实施全面依法治国,使贪污贿赂犯罪增多势头得到遏制,杀人等严重暴力犯罪发案率呈持续下降趋势,社会风气得到改善。但是,社会治安和犯罪形势依然复杂,金融犯罪、经济犯罪和普通财产犯罪、网络犯罪和智能型犯罪、食品药品犯罪和破坏自然生态环境犯罪等仍呈增多之势。

我国新时代之所以新,就在于更加注重高质量发展、更加注重共同富裕、更加注重人的全面发展、更加注重人与自然和谐共存、更加注重制度完善、更加注重为全球治理贡献中国智慧和中国方案,也是更加注重化危为机、逆势而进的阶段。[①] 因此,面对复杂的犯罪形势和社会治安形势,新时代的综合治理,应该成为融贯于和实现于社会与人全面发展过程之中的宏大社会行动,成为新时代国民经济与社会发展规划和总体国家安全建设的有机组成部分。换个角度说,需要通过在不断深化社会结构和文化改革的过程中制定科学合理的经济与社会发展计划,推动社会与人的全面发展,从根本上消除犯罪以及社会治安问题赖以产生的条件和土壤。

进入新时代以来,我国社会治安综合治理实践有了新的进展。下述举措对于社会治安综合治理均具有直接或间接的意义:党和政府不忘初心,以人民为中心,加强制度建设,为化

① 参见《新发展阶段新在哪里?陈一新从八个方面进行阐释》,载搜狐网,https://www.sohu.com。

解社会治安问题提供良好的制度基础；进一步规范和纯洁党内政治生活，整顿党风政风，制定和完善党内法规，陆续制定了《关于新形势下党内政治生活若干准则》《中国共产党廉洁自律准则》《中国共产党纪律处分条例》《中国共产党党内监督条例》等党内法规，加强反贪腐力度，对贪贿犯罪采取"零容忍"态度，既打"虎"也拍"蝇"；积极宣传鼓励道路自信、理论自信、制度自信和文化自信，统一社会价值，树立社会主义核心价值观，增强社会内聚力；更加注重经济与社会的高质量发展，关注民生，切实解决民生问题，减少社会矛盾与冲突；更加注重人与社会的全面发展、人与自然的和谐共存，提出总体国家安全观，把社会治安治理纳入总体国家安全中予以考虑和安排；通过立法和修法，调整、完善刑事政策和刑事法治，增设部分罪名、取消个别罪名（如嫖宿幼女罪），调整部分犯罪的法定刑幅度包括废除部分非暴力犯罪的死刑，进一步严密刑事法网和适当扩大犯罪圈，与此同时，相继废除收容遣送、劳动教养、收容教育、收容教养等制度，建立社区矫正制度；修改《中华人民共和国预防未成年人犯罪法》和《中华人民共和国未成年人保护法》，稳步推进预防未成年人犯罪工作；加强金融风险等经济风险防控，尤其注重加强网络金融监管；加强对行业垄断和不正当竞争的监管和处罚；加强网络监管，不使网络成为法外之地；加强生态文明建设，严厉打击破坏自然生态环境犯罪；加强科学技术手段在治安防控中的应用；进一步提升社会重大事件应对能力；社会纠纷解决机制多元化发展；智慧司法建设取得重要成果。①

二、犯罪综合治理与总体国家安全

2014 年 4 月 15 日，习近平总书记在主持召开中央国家安全委员会第一次会议时首次提出总体国家安全观，并首次系统提出政治安全、国土安全、军事安全、经济安全、文化安全、社会安全、科技安全、信息安全、生态安全、资源安全、核安全 11 种国家安全，②指出，当前我国国家安全内涵和外延比历史上任何时候都要丰富，时空领域比历史上任何时候都要宽广，内外因素比历史上任何时候都要复杂，所面临的既有传统安全威胁，也有非传统安全威胁，我们必须坚持总体国家安全观，走出一条中国特色的国家安全道路。2019 年下半年新冠肺炎疫情暴发后，国家生物安全问题突显，习近平总书记多次谈到国家生物安全的理念，强调要把国家生物安全作为国家总体安全的重要组成部分考虑和安排。③ 从我国社会治安的现实状况来看，暴力犯罪、财产犯罪、性犯罪等传统犯罪发生和存量仍然较大，而且出现了一些恐怖主义犯罪、走私贩毒非法移民犯罪、生态环境犯罪、金融犯罪、信息安全犯罪、洗钱犯罪、网络金融犯罪以及有组织犯罪等非传统犯罪。无论是传统类型的犯罪还是非传统类型的犯罪，均对我国国家安全构成了威胁，在此背景下，综合治理犯罪应当成为总体国家安全建设的重要方略之一。④

---

① 参见中国犯罪学学会组织编纂、黄河主编：《中国犯罪治理蓝皮书：犯罪态势与研究报告（2018）》，法律出版社 2019 年版，第 7—11 页。

② 每年的 4 月 15 日被定为全民国家安全教育日。

③ 第十三届全国人大常委会第二十二次会议于 2020 年 10 月 17 日通过了《中华人民共和国生物安全法》，该法于 2021 年 4 月 15 日起施行。

④ 我国一些大学陆续开设了国家安全学课程，西南政法大学率先成立了国家安全学院。2012 年 1 月，国务院学位委员会决定设立"国家安全学"一级学科。

【本章小结】

本章扼要介绍我国社会治安综合治理方针，旨在强调各项犯罪预防措施的综合运用。第一节介绍综合治理方针的基本内涵、实践原则、领导体制和工作机制。第二节介绍新时代的综合治理，简要讨论综合治理与总体国家安全建设之间的关系。

【本章思考题】

1. 综合治理方针的基本内涵是什么？
2. 综合治理方针提出的背景是什么？综合治理的实践原则有哪些？
3. 如何理解新时代的综合治理？
4. 如何理解综合治理与总体国家安全建设的关系？

第一版后记

这是一部按照教材要求撰写的书,是在长久研究积累的基础上写成的。然而,就其难度来说并不比撰写专著轻松。因为,本书与传统的"犯罪原因学"的犯罪学在理论体系上已经完全不同了,其中最为主要的是,改变传统犯罪学主要研究犯罪产生原因的做法,而把犯罪现象作为一种社会存在,重点研究它的存在和发展变化规律,犯罪产生原因仅仅是作为犯罪现象存在的部分内容来对待的。如果传统犯罪学可以称为"原因犯罪学",那么本书可以称为"存在犯罪学"。这样,犯罪现象的存在形态和犯罪现象的规律就成为本书的核心内容,至少在逻辑上是这样。然而,对于这些理论的探讨谈何容易!过去的犯罪学理论在这方面的研究太少了,人们在这些方面的认识还极其有限。把犯罪现象作为一种客观存在来撰写新的犯罪学,困难是可想而知的。也正因为如此,这方面内容的成熟还是有待时日的,可能需要几代人的共同努力。尽管如此,我们还是按照理论体系和逻辑的需要而拿出来了,献给读者,这虽然有些勉强的味道,但是,我们认为,这却是应当的,因为,这是建设成熟的、科学的犯罪学所必经的道路。

本书没有忽视对犯罪原因的研究,因为,这是犯罪学至今最为值得骄傲的地方,人类对犯罪原因的探讨已经取得了相当的成果,这些宝贵的成果是必须吸收的。但是,需要说明的是,在犯罪原因问题上,本书更重视为读者提供理论方法。为此,也把阐释犯罪原因的概念、范畴作为我们追求的目标和重点(虽然仍显稚嫩)。犯罪现象与各种社会现象的因果关系既复杂又简单,目前还只能在比较具体的层面上探讨,所以本书没有进行例行的探讨。

本书有诸多新的、同时也是不敢完全肯定的东西,唯一可以完全肯定的是:本书不足甚至错误之处在所难免,期待进一步的提高和改进,热切欢迎一切有益的意见和建议。

本书由主编提出写作大纲,经共同讨论后,按照以下分工写作的,最后由主编定稿。

本书的撰写分工是:

王牧:第一、五、八、九、十三章,第二章第一、二节,第四章第一节,第十二章第一、二、六、七节及小结。

吴宗宪:第二章第三、四节及小结,第三、六、七、十四章,第四章第二节,第十二章第五、十、十一节。

赵宝成:第四章第三节,第十、十一章,第十二章第三、四、八、九节。

在写作本书的过程中,我的研究生于国旦、苏明月、徐静磊、房绪兴、靳高风、丁英华、孙文红、王宏玉、王在魁、王振峰等帮助整理资料,在此表示感谢。

主　编

2005 年 1 月于北京世纪新景园